成本会计

——偏重于管理

→张　鸣　编著

MBA 系列教材

上海人民出版社
SHANGHAI
PEOPLE'S
PUBLISHING HOUSE

亚洲(澳门)国际公开大学
教材编写委员会组织

总 前 言

21世纪是知识经济和经济的全球本土化的世纪。知识和智能将作为一种生产要素在经济活动中起着难以估量的作用，管理的理念、理论、技术和方法将会发生很大的变化，MBA教学体系正面临着严峻的挑战。

亚洲(澳门)国际公开大学的前身澳门东亚大学，是澳门第一所大学，自1980年成立以来，一直把工商管理(BBA、MBA)教学作为学校重点发展方向，凭借澳门的地理位置优势和中西文化交融的背景，在工商管理(BBA、MBA)教学中，聘任我国港澳台地区和外国专家、教授授课和编写教材，介绍最新的管理思想、理论、技术和方法，十分注重理论联系实际，重视案例分析和研究，形成了自己的MBA教学特色。

知识经济的兴起和全球经济的一体化，要求我们必须更新MBA教学内容，必须有一套与这一时代相适应的MBA教材，为此，我校成立了教材编写委员会，并组织和邀请中国内地，中国香港、澳门以及外国专家、教授参与教材编审工作。

新编的这套MBA系列教材，要体现课程的“精、新、简、全、适”的特点。所谓“精”，即要能够反映本课程的基本原理、基本理论、基本应用方法；“新”，要求反映本课程最近十年出现的新理念、新理论、新方法;"简",则指阐述要简,要使教授在授课时有发展的空间,要精选精彩而简短的案例;"全",就是内容要完整,有系统性;"适",必须适应学员对象的广泛性(中国内地、中国港澳台地区和东南亚地区)。教材每一章结尾均有思考题或练习题,便于学习和自检,每门课程精选若干案例,提供读者应用所学知识,综合分析问题的机会,藉以增加学习兴趣。

在这套MBA系列教材出版之时,我们要感谢所有参与编写和审稿的专家和教授们。由于他们对管理科学的明天的孜孜不倦的追求和出色的工作,使这套MBA系列教材能在新世纪之初问世。我们也要感谢所有办学单位、广大学员和教职员对编写新教材的期望和支持。

由于我校的课程设置和名称是经澳门特别行政区政府有关部门审核批准的,改动的自由度较小;由于高新技术和新型企业的不断出现;由于经营环境迅速变化,使新教材会出现不适之处。但我们将以积极的态度,定期更新内容,迎接新世纪的挑战。

衷心期待各位专家、教授、广大读者和办学单位对这套教材提出宝贵的意见和建议,以便再版时进行修订。

亚洲(澳门)国际公开大学

教材编写委员会

2001年6月

前　　言

随着我国经济改革开放的不断深入,市场经济体制的不断完善和成熟,企业作为一个独立的经济实体,对企业本身的成本和利润状况日益关注。成本核算和成本管理水平的高低直接关系到企业能否在激烈的市场竞争中保持长久的发展优势,能否维持稳定的发展态势,能否立于不败之地。所以,成本会计已经成为现代企业不可缺少的和无法替代的重要管理手段。

本教材从企业成本核算和成本管理的实际情况出发,坚持理论联系实际,吸纳了中外成本会计的理论和实践成果,通过提升我国企业成本管理的丰富实际经验,借鉴了大量国际惯用并行之有效的成本核算和管理的方法,以求满足现代企业对成本核算和管理及其信息的要求,符合时代发展的特点,同时也满足现代高等教育对全新教材的要求。因此,本书在体系上比之于传统成本会计教材有较大突破,在内容的安排上更侧重于成本会计的管理功效,除了成本核算和基本的标准成本和成本控制等外,还增加了质量成本、作业成本和人力资源成本等较为先进的成本核算和管理的内容。

本教材具有系统完整、侧重管理、时代性强和有效实用的特点,主要适用于 MBA、大专院校作为教材,同时本教材对于企业财会人员和经营管理人员提高业务能力,更新知识,进行业务培训,进一步搞好成本核算和管理工作,提高成本管理水平,都是适用的。

本教材的编写,笔者花费了不少精力,但由于水平和时间的限制,可能在教材的结构、表述方面仍有许多不妥当之处,甚至错误,恳请读者批评指正,使笔者能进一步对本教材加以完善。

编著者

2001 年 8 月

目　录

第一章　成本会计系统

成本会计是现代企业中重要的核算和管理手段之一,每一个营利性企业都必然会面临成本核算和决策,并以此为依据来进行各类价格决策和经营决策。不同于财务会计的是,成本会计没有一种相对稳定和通用的模式,不同的企业甚至是生产工艺相同的企业,其成本核算方法也可能是各不相同的。所以,成本会计是企业会计核算中最具有个性和特点的信息管理和控制系统,也是现代企业管理所必不可少的。

第一节　成本会计概述

一、成本会计起源

成本会计是随着社会经济的发展,特别是工业化经济和社会化大生产的发展而逐步发展和成熟起来的,而人们对成本会计的认识也是逐步完善和深入的。

随着 13 世纪工业生产的逐步形成,核算就成为一种必要。最初由业主提供材料,工匠带回家去加工,因此,业主要求对不同工匠手中的材料数量等都要有一种有效的控制方法,并要以此为依据向工匠支付工资,还试图了解工资与材料耗用之间的关系等等。这样就对原来的簿记方法提出了新的要求,促使成本会计的雏形初步形成。

西方发达国家，在早期资本主义发展的初期，业主为了确认是否赚钱，开始重视成本的计算。14 世纪，意大利印刷商最早将较为完整的会计运用于企业，并建立相应的账户，不但计算其数量和价值，而且为成本核算也设置了账户，可视为成本会计的先驱。18 世纪，英国人先后发明了分批成本计算法和分步成本计算法，这些早期的计算模型，在基本意义上开始确立了成本核算在企业管理中的重要性，但这还不是现代企业真正意义上的成本会计。

二、成本会计的发展历史

为从完整意义上来认识成本会计，科研发现成本会计大致经历了如下三个发展阶段：

（一）第一阶段，以计算产品成本为主

这一阶段主要是记载从采购材料、购入设备、投入生产和完工产品，直到产品销售出去为止整个阶段的实际成本发生情况。这主要出现在 19 世纪产业革命后，企业生产的数量和规模不断增长，企业之间也开始出现了一定形式的竞争，业主为了确保获利，就要求准确地计算产品的实际成本，同时将成本核算与企业的复式记账法相结合，这标志着成本会计的形成。这个阶段，成本核算的都是历史成本，其惟一的目的就是计算和决定产品成本，因此，虽然讲其有一定的管理价值，但对整个企业的管理过程并无直接影响。

（二）第二阶段，有一定的规划未来的功能

这一阶段，企业的成本核算由简单的记录过去发展到逐步具有规划未来的功能。这主要出现在 20 世纪初，工业化社会的经济

高速增长,市场竞争更加激烈,企业为了不断地增强其竞争能力,感到事后核算的成本会计信息不能满足其要求。同时在泰勒制度管理模式的推动下,企业已开始使用“预算管理”和“标准化管理”等科学管理手段。而这些思路不但影响了会计,并且直接运用到会计中,使成本会计逐步运用估计成本、标准成本和预算等方法,以期通过相关的成本核算信息来影响企业的管理过程和管理行为,并期望通过利用各种成本资料来增进工作业绩。这就使成本会计在原来的成本归集核算的基础上逐步形成了事先控制的新职能,把成本会计从事后核算向事先控制推进。此时的成本会计也可以称之为近代成本会计。

(三)第三阶段,完全走向以管理为导向

二战以后,西方发达社会的经济规模不断增大,以资本化经营为基本特征的大公司、大财团、大型跨国企业和大型垄断集团不断涌现。随着企业规模的不断扩大,企业的生产和市场经营管理的复杂度越来越高。同时由于科学技术的发展并大量运用于生产,企业的市场竞争空前激烈,企业为了在竞争中求生存和求发展,就必然要求不断降低其产品成本和各项经营管理成本。此时的企业管理当局开始着眼于企业生产和经营的全过程,十分重视预测、决策和各种规划控制的有效方法,并要求企业的成本会计与这些管理职能紧密结合,同时必须为完成这些职能提供有关成本方面的相关信息,这就逐步形成了现代成本会计。

美国著名成本管理会计专家查尔斯·T.霍恩格雷指出:“成本会计目的涉及收集和提供各种决策所需的信息,从基本的反复出现的业务的经营管理直至制定非经常性的战略决策以及制定组织机构重要的方针。重要的是要把现代成本会计制度的着眼点放在帮助经理们解决好现在和将来所出现的问题上。成本会计关心过去,这只是在帮助预测未来和满足对外报告需求的情况下。”(《高级成本管理会计》第 3 页，费文星等译）所以，现代成本会计已经发展成为以成本核算为基础、以成本控制为核心、以有效进行成本决策为重心，并具有各项成本预算、计划、控制、考核和分析完备职能的科学管理体系。

三、成本会计的定义

通过上面的阐述，我们已经发现，成本会计是随着社会经济的发展而发展的，而且不同的历史时期、时代和社会都赋予其不同的职责和使命，所以讲，成本会计的概念和定义也是在不断变化和发展的。我们可以看出，在成本会计的第一阶段，是成本会计发展的初级阶段，所以其成本会计的定义也是较为简单的。早期研究成本的英国会计专家劳伦斯（W.R.Lawrence）曾经对成本会计作过如下定义："成本会计就是应用普遍的会计原理、原则，系统地记录某一工厂生产和销售产品时所发生的一切费用，并确定各种产品的或服务的单位成本和总成本，以供工厂管理当局决定经济的、有效的和合理的产销政策时参考。"可见这个定义对于当时成本会计的界定是非常适合和正确的。

在成本会计发展的第二阶段，也是学术研究十分活跃的时候，由于企业的科学管理方法不断与企业的会计管理和成本会计相结合，成本会计所涉及的领域不断扩大，相对于财务会计而言，成本会计已形成了其相对独立的核算和管理体系，所以不同的学者都从不同的角度来论述和阐述自己对成本会计的认识。大部分学者都承认了成本会计的相对独立系统，认为成本会计是一种用来详细描述企业预算和控制其所用资源（包括资金、设备、员工及所耗的各种原料和劳动）的利用情况方面的各种原理、惯例、技术和制度的一种综合性术语。但也有学者认为成本会计应该与财务会计相一致，就是提供相关的会计信息，虽然它具有各种职能，但核算和详细披露始终是其最基本的职能。

在成本会计发展的第三阶段,也就是现代成本管理会计阶段,此时的成本会计不仅要做好生产过程的成本控制及事后的成本核算和分析工作,更重要的是要做好成本的预测,进行有效的成本决策,制定目标成本和推行责任成本,强化成本的事先控制,而且结合责任会计实行责任成本的考核,要求用最优化的成本方案来引导企业生产经营的全过程,以便取得最佳的经济效益和达到企业价值的最大增值。因此,现代企业的成本会计是一种管理型成本会计,要求用成本来干预和引导企业的生产和经营。所以,我们认为现代成本会计的定义应作如下表述:现代成本会计是成本会计与管理的直接结合,根据企业不同的管理要求,提供各种相关的成本核算和有关信息,采用现代化的管理方法,建立数量化的管理技术,帮助管理决策者达到最优化的成本方案,并能在企业整个生产经营过程中,进行预测、决策、计划、控制、考核和分析,促使企业提高竞争能力和适应能力,以实现企业最佳运营的一种专业化管理活动。

第二节 成本会计信息系统

一、成本会计的信息目标

成本会计的信息目标就是要根据企业不同的成本管理要求,确定不同的成本计量对象,准确合理地归集和分配企业一定时期发生的各项成本耗费,准确地核算产品成本和各类与成本管理目的相关的成本概念,及时提供对决策有用的成本信息,为提高整个企业的成本管理水平服务。

首先,准确计算产品成本和企业一定时期的经营总成本,是成本会计的核心工作。成本核算的资料必须真实可靠,才能真正为管理所用。如果实际成本资料不准确,就不能真实地反映企业的实际成本水平,那么不但难以考核成本计划的完成情况,也不能据以作出正确的成本决策,而且还会影响利润计算的准确性和各项资产计价的准确性,从而歪曲整个企业的财务状况,影响企业的经营决策。因此,成本核算的准确性是提供有效成本信息的基础,对整个企业的有效良性运作具有重要意义。

企业实际成本核算的信息,对于成本管理的不同要求具有特殊意义,因为,不同管理要求可以从不同的角度来有效地运用这些信息。如管理当局、上级公司或债权人等,分别可以以此作为考核企业成本管理工作的依据,也可以以此作为企业成本控制和制定合理的产品售价的依据,还可以作为编制新的成本预算和计划的依据;同时通过实际成本信息的变化能进行有效的成本动态分析,及时揭示成本变动的原因。当然,实际成本的信息更是企业定期编制对外成本报表的重要信息来源。

在成本会计工作中,除了定期核算实际成本资料和编制对外成本报表外,有时也要求根据企业特定成本管理要求,计算特殊成本概念的信息,甚至要求编制特定的内部成本管理报表。如企业要求按不同的责任部门核算责任成本和编制责任部门的成本报表,按实际成本与计划成本进行比较,考核企业成本计划的执行情况,并编制相关的成本计划执行报告;有时为了经营决策的要求,要求成本会计汇总和核算不同成本习性下的产品变动成本和部门固定成本,并要求编制弹性成本预算报告等,为企业的市场决策服务。

要强调的是,在编制内部成本报表时,不仅要反映本期实际的成本发生额,而且还要根据成本的预测资料,结合下一期生产情况的发展和变化来加以分析,提供下一期生产成本的预算数,这样才能使企业管理当局及有关人员及时了解成本的实际节约或超支情况,和其未来的发展趋势,以便采取有效的措施,加强对生产成本的控制,从而真正促使企业不断降低成本和提高企业的成本管理水平。

二、成本信息的质量要求

企业成本会计提供的各类成本信息必须要符合一定的质量要求,才能真正有利于企业提高成本管理水平,并使其成本信息真正发挥其应有的作用。企业成本信息的质量要求主要表现在这样几个方面:

(一) 真实可靠性

所谓真实可靠性是指,成本会计提供的成本信息要与客观经济事项的实际情况相一致,它主要包括真实、全面和可核实三方面内容。真实的成本信息对企业经营管理决策是至关重要的,如果信息不实,不但会造成决策的失误,更可能导致重大损失。同时成本信息必须在一定要求范围内全面和完整,决不能根据个人好恶来有偏向地披露,并且这些信息必须要能够进行必要的核实,定期审查部门成本信息的真实性,是确保成本信息高质量的重要手段。成本信息是整个企业十分重要的基础性和综合性信息,真实可靠性是其最基本的质量要求。

(二) 管理有用性

管理有用性是指成本会计提供的信息必须要符合企业不同的成本管理的要求,成本信息的提供应该具有针对性,而不是盲目的。因为成本信息是为企业成本管理服务的,要判断成本信息是否有用,其鉴别标准应该看其是否能对完成企业不同的成本管理目的有所帮助,这种有用性主要包括决策价值和反馈价值,即这种信息要能有助于企业经营决策的正确制定和实施，并能通过反馈信息及时地对不完善的生产经营活动进行修正，确保企业高水平的运行，否则这种信息不但是无效的，而且是一种浪费。

（三）一致可比性

该质量要求规定企业不同时期提供的成本信息应该是前后可比和相互呼应的。这就要求企业在整个成本计量和核算的过程中，采用的方法应前后一致，各期所用成本核算资料的口径也应是一致的。不一致可比的成本信息不但不符合真实可靠的质量要求，并且也无法达到对企业成本管理有用的要求，而且可能导致成本的弄虚作假，任意调节各期的实际成本发生额，使成本信息无法发挥其应有的功能。

（四）及时性

成本信息的及时性是指相关信息应该在其尚未丧失其决策价值之前就被及时提供。及时性是确保成本信息有用性的重要前提，过时的信息不但是无用的，而且可能会导致决策的失误。但要注意的是及时性并非越快越好，而是应在保证其相关质量的前提下。市场的竞争有时就在瞬间，及时和高质量的成本信息才能保证企业在最短的时间内作出合理决策。

（五）重要性

重要性原则是指成本信息的提供应该是有重点和具有针对性的披露。这项质量标准要求成本信息的核算和披露应该是有重点的，而不是不分轻重事无巨细一样对待。对成本有重大影响的项目应该重点核算和全面披露，力求精确，而对于次要和一些琐碎的成本项目，则可以简化核算和合并披露。

（六）稳健性

稳健性是会计核算的一项基本原则，同样也是成本信息的一项重要质量要求。它是指在企业的成本核算及计量某些特殊管理用成本项目时，应充分估计各项依据的支出和可能发生的损失，即要求在企业成本核算和计量过程中应具有充分的成本风险意识，不能因为过分的乐观而低估成本，并导致利润的高估。当然稳健性的质量要求必须是适度的，应在合理的范围内，过度稳健会导致成本和利润核算等计量信息的失实。

三、成本信息要素

成本信息要素是指构成企业成本信息最基本的组成因素，它将对整个企业的成本核算和计量产生直接的影响。全面把握这些成本信息要素，对于深入理解企业成本信息具有重要意义。

（一）成本目标

成本信息的目的在前面已阐明了，虽然它与成本目标从理论上讲是有差异的，但从最终要求来看，它们是一致的。如果说前者是表明成本信息的功效的话，那么后者就说明了成本管理本身的功效，所以也可以说，成本信息的目的必须要符合成本目标的要求。因此，成本目标必然是影响企业成本信息的一个最根本的因素，从根本上讲，两者都是要求及时有效地提供成本计量的信息，有效控制各项成本，提高企业的整体成本管理水平。在上述目标的指引下，不同的成本管理目标要求成本会计能提供不同的成本信息，所以，成本信息的价值是由成本目标所决定的。

当然，一定时期的企业经营目标决定了企业的成本管理目标。成本目标的不同必然会引导出许多不同的成本含意和多元的管理成本概念。除了财务成本中常用的“广义与狭义成本”、“长期与短期成本”、“直接与间接成本”和“产品与期间成本”概念外，现代成本管理会计中形成了许多特殊管理用途的成本概念，这将在下面详述。

不同的成本目标就会产生不同的成本确认方式，主要涉及以下三个方面：

1．成本计量。

成本计量可有多种计量方法，如实物计量、劳动计量、货币计量和技术计量等等。货币计量是成本计量的主要形式，其他计量是辅助形式。货币计量的成本计量信息具有综合性、收益比较、广泛接受和决策有用等特性。但为了满足特殊成本管理目标的要求，也不排斥在特定要求下，采用非货币量度进行成本计量，并作为补充信息，有时这还是必不可少的。

2．成本耗费。

耗费是确认企业一定时期成本的基本标准，一般情况下这种耗费必须是能够用货币计量的，而且这种耗费已经实际发生，也可能在可以预计的未来必然会发生。耗费是成本确认的本质，然而不同成本管理目标下的成本耗费的认定标准可能是有差别的。

3．成本补偿。

能否在未来通过收益来补偿，是确认企业成本的又一重要标准。凡不能在未来得到补偿，或在支出时就不要求得到补偿的耗费，便不能确认为成本，只能作为企业的一种费用支出或损失。同样，一旦当某项成本被认定为无法得以补偿时，就应该将其转作为损失来处理。当然，在不同成本管理目标下，成本补偿的认定标准必然也是有差别的。如同耗费一样，企业的成本耗费和补偿可以是直接或间接的，也可以是货币性和非货币性的。

（二）成本动因

成本动因是指导致成本发生或变动的所有因素，大致有以下几个方面：

1. 经济活动过程和数量。

企业成本的发生或变动与企业生产经营的复杂程度和业务量规模具有直接关联。

2. 生产要素价格的变化。

原料、人工及社会各项服务价格的提高，往往是企业实际耗费和未来要求的补偿发生重大变化的重要动因。

3. 生产力效率的变化。

生产力水平是影响企业一定成本发生的重要因素。

4. 决策与控制水平高低。

企业对于成本的决策和控制水平的高低，从长远来看决定了企业的成本耗费水平，也决定了企业的市场竞争能力和盈利能力。

5. 企业成本文化的素养。

企业管理层与全体员工的成本意识，永远是企业成本动因的重要变量。

6. 市场竞争的激烈程度。

一般情况下，企业外围的市场竞争越激烈，企业可能为其花费的成本代价越大。

7. 偶发因素。

许多偶发的市场与自然因素，往往是人力所不可抗拒的，但应尽可能增强防范能力。

（三）成本意识

成本意识是现代企业成本管理的新概念，也是企业成本文化的重要内涵，即要使企业从管理层到每位员工都意识到，成本的节约是企业生存和发展之本，成本与每个人的利益和职务息息相关，成本的浪费就是对自身利益的损害。

1. 成本绝对意识。

成本绝对额的节约是成本意识中最重要也是最基础的,人人都应清醒地认识到,每一分成本的节约都应从自我做起。成本是市场衡量最潜在的惟一标准。

2. 成本习性意识。

成本习性就是成本相对额的变化,其中主要有成本产量习性和成本收益习性。前者是指一定比例产量的增长会带来较大比例成本的节约;后者是指一定比例成本的节约会带来较大比例收益的上升。

3. 成本综合意识。

成本耗费水平的高低是企业综合管理水平的体现。因为成本是企业的一项综合评价指标,是反映和考核一个部门或个人的经营业绩的重要依据之一。其他表现再好但成本失控,绝不能认为是绩效良好的。

4. 成本责任意识。

成本责任是指一个部门或个人应该对其职责范围内发生的成本及其效率负有完全的责任。成本的行为人应该明确其责任范围和标准,并意识到他(们)必须对成本的发生是否有全责,这样才能做到职责明确,赏罚分明。

(四) 多元成本概念

在多元成本管理目标的决定和影响下,多元成本概念的形成是必然的,这也是现代成本会计成熟的基本标志,并能使其成为一个完备的成本会计管理体系。由于成本目的有很多方面,所以与之相对应,形成如下一些主要的管理成本概念。

1. 变动成本与固定成本。

变动成本与固定成本是根据成本与企业业务量的关系来划分的。

变动成本是指其成本发生额随着企业业务量变动而成正比例

变动的成本。如产品生产必不可少的原料、燃料和人工等。

固定成本是指在一定时期和一定范围内，其成本发生额不随着企业的业务量变动而变动的成本总额，如基本管理费、广告费等。

2．产品成本与期间成本。

产品成本与期间成本是根据成本是按产品进行确认，还是按时期进行确认来划分的。

产品成本是指与产品生产的一定产量和质量直接相关的成本，包括直接材料、直接人工和制造费用等。

期间成本也称期间费用，是指企业经营过程中发生的与该经营核算期相关的成本，主要有管理费用、销售费用和财务费用。

3．付现成本与沉入成本。

付现成本与沉入成本是按成本费用发生是否需要支付现金来划分的。

付现成本是指需要在本期或未来动用或支付现金、有价证券等流动资产的成本，是决策相关成本。

沉入成本是指不需要在本期或未来动用或支付现金等流动资产的成本，如固定资产折旧成本等，是决策无关成本。

4．原始成本与重置成本。

原始成本与重置成本是按资产不同时期价值计量依据来划分的。

原始成本是指最初购置或生产各项财产物质所发生的全部实际支出，一旦确定后不能随意改变，是决策无关成本。

重置成本是指按目前市场价格来重新计量各项财产物质的价值，能真实反映目前的成本水平，是决策相关成本。

5．有关成本与无关成本。

有关成本与无关成本是按成本的发生是否与决策方案相关来划分的。

有关成本是指该成本的发生将直接影响有关决策方案的成本和利润的成本,如变动成本和付现成本等等。

无关成本是指该成本的发生与有关决策方案的成本和利润不相关的成本,如沉入成本和原始成本等。

6. 可控成本与不可控成本。

可控成本与不可控成本是按成本的发生能否为考核对象(成本责任中心或责任人)所有效控制来划分的。

可控成本是指在某成本考核对象的责任范围内发生,并能被责任中心或责任人有效控制的成本,是考核的依据。

不可控成本是指不在某成本考核对象的责任范围内发生,并不能被该责任中心或责任人有效控制的成本,一般不能作为考核的依据。

7. 可延缓成本与不可延缓成本。

可延缓成本与不可延缓成本是按成本的发生能否被适度地延迟到未来来划分的。

可延缓成本是指该项成本的发生是必要的,但对于目前来讲并非十分迫切,是可以递延到将来再发生的成本。

不可延缓成本是指该项成本的发生不但必要而且紧迫,必然要在目前发生并不可能被递延到将来的成本。

8. 可避免成本与不可避免成本。

可避免成本与不可避免成本是按该成本的发生在决策方案变动时是否可避免来划分的。

可避免成本是指当决策方案变动时某些可以避免发生的成本,或在几个备选方案中,因选择某一方案而无需支付其他备选方案的成本。

不可避免成本是指无论决策方案如何变化都不可能避免的成本,或在几个备选方案中,无论选择哪个方案都必须要承担的成本。

9. 机会成本与或有成本。

机会成本与或有成本不是相对应的成本概念。

机会成本是指由于资源的有限性，当我们选择一个最佳决策方案后，就必然要放弃次优决策方案，而次优决策方案可能的收益就成为选择最佳决策方案的代价。

或有成本是指根据预测和分析尚不能确定在未来该项成本是否会真正发生，它是决策时应充分考虑的不确定因素。

10. 边际成本与差别成本。

边际成本与差别成本也不是相对应的成本概念。

边际成本是指每增加一个单位业务量所要增加的成本，在大量大批生产的情况下，边际成本主要指变动成本。

差别成本是指两个不同决策方案之间预计的成本差异额，或是指采用新的决策方案比采用原来的决策方案要增长或节约的成本额。

11. 责任成本。

责任成本是指按照某个责任中心或责任行为人为对象来归集和计算的成本发生额。它是考核和评价责任中心或责任行为人经营业绩和职责履行情况的重要依据。

四、成本报告

（一）成本报告的意义

成本报告是根据企业日常成本核算和计量的有关资料编制的，用来反映企业一定时期的产品生产、经营和特定成本管理目的的资金耗费、成本构成及其各种变化原因，并能分析和考核企业的费用预算和产品成本计划执行情况和结果的书面性报告文件。

成本报告是企业一定时期成本运作和成本信息披露的重要表现形式，也是企业成本信息披露的终点和新的起点。成本报告的编制和披露过程实质上是将企业日常核算所形成的大量分散的成本信息,进行全面分类、概括、综合并使其系统化的过程。它为成本信息的使用者能够定期了解和掌握企业系统、全面的成本信息提供了可能,使企业管理当局能及时把握各项成本的变动态势和发展趋势,并采取必要的降低成本的改进措施。

(二)成本报告的作用

定期编制企业成本报告是成本会计信息系统的一项重要内容,它对加强成本管理,提高企业的整体经营管理水平具有重要的作用,主要表现在如下几方面:

1. 提供了综合的成本管理信息。

企业的定期成本报告能向企业的管理当局和所有成本信息使用者提供综合的成本信息,使他们能完整全面地了解企业各种产品、部门和特定管理范围内的成本、费用的发生情况及其变动状况,全面掌握企业和各部门一定时期生产成本计划、费用预算和有关成本管理标准的执行情况,对于制定企业的整体经营战略具有重要意义。

2. 揭示成本变动的结构和原因。

通过企业的定期成本报告,可以全面了解和掌握企业及各部门具体成本变动的项目,通过比较和分析成本、费用水平的变动,查明各项成本变动的原因,从而为寻求降低成本的途径,和进一步有效地控制成本及费用水平等,指明了努力的方向。

3. 为制定新的成本计划提供依据。

通过编制企业定期的成本报告,及时揭示企业成本变动的内容和原因,就能为其有效制定新的成本计划和费用预算等提供依据,能够明确努力的方向,将各项具有针对性的改进措施融入新的成本计划中,使企业的成本管理水平不断提高。

4. 为实施企业各项特定成本管理目的提供依据。

各项特定的成本管理报告能为企业的成本决策、控制、考核、分析和评价等提供依据，如通过成本报告可以了解企业有关部门的预算执行情况是否良好、责任成本的考核制度是否健全、成本的决策是否达到一定水平、部门成本控制能力的强弱，并为企业进行全面的业绩评价和成本分析等提供依据。因此，为特定成本管理要求所编制的成本报告，对于及时披露有关成本管理的信息和促进企业综合成本管理水平的提高都有重要意义。

另外，从不同的成本信息使用者来讲，成本报告对于企业员工、部门经管人员、企业管理当局和上级公司都具有重要的信息价值。员工更关注成本的节约与企业的效益和本身的利益，部门经理主要注重计划和预算的执行情况，管理当局更关心企业的整体成本水平变化与市场的竞争能力，而上级公司着重于对企业成本管理的指导和监督。总之，企业的成本报告是企业各有关部门了解企业成本计划和费用预算等执行情况的主要途径，也是对企业各部门进行成本考核的重要手段。

（三）成本报告种类

企业一般的财务报表都是对外报告，如资产负债表、损益表和现金流量表等，它们的编制和报送等都必须符合严格的法定程序。由于企业的成本信息是一种商业机密，一般是不对外披露的，所以企业的成本报告是内部报告，主要目的是服务于企业内部的成本管理要求，其报告格式、编制要求和报送时间等，一般都是由企业及其主管部门根据企业生产和经营过程的特点及其成本管理的要求而具体确定的。

一般来讲，生产成本报告的编制，由于其主要是以企业的成本核算资料为主要内容，所以应该与企业的生产工艺过程紧密联系，而企业特定成本管理目的的成本报告的编制，则应根据企业的内部成本管理的要求分部门和分事项来编制。一般情况下，企业的生产成本报告应定期编制和报送,一般应与企业的成本核算期和会计期相一致,这样便于成本的汇总和比较分析。而企业的特殊成本管理报告可以根据管理的特定要求,定期与不定期编制和报送。另外,无论何种成本报告,其编制的格式和披露信息的详尽程度,都应根据企业成本管理和信息披露的要求来确定,管理部门应根据具体情况的变化和管理要求的发展,及时提出要求,使成本报告能及时提供信息使用者最关注和最有管理价值的成本信息。

企业的内部成本报告可以讲是五花八门,种类繁多,但一般主要可以分为如下两大种类:一类是日常生产成本的成本报告,这是企业最主要的成本信息,直接关系到企业产品在市场上的竞争能力和企业一定时期的盈利水平。这类成本报告主要有:

- 商品产品成本汇总表;
- 主要产品单位成本表;
- 制造费用明细表;
- 工资成本明细表;
- 生产费用表;
- 管理费用明细表;
- 其他成本报告。

上述这些日常成本报告之间都有一定的内在联系,它们之间具有相互补充的关系,构成了一个完整的反映企业生产成本计划和相关费用预算执行情况的报表体系。

第二类是根据企业成本管理特殊要求编制的成本报告,主要用来考核和分析企业有关成本管理目标的完成状况和程度的报告,它们更没有统一的格式,完全根据企业不同时期成本管理的特定要求和目标来编制,在编制的时间上也是灵活多样的。主要有如下几种:

- 产品生产和销售成本预测报告;
- 部门成本分析报告;

- 产品或部门成本预算完成报告；
- 产品或部门成本控制报告；
- 部门成本业绩评价报告；
- 项目成本决策分析报告；
- 标准成本差异分析报告；
- 总成本变动因素分析报告。

同样，上述这些成本报告的编制，在有些成本信息上也会发生交叉，并能起到相互补充的作用。有一个问题必须强调的是，管理用成本报告的编制不能过于复杂和繁琐，应尽可能做到简洁明了，应该编制两份成本报告的内容，决不应该汇总在一份成本报告中，除非有特殊要求。同时，不同成本管理目标的成本报告应该分别编制，即便为了同一管理目标，只要其考察部门不同，也应分不同部门来分别编制其成本报告。总之，成本报告的编制者应始终想到成本报告的使用者，只有得到他们的认可，其成本报告才能被认为是有效的。

由于企业成本管理的要求是多方面的，所以用于特殊管理目标的成本报告的编制可能永远都没有标准的种类和固定的格式，成本会计人员应该根据企业管理当局和不同成本信息使用者的要求来编制不同种类的成本报告，并要根据客观经济环境的变化和企业及部门成本管理要求的发展，及时修正和改善成本报告的编制格式，使其不断完善。

第三节 成本会计管理系统

一、成本会计管理系统的意义

成本会计的主要内容是成本核算，但成本会计的最终目标是成本管理,并要通过管理来指导企业的生产和经营活动。所以,成本会计的生命力所在就是其不单单是一种核算方法,更是一种管理体系。成本会计不是为算而算,而是为管理而算,这样才使其成本信息具有实际的管理价值,而且也确保成本会计在整个成本核算过程中,始终是根据企业的成本管理目的和要求来进行的。成本核算只是形式或手段,而成本管理才是最终目标。

从会计体系来看,企业成本会计的管理系统可以说是相对独立的,因为企业的成本核算相对地游离于企业的一般会计核算系统,如会计体系的资产、负债和权益的核算一般不涉及生产成本核算,成本核算的内容主要决定企业一定时期的销售成本,仅作为企业损益表的一部分内容,至于这部分内容是如何核算、运作和控制的详细情况,在损益表中并不能了解,所以成本会计的核算系统在会计系统中是相对独立的。

与其说成本会计是一种会计,还不如说成本会计是一种管理。因为企业的成本会计作为一种特殊的管理活动,与企业的整个管理体系有着十分紧密的天然的联系,而且可以说企业的整个经营管理活动的全过程,无一不是与其成本管理紧密相联的。企业的经营管理过程在许多方面与企业的成本管理过程是相似的,而且在很多方面两者是吻合的。这种关系我们可以通过下面的图形来认识,见图1.1。

就像我们前面谈到成本会计概念时指出的,现代成本会计的本质是企业的成本核算与管理的直接结合。企业成本会计的管理系统是企业整个经营管理系统的一个重要组成部分,成本管理系统应该与企业的经营管理系统保持一致,并要根据企业管理的要求来确定一定时期的成本管理目标,并以此来决定企业成本核算和计量的方法,并定期或不定期地披露真实可靠的对企业管理决策有用的成本信息。

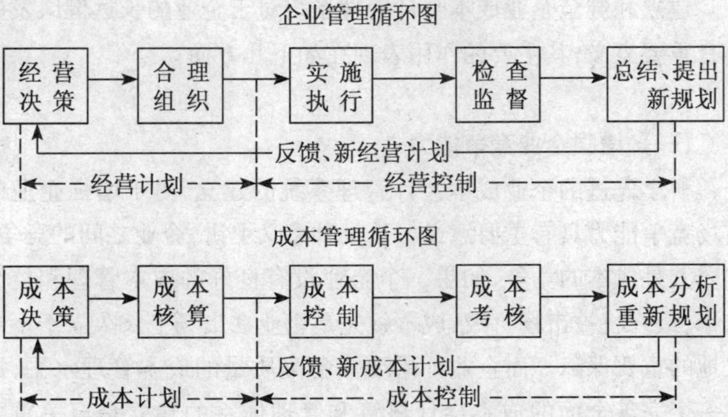

图 1.1

二、成本会计管理系统的作用

其实，在任何一个企业中由于成本太"普遍"，我们习以为常，所以也最容易被人们所忽视，在一些管理体系不完善的企业中，往往没有专门的成本管理的职能部门，"任何人和任何事都可以'合理'地花钱用物"，企业没有严格的成本控制制度，这种企业可能由于产品和市场的原因，短期内经济效益尚可，但这种短期效益的良好却实际掩盖了企业管理水平的低下，从长远来看，这种企业最终是没有发展后劲的，可能随时会被市场所淘汰。

另外，企业的成本管理是一个系统工程，它是不可能仅靠少数专业人员就能管全和管好的。企业的成本耗费和费用开支等涉及到企业的所有部门和员工，成本管理是每个人都必须具备的管理职责。所以，如此庞大的管理活动，不通过完备的制度机制是不可能的。每一个成功的和管理比较成熟的企业都应建立完备的成本会计管理体系，这样才能确保企业在市场上具有良好的竞争能力，并使企业保持长远发展的能力。

建立和健全企业成本会计管理系统对于企业的长远健康发展具有重要意义,其主要的作用表现在如下几方面:

(一) 增强企业竞争能力

科学先进的企业成本会计管理系统的建立,对于增强企业的市场竞争能力具有重要意义。从某种意义上讲,企业之间的竞争,本质上是成本的竞争,如果一个企业没有良好的成本管理和控制水平,最终将被市场打败,成本领先是企业在市场上长久立于不败之地的重要保障。而企业如果要具备高质量的成本管理水平,那么一个完善全面的成本会计核算和管理体系的建立是至关重要的。

(二) 增加盈利的根本途径

不断增加盈利是企业根本性的经营目的,也是企业发展长久性的原动力。在任何情况下,降低成本永远是增加利润的有效途径,在收入上升或不变的情况下,成本下降就能使企业利润增加,而当企业收入下降时,降低成本就能抑制利润的下降。同样,一个企业如果要保持长久的盈利能力,就必须在成本控制上下大功夫,并且要建立完备的成本会计核算和管理体系,在每个部门和每个环节上真正做到全方位的成本管理,这样才能确保企业具有持续的盈利能力,并保持企业稳定的发展态势。

(三) 抵抗内外压力和确保生存的重要保障

企业在整个经营过程中始终受到来自社会经济环境、税务环节、法律环节和政治环节变动的压力,同时企业也受到来自内部的员工待遇、管理层利益和股东分红等各方面的压力,如企业不具备一定抵抗压力的能力,就会被打垮。而企业用以抵抗内外部压力的主要武器之一,就是能够降低成本,并在此基础上提高质量和增强新品开发等等。而在这当中,降低成本是最重要的。因为只有企业成本具有竞争能力,才有可能谈得上提高质量、引进优秀人才和抵抗内外压力或改善员工待遇等等。如果企业没有良好的成本会计核算和管理体系,成本不具备竞争能力,要使企业立于不败之地是不可能的。

(四) 企业稳步发展的基础

企业成本会计管理系统的完备与否是衡量企业综合管理水平高低的重要标志之一。企业只有做到成本控制严密,成本制度完备,才能确保其成本水平在同行业中具有领先地位。而要保持这种地位,同样必须通过进一步完善企业的成本会计管理系统才能实现。另外,企业的任何战略性发展,都必须具有成本意识,并要受成本会计管理系统的严格监管。无论是新品开发、扩张投资或价格战略等的运用,都必须进行严格的成本测算,在合理成本决策的指导之下进行,并在整个运作过程中实施严格的成本控制,只有这样,才能使企业真正做到稳步发展。

三、成本会计管理系统的构成

所谓成本会计管理系统的构成,也就是企业成本管理应具备的基本职能,主要有成本预测、成本决策、成本预算、成本核算、成本控制、成本责任、成本考核和成本分析。上述各项成本管理职能是相互沟通和紧密联系的,构成企业的一项综合成本会计管理体系。前三项成本管理职能属于成本计划范畴,也称为成本的事先控制;当中三项成本管理职能属于成本控制范畴,也称为成本事中的控制;后两项成本管理职能属于成本业绩评价范畴,也称为成本的事后控制。下面首先对上述八项成本管理职能作基本的阐明:

（一）成本预测

成本预测是指企业在生产经营之前，根据历史的成本数据资料、企业市场环节的变化和实际的生产经营状况，运用科学的预测方法，对企业未来一定产品和一定部门的生产和经营成本的发生额所作的合理预测。它有助于企业经管人员了解和把握未来成本的发展状况，掌握企业一定时期应有的成本水平。成本预测是成本决策的基础。

（二）成本决策

根据企业成本预测和相关的资料，制定最符合企业实际的成本决策方案，确定成本目标和成本标准。对于不同的成本方案，在成本决策时应严格按照决策程序，选定最合理有效的方案。同时，合理的成本决策能为制定有效的成本管理措施，为其他生产、销售和价格等决策提供依据。另外，完善的成本决策是企业制定成本预算的依据。

（三）成本预算

根据最优成本决策方案，制定出详细的产品生产、销售和部门等的成本和费用预算，并要说明本期成本预算要达到的目标，使企业每一员工都明确成本降低的目标和应该努力的方向。要强调的是，成本预算的制定需要各业务部门的人员积极参与，包括生产部门、供应部门、技术部门、销售部门等等，自下而上提出成本预算方案，最后由企业领导部门进行汇总。另外，要注意的是，在制定成本预算时，应同时考虑如何建立完备的成本考核指标，为实施有效成本控制建立制度保障。成本预算是进行有效成本考核的依据。

（四）成本核算

成本核算是成本管理的基础，准确的成本核算能为全面的成本管理提供真实可靠的成本信息。成本核算要求对企业生产经营过程中发生的各项成本支出,按一定的成本核算对象、责任范围和成本标准等进行成本的归集和分配,计算出准确的产品总成本和单位成本,及各项特定成本管理要求的成本项目的实际发生额,及时提供相关的成本信息。成本核算方法一经确定是不能随意改变的,这主要是为了保证成本信息的可比性。

(五) 成本控制

这里是指狭义成本控制,是将企业一定时期制定的成本和费用预算,及具体的目标成本和标准成本等作为依据,对企业生产经营过程中的所有成本支出实施全面的监控,在成本费用实际发生时,应进行严格审核,确定该项成本支出是否符合预算标准,以有效地控制各项成本和费用的发生额。如有超支应及时反馈有关信息,并及时采取相应的措施。

(六) 成本责任

成本责任实际上是成本控制的一种特殊形式,只是其成本控制的范围不是以预算成本或标准成本为依据,而是以其责任范围为依据。成本责任的控制对象应该是特定的成本中心,该中心只对成本负责,而不对利润和投资收益等负责,按照谁负责谁承担的基本原则,来归集和分配成本。成本责任的明确是现代责任会计的重要保证,也为企业的成本控制和考核建立了完备的体系。有的企业就是将责任会计作为企业的基本管理系统的。

(七) 成本考核

成本考核是企业管理的关键程序,因为企业成本和费用预算执行情况的好坏都集中体现在这里。企业应定期以成本、费用预算和成本责任等为依据,对企业的各种产品、部门、有关成本责任中心和各责任人进行定期考核,说明各考核对象成本预算或成本责任等的实际完成情况,揭示成本费用等变化的原因。同时,必须建立完备的奖惩制度,对完成或未完成成本指标都必须严格实施必要的奖惩,只有这样才能真正起到促进企业提高整体成本管理水平的作用,充分挖掘企业的成本潜力,调动搞好成本管理的积极性。

(八) 成本分析

成本分析是指企业应根据成本管理的要求,对特定成本预算执行部门或有关责任中心,定期和不定期对其成本和费用的耗费情况、成本增减变化情况进行分析,并作出相应的评价,说明成本变动的原因,及为了克服这些原因该部门作了哪些努力,阐明部门成本管理的实际业绩,并系统地总结出其中的经验和教训,提出有效改进措施的建议,并将有关成本分析评价的信息和建议及时传递到企业的成本决策部门,便于为企业制定新的成本决策方案提供依据,促进企业成本管理水平的提高。

上述各项成本会计管理职能是相互联系和互为补充的。成本预测是成本决策的前提,成本决策是成本预测的结果。成本预算是成本决策所确定目标的具体化。成本控制是对成本预算的实施过程进行全面监控,保证决策目标的实现。准确的成本核算为企业整体的成本管理提供了最基本的信息,离开了成本核算就谈不上成本管理了。成本考核既是保证实现成本决策目标的重要手段,也是对企业一定时期成本预算执行情况的总体评价,要实现企业的成本管理目标,还是要靠企业的全体员工和经管人员的共同努力,必要的奖惩是奖勤罚懒的最有效方式。建立有效的成本责任中心,做到“事事有人管,人人都负责”,这可能是企业成本管理中最高的成本文化水平的体现。如果企业一定时期的成本决策目标未实现,不外乎两个原因,一是决策本身可能有错误,二是预算执行不得力，这就要通过深入细致的成本分析才能说明其中的原因，指出不足，总结经验，为制定新的成本决策方案和进一步提高成本管理水平指明方向。

企业成本会计管理系统的简单图形可用图 1.2 来表示。

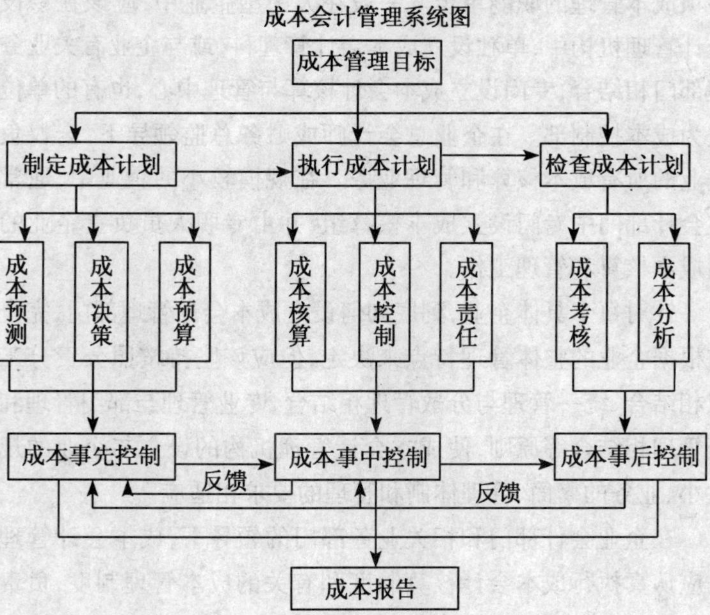

图 1.2

第四节　成本会计组织系统

为了保证成本会计管理工作的有效实施，企业必须建立和健全成本会计管理的组织系统，主要包括成本会计的管理机构、成本会计的管理人员、成本会计的管理制度和成本会计的基础工作等等，详细说明如下：

一、成本会计管理机构

成本会计管理机构是专门从事处理成本会计日常业务和进行各项成本管理的职能单位。一般在大中型企业中,应该在专设的会计管理机构中,单独设立成本会计管理科,或与企业有关业务管理部门相结合,专门设立成本会计核算与管理中心,也有的单位称之为成本控制部。在企业总会计师或财务总监领导下,全权负责企业的所有成本核算和管理业务。在规模较小的企业中,通常应在会计部门中专门设立成本核算组,并由专职人员负责企业的全面成本核算和管理工作。

针对每个具体企业,到底如何设立成本会计管理部门,完全应该根据企业的整体管理特点来决定,但应该坚持按照分责分工分权相结合、统一管理与分散管理相结合、专业管理与部门管理和全员管理相结合等原则,使成本会计管理机构的设立与企业的规模大小、业务的繁简、管理体制和管理的要求相适应。

在企业会计部门和相关业务部门的领导下,成本会计管理机构应认真执行成本会计核算制度和有关的成本管理制度,负责组织和处理企业的各项成本会计管理业务,既要做好企业的成本预测、决策和成本的预算工作,又要做好成本的核算、控制和成本责任管理工作,并且要及时进行成本考核和成本分析,挖掘降低成本的潜力,及时向企业管理当局提供各种成本核算和管理方面的信息。当然,在现代企业管理系统中,上述成本核算和管理的信息完全可以通过电脑系统来进行处理和传递。

二、成本会计管理人员

成本会计管理人员是指专门从事成本会计核算和管理的专业

技术人员。企业应该根据成本会计核算和管理的要求,及企业成本会计管理机构设立的特点,合理地配备专职性的成本会计管理人员,以保证成本会计核算和管理工作的高质量运行。

在企业配备成本会计管理人员时,除了企业一级和车间部门一级要有专门的成本会计管理人员外,在有关的班组和较小的核算单位,也应该配备专业的和非全职的人员来担任成本的核算和有关的管理工作,即所谓的班组核算和岗位核算,这是许多企业长期以来总结的一条行之有效的基层成本管理的成功经验。基层成本核算所提供的材料消耗、动力消耗和工时人工消耗等成本资料数据,不但及时和比较准确,能为成本核算和管理提供第一手的资料,而且也有利于企业的全体员工都来参与成本管理,有利于推动企业的成本管理岗位责任制,进一步挖掘节约成本的潜力,是一种有效的成本管理模式。

企业成本会计管理人员的配备并不是一成不变的,随着企业规模、成本管理要求和成本管理水平的不断提高,一般应适当地增加专业的高水平的成本会计管理人员,以适应企业发展的要求。随着企业成本管理职能的不断扩大,成本会计管理人员的素质也应不断提高,成本会计管理人员不仅要熟悉有关的政策法规和行业制度,精通业务,熟悉生产,最好能具备一定的基本技术知识,并且要全面了解企业的生产过程和成本核算流程,及企业不同成本管理职能的要求,这样才能真正确保成本会计管理人员在实际工作中发挥其应有的作用。另外,作为专业的成本会计管理人员,应该具有良好的职业道德,热爱本职工作,充分认识成本会计管理工作的重要性,并能全身心地投入。

企业管理层应该积极鼓励成本会计管理人员不断钻研业务和提高自身素质,并要为其提供条件和相应的机会,努力把企业的成本会计管理人员培育成真正的高级管理人才,这也是企业的重要财富,更是企业长远发展的根本保证。同时,企业应该对工作成绩突出，表现良好，并对企业成本管理工作作出较大贡献的成本会计管理人员，给予必要的表彰和奖励，不断提高广大成本会计管理人员的工作积极性。

三、成本会计管理制度

（一）成本会计管理制度的意义

成本会计管理制度是企业组织和处理各项成本会计核算和管理业务的基本规范，也是企业完备的会计管理制度的重要组成部分。建立和健全企业的成本会计管理制度对规范成本会计工作、提高企业成本管理水平、保证成本信息的质量等都具有重要意义。

企业的成本会计管理制度有广义和狭义之分，广义的是指对企业进行完整的成本预测、决策、预算、核算、控制、责任和考核与分析管理活动所规定的规范化运作程序，可以说这是较高层次的成本会计管理制度。而狭义的是任何企业都必须具备的，它主要是指有关成本会计核算的规范化程序和一系列具体的规定，包括日常成本核算方法和成本核算信息的传送规程等等。

严格地说，成本会计管理制度是一个系统完整和规范严谨的管理程序，并不是会计制度系统以外的一个临时和分散的核算模式，而是应该与企业整个会计管理系统和企业成本管理系统紧密相联和有机结合的一个必备的管理程序，它具有制度性、周期性和稳定性的特点。

（二）成本会计管理制度的内容

成本会计管理制度的内容，对于一个典型的制造业企业来说，一般包括以下主要规定和方法等：

- 关于成本预算和成本标准的编制办法；
- 关于成本核算制度，包括成本核算方法、成本核算项目的设

立、各项成本费用的核算规定、有关费用的分配标准和成本核算的基本程序等等;

- 关于企业及部门的成本开支范围和标准;
- 关于成本预测、决策的制度;
- 关于成本控制的制度;
- 关于成本考核和分析的制度;
- 关于成本责任的制度;
- 关于内部成本结算的制度;
- 关于成本报告编制和报送的制度。

必须指出的是:制定各项成本会计管理制度,应该非常慎重和严谨,因为这直接关系到各方面的利益,所以要作全面的调查、深入的分析和反复的试点,在基本成熟后才能作为正式制度推出,而一旦成为制度就必须严格执行。

另外,在制定企业成本会计管理制度时,应充分注重成本管理和成本信息质量的要求,各项计算口径应保持充分的一致性和连贯性。当原有的管理制度已明显有缺陷,或不再适用于新的经济环境和经管要求时,应及时作出修正,确保成本会计管理制度的高度合理性和有效性,确保能高质量地提供各项对决策有用的成本信息。

(三) 成本会计管理制度的种类

企业日常成本会计管理制度主要是企业的成本核算制度,按照不同的成本管理要求,它可以分为不同的种类,以满足特定的需要。主要有如下两种基本分类:

1. 成本核算按集中或非集中的组织形式分类。

(1) 集中核算的成本会计管理制度。

在这种管理制度下,企业一级的成本会计机构集中承担和处理企业的全部成本核算工作。这种管理形式有利于减少核算层次,保证核算的质量,但不利于内部各部门的成本控制和管理,不利于全员参与成本管理。它主要适用于规模较小,成本核算简单,成本核算的层次不很复杂的企业,并且这种企业一般对其成本的控制和不同成本责任部门的考核等不具有很高的要求。

(2) 非集中核算的成本会计管理制度。

这种制度也称分级成本核算制度,在此管理制度下,企业一级成本会计管理机构负责组织、领导、协调和管理全企业的各级成本核算工作,具体的成本核算,包括成本控制和成本分析等一系列成本管理工作,都由不同职能部门的成本会计人员来承担和处理。企业一级的成本会计管理机构负责总体成本数据的汇总,及核算企业一级所发生的各项成本费用的支出,最后提供全企业的完整的成本管理信息。这种成本会计管理制度有利于提高部门的成本管理意识,并能对部门成本的发生实行有效的控制,且能进行部门成本责任的考核。当然,这种管理方式会增加核算和管理的层次,要增加一定的会计人员,但对于一个规模较大的企业来讲,这种方式可能是较适宜的。

2. 成本核算按实际或标准成本分类。

(1) 实际成本核算制度。

这种成本核算制度是一种与法定财务会计制度相一致的核算制度。其所有账户处理和核算程序都是以实际发生额为依据,所有的成本信息的提供也全部是以实际成本数据为准。这种方法的优点是能与企业的法定财务会计系统直接相连,但其工作量较大,如要进行成本考核和分析必须另外在账外建立成本标准或成本预算。

(2) 标准成本核算制度。

这种成本核算制度是一种不同于法定财务会计的成本核算方法的核算制度。其所有账户处理和核算程序都是以事先制定的标准成本为依据,所有的成本信息的提供也全部以标准成本数据为准,但要在核算过程中专门设立各类成本差异账户,在需要时可随时计算出实际成本。这种方法的优点是大大简化成本的核算工作量,而且标准成本核算其本身不但是一种成本核算,也是一种成本控制,所以有利于企业的成本控制,并将成本的控制融汇于成本核算的过程中。其不足是它不能直接与财务会计相连,如要确定企业一定时期的利润,必须将标准成本加减成本差异调整为实际成本。

四、成本会计基础工作

除了上述成本管理制度的主要内容外,企业成本会计管理制度还有一项重要的基础部分,那就是成本会计基础工作。这些基础工作能否高质量地完成,是确保企业成本会计管理制度能够正常运作的重要保证,其主要包括以下几个方面:

(一)原始记录和凭证

原始记录和凭证是反映企业生产经营活动的基础资料,它也是准确组织成本会计核算的第一手记录。数据真实、内容齐全的原始记录和凭证是保证成本会计核算质量,提供可靠成本信息的原始依据。原始记录和凭证设置要科学合理,既要满足管理上的各项要求,又要简便适宜,切实可行。企业成本会计管理机构应协同企业的相关部门制定有关原始记录和凭证确认的标准和手续,制定原始记录和凭证在各部门之间传递和处理的规程,及有关保存和查阅的规定,并要明确相应责任和有关职责。

(二)计量和验收

对各种原料、半成品和产成品的计量和验收是成本会计管理的重要基础工作。计量和验收的失误可能导致整个成本会计工作的差错,和成本会计信息的严重失实。计量和验收是企业生产经营中数量管理的基础,虽然成本会计最终是以货币计量来反映的,但数量计量的准确性永远是货币计量的基础。因此,对于企业的一切原料、备件、半成品和产成品的收入、发出、领退、内部转移、入库等都要进行严格的计量和验收,以保证准确计算生产耗费和实际成本,保护财产物资的安全完整。另外,要确保计量和验收的准确性,就必须配备高质量的计量工具,由专人保管负责,并经常进行校验,确保计量和验收的准确。

(三) 定额制定与管理

所谓定额,其在成本会计中的表现形式是多种多样的,如材料定额、工时定额和费用定额等等,它是指企业在一定生产条件下,对生产经营活动过程中的各种耗费制定的消耗标准或应达到的要求。在成本会计核算中,各生产部门应根据实际生产状况、技术条件和成本管理的要求等,经过严格的测算,准确地制定每项产品和生产工艺的各种消耗定额。定额的制定应该保持先进性、合理性和可行性,同时随着生产技术的发展和成本管理要求的提高,各项定额应及时作出修正,确保产品成本核算的准确合理。但在正常情况下,企业的成本定额应该保持相对的稳定性。

定额一旦制定实施,就应严格管理,认真执行,对脱离定额的各种差异应按实际数归集,定期反映,为企业进行有效的成本分析提供依据。定额制定和管理水平的高低是一个企业成本管理水平的充分体现,没有良好的定额管理,企业的成本管理制度将不可能有效运作,甚至会导致企业成本的严重失控。

(四) 内部结算制度和结算价格

内部结算制度是企业内部各单位、各部门相互提供产品或劳务时所要实行的一种收付结算规程。企业采用何种有效的内部结算制度,应根据企业的生产程序的复杂性,涉及职能部门的多少,和企业成本管理的要求等综合因素来确定。但企业结算制度的建立必须完备,这样才能保证成本核算和相应的成本责任不会出现吃大锅饭的现象。科学合理的内部结算制度对明确企业的成本核算责任,实施有效的成本控制,和促进企业综合成本管理水平的提高都具有重要意义。

企业成本的内部结算可以按实际市场价格,也可以按照企业制定的内部结算价格,但这种内部结算价格必须正确合理,才能既保证不同部门的利益,又能促进各部门进行自觉的成本核算和控制。制定合理的内部结算价格是确保实施有效内部结算制度的重要前提,它能明确各部门的经济责任,反映各部门的经济利益,有利于准确地考核各部门的业绩。内部结算价格一经确定和实施,在正常情况下,应保持其稳定性,这样才有利于企业进行长期的内部结算和内部考核,并能保证有关成本信息的可比性。

思考题

1. 说明成本会计产生和发展的基本过程。
2. 怎样正确阐述成本会计的定义?
3. 成本会计的信息系统是怎样构建的?
4. 成本会计的基本目的是什么?
5. 成本信息有哪些质量要求?
6. 说明成本信息的基本要素和重要性。
7. 成本会计的管理系统是怎样构建的?
8. 成本会计的组织系统是怎样构建的?
9. 说明有效的成本会计管理系统在现代企业管理中的重要作用。

第二章 经营成本核算程序

第一节 成本的意义

本章讨论的成本是指生产经营成本,通常包括“产品成本”、“销售费用”、“管理费用”和“财务费用”。生产经营成本可以从不同角度进行认识,所得到的不同成本信息有不同的意义。

一、从经济性质认识

企业生产经营过程的本质是劳动对象、劳动手段和劳动力的消耗过程。因此,生产经营成本按其经济性质可以分为劳动对象的耗费、劳动手段的耗费和劳动力的耗费三大类。前两类是物化劳动耗费,后一类是活劳动耗费,它们构成了生产经营成本的三大要素。因此,在实务中,为了便于分析和利用,生产经营成本按经济性质可作如下划分:

1. 外购材料,指耗用的一切从外部购入的原料及主要材料、半成品、辅助材料、包装物、修理用备件、低值易耗品和外购商品等。

2. 外购燃料,指耗用的一切从外部购入的各种燃料。

3. 外购动力,指耗用的从外部购入的各种动力。

4. 工资,指企业应计入生产经营成本的职工工资。

5. 提取的职工福利费,指企业按照工资总额的一定比例提取的职工福利费。

6．折旧费，指企业提取的固定资产折旧。

7．修理费，指企业为固定资产进行经常修理和大修理而发生的有关支出。

8．税金，指应计入生产经营成本的各项税金，例如营业税、房产税、印花税、车船使用税等。

9．利息，指企业为各种借款和发行债券等所支付的利息费用。

10．其他支出，指不属于以上各要素的耗费，例如邮电通讯费、差旅费、租赁费、外部加工费等。

上述生产经营成本的各要素称为"费用要素"。按照费用要素反映的费用称为"要素费用"。按照费用要素分类反映的成本信息可以反映企业在一定时期内发生了哪些生产经营耗费，数额各是多少，用以分析企业耗费的结构和水平；还可以反映物质消耗和非物质消耗的结构和水平，有助于统计工业净产值和国民收入。

二、从经济用途认识

生产经营成本从经济用途角度来认识，可作如下划分：

1．研究与开发成本，指为创造新产品、新服务和新生产过程而发生的成本。

2．设计成本，指为了产品、服务或生产过程的详细规划、设计而发生的成本。

3．生产成本，指为了生产产品或提供服务而发生的成本。

4．储备成本，指为了储备生产和销售所需的原材料和产成品等而发生的成本。

5．销售成本，指为了让人们了解、评估和购买产品及将产品或服务递交给顾客而发生的成本。

6．客户服务成本，指为向客户提供售后服务而发生的成本。

7．行政管理成本，指企业为组织和管理企业生产经营活动所发生的成本。

8．外部服务成本，指企业接受外部服务，如会计师、律师和资产评估事务所等提供的服务所支出的成本。

其实，在企业的生产和经营全过程中，我们很难将所有经济用途的成本作出十分明确和细致的划分，即便可以，在成本核算的工作量上也是不堪承受的。所以，在实务中，一般将生产经营成本主要划分为生产成本、管理费用、销售费用和财务费用四大类。在生产成本中还应划分不同的成本项目，它们是与企业具体生产的产品和数量相关的，而管理费用、销售费用和财务费用都是按一定会计核算期进行归集的，所以也称之为期间费用，它们不与具体生产的产品相关，应作为综合费用在当期利润中直接扣除。

1．生产成本，是指企业直接为生产产品（包括各种业务）所发生的成本支出，它是由不同的成本项目所组成的。成本项目就是指生产成本的具体构成内容，生产成本主要包括四个成本项目：

（1）直接材料，指直接用于产品生产、构成产品实体的原料及主要材料、外购半成品，有助于产品形成的辅助材料以及其他直接材料。

（2）直接人工，指参加产品生产的工人工资以及按生产工人工资总额和规定的比例计算提取的职工福利费。

（3）燃料和动力，指直接用于产品生产的外购和自制的燃料及动力费。

（4）制造费用，指为生产产品和提供劳务所发生的各项间接费用。

为了使生产成本项目能够反映企业生产的特点，满足成本管理的要求，企业完全可以根据自己的特点和管理要求，对以上项目做适当的增减调整。如果直接用于产品生产的外购半成品成本比重较大,可以将"外购半成品"单独列为一个成本项目;外部加工费比较多的,可以将"外部加工费"单独列为一个成本项目;如果产品成本中燃料和动力费所占比重很小,也可以将其并入"制造费用"成本项目中。

2. 管理费用,包括研究与开发成本、设计成本和行政管理成本等有关支出。

3. 销售费用,包括营销成本、配送成本和客户服务成本等有关支出。

4. 财务费用,包括利息费用、金融手续费和外币汇兑损益等有关支出。

成本按经济用途的划分,反映了企业的成本支出在不同职能上的耗费,也叫成本按职能的分类。这种划分有利于成本的计划、控制和考核。

三、产品成本和期间费用

为了贯彻配比原则,生产经营成本按其转为费用的不同方式分为产品成本和期间费用。

(一) 成本转为费用的方式

从理论上研究,成本与费用之间的关系非常复杂,成本可以理解为企业为了获取预期的收益而花费的总代价,费用是指应与某期营业收入配比并从中扣除的已耗用成本。企业发生的全部成本将在不同的期间按不同的方式转为费用(即收入与费用配比的方式),其主要形式有如下三种:

1. 已耗用(或销售)存货成本,按"因果关系原则"确认为费用。

这些成本是指在发生时先记为存货,在耗用或出售时转为费用的成本。例如,生产耗用的材料成本、人工成本和间接制造费用,先记为产品成本,产品未出售前作为“资产”列入财务报表,产品出售时一次性转为费用,从收入中扣减。它们是按照“因果关系原则”确认为费用的。本期销售成本与本期销售收入存在因果关系,因此,要在确认产品销售收入后将有关的产品成本转为本期费用。

2. 长期资产成本,按“合理地和系统地分配原则”确认为费用。

长期资产成本指先记录为各项长期资产,然后逐步分期转为费用的成本。例如,固定资产的购置支出,先记为固定资产成本,在财务报表中列为“固定资产”,该长期资产在使用年限内分期提取折旧,陆续转为费用。

长期资产成本应按照“合理地和系统地分配原则”确认为费用。长期资产成本与本期收入没有直接因果关系,它们能使若干个会计期受益,因此,应合理假定它和收入之间的受益关系,然后按一定规则和程序,系统地将其分配给各会计期中的存货成本和期间费用。

3. 期间费用成本,在发生时确认为当期费用。

期间费用成本,是指在成本发生的当期就直接确认为当期费用的成本。主要包括管理费用、销售费用和财务费用。例如,企业管理人员工资和广告费等,在发生时立即确认为当期费用。

(二)产品成本

产品成本是指为生产具体产品而发生的各项有关支出,是按特定目的分配给产品的成本总和,包括直接材料、直接人工、燃料和动力与制造费用四个成本项目。如果是当期已销产品成本,则包括上述已确认为本期费用“存货成本”的全部和已确认为本期费用“长期资产成本”的一部分。它的对称是期间费用,划分产品成本和期间费用,是为了贯彻配比原则。按照配比原则的要求,收入和为换取收入的费用要在同一会计期间确认。产品成本在产品出售前与当期收入不能配比,只有产品出售时才能与当期收入配比,因此,在出售时将其成本转为费用。

“产品”在这里是广义的,不仅指工业企业的产成品,还包括提供的劳务,实际上是指企业的产出物即最终的成本计算对象。

“分配”给产品的成本,可能是全部生产经营成本,也可能是其中的一部分。将哪些生产经营成本分配给产品,取决于成本计算的目的和对信息的利用。

产品成本核算的内容,其范围因目的而异。为短期决策和本量利分析计算的产品成本,仅包括生产成本中随产量变动的部分即变动制造成本;为政府订货(如军用品订货)确定价格计算的产品成本,不仅包括生产成本,还包括政府允许补偿的部分研究与开发成本和设计成本;为定价和选择产品线等决策计算的产品成本,应包括从研究与开发成本到行政管理费用的全部成本。因此,产品成本可以分为全部产品成本和部分产品成本两类,全部成本是指为取得一定的产出物所发生的全部成本的总和,部分成本是指仅就其中一部分进行归集和计算的成本。随着生产的发展和科学技术的进步,制造成本在全部成本中的比重越来越小,据统计资料显示,目前平均比重已低于55%,有些高科技企业已低于10%。因此,制造成本法受到越来越多的批评。将非制造成本分配于产品的主要问题是,分配的合理性与经济性较差。由于作业成本法和计算机技术的发展,这个困难逐渐被克服,全部成本法正日益受到重视。

(三)期间费用

期间费用是指不计入产品成本的生产经营成本,包括除产品成本以外的一切生产经营成本。它是产品成本的对称,期间费用不能合理地归属于特定产品,因此,只能在发生当期转为费用。

无论是产品成本还是期间费用,都是生产经营的耗费,都必须从营业收入中减除,但它们减除的时间不同。期间费用直接从当期收入中减除,而产品成本要待产品销售时才能减除。产品成本和期间费用的划分是相对的。所有生产经营成本,如果不列入产品成本,就必须列入期间费用。计入产品的成本范围越大,期间费用的范围就越小,反之亦然。

一般认为,作为期间费用的财务费用项目,不是生产经营活动的成本,而属于筹资活动的成本。筹资成本包括借款利息和股利两部分。其中借款利息成本转为费用的方式有两种:一种是资本化借款成本,例如为购置固定资产所借款项的利息,应当计入固定资产的成本,将来在使用中陆续分期转为费用;另一种是费用化借款成本,例如生产经营所需的短期借款利息,在发生的当期作为费用处理,称为财务费用。也有人认为,为筹集生产经营资金而发生的借款利息,也可以作为生产经营成本的一部分看待,甚至主张将其计入产品成本。还有人认为,权益资本的成本(股利)也应计入产品成本,才能准确计量企业的经营成果。不过,这些观点并未在国际范围内获得广泛认同。

第二节　经营成本核算的原则和要求

经营成本核算必须要通过一定的程序来完成,该程序首先要符合成本核算的基本原则和要求。

一、成本核算的原则

为了提高企业的成本核算和管理水平,作为成本管理的基础——成本核算必须讲求质量,遵循必要的成本核算原则。成本核算原则主要有以下几方面：

（一）合法性原则

成本核算必须符合国家有关的税法和法规等的规定，不能将不应计入生产经营成本的支出也计入其中，这样会极大地歪曲企业生产经营成本的实际状况，影响企业真实的利润，误导相关的决策者。同时，也不能人为地混淆产品成本与期间费用、不同成本对象和不同期间的产品成本等的成本界限，这些从严格意义上讲都是违法违规行为。

（二）客观可靠性原则

成本核算的所有数据都要求真实、客观，并且是可以验证的。成本核算的信息应该与客观的事实相一致，不能人为地提高或降低成本。只有真实客观的成本信息，才能使信息使用者作出正确的决策，不客观的和虚假的成本信息往往会引起经营决策的失误。

（三）相关性原则

成本核算的主要目的是提供真实客观的成本信息，为企业的经营决策服务，并不断提高成本管理水平。所以，成本核算的信息应该满足具有预测性、控制性和反馈性的质量要求，企业的成本核算目的不是为核算而核算，而是为管理而核算，为了企业不同的成本预测、成本控制和成本考核等管理目的，成本核算应该能够提供相关的成本信息。另外，为了确保成本信息的有用性，成本信息的提供也必须具有及时性的特点，只有在还未失去其应有价值之前提供的成本信息才是有价值的。

（四）分期核算原则

企业正常的生产经营活动是川流不息，不断进行的，而成本信息却要及时提供,所以企业的成本核算要定期进行,才能确保企业成本信息的及时应用。成本的核算分期应该与会计核算的分期相一致,这样才能便于核算各期利润。但要注意的是,成本核算的分期与产品成本的计算期不能混为一谈,因为成本核算永远是分期进行的,而某种产品的成本计算期是否定期进行,完全取决于企业的生产类型和成本计算对象,可以是定期的也可以是不定期的。

(五) 合理配比原则

为了确定某一会计期间的产品销售利润,必须进行准确的收入和费用配比,即为了实现本期收入而发生的各项成本性支出,都应该由本期成本负担,不论其是否已经支付;凡不是为实现本期收入而发生的各项成本性支出,即便它是在本期支付的,也都不能由本期成本负担。

(六) 实际成本原则

企业的成本核算应遵循实际成本原则,其中既包括所有的生产耗费的原料、燃料、动力和折旧等费用,都要按实际成本计价,还包括企业的完工产成品也必须按实际成本计价。这是确保成本核算信息真实可靠的重要保证。但实际成本计算原则并不排斥在成本核算方法上采用标准成本或定额成本等方法,但要求必须设立差异账户,在期末不论是领用的原料、发生的人工成本还是期末的最终产成品成本等都必须调整为实际成本。

(七) 可比一致性原则

这一原则要求企业成本核算的方法前后各期必须保持一致,各期成本核算口径和核算程序应该前后一贯和相互可比,否则就可能会产生通过成本核算方法的改变来人为地调整成本和利润的可能。成本核算方法的可比一致性体现在成本核算的各个方面,包括材料的核算方法、费用的分配方法和折旧的计算方法等等。但要注意的是，成本核算方法的一致性，并不是说永远不能改变，只要企业有充分的理由证明原来的核算方法已不再适用，就可以进行必要的成本核算方法的改变，一般在年初改变，并要在年度报表中加以说明和进行相关信息的披露。

二、成本核算的要求

为了确保成本核算的准确性，在经营成本的核算中必须要求坚持分清以下各项费用的界限：

（一）正确划分应计入和不应计入生产经营成本的界限

企业的活动是多方面的，企业耗费和支出的用途也是多方面的，但其中只有一部分费用可以计入产品成本。

首先，非生产经营活动的耗费不能计入生产经营成本，只有生产经营活动的成本才可以计入生产经营成本。如筹资活动和投资活动不属于生产经营活动，它们的耗费不能计入产品成本，而属于筹资成本和投资成本。下列与生产经营活动无关的耗费也不能计入产品成本：企业对外投资的支出、耗费和损失；对内长期资产投资的支出、耗费和损失，包括有价证券的销售损失、固定资产出售损失和报废损失等；捐赠支出；各种筹资费用，包括应计利息、贴现费用、证券发行费用等。但要说明的是，在大多数国家的会计实务中，企业的筹资费用和利息费用，都可以计入当期的生产经营成本。

其次，生产经营活动的成本分成正常的成本和非正常的成本，只有正常的生产经营活动成本才可计入产品成本，非正常的生产经营活动成本不计入产品成本而应计入营业外支出。非正常的生产经营活动成本包括灾害损失、盗窃损失等非常损失；滞纳金、违约金、罚款、损害赔偿等赔偿支出；短期投资跌价损失、坏账损失、存货跌价损失、长期投资跌价损失、固定资产减值损失等不能预期的原因引起的资产减值损失；以及债务重组损失等。

（二）正确划分各期产品成本和期间费用的界限

在正常的生产经营成本中，应正确划分产品成本和期间费用的界限。在通常情况下，企业在产品生产过程中所发生的所有耗费和支出都应计入产品成本，而企业在生产部门以外，正常管理和销售等所发生的所有耗费和支出都应计入期间费用。为了确保产品成本计算的准确性，不能将两者混淆，这也是企业进行成本管理责任考核的重要依据。

（三）正确划分各会计期成本的界限

应计入生产经营成本的费用，还应在各月之间进行划分，以便按不同的会计核算期准确计算产品成本和期间费用。应由本月产品负担的费用，应全部计入本月产品成本；不应由本月负担的生产经营费用，则不应计入本月的产品成本。另外，即便是在本期实际发生的支出，如不应由本期负担的，就不能计入本期成本，相反，即便在本期尚未发生的支出，如应由本期负担的，就应计入本期的成本。

为了正确划分各会计期的成本界限，就要求贯彻权责发生制原则，准确核算待摊费用和预提费用。本期已经支付但应由以后各期负担的成本，应作为待摊费用处理。本期尚未支付，但应由本期负担的成本，应作为预提费用处理。要强调的是，为了正确划分各会计期的成本界限，要求企业不能提前结账，将本月费用作为下月费用处理，也不能延后结账，将下月费用作为本月费用处理。

（四）正确划分不同成本计算对象的界限

对于应计入本期产品成本的费用还应在各种产品之间进行划

分:凡是能分清应由某种产品负担的直接成本,如产品生产中的直接材料和直接人工都应直接计入该产品成本。各种产品共同发生、不易分清应由哪种产品负担的间接成本,如制造费用和燃料动力等,则应采用合理的方法分配计入有关产品的成本,并保持一贯性。只有正确划分不同成本计算对象的界限,才能真实地揭示产品成本的实际节约或超支情况,便于考核和采取有针对性的改进措施。

(五) 正确划分完工产品和在产品成本界限

期末计算产品成本时,如果某产品已经全部完工,则计入该产品的全部生产成本总和,就是该产品的"完工产品成本"。如果某种产品全部未完工,则计入该产品的生产成本总和,就是该产品的"月末在产品成本"。如果某种产品既有完工产品又有在产品,已计入该产品的生产成本还应在完工产品和在产品之间分配,以便分别确定完工产品成本和在产品成本。

第三节 经营成本核算的程序

一、直接成本和间接成本

产品成本按其计入成本对象的方式分为直接成本和间接成本。这种划分的目的既是为了合理地将企业发生的各项成本归属于不同的成本对象,也反映了成本核算的实际状况。因为在企业生产多种产品时,我们不可能将所有的成本都清晰明了地直接计入具体的产品之中,对于一部分由许多产品共同负担的成本,必须按照一定标准分配计入具体的产品。

（一）成本对象

简单地讲，成本对象是指成本的承担体，必须进行单独的汇总和核算。具体地讲，成本对象可以是一件产品、一项服务、一个批别、一种类型或某个生产步骤。

成本对象，可以分为中间对象和最终对象。最终成本对象是指累积的成本不能再进一步分配的成本归集点。最终成本对象通常是一种最后完工的产品或服务品种，是企业的最终产出物。中间成本对象是指累积的成本还应进一步分配的归集点，有时也称成本中心。成本中心是企业中与成本相关联的某个可识别的部门，它们是将共同成本按某个分配基础进一步分配给成本对象之前的一个成本归集点，例如机械加工车间、维修车间、地区销售部等。设置多少中间对象以及中间对象之间的联系，取决于生产组织的特点和管理的要求。

（二）直接成本

直接成本是直接计入各种、类、批产品等成本对象的成本。一种成本是否属于直接成本，取决于它与成本对象是否存在直接相关性，并且是否便于直接计入。因此，直接成本也可以说是与成本对象直接相关的成本中可以用经济合理的方式追溯到成本对象的那一部分成本。例如大部分构成产品实体的原材料成本、某产品专用生产线的工人工资等。对于只有一种产品的企业来说，所有产品成本都是直接成本。

所谓成本对象直接相关性，是说该成本与某一特定的成本对象存在直接关系，它们之间存在明显的因果关系或受益关系。所谓追溯，是指在成本发生后，寻找引起成本发生的特定对象。例如构成产品主要实体的某种材料成本，很容易找到被用于何种产品。所谓用经济合理的方式追溯，是说将某项成本直接分派给该对象是合乎逻辑的、有道理的，并且追溯到对象的代价不能过高，不得超过所能得到的好处。

（三）间接成本

间接成本是直接成本的反义词，是指与成本对象相关联的成本中不能用一种经济合理的方式追溯到成本对象的那一部分产品成本。例如车间辅助工人的工资、厂房的折旧等大多属于间接成本。

所谓不能用经济合理的方式追溯，有两种情况：一种是不能合理地追溯到成本对象，另一种是不能经济地追溯到成本对象。例如，总经理的工资很难分辨出每种产品应分担的数额，属于不能合理地追溯到成本对象；又如，润滑油的成本可以通过单独计量追溯到个别产品，但是单独计量的成本较高，而其本身数额不大，更准确的分配实际意义有限，不如将其列入间接制造费用，统一进行分配更经济。

一项成本可能是直接成本，也可能是间接成本，这要根据成本对象而定。例如，一个企业设有一个维修车间、若干个按生产工艺划分的生产车间，生产若干种产品，它们都是需要单独计算成本的成本对象。维修车间的工人工资直接计入维修车间成本，随后维修成本要分配给各生产车间成本，生产车间成本还要分配给各种最终产品成本。此时，维修车间工人工资对于维修车间成本来说是直接成本，而对于生产车间成本和最终产品成本来说是间接成本。

二、成本计算的基本步骤

成本计算的过程应符合上述要求，或者说上述要求是通过成本计算过程实现的。

(一)成本计算的基本步骤

成本计算的基本步骤如下(见图 2.1):

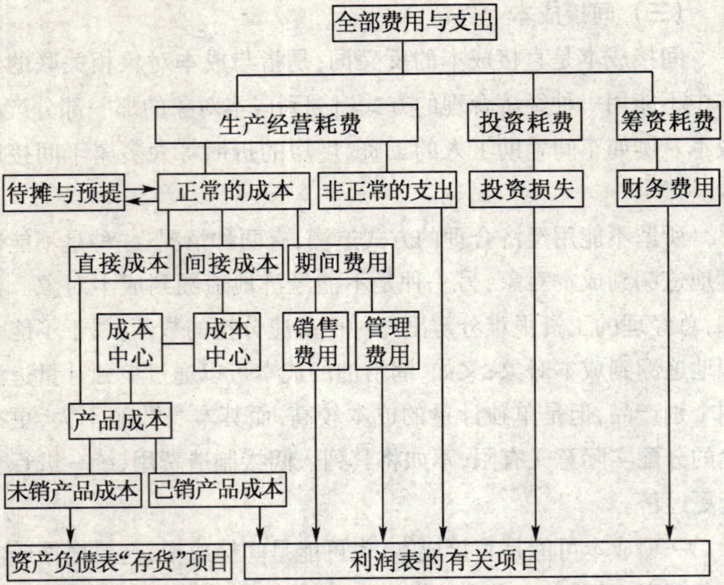

图 2.1 成本计算的基本步骤

1. 对所发生的成本进行审核,确定哪些成本属于生产经营成本,同时将其区分为正常的生产经营成本和非正常的生产经营成本,并在此基础上将正常的生产经营成本区分为产品成本和期间费用。

2. 将应计入产品成本的各项成本,区分为应当计入本月的产品成本与应当由其他月份产品负担的成本,通过“待摊费用”和“预提费用”账户进行必要调整。

3. 将本月应计入产品成本的生产成本,区分为直接成本和间接成本,将直接成本直接计入成本计算对象,将间接成本计入有关的成本中心。

4. 将各成本中心的本月成本,依据成本分配基础向下一个成本中心分配,直至最终的成本计算对象。

5．将既有完工产品又有在产品的产品成本,在完工产品和期末在产品之间进行分配,并计算出完工产品的总成本和单位成本。

6．将完工产品成本结转至“产成品”账户。

7．结转期间费用至本期损益。

如果从成本核算的账户处理过程来讲,其基本程序是:先归集和分配各项要素费用;再归集和分配待摊和预提费用;再归集和分配辅助生产费用;再归集和分配制造费用;再进行基本生产账户(某产品成本计算单)汇总核算;再进行某种产品的在产品和产成品的划分;最后计算出当期完工产品的成本。

(二) 成本的归集和分配

成本计算的过程,实际上也是各项成本归集和分配的过程。收集某类成本的聚集环节,称为成本归集点,负责成本数据的收集或汇总。例如,制造费用是按车间归集的,所有间接制造费,包括折旧、间接材料、间接人工等都聚集在一起,以后分配时不再区分这些项目,而是统一地按一个分配基础分配给产品。

成本的分配,是指将归集的间接成本分配给成本对象的过程,也叫间接成本的分摊或分派。成本分配要使用某种参数作为成本分配基础。成本分配基础是指能联系成本对象和成本的参数。可供选择的分配基础有许多:人工工时、机器台时、占用面积、直接人工工资、定货次数、采购价值、品种数、直接材料成本、直接材料数量等。为了合理地选择分配基础,准确分配间接成本,需要遵循以下原则:

1．因果原则:因果原则是说资源的使用导致成本发生,两者有因果关系。因此,应当按使用资源的数量在对象间分摊成本。按此原则,要确定各对象使用资源的数量,例如耗用的材料、工时、机时等,按使用资源的数量比例分摊间接成本。

2．受益原则:受益原则是说谁受益多,谁多承担成本,应按受益比例分摊间接成本。按此原则,要确定间接成本的受益者,例如房屋维修成本按各车间的面积分摊,广告费按各种产品的销售额分摊等。因果原则是看“起因”,受益原则是看“后果”,这是两者的区别。

3．公平原则:公平原则是指成本分配要公平对待涉及的双方。在根据成本确定对外销售价格和内部转移价格时,合理的成本是合理价格的基础,因此,计算成本时要照顾到对购销双方都公平合理。公平是个抽象概念,不具有可操作性,因此在实务中,政府规范或有权威的标准成为公平性的具体尺度。

4．承受能力原则:承受能力原则,是假定利润高的部门耗用的间接成本大,应按成本对象的承受能力分摊成本。例如,按各部门营业利润分配公司总部的费用,其依据的就是承受能力原则。

三、成本计算使用的主要账户

为了按照用途归集各项成本,划清有关成本的界限,准确计算产品成本,应设置“生产成本”、“制造费用”、“待摊费用”、“预提费用”等账户。

(一) 生产成本账户

“生产成本”账户核算企业进行生产活动所发生的各项产品成本。包括生产各种产成品、自制半成品、提供劳务、自制材料、自制工具以及自制设备等所发生的各项成本。

“生产成本”账户应设置“基本生产”和“辅助生产”两个二级账户。“基本生产”二级账户核算企业为完成主要生产目的而进行的产品生产所发生的成本,计算基本生产的产品成本。“辅助生产”二级账户核算企业为基本生产服务而进行的产品生产和劳务供应所发生的直接成本，计算辅助生产的产品和劳务的成本。在这两个二级账户下，还应当按照成本计算对象开设明细账，账内按成本项目设专栏进行明细核算。

企业发生的直接材料和直接人工费用，直接记入本账户及“基本生产”和“辅助生产”两个二级账户及其所属明细账的借方；发生的其他间接成本先在“制造费用”账户归集，月终分配记入本账户及所属二级账户和明细账的借方；属于企业辅助生产车间为基本生产车间生产产品提供的动力等直接成本，先在本账户所属二级账户“辅助生产”核算后，再分配转入本账户所属二级账户“基本生产”及其所属明细账的借方。

企业已经生产完成并已验收入库的产成品以及自制半成品的实际成本，记入本账户及所属二级账户“基本生产”及其所属明细账的贷方；辅助生产车间为基本生产车间、企业管理部门和其他部门提供的劳务和产品，月终应按照一定的分配标准分配给各受益对象，按实际成本记入本账户和“辅助生产”二级账户及其所属明细账的贷方。本账户的借方期末余额反映尚未完成的各项在产品的成本。

要说明的是，成本核算账户的设立完全可以根据企业实际成本核算的要求和管理的目的来确定。如可以在“生产成本”账户下设立“基本生产”和“辅助生产”两个子目，但为了使核算更加直接和方便，也可将“辅助生产”作为一级账户来处理，这样的核算过程可能更加方便。

（二）制造费用账户

“制造费用”账户核算企业为生产产品和提供劳务而发生的各项间接费用。该账户应按不同的车间、部门设置明细账，账内按制造费用的内容设专栏，进行明细核算。发生的各项间接费用记入本账户及所属明细账的借方；月终将制造费用分配到有关的成本计算对象时，记入本账户及所属明细账的贷方。本账户月末一般应无余额。

要说明的是，从理论上讲，基本生产和辅助生产的生产部门都可以设立“制造费用”账户，即分为“制造费用——基本生产车间”和“制造费用——辅助生产车间”，这样可以分别归集基本生产和辅助生产部门的制造费用。但在企业成本核算实务中，“制造费用”大多仅指基本生产车间的费用，而辅助生产部门只是为企业基本生产提供各种劳务服务的，且数额也较低，一般不再单独设立辅助生产的制造费用账户，而将辅助生产部门的生产成本和制造费用都合并记入“辅助生产”账户，然后一次分配给有关的成本计算对象，月末一般应无余额。这样的账户设置既简单明了，又保证了成本核算程序的完整和准确。

（三）待摊费用账户

“待摊费用”账户核算企业已经支付但应由本期和以后各期共同负担的、分摊期限在一年以内的各项费用，如低值易耗品摊销、出租出借包装物摊销、预付保险费、预付报刊杂志费等。该账户应按费用种类设置明细账进行明细核算。企业发生待摊费用时记入本账户及所属明细账的借方；分期摊销时记入本账户及所属明细账的贷方。本账户借方的期末余额表示尚未摊销的费用。

（四）预提费用账户

“预提费用”账户核算企业按照规定从成本、费用中预提但尚未实际支付的各项费用，如预提的租金、保险费、借款利息、修理费用等。该账户应按费用的种类设置明细账进行明细核算。企业预提各项费用时，记入本账户及所属明细账的贷方；实际支付时，记入本账户及所属明细账的借方。本账户的贷方期末余额表示已预提但尚未支付的费用。如果实际支付的预提费用数额大于已预提数额,则本账户会出现借方余额,应视同待摊费用处理,分期摊入有关的成本、费用账户中。

第四节　成本的归集和分配

成本计算的目的引导着成本的归集和分配,使生产经营成本通过一系列中间对象,最终计算出产品总成本和单位成本。

一、材料费用的归集和分配

在企业的生产活动中,要大量消耗各种材料,如各种原料及主要材料、辅助材料及燃料。它们有的用于产品生产,有的用于维护生产设备和管理、组织生产,有的还用于非工业生产等。其中应计入产品成本的生产用料,还应按照成本项目归集。如用于构成产品实体的原料及主要材料和有助于产品形成的辅助材料,列入"直接材料"项目;用于生产的燃料列入"燃料和动力"项目;用于维护生产设备和管理生产的各种材料列入"制造费用"项目。不应计入产品成本而属于期间费用的材料费用则应记入"管理费用"、"销售费用"账户。用于购置和建造固定资产、其他资产方面的材料费用,则不列入产品成本,也不列入期间费用。

(一) 材料费用计入产品成本和期间费用的方法

用于产品生产的原料及主要材料,如纺织用的原棉、铸造用的生铁、冶炼用的矿石、造酒用的大麦、制皂用的油脂等,通常是按照产品分别领用的,属于直接费用,应根据领料凭证直接计入各种产品成本的"直接材料"项目。但是,有时一批材料为几批产品共同耗用,例如,某些化工生产的用料,属于间接费用,则要采用简便的分配方法,分配计入各种产品成本。在消耗定额比较准确的情况下,通常采用材料定额消耗量比例或材料定额成本的比例进行分配,计算公式如下:

$$分配率=\frac{实际材料费用总额}{各种产品材料定额消耗量(或定额成本)之和}$$

$$\begin{matrix}某种产品应分配\\的材料费用\end{matrix}=\begin{matrix}该种产品的材料定额\\消耗量(或定额成本)\end{matrix}\times 分配率$$

[例1]领用某种原材料2106千克,单价20元,原材料费用合计42120元,生产甲产品400件,乙产品300件。甲产品消耗定额1.2千克,乙产品消耗定额1.1千克。分配结果如下:

$$分配率=\frac{42120}{400\times1.2+300\times1.1}=\frac{42120}{480+330}=52$$

应分配材料费用:

甲产品:480×52=24960(元)

乙产品:330×52=17160(元)

合　计　42120(元)

原料及主要材料费用除按以上方法分配外,还可以采用其他方法分配。例如,不同规格的同类产品,如果产品的结构大小相近,也可以按产量或重量比例分配。具体的计算可以比照上例进行。

辅助材料费用计入产品成本的方法,与原材料及主要材料基本相同。凡用于产品生产、能够直接计入产品成本的辅助材料,如专用包装材料等,其费用应根据领料凭证直接计入。但在很多情况下,辅助材料是由几种产品共同耗用的,这就要求采用间接分配的方法。

上述耗用的基本生产产品的材料费用,应记入"生产成本"账户及所属明细账的借方,在明细账中还要按"直接材料"、"燃料和动力"项目分别反映。此外,用于辅助生产的材料费用、用于生产车间和行政管理部门为管理和组织生产所发生的材料费用,应分别记入“生产成本——辅助生产成本”、“制造费用”、“管理费用”等账户及其明细账的借方。至于用于非生产用的材料费用，则应记入其他有关账户。

（二）材料费用分配表的编制

在实际工作中，材料费用的分配一般是通过材料费用分配表进行的。这种分配表应该按照材料的用途和材料类别，根据归类后的领料凭证编制。其格式内容举例如表 2.1。

根据材料费用分配表将材料费用分别记入有关账户，其会计分录如下：

借：生产成本——基本生产成本	85000	
——辅助生产成本	2800	
制造费用——基本车间	2500	
管理费用	2700	
贷：原材料		93000

二、人工费用的归集和分配

人工费用包括工资和福利费用。分配工资和福利费用，也要划清计入产品成本与期间费用和不计入产品成本与期间费用的工资和福利费用的界限。其中，应计入产品成本的工资和福利费用还应该按成本项目归集：凡属生产车间直接从事产品生产人员的工资费用，列入产品成本的“直接人工费”项目；企业各生产人员的工资费用，列入产品成本的“直接人工费”项目；企业各生产车间为组织和管理生产所发生的管理人员的工资和计提的福利费，列入产品成本的“制造费用”项目；企业行政管理人员的工资和计提的福利费，作为期间费用列入“管理费用”账户。

表 2.1 材料费用分配表

应借账户			共同耗用原材料的分配					直接领用的原材料(元)	耗用原材料总额(元)
总账及二级账户	明细账户	成本或费用项目	产 量（件）	单位消耗定额（千克）	定额消耗用量（千克）	分配率	应分配材料费（元）		
生产成本——基本生产成本	甲产品	直接材料	400	1.2	480	52	24960	30040	55000
	乙产品	直接材料	300	1.1	330	52	17160	12840	30000
	小计				810	52	42120	42880	85000
生产成本——辅助生产成本	供电车间	直接材料						1200	1200
	锅炉车间	直接材料						1600	1600
	小计							2800	2800
制造费用	基本车间	机物料消耗						2500	2500
管理费用		其他						2700	2700
合　计							42120	50880	93000

（一）直接从事产品生产人员的工资费用计入产品成本的方法

由于工资制度的不同，生产工人工资计入产品成本的方法也不同。在计件工资制下，生产工人工资通常是根据产量凭证计算工资并直接计入产品成本的。在计时工资制下，如果只生产一种产品，生产人员工资属于直接费用，可直接计入该种产品成本；如果生产多种产品，则要求采用一定的分配方法在各种产品之间进行分配。工资费用的分配，通常采用按产品实用工时比例分配的方法。其计算公式如下：

$$\text{分配率} = \frac{\text{生产工人工资总额}}{\text{各种产品实用工时之和}}$$

$$\text{某种产品应分配的工资费用} = \text{该种产品实用工时} \times \text{分配率}$$

按实用工时比例分配工资费用时，需要注意从工时上划清应计入与不应计入产品成本的工资费用的界限。如生产工人为安装固定资产服务，那么这部分生产工时应该划分出来，所分配的费用应计入固定资产的价值，不计入产品成本。

按照规定的工资总额的一定比例（目前我国规定为 14%）从产品成本中计提的职工福利费可与工资费用一起分配。

（二）工资费用分配表的编制

为了按工资的用途和发生地点归集并分配工资及计提的福利费，月末应分生产部门根据工资结算单和有关的生产工时记录编制工资费用分配表，然后汇编工资及福利费用分配汇总表。该表的格式内容举例如表 2.2。

根据表 2.2 即可登记总账和有关的明细账，先做工资费用会计分录如下：

借：生产成本——基本生产成本　　　　44000

　　　　　　——辅助生产成本　　　　29520

表 2.2　工资及福利费用分配汇总表

应借账户		工　资				职工福利费(14%)	
总账及二级账户	明细账户	分配标准（工时）	直接生产人员(0.5)	管理人员工资	工资合计	除奖金后工资	金　额
生产成本——基本生产成本	甲产品	56000	28000		28000	20000	2800
	乙产品	32000	16000		16000	10000	1400
	小计	88000	44000		44000	30000	4200
生产成本——辅助生产成本	供电车间		17520		17520	17000	2380
	锅炉车间		12000		12000	11400	1596
	小计		29520		29520	28400	3976
制造费用	基本车间			600	600	520	72.80
	供电车间			350	350	300	42
	锅炉车间			320	320	300	42
	小计			1270	1270	1120	156.80
管理费用				3600	3600	3300	462
合　计			73520	4870	78390	62820	8794.80

制造费用——基本车间	600
——供电车间	350
——锅炉车间	320
管理费用	3600
贷：应付工资	78390

再做提取的职工福利费的会计分录如下：

借：生产成本——基本生产成本	4200.00
——辅助生产成本	3976.00
制造费用——基本车间	72.80
——供电车间	42.00
——锅炉车间	42.00
管理费用	462.00
贷：应付福利费	8794.80

三、外购动力费的分配

企业发生的外购动力(如电力、蒸汽),有的直接用于产品生产,有的用于照明、取暖等其他用途。动力费应按用途和使用部门分配,也可以按仪表记录、生产工时、定额消耗量比例进行分配。分配时,可编制动力费用分配表,据以进行明细核算和总分类核算。直接用于产品生产的动力费用,列入“燃料和动力费用”成本项目,记入“生产成本”账户及其明细账;属于照明、取暖等用途的动力费用,则按其使用部门分别记入“制造费用”、“管理费用”等账户。

如果企业设有供电车间这一辅助生产车间,则外购电费应先记入“生产成本——辅助生产成本”账户,再加上供电车间本身发生的工资等项费用,作为辅助生产成本进行分配。

四、制造费用的归集和分配

制造费用是指企业各生产单位为组织和管理生产而发生的各项间接费用。它包括工资和福利费、折旧费、修理费、办公费、水电费、机物料消耗、劳动保护费、租赁费、保险费、排污费、存货盘亏费(减盘盈)及其他制造费用。

企业发生的各项制造费用,是按其用途和发生地点,通过“制造费用”账户进行归集和分配的。根据管理的需要,“制造费用”账户可以按生产车间开设明细账,账内按照费用项目开设专栏进行明细核算。费用发生时,根据支出凭证借记“制造费用”账户及其所属有关明细账,但材料、工资、折旧以及待摊和预提费用等,要在月末时,根据汇总编制的各种费用分配表记入。材料、产品等存货的盘盈、盘亏,则应根据盘点报告表登记。归集在“制造费用”账户借方的各项费用,月末时应全部分配转入“生产成本”账户,计入产品成本。“制造费用”账户一般月末没有余额。

在生产一种产品的车间中,制造费用可直接计入其产品成本。在生产多种产品的车间中,就要采用既合理又简便的分配方法,将制造费用分配计入各种产品成本。制造费用分配计入产品成本的方法,常用的有按生产工时、定额工时、机器工时、直接人工费等比例分配的方法。

在具有产品实用工时统计资料的车间里,可按生产工时的比例分配制造费用。如果企业没有实用工时统计资料,而制定了比较准确的产品工时定额,也可采用按产品定额工时的比例进行分配。在机械化程度较高的车间中,制造费用也可按机器工时比例分配。其计算公式如下:

$$\text{制造费用分配率}=\frac{\text{制造费用总额}}{\text{各种产品实用(定额机器)工时之和}}$$

$$\text{某产品应负担的制造费用} = \text{该种产品实用工时数} \times \text{分配率}$$

会计分录如下:

借:生产成本

　　贷:制造费用

制造费用的大部分支出,属于生产产品的间接费用,因而不能按照产品制定定额,而只能按照车间、部门和费用项目编制制造费用计划加以控制,通过制造费用的归集和分配,反映和监督各项费用计划的执行情况,并将其正确及时地计入产品成本。

假设某基本生产车间甲产品生产工时为56000小时,乙产品生产工时为32000小时,本月发生制造费用36080元,要求在甲、乙产品之间分配制造费用,并编制会计分录。

$$\text{制造费用分配率} = \frac{36080}{56000 + 32000} = 0.41$$

$$\text{甲产品制造费用} = 56000 \times 0.41 = 22960(\text{元})$$

$$\text{乙产品制造费用} = 32000 \times 0.41 = 13120(\text{元})$$

按生产工时比例法编制制造费用分配表,如表2.3。

表2.3　制造费用分配表

借方账户	生产工时	分配金额(分配率:0.41)
生产成本——基本生产成本		
甲产品	56000	22960
乙产品	32000	13120
合　　计	88000	36080

编制会计分录如下:

借:生产成本——基本生产成本——甲产品　22960

　　　　　　　　　　　　　　——乙产品　13120

　　贷:制造费用　　　　　　　　　　　　　36080

通过以上各种费用的分配和归集,应计入本月各种产品成本的费用都已记入“生产成本——基本生产成本”账户的借方,并已在各种产品之间划分清楚,而且按成本项目分别登记在各自的产品成本计算单(基本生产成本明细账)。

五、待摊费用和预提费用的分配

(一)待摊费用的分配

待摊费用是指本月发生,但应由本月以后各月产品成本或期间费用共同负担的费用。这种费用发生以后,不是一次全部计入当月成本、费用,而是按照费用的受益期限摊入各月成本、费用。这样做是为了准确地划分各月份的费用界限,准确计算各月产品成本和期间费用。比如,预订半年书报刊物,就要由6个月的成本、费用平均负担。

待摊费用的分摊期限,要根据费用的受益期确定。有些费用的受益期是可以明确确定的,如预付租金、预订书报费、冬煤津贴等,都可以预先明确肯定具体的受益期。但有些费用的受益期不能明确肯定,如一次领用的工具模型,数量较大,费用较多,这时则应根据具体情况对受益期加以估计,分月摊销计入成本、费用。待摊费用一般要在一年内摊完。

待摊费用的发生和分配是通过“待摊费用”账户进行核算的。费用发生后,记入该账户的借方;按月摊销时,按其用途和使用部门从该账户的贷方转入“制造费用”和“管理费用”等账户的借方;余额在借方,表示尚未摊销的费用数额。该账户可按费用项目设置明细账户,分别反映各项费用的发生和摊销情况。

假设某企业基本生产车间5月份支付新增固定资产一年保险费用3600元,分12个月摊销计入产品成本。会计分录如下:

借:待摊费用　　3600

　　贷:银行存款　　3600

每月摊销的分录：

借：制造费用 300

　　贷：待摊费用 300

（二）预提费用的分配

预提费用是指预先分月计入成本、费用,但由以后月份支付的费用。这样做也是为了准确地划分各月份的费用界限,准确计算各月产品成本或期间费用。比如,短期借款的利息是按季结算支付的,所以利息费用应由支付利息前的3个月的财务费用平均负担。预提费用的预提期限也应按其受益期确定。各月预先提取多少费用,有些能事先肯定,如利息支出,有些事先要制定费用预算,如固定资产大中小修理费,在各月费用支出不均衡,影响到各月成本、费用水平时,则应编制修理费用预算,分月计入产品成本或期间费用,实际发生的费用与预提费用的差额,应计入费用支付期的产品成本或期间费用。

预提费用的预提和支付,是通过"预提费用"账户进行核算的。预提时,记入该账户的贷方及"制造费用"、"管理费用"、"财务费用"等有关账户的借方;支付时,则记入该账户的借方和"银行存款"等账户的贷方;余额在贷方,表示尚未支付的预提费用数额。该账户应按预提费用项目设置明细账户,分别反映各项费用的预提和支付情况。

假设某企业按银行借款数额和利率,计算出5月份应预提借款利息2000元。会计分录如下:

借：财务费用 2000

　　贷：预提费用 2000

3个月后,实际支付利息7000元:

借：预提费用 6000

　　财务费用 1000

贷：银行存款　　7000

六、辅助生产费用的归集和分配

（一）辅助生产费用的归集

企业的辅助生产，主要是为基本生产服务的。有的只生产一种产品或只提供一种劳务，如供电、供气、运输等辅助生产；有的则生产多种产品或提供多种劳务，如从事工具、模型、备件的制造，以及机器设备的修理等辅助生产。辅助生产提供的产品和劳务，有时也对外销售，但这不是辅助生产的主要目的。

辅助生产费用的归集和分配，是通过“生产成本——辅助生产成本”账户进行的。该账户应按车间和产品品种设置明细账，进行明细核算，辅助生产发生的直接材料、直接人工费用，分别根据材料费用分配表、工资及福利费用分配汇总表和有关凭证，记入该账户及其明细账的借方；辅助生产发生的间接费用，应先记入“制造费用”账户的借方进行归集，然后再从该账户的贷方直接转入或分配转入“生产成本——辅助生产成本”账户及其明细账的借方。辅助生产车间完工的产品或劳务成本，应从“生产成本——辅助生产成本”账户的贷方转入有关账户。“生产成本——辅助生产成本”账户的借方余额表示辅助生产的在产品成本。

（二）辅助生产费用的分配

归集在“生产成本——辅助生产成本”账户及其明细账借方的辅助生产费用，由于所生产的产品和提供的劳务不同，其所发生的费用分配转出的程序和方法也不一样。制造工具、模型、备件等产品所发生的费用，应计入完工工具、模型、备件等产品的成本，完工时，作为自制工具或材料入库，从“生产成本——辅助生产成本”账户及其明细账的贷方转入“低值易耗品”或“原材料”账户的借方；

领用时，按其用途和使用部门，一次或分期摊入成本。提供水、电、气和运输、修理等劳务所发生的辅助生产费用，通常按受益单位耗用的劳务数量在各单位之间进行分配，分配时，借记“制造费用”或“管理费用”等账户，贷记“生产成本——辅助生产成本”账户及其明细账。在结算辅助生产明细账之前，还应将各辅助车间的制造费用分配转入各辅助生产明细账，以归集辅助生产成本。

辅助生产提供的产品和劳务，主要是为基本生产车间和管理部门使用和服务的。但在某些辅助生产车间之间也有相互提供产品和劳务的情况。例如，锅炉车间为供电车间供汽取暖，供电车间也为锅炉车间提供电力。这样，为了计算供汽成本，就要确定供电成本；为了计算供电成本，又要确定供汽成本。这里就存在一个辅助生产费用在各辅助生产车间交互分配的问题。辅助生产费用的分配通常采用直接分配法、交互分配法和按计划成本分配法等。这里仅就直接分配法进行说明和举例。

采用直接分配法，不考虑辅助生产内部相互提供的劳务量，即不经过辅助生产费用的交互分配，直接将各辅助生产车间发生的费用分配给辅助生产以外的各个受益单位或产品。分配计算公式如下：

$$\text{辅助生产的单位成本}=\frac{\text{辅助生产费用总额}}{\text{辅助生产的产品或劳务总量}\left(\begin{array}{c}\text{不包括对辅助生产各车}\\\text{间提供的产品或劳务量}\end{array}\right)}$$

$$\text{各受益车间、产品或各部门应分配的费用}=\text{辅助生产的单位成本}\times\text{该车间、产品或部门的耗用量}$$

假设某企业有锅炉和供电两个辅助生产车间，这两个车间的辅助生产明细账所归集的费用分别是：供电车间 89000 元、锅炉车间 21000 元。供电车间为生产甲乙产品、各车间管理部门和企业行政管理部门提供 362000 度电，其中锅炉车间耗电 6000 度；锅炉车间为生产甲乙产品、各车间及企业行政管理部门提供 5370 吨热力蒸气，其中供电车间耗用 120 吨。采用直接分配法分配辅助生产费用,编制辅助生产费用分配表,如表2.4。

表2.4　辅助生产费用分配表(直接分配法)

借方账户		生产成本——基本生产成本 甲产品	生产成本——基本生产成本 乙产品	生产成本——基本生产成本 小计	制造费用(基本车间)	管理费用	合　计
供电车间	耗用量(度)	220000	130000	350000	4200	1800	356000
供电车间	分配率(元/度)						(89000/356000) 0.25
供电车间	金　额(元)	55000	32500	87500	1050	450	89000
锅炉车间	耗用量(吨)	3000	2200	5200	30	20	5250
锅炉车间	分配率(元/吨)						(21000/5250) 4
锅炉车间	金　额(元)	12000	8800	20800	120	80	21000
金额合计		67000	41300	108300	1170	530	110000

根据辅助生产费用分配表编制会计分录,将锅炉车间及供电车间的费用分配记入有关账户及所属明细账。

借:生产成本——基本生产成本——甲产品　67000
　　　　　　　　　　　　　　——乙产品　41300
　　制造费用——基本车间　　　　　　　　1170
　　管理费用　　　　　　　　　　　　　　530
　　贷:生产成本——辅助生产成本——供电车间　89000
　　　　　　　　　　　　　　　　——锅炉车间　21000

七、期间费用的核算

期间费用是指不能直接归属于特定产品成本的费用。由于容易确定其发生的期间,而难以判别其所应归属的产品,因而在期间费用发生的当期便从当期的损益中扣除。期间费用包括销售费用、管理费用和财务费用。

为了准确核算期间费用,应注意以下问题:

1. 正确划分资本化成本、计入存货的成本和费用化成本的界限,不能把应当资本化和计入存货的成本计入期间费用。

2. 正确划分当期费用和其他会计期费用的界限,正确处理各种需要通过"预提费用"和"待摊费用"处理的跨期摊配费用。

3. 正确划分销售费用、管理费用和财务费用的界限,不相互混淆。

(一) 销售费用

销售费用核算的内容包括营销成本、配送成本和售后服务成本等销售过程中发生的全部成本。

按我国现行制度规定,其主要项目有运输费、装卸费、包装费、保险费、展览费和广告费,以及为销售本企业商品而专设的销售机构的职工工资、福利费、业务费等经常费用。

企业发生的销售费用在"销售费用"账户中核算,并按费用项目设明细账,进行明细核算。"销售费用"账户的借方反映本期实际发生的各项销售费用,贷方反映期末转入"本年利润"账户的销售费用;"销售费用"账户结转"本年利润"账户后无余额。

假设某企业 12 月份发生如下销售费用:开出转账支票,支付运输费、装卸费、广告费等 13680 元;根据发料凭证汇总表,登记产品销售领用包装材料 2400 元;结转本月专设销售机构职工工资及福利费720元，其中，工资650元，福利费70元。编制相关会计分录及结账分录如下：

借：销售费用	13680	
贷：银行存款		13680
借：销售费用	2400	
贷：原材料		2400
借：销售费用	720	
贷：应付工资		650
应付福利费		70
借：本年利润	16800	
贷：销售费用		16800

（二）管理费用

管理费用是指企业为组织和管理生产经营活动而发生的各项费用，包括研究与开发费用、设计费用和行政管理费用。

按我国现行制度规定，其主要项目有：公司经费，包括行政管理部门职工工资、折旧费、修理费、物料消耗、低值易耗品摊销、办公费和差旅费等；工会经费；待业保险费；劳动保险费；董事会费，包括董事会成员津贴、会议费和差旅费等；聘请中介机构费；咨询费（含顾问费）；诉讼费；业务招待费；房产税；车船使用税；土地使用税；印花税；技术转让费；开办费；矿产资源补偿费；无形资产摊销和长期资产摊销；职工教育经费；研究与开发费；排污费等。

为了反映和监督企业发生的上述各项管理费用，企业应设置"管理费用"账户，并按费用项目进行明细核算。企业发生的各项管理费用，借记本账户，贷记"现金"、"银行存款"、"原材料"、"应付工资"、"待摊费用"、"预提费用"、"累计折旧"、"无形资产"、"应缴税金"等账户。期末，将本账户借方归集的管理费用全部由本账户贷方转入"本年利润"账户借方，计入当期损益。结转后本账户应无余额。

假设某企业12月份发生下列管理费用：

1．开出支票，支付本月发生、应由本月负担的房产税、土地使用税、印花税、车船使用税、业务招待费等费用，共计7400元。

2．按规定计提行政管理部门固定资产折旧费2100元，结算行政管理部门人员工资4300元，结转低值易耗品实际成本280元。

3．摊销应由本月负担的保险费、报刊杂志费，共计430元。

4．按规定预提行政管理部门用房的修理费750元。

根据以上资料编制相关会计分录及结账分录如下：

借：管理费用	7400	
贷：银行存款		7400
借：管理费用	6680	
贷：累计折旧		2100
低值易耗品		280
应付工资		4300
借：管理费用	430	
贷：待摊费用		430
借：管理费用	750	
贷：预提费用		750
借：本年利润	15260	
贷：管理费用		15260

（三）财务费用

财务费用是指企业筹集生产经营所需资金而发生的费用。按我国现行规定，其主要项目有利息支出（减利息收入）、汇兑损失（减汇兑收益）、金融机构手续费以及筹集生产经营资金发生的其他费用。

为了准确核算财务费用，必须合理划分资本化利息和费用化利息。划分的基本原则是购建固定资产的借款利息应当资本化，生产经营的借款利息应当费用化。但是，在实际工作中往往会遇到比较复杂的情况，必须根据具体情况分析处理。凡是按规定不能资本化的利息，都要计入财务费用。

财务费用属于期间费用，在发生的当期就计入损益。

企业发生的财务费用在“财务费用”账户中核算，并按费用项目设置明细账进行明细核算。“财务费用”账户的借方反映本期实际发生的财务费用，贷方反映期末转入“本年利润”账户的财务费用；“财务费用”账户结转“本年利润”后无余额。

假设某企业 12 月份发生下列财务费用支出：用银行存款支付短期借款利息支出 1580 元；用银行存款支付银行手续费 930 元；银行通知第四季度银行存款利息收入 580 元。根据以上资料编制有关会计分录及结账分录如下：

借：财务费用	1580	
贷：银行存款		1580
借：财务费用	930	
贷：银行存款		930
借：银行存款	580	
贷：财务费用		580
借：本年利润	1930	
贷：财务费用		1930

思考题

1. 怎样从经济性质角度来认识成本概念，其主要包括哪些内容？

2. 怎样从经济用途角度来认识成本概念，其主要包括哪些内容？

3．说明产品成本与期间费用的特点和它们之间的关系。

4．试述成本核算原则和其重要意义。

5．成本核算必须正确划分哪些基本界限，为什么？

6．试述成本核算对象和核算的基本步骤。

7．试述辅助生产的核算步骤和核算方法。

第三章　经营成本的核算方法

从某一生产企业来讲，经营成本的核算就是其产品成本的核算。产品成本计算方法是依据成本核算的要求，按照一定的对象，归集构成产品成本的生产费用，并按期计算各该对象实际总成本和单位成本的方法。产品成本计算方法是产品成本核算的主要组成内容。企业成本管理要求和生产类型不同，采用的成本计算方法也不一样，准确计算产品成本，必须适应企业的生产类型，满足企业成本管理的要求。前章阐述了产品成本（制造成本）计算的一般程序和方法，本章着重从工业企业生产类型出发，按照成本管理的不同要求，阐明产品成本计算的基本方法。

第一节　生产类型和成本核算基本方法

一、生产类型

生产类型是指企业或车间按照生产特点进行划分的类别。企业的生产特点是指生产工艺技术过程的特点和生产组织的特点。对生产特点的完整理解必须包含这两个方面的特点。

所谓生产工艺技术过程的特点，是指从产品投料到完工的生产工艺技术加工过程所具备的特点，它与产品的生产加工过程是否间断和生产复杂程度有直接关系。按照生产工艺技术加工过程的特点可分为简单生产和复杂生产两种生产类型。

简单生产是指产品的生产工艺技术过程不能间断，或不能分散在不同地点进行的单阶段生产。简单生产的生产工艺较为简单，通常是单步骤，生产周期不长，产品品种不多且稳定，一般由一个企业独立完成，如采掘、发电、铸造、酿造等。

复杂生产是指产品的生产工艺过程可以间断，或可以在不同时间、不同地点进行的多阶段生产。复杂生产的生产工艺较为复杂，由两个以上的生产步骤共同完成产品的加工，生产周期较长，产品品种较多且不稳定，一般由一个企业的若干生产车间，或由几个分厂协作进行。马克思指出："制品或者是由各个独立的局部产品纯粹机械地组合而成，或者是依次经过一系列互相关联的过程和操作而取得完成的形态。"可见，复杂生产按其加工方式和各个生产步骤的内在联系，可分为平行加工式（或称装配式）复杂生产和连续加工式（或称顺序加工式）复杂生产。

平行加工式复杂生产是指各个生产步骤可以在不同的地点和不同的时间，平行加工组成产成品的零（部）件，然后将零（部）件装配成产成品，如汽车、自行车、缝纫机、家用电器、造船等工业的生产。这类生产的各个生产步骤具有相对独立性，不存在前后顺序的依存关系。

连续加工式复杂生产是指从投入原材料到产品完工要经过若干有秩序的连续加工步骤（或车间），如纺织、冶金、水泥、造纸等工业的生产。这类生产的各个生产步骤（或车间）具有先后顺序的依存关系，即上一步骤完工的半成品要转入下一步骤作为加工对象继续加工，这样依次转移，直到最后步骤才生产出产成品。

生产组织是指保证生产过程各个环节、各个因素相互协调的生产工作方式。它与产品的品种、数量、生产的重复性、专业化程度有密切关系。按照生产组织的特点可分为大量生产、成批生产和单件生产三种生产类型。

大量生产是指大量不断重复生产品种相同的产品，如发电、采掘、冶金、纺织、造纸等工业生产。这类生产的主要特点是产量大，品种少，生产的重复性强，专业化程度高。

成批生产是指按照产品的批别、批量，成批重复生产批别相同的产品，即每隔一定时期重复生产某种产品，如机床、电机、农机、服装等工业生产。这类生产的主要特点是产量较大，品种较多，生产有一定的重复性，专业化程度较高。成批生产按照每种产品批量的多少划分，又可分为大批生产和小批生产，大批生产与大量生产相接近，小批生产与单件生产相接近。在实际工作中，大量与大批、单件与小批的界限难以绝对区分，通常合在一起，称为大量大批和单件小批生产类型。

单件生产是指按照购买单位的要求，依据定单规定的规格和数量生产少量或个别性质特殊的产品，如造船、重型机器、专用设备和新产品试制等工业生产。这类生产的主要特点是品种多，产量少(一件或几件)，一般不重复，专业化程度不高，通常采用通用设备进行加工。

简单生产和连续加工式复杂生产，通常是大量大批生产；平行加工式复杂生产则可以是大量生产、成批生产或单件生产。将生产工艺技术过程的特点与生产组织的特点相结合，可称为大量大批简单生产，大量大批连续加工式复杂生产，大量大批平行加工式复杂生产，单件小批平行加工式复杂生产等四种生产类型。

必须指出，同一企业的各个生产车间(或工段，小组)的生产可能具有不同的生产工艺技术过程特点和不同的生产组织特点。如同一企业的基本生产车间与辅助生产车间的生产特点可能不同，同一车间的各个生产工段或小组的生产特点可能不同，但就整个企业而言，其生产特点是指主要的基本生产车间的生产特点。例如,造船工业的生产,其生产特点属于单件小批平行加工式复杂生产,但其发电车间的生产特点则是大量大批简单生产,其金加工车间所生产的零(部)件通常是大量大批连续加工式复杂生产。

二、生产类型对产品成本计算方法的影响

构成产品成本计算方法的因素主要有成本计算对象,成本计算时期,完工产品成本与在产品成本的划分(即完工产品成本计算与在产品成本计算)。

成本计算对象是指归集生产费用、计算产品成本的对象,即成本的承担者,一般是指产品的品种、产品定单或批别、各个加工步骤的产品、产品的类别等。成本计算时期是指计算完工产品(产成品)成本的期间,即归集生产费用、计算产成品成本的起讫日期,一般分为按月定期和不定期两种。完工产品成本与在产品成本的划分是指将构成产品成本的生产费用在当期完工产品与在产品之间进行分配,以确定完工产品实际成本和在产品成本。

生产类型对产品成本计算方法的影响主要表现在对成本计算对象、成本计算时期和完工产品成本与在产品成本的划分等三方面。生产类型和成本管理的要求不同,产品成本计算对象、成本计算时期以及完工产品成本与在产品成本的划分也不一样。

1. 成本计算对象。

大量大批简单生产类型,由于生产工艺技术过程不可间断,通常是单步骤生产,不需要分步,因而不要求分步骤计算产品成本;由于生产组织属于大量大批生产,通常不需要按产品批别组织生产,因而不要求分批别计算产品成本。所以,在这种生产类型下,其成本计算对象便是不同品种的产品。

大量大批连续加工式复杂生产类型,由于生产工艺技术过程可以间断,其生产过程由若干有顺序的生产步骤所组成,各个生产

步骤往往生产有自制半成品,因而,要求分步骤计算产品成本;由于生产组织属于大量大批生产,不要求分批计算产品成本,只要求按不同品种的产品计算成本。可见,在大量大批连续加工式复杂生产类型下,其成本计算对象是分步骤的不同品种的产品(自制半成品)。

大量大批平行加工式复杂生产类型,由于各个生产步骤平行加工构成产成品的零件和部件,通常要求计算每个生产步骤的零(部)件成本,因此,这种生产类型的成本计算对象是分步骤的零(部)件和组装成不同品种的产品。

单件小批平行加工式复杂生产类型,由于产品生产是按批别或订单组织的,产品的批别、件别或订单可以划分,因而,要求按产品的批别、件别或订单计算成本,其成本计算对象便是产品的件别、批别或订单。

2. 成本计算时期。

在大量大批生产下,产品分月陆续完工,通常每月末均有完工产品,因而,要求按月定期计算完工产品成本,其成本计算时期与会计报告期一致,与生产周期不一致。在单件小批生产下,月末不一定有完工产品,因而,不要求按月定期计算完工产品成本,产品完工的时期与会计报告期并不一致,其成本计算时期与生产周期一致。可见,生产类型对成本计算时期的影响,主要是指生产组织的特点对成本计算时期的影响,不同的生产组织具有不同的成本计算时期。但是,完工产品成本计算的时期与成本计算的日常工作不能混淆,无论成本计算时期是否定期,日常成本计算工作都应经常地、及时地进行,并按月定期结账,以便及时反映成本、费用的发生,并对其进行定期分析和考核。

3. 完工产品与在产品成本的划分。

产品成本在完工产品与在产品之间的划分,是将生产费用在完工产品与在产品之间通过分配进行的,其基本原理为:

期初在产品成本 + 本期生产费用 = 本期完工产品成本 + 期末在产品成本

或：期初在产品成本 + 本期生产费用 − 期末在产品成本 = 本期完工产品成本

可见,完工产品与在产品成本分配的基本原理,是将前两项成本总和按一定比例在后两项中进行分配,或先确定期末在产品成本,再计算出完工产品成本。一般情况下,不能先确定完工产品成本,再确定在产品成本。无论采用何种分配方式都与企业的生产类型有密切关系。

大量大批简单生产类型,由于期末无在产品或在产品数量很少,不必要求计算在产品成本,不需要将生产费用在完工产品与在产品之间进行分配,当期生产费用就是该期完工产品总成本。

大量大批复杂生产类型,由于期末存在在产品且数量较多,在计算完工产品成本的同时计算期末在产品成本,因而,需要将生产费用(含期初在产品成本)在完工产品与在产品之间进行分配,以便确定完工产品成本和月末在产品成本。

单件小批复杂生产类型,由于成本计算期与会计报告期不一致,月末虽有在产品,但无完工产品,当期归集的生产费用就是期末在产品成本,无需在完工产品与在产品之间进行分配。如果同批产品分期完工,则月末同时存在完工产品和月末在产品,这就需要将生产费用在当期完工产品与期末在产品之间进行分配,以便确定该批产品的当期完工产品成本和期末在产品成本。

三、产品成本计算的基本方法

如前所述,产品成本计算方法的构成因素主要是产品成本计算对象、成本计算时期和产品成本在完工产品与在产品之间的划分,其中,产品成本计算对象是决定成本计算方法的最主要因素,这是因为它不仅是设置成本明细账的依据,而且直接影响生产费用归集及其计入产品成本的程序和方法，是区别不同成本计算方法的基本标志。

产品成本计算对象、成本计算时期和产品成本在完工产品与在产品之间的划分三者相结合，构成不同特点的产品成本计算方法。生产类型不同，其成本计算对象、成本计算时期和产品成本在完工产品与在产品之间的划分方法也不一样，从而不同的生产类型决定了其相适应的成本计算方法。成本计算的基本方法包括：以产品品种为对象特征的品种法，以产品品种并分步骤为对象特征的分步法，以产品批别为对象特征的分批法。此外，还有与品种法相联系的分类法、系数法、定额比例法，与分批法相联系的分批零件法，与分步法相联系的零件工序法，以及用于成本计算和成本控制的定额法、标准成本法等。

企业生产类型和成本管理的要求对成本计算方法的影响，可参见表 3.1。

第二节　完工产品与在产品成本的划分方法

合理、简便地划分完工产品与在产品成本是确定完工产品与在产品成本划分方法的原则。企业应根据月末结存在产品数量的多少，各月月末在产品结存数量变化的起落程度，月末结存在产品价值的大小，各成本项目成本占总成本比重的轻重，以及企业定额管理基础工作的扎实与否等方面的情况，选择合理、简便的划分方法。完工产品与在产品成本的划分方法从在产品成本确定的先后顺序上看，可分为三大类型：

1. 先确定月末在产品成本，然后确定完工产品成本。这种方法是先采用一定的办法对月末在产品进行计价，然后将汇总的基

表 3.1

生产工艺技术特点		生产组织特点		管理要求	成本计算方法	企业
简单(单步)生产		大量生产		要求按产品品种计算成本	品种法	发电、采掘等
复杂(多步骤)生产	连续式	大量生产		要求既按产品品种又分步骤计算成本	逐步结转分步法	冶金、纺织等
				要求不分步,只按产品品种计算成本	品种法	砖瓦、水泥等
	装配式	大量生产		要求按产品品种,并计算各步骤份额	平行结转分步法	汽车、自行车等
				只要求按产品品种计算成本	品种法	钟表、收音机等
		成批生产	大批	要求按产品品种,并计算各步骤份额	平行结转分步法	机床、农机等
			小批	要求按产品的件别或批别计算	分批法	机械、专用设备等
		单件生产		要求按产品的件别或批别计算	分批法	船舶、重型机器等

本生产成本减去月末在产品成本,便可计算出完工产品的总成本,总成本除以完工产品数量,即为产品的单位成本。对月末在产品先计价的具体方法有:(1)在产品按年初成本计价法;(2)在产品按定额成本计价法;(3)在产品不计价法等。

2. 先确定完工产品成本,然后确定月末在产品成本。这种方法是先对完工产品按计划成本、定额成本或历史成本计价,然后将汇总的基本生产成本减去完工产品成本,即计算出月末在产品成本。这类方法属于倒轧账的办法,一般不宜采用。

3. 完工产品成本与在产品成本同时确定。这种方法是先选择一种分配标准,将完工产品成本和月末在产品成本按此分配的标准比例进行划分,即根据按此分配标准计算的分配率不分先后地计算出完工产品成本和月末在产品成本的一种方法。具体方法包括有:(1)约当产量比例法;(2)定额比例法。

完工产品与月末在产品成本划分应分成本项目进行,一般地说,各成本项目的成本都应在完工产品与月末在产品之间划分,这样才能保证完工产品与在产品成本的完整和准确。但是在有些情况下,如产品的直接材料成本占全部成本的比重很大,月末在产品完工程度又较低,那么根据成本核算的重要性原则,为了简化成本计算工作,可将直接材料成本项目的成本在完工产品与在产品之间进行划分,而其余成本项目的成本全部由完工产品成本承担,在产品不承担。也就是说,在对产品成本计算正确性影响不大的情况下,为简化计算工作,月末在产品只承担部分成本项目的成本。

现将完工产品与在产品成本划分的具体方法介绍如下:

一、在产品不计价法

在产品不计价法是指虽然月末有结存在产品,但月末在产品数量很少,价值很低,且各月在产品数量比较稳定的情况下,月末在产品成本很小,月初在产品成本与月末在产品成本之差就更小,算不算各月在产品成本对完工产品成本影响不大,因此,根据成本核算的重要性原则,为简化产品成本计算工作,可不计算月末在产品成本。例如自来水生产企业、采掘企业等可采用此方法。在这种方法下,本月各产品发生的生产耗费就是本月该种完工产品的总成本,除以本月完工产品产量,即可求得单位产品制造成本。

二、在产品按年初成本计价法

在产品按年初成本计价法是对各月月末在产品成本按年初在产品成本计价的一种方法。这种方法适用于各月月末在产品结存数量较少,或者虽然在产品结存数量较多,但各月月末在产品数量稳定,起落变化不大的产品。在月末在产品结存数量较少,但价值较大,或者在产品数量较多的情况下,如采用前种方法不对月末在产品计价,则会使成本计算不准确,而且会造成较大的账外财产,使会计反映失实。但如果月末在产品结存数量较少,或者在产品结存数量较多,但各月月末在产品结存数量稳定的情况下,由于各月月初在产品成本与月末在产品成本之间的差额很小,因此,以年初在产品成本对各月月末在产品进行计价,则对各月完工产品成本的影响就不大。所以,为简化产品制造成本的计算工作,对各月月末在产品可按年初在产品成本计价。这样,各月月末在产品成本不变,月初与月末在产品成本相等,那么每月各产品发生的生产耗费即为本月该完工产品的总成本。

采用在产品按年初在产品成本计价的方法,对于每年年末在产品,则需根据实际盘存资料,采用其他方法计算年末在产品成本,以免在产品以固定不变的成本计价延续时间太长,使在产品成本与实际出入太大而影响产品成本计算的准确性和企业存货资产反映失实。一般来说,诸如利用高炉、反应装置和管道生产的冶炼、化工企业可以采用这种方法。在物价变动较大的情况下,采用此法应慎重,以防止成本计算不实。

三、在产品按定额成本计价法

在产品按定额成本计价法是根据各月月末在产品储存数量、投料和加工程度、单位产品定额成本资料计算出月末在产品的定额成本,并以该定额成本作为月末在产品的实际成本对月末在产品进行计价的一种方法。它适用于定额管理基础工作比较扎实,各项消耗定额比较准确、稳定,各月月末在产品结存数量也较稳定的情况。在产品按定额成本计价的不足在于,在产品按定额成本计价后,就将本月发生的实际生产耗费脱离定额的差异全部转由当月完工产品承担,在定额管理基础工作不好,各项消耗定额不够准确的情况下,实际耗费与定额之间的差异就较大,从而影响产品成本计算的准确性。如果定额资料比较客观、准确,则单件在产品脱离定额的差异就很小,再由于各月月末在产品结存数量波动不大,比较稳定,则月初在产品脱离定额的差异与月末在产品脱离定额的差异也就不会相差太远,对完工产品成本计算的准确性影响就很小。所以,在符合上述条件的情况下,为简化成本计算工作可采用这种方法。

现举例说明在产品按定额成本计价的方法:

某企业生产 A 产品,某月月初在产品成本和本月生产耗费共计为 71020 元,其中直接材料成本为 51860 元,直接工资成本为 6960 元,制造费用为 12200 元;该月共生产完工 A 产品 1000 件,月末在产品结存 300 件;A 产品所耗直接材料是在加工开始时一次投入的,月末在产品完成定额工时为 800 小时。A 产品定额资料:单位产品直接材料定额成本为 40 元,每定额工时的直接工资为 1.20 元,每定额工时的制造费用为 2 元。则 A 产品本月完工产品和月末在产品成本可计算如表 3.2 所示：

表 3.2　产品成本计算单

产品名称：A 产品　　　　20××年×月

成本项目	生产耗费合计	月末在产品成本（定额成本）	完工产品总产品	完工产品单位成本
	(1)	(2)	(1)-(2)=(3)	(3)÷100=(4)
直接材料	51860	40×300=12000	39860	39.86
直接人工	6960	1.2×800=960	6000	6.00
制造费用	12200	2×800=1600	10600	10.60
合　　计	71020	14560	56460	56.46

在产品采用定额成本计价法，不仅要求消耗定额应该比较客观、准确，而且要求消耗定额相对稳定，不宜多变。这是因为，如果经常改变消耗定额，则在改变消耗定额的月份，不仅使实际耗费与新定额耗费之间的差异计入了完工产品成本，而且使本月在产品的新定额耗费与老定额耗费之间的差异也都计入了完工产品成本，这样就不利于对完工产品成本的考核和分析。

四、约当产量比例法

约当产量比例法属于按完工产品与月末在产品之间某一分配标准的比例同时计算完工产品成本和月末在产品成本的一种方法。它是将月末结存在产品的数量按其完工程度折算为相当于完工产品的数量，即约当产量，然后按照完工产品产量（也就是完工程度为 100%的约当产量）与月末在产品约当产量的比例划分完工产品与月末在产品成本的一种方法。本月完工产品产量加上月末在产品约当产量，称为约当总产量，亦简称为约当产量。由于约当产量比例法只要求正确统计月末在产品结存数量和正确估计月末在产品成本,因此,约当产量比例法适用范围较广泛,特别是月末在产品结存数量较大,且各月月末在产品结存数量不稳定,起落变化较大,其他划分方法受到限制不宜采用时,尤为适合。

约当产量比例法的计算公式如下:

$$月末在产品约当产量 = 月末在产品结存数量 \times 在产品完工百分比$$

$$约当产量单位成本 = \frac{月初在产品成本 + 本月发生的生产耗费}{完工产品产量 + 月末在产品约当产量}$$

$$完工产品总成本 = 约当产量单位成本 \times 完工产品产量$$

$$月末在产品成本 = 约当产量单位成本 \times 月末在产品约当产量$$

采用约当产量比例法,由于月末在产品的投料程度和加工程度可能不一致,直接材料和直接人工、制造费用的投入程度也就可能不同,因此,应分成本项目计算月末在产品的约当产量。直接材料成本项目应根据月末在产品所耗直接材料的投入程度折算约当产量,直接人工和制造费用成本项目应根据月末在产品的加工程度折算约当产量,并应分成本项目计算约当产量单位成本和完工产品成本、月末在产品成本。现举例说明如下:

假定某企业生产丁产品,20××年4月份月初结存在产品50件,加工程度为40%;本月投产430件;本月完工产量为400件,月末结存在产品80件,加工程度为50%。丁产品所耗直接材料是在丁产品投产时投入全部直接材料的80%,当产品加工达到60%时,再投入其余20%的直接材料。丁产品4月初在产品成本为:直接材料757.60元,直接人工142.00元,制造费用139.00元;4月份发生的生产耗费为:直接材料8522.40元,直接人工2058.00元,制造费用3381.00元。

根据上述成本计算资料,采用约当产量比例法,丁产品4月份完工产品和月末在产品成本可计算如下:

直接材料成本项目:

丁产品所耗直接材料是分两次投入的,第一次是在产品生产开始时投入80%,第二次是在产品加工达到60%时投入20%。4月末结存的80件在产品加工程度为50%,所以直接材料只投入一次,即投入80%,因此,直接材料成本项目月末在产品的约当产量为80×80%=64件。

$$直接材料约当产量单位成本=\frac{757.60+8522.40}{400+64}=20(元)$$

$$完工产品直接材料总成本=20\times400=8000(元)$$

$$月末在产品直接材料成本=20\times64=1280(元)$$

直接人工成本项目:

直接人工成本项目月末在产品约当产量按在产品加工程度折算,4月份丁产品月末结存在产品80件的加工程度为50%,所以月末在产品直接人工成本项目的约当产量为80×50%=40件。

$$直接人工约当产量单位成本=\frac{142.00+2058.00}{400+40}=5(元)$$

$$完工产品直接人工总成本=5\times400=2000(元)$$

$$月末在产品直接人工成本=5\times40=200(元)$$

制造费用成本项目:

制造费用成本项目月末在产品约当产量计算方法与直接人工成本项目相同,这是因为,直接人工费用与制造费用都是随产品加工进程而逐渐发生的费用,都应按产品加工程度折算月末在产品的约当产量。所以,4月末结存80件在产品的制造费用成本项目约当产量为80×50%=40件。

$$制造费用约当产量单位成本=\frac{139.00+3381.00}{400+40}=8(元)$$

$$完工产品制造费用总成本=8\times400=3200(元)$$

$$月末在产品制造费用成本=8\times40=320(元)$$

根据以上各成本项目完工产品与在产品成本划分的结果,4月份完工400件丁产品的总成本、单位成本和月末结存80件在产品成本可计算如下:

$$400件丁产品总成本=8000+2000+3200=13200(元)$$

4 月末在产品成本 = 1280 + 200 + 320 = 1800(元)

丁产品 4 月份单位成本 = 13200 ÷ 400 = 33(元)

表 3.3

产品名称:丁产品　　　　　　20××年 4 月

20××年		凭证编号	摘　　要	直接材料	直接人工	制造费用	合　计
月	日						
4	1		月初在产品成本	757.60	142.00	139.00	1038.60
	30		直接材料分配	8522.40			8522.40
	30		直接人工分配		2058.00		2058.00
	30		制造费用分配			3381.00	3381.00
	30	(略)	合　　计	9280.00	2200.00	3520.00	15000.00
			约当总产量	464	440	440	—
			约当产量单位成本	20.00	5.00	8.00	—
	30		完工产品总成本	8000.00	2000.00	3200.00	13200.00
	30		完工产品单位成本	20.00	5.00	8.00	33.00
	30		月末在产品成本	1280.00	200.00	320.00	1800.00

如果产品所耗直接材料是在丁产品开始生产时一次投入的,则直接材料成本项目就不需要计算月末在产品约当产量,而可按照完工产品产量与月末在产品数量之比例进行成本划分。如果月末在产品在各工序上结存数量比较均衡,为简化核算,直接人工、制造费用成本项目的月末在产品约当产量均可按加工程度为50%计算,这是因为各工序如结存在产品均衡的话,第一工序加工虽刚投产,但最后一个工序已接近完工,两者平均可作已加工50%处理,这是合理的。但如果月末在产品在各工序上结存数量不均衡,则必须根据各工序结存在产品的数量和已加工程度分别计算约当产量。例如,某产品顺序通过第一、二、三道工序加工制成,各工序的定额工时分别为 2 小时、3 小时和 5 小时;假定某月末

该产品结存在产品80件，其中第一道工序结存24件，第二道工序结存40件，第三道工序结存16件，加工程度均为50%，则该产品该月直接人工，制造费用月末在产品约当产量计算如下：

第一道工序在产品约当产量 $= 24 \times 50\% \times \frac{2}{10} = 2.4$(件)

第二道工序在产品约当产量 $= 40 \times \frac{2}{10} + 40 \times 50\% \times \frac{3}{10} = 14$(件)

第三道工序在产品约当产量 $= 16 \times \frac{5}{10} + 16 \times 50\% \times \frac{5}{10} = 12$(件)

月末在产品约当产量合计 28.4(件)

以上介绍的约当产量比例法是对月初在产品成本和本月发生的生产耗费总额，以月初在产品结存数量和本月投入的生产数量为权数，求得约当产量的加权平均单位成本后，计算出本月完工产品成本和月末在产品成本的一种方法。由于约当产量单位成本是加权平均计算出来的，所以当上月与本月成本水平变化较大时，本月月末在产品成本就要受到上月成本水平的影响。因此，为了如实客观地反映本月月末结存在产品的成本，在约当产量比例法下，对月末在产品还可以采用先进先出法进行计价。先进先出法计价是假定月初在产品先于本月投产产品完工，在产品生产周期小于一个月的情况下，月初在产品将在本月全部加工完毕，这样，月初在产品成本应全部由本月完工产品负担，而本月发生的生产耗费在本月完工产品与月末在产品之间进行划分。月末在产品成本不受上月成本水平的影响，反映的是本月成本水平。

在先进先出法下，约当产量只包括本月实际的生产量，而不包括上月投产但到上月末尚未完工的本月月初在产品在上月的生产量。也就是说，约当产量只与本月发生的生产耗费有关，而与月初在产品成本无关。采用先进先出法具体计算的公式如下：

本月完工产品约当产量 = 月初在产品在本月加工的约当产量 + 本月投产本月完工的产品数量

其中：月初在产品在本月加工的约当产量 = 月初在产品数量 ×（1 − 上月完工百分比）

本月投产本月完工的产品数量 = 本月投产数量 − 月末在产品结存数量

或 = 本月完工产品数量 − 月初在产品数量

本月月末在产品约当产量 = 月末在产品结存数量 × 月末在产品完工百分比

$$约当产量单位成本 = \frac{本月发生的生产耗费}{本月完工产品约当产量 + 本月月末在产品约当产量}$$

本月月末在产品成本 = 约当产量单位成本 × 本月月末在产品约当产量

本月完工产品总成本 = 月初在产品成本 + 本月生产耗费 − 本月月末在产品成本

或 = 月初在产品成本 + 约当产量单位成本 × 本月完工产品约当产量

现仍以上述丁产品为例，说明约当产量比例法下，月末在产品采用先进先出法计价的完工产品与月末在产品成本的划分计算。

直接材料成本项目：丁产品 4 月初结存在产品 50 件，已加工 40%，由于直接材料是在开始加工时投入 80%，其余 20% 在加工到 60% 时投入，所以月初在产品上月已投料 80%，本月投料 20%。月末结存 80 件在产品由于只加工了 50%，投料只投入一次，即投入 80%。直接材料成本项目的约当产量和成本划分计算如下：

本月完工产品约当产量：50 ×（1 − 80%）= 10（件）

400 − 50 = 350（件）

小计 360（件）

月末在产品约当产量：80 × 80% = 64（件）

直接材料成本项目本月约当总产量 424（件）

直接材料约当产量单位成本 = $\frac{8522.40}{424}$ = 20.10(元)

月末在产品直接材料成本 = 20.10 × 64 = 1286.40(元)

完工产品直接材料成本 = 757.60 + 20.10 × 360 = 7993.60(元)

或 = 757.60 + 8522.40 − 1286.40 = 7993.60(元)

直接人工成本项目:由于月初在产品上月已加工 40%,所以本月只加工 60%,即月初在产品 50 件的 60%的直接人工是本月份发生的耗费。

本月完工产品约当产量:50 × (1 − 40%) = 30(件)

400 − 50 = 350(件)

小计 380(件)

月末在产品约当产量:80 × 50% = 40(件)

直接人工成本项目本月约当总产量 420(件)

直接人工约当产量单位成本 = $\frac{2058.00}{420}$ = 4.90(元)

月末在产品直接人工成本 = 4.90 × 40 = 196(元)

完工产品直接人工总成本 = 142 + 4.90 × 380 = 2004(元)

或 = 142 + 2058 − 196 = 2004(元)

制造费用成本项目:

本月完工产品约当产量:50 × (1 − 40%) = 30(件)

400 − 50 = 350(件)

小计 380(件)

月末在产品约当产量: 80 × 50% = 40(件)

制造费用成本项目约当总产量 420(件)

制造费用约当产量单位成本 = $\frac{3381}{420}$ = 8.05(元)

月末在产品制造费用成本 = 8.05 × 40 = 332(元)

完工产品直接人工总成本 = 139 + 8.05 × 380 = 3198(元)

或 = 139 + 3381 − 332 = 3198(元)

4 月份完工 400 件丁产品总成本 = 7993.60 + 2004 + 3198

= 13195.60(元)

丁产品 4 月份单位成本 = 13195.60 ÷ 400 = 32.989(元)

4 月末在产品成本 = 1286.40 + 196 + 322 = 1804.40(元)

五、定额比例法

在企业定额管理基础较好,各项消耗定额或定额成本比较准确、稳定的情况下,如果月末在产品各月数量比较稳定,起落变化不大,则可采用前文所介绍的在产品按定额成本计价的方法划分完工产品和月末在产品成本。但是,如果各月月末在产品数量变化较大,就不宜采用定额成本计价的方法。这是因为在这种方法下,月末在产品脱离定额成本的差额全部计入完工产品成本,如果各月月末在产品结存数量稳定,月初在产品脱离定额成本的差额与月末在产品脱离定额成本的差额有可能冲抵,对本月完工产品成本的影响就不大,但如果各月月末在产品结存数量不稳定,月初在产品脱离定额成本的差额与月末在产品脱离定额成本的差额相差较大,不能冲抵,从而就会影响本月完工产品成本的准确性。为了避免定额成本计价法的不足,在各月月末在产品结存数量波动较大的情况下,可以采用定额比例法。

定额比例法是以完工产品与在产品的定额耗用量(或定额成本)作为分配标准,求得单位定额耗用量(或定额成本)的实际分配率,然后根据分配率计算完工产品和月末在产品成本的一种方法。这种方法是将产品的实际耗费按照完工产品与在产品发生的定额耗用量(或定额成本)比例进行分配的,但由于直接材料和直接人工、制造费用的完工产品与在产品定额耗用量(或定额成本)比例可能不相等,所以必须分成本项目进行分配。对于直接材料成本项目,当产品只耗用一种直接材料时,可按直接材料的定额耗用量比例进行分配，但如果产品耗用的直接材料不止一种，而是两种或两种以上，且各种直接材料的单位成本不相等，则就不能仅按定额耗用量比例进行分配，而应按完工产品和月末在产品的直接材料定额成本比例进行分配。对于直接人工、制造费用成本项目，由于计划工资率和计划制造费用分配率只有一个，所以按定额耗用量比例和按定额成本比例进行分配，其结果是一样的，由于定额耗用量资料易取得，所以一般均按定额耗用量比例进行分配。

采用定额比例法划分完工产品和月末在产品成本的具体计算公式如下：

$$\text{直接材料单位定额耗用量(成本)分配率}=\frac{\text{月初在产品直接材料实际成本}+\text{本月实际耗用直接材料费用}}{\text{完工产品直接材料定额耗用量(成本)}+\text{月末在产品直接材料定额耗用量(成本)}}$$

$$\text{完工产品直接材料实际成本}=\text{直接材料单位定额耗用量(成本)分配率}\times\text{完工产品直接材料定额耗用量(成本)}$$

$$\text{月末在产品直接材料实际成本}=\text{直接材料单位定额耗用量(成本)分配率}\times\text{月末在产品直接材料定额耗用量(成本)}$$

$$\text{直接人工(制造费用)定额工时分配率}=\frac{\text{月初在产品直接人工(制造费用)实际成本}+\text{本月实际耗用直接人工(制造费用)费用}}{\text{完工产品定额工时}+\text{月末在产品定额工时}}$$

$$\text{完工产品直接人工(制造费用)实际成本}=\text{直接人工(制造费用)定额工时分配率}\times\text{完工产品定额工时}$$

$$\text{月末在产品直接人工(制造费用)实际成本}=\text{直接人工(制造费用)定额工时分配率}\times\text{月末在产品定额工时}$$

定额比例法举例说明如下：

某企业生产戊产品，该产品有关定额资料如下：

单位产品直接材料定额成本：300 元

单位产品工时消耗定额：20 小时

××年 6 月份，该企业生产完工戊产品 1,000 件，月末结存在产品 200 件。月末在产品直接材料投入 80%，加工程度达 40%。戊产品 6 月份在产品实际成本和本月发生的实际耗费如下：

	直接材料	直接人工	制造费用	合　计
月初在产品成本	41460	2567	4120	48147
本月生产耗费	334380	49273	71480	455133

根据上列资料可计算如下：

直接材料成本项目：

$$\text{完工产品定额成本} = 1000 \times 300 = 300000(\text{元})$$

$$\text{月末在产品定额成本} = 200 \times 80\% \times 300 = 48000(\text{元})$$

$$\text{小计}\quad 348000(\text{元})$$

$$\text{直接材料定额成本分配率} = \frac{41460 + 334380}{348000} = 1.08$$

$$\text{完工产品直接材料成本} = 1.08 \times 300000 = 324000(\text{元})$$

$$\text{月末在产品直接材料成本} = 1.08 \times 48000 = 51840(\text{元})$$

直接人工成本项目：

$$\text{完工产品定额工时} = 1000 \times 20 = 20000(\text{小时})$$

$$\text{月末在产品定额工时} = 200 \times 40\% \times 20 = 1600(\text{小时})$$

$$\text{小计}\quad 21600(\text{小时})$$

$$\text{直接人工定额工时分配率} = \frac{2567 + 49273}{21600} = 2.40(\text{元/小时})$$

$$\text{完工产品直接人工成本} = 2.40 \times 20000 = 48000(\text{元})$$

$$\text{月末在产品直接人工成本} = 2.40 \times 1600 = 3840(\text{元})$$

制造费用成本项目：

$$\text{完工产品定额工时} = 1000 \times 20 = 20000(\text{小时})$$

$$\text{月末在产品定额工时} = 200 \times 40\% \times 20 = 1600(\text{小时})$$

$$\text{小计}\quad 21600(\text{小时})$$

$$\text{制造费用定额工时分配率} = \frac{4120 + 71480}{21600} = 3.50(\text{元/小时})$$

$$\text{完工产品制造费用成本} = 3.50 \times 20000 = 70000(\text{元})$$

$$\text{月末在产品制造费用成本} = 3.50 \times 1600 = 5600(\text{元})$$

$$1000\text{件戊产品总成本} = 324000 + 48000 + 70000 = 442000(\text{元})$$

戊产品6月份单位成本 = 442000 ÷ 1000 = 442(元)

6月末在产品成本 = 51840 + 3840 + 5600 = 61280(元)

以上完工产品和月末在产品成本计算过程可直接在产品成本明细账或产品成本计算单中进行,如表3.4所示:

表3.4　产品成本明细账

产品名称:戊产品　　　　20××年6月

摘　　要	直接材料	直接人工	制造费用	合　　计
月初在产品成本	41460	2567	4120	48147
本月生产耗费	334380	49273	71480	455133
合计	375840	51840	75600	503280
完工产品定额	300000	20000	20000	
月末在产品定额	48000	1600	1600	
小计	348000	21600	21600	
分配率	1.08	2.40	3.50	
完工产品总成本	324000	48000	70000	442000
完工产品单位成本	324	48	70	442
月末在产品成本	51840	3840	5600	61280

定额比例法计算过程中所计算的分配率,除了对完工产品与在产品成本划分计算有其作用以外,还可利用其进行成本的比较分析。直接材料成本项目的分配率表示了直接材料成本的超支或节约的百分比,如上例,分配率为1.08,表示实际直接材料成本是直接材料定额成本的108%,超支了8%,分配率如小于1,则表示节约,如分配率0.96,则表示节约了4%;直接人工、制造费用成本项目的分配率可与计划工资率、计划制造费用分配率进行比较,以分析直接人工成本和制造费用成本的超支或节约情况。

第三节　产品成本计算品种法

一、品种法的意义和适用性

产品成本计算品种法是以产品品种作为成本计算对象,归集生产费用,计算各种产品成本的一种方法。品种法适用于大量大批单步骤简单生产的企业或车间,如采掘、发电、供电等。在这类大量大批生产的中小型企业,一般在生产工艺上不能划分若干步骤,或尽管在生产工艺上可以间断,并可以划分为若干步骤,但因生产规模小,管理上不要求按生产步骤控制生产费用和计算半成品成本,也可采用品种法计算产品成本,如小型水泥厂、造纸厂、糖果厂、钟表厂和食品厂等。

二、品种法的主要特点

品种法的成本计算对象是既不分步骤也不分批别的不同品种的产品。企业有多少实际生产的品种,一般就要设立多少张产品成本计算单,即基本生产明细账。

品种法的成本计算时期是日历月份,即按月定期计算产品成本,与企业的会计核算期和报告期一致,但与产品生产周期不一致。

一般情况下期末有较多在产品存在,故期末有在产品与完工产品的成本划分问题。但在生产周期较短,在产品很少或无在产品的情况下,当月归集的生产费用全部计入当期完工产品成本,不计算在产品成本,也不必将生产费用在完工产品和在产品之间进行分配。

品种法计算成本的基本程序是:按照产品的品种,分成本项目设置“基本生产”明细账或成本计算单;按产品品种,分成本项目归集生产费用,如果生产一种产品,可采用直接归集的方法;如果生产多种产品,除直接费用采用直接归集的方法外,对于间接费用则通过分配进行归集。月末,如果不计算在产品成本,各个“基本生产”明细账汇集的生产费用,便是各种完工产品的实际总成本,再除以产量求得单位产品成本;如果需要计算在产品成本,应将“基本生产”明细账汇集的生产费用,在完工产品和月末在产品之间进行分配,以便计算完工产品总成本和单位成本。

三、品种法举例——简单法

在大量大批简单生产类型的企业或车间,如果产品品种单一,无在产品或在产品数量少,不需计算在产品成本,适宜采用简化的品种法计算产品成本。此种简化的品种法,亦称为简单法或单一法。如采掘、发电等企业便适用于简化的品种法。下面以火力发电厂和农机厂为例说明品种法的成本计算。

假定某火力发电厂只生产电力一种产品,分设燃料、锅炉、汽机、电机四个基本生产车间和修理等辅助生产车间。本月共发电12000千度,其中,厂内用电700千度,无在产品,月内发生生产费用共计1017000元(见表3.5),按简单法计算电力成本。

根据以上资料,编制电力成本计算表(见表3.6)。电力企业的生产费用绝大多数是直接费用,因此,电力成本一般可按照生产费用的经济性质设置成本项目进行归集和计算,以便简化核算。本例的生产费用汇总表便是根据各车间生产费用发生的凭证,通过分类、整理,按照费用的构成项目和发生的地点(车间)进行汇总,这就一方面有利于控制各车间生产费用的发生,便于考核生产费用预算的执行,一方面便于直接汇总和计算电力成本。

表 3.5　生产费用汇总表　　　　单位:元

费用项目＼生产单位	燃料车间	锅炉车间	汽机车间	电机车间	修理车间	合　计
燃料	845222					845222
水费		2590				2590
材料			2835	2430	13500	18765
工资	3240	3645	3510	3780	2160	16335
提取福利费	454	510	492	529	303	2288
折旧费	8100	16200	20250	24300	4050	72900
其他费用	8200	14850	15000	57000	3850	58900
合计	865216	37795	42087	48039	23863	1017000

电力成本计算表的编制,主要依据生产费用汇总表汇总的数据,其电力单位成本则根据厂供电量进行计算。计算公式如下:

$$\text{厂供电量} = \text{厂发电量} - \text{厂内用电量}$$

$$\text{电力单位成本} = \frac{\text{电力总成本(元)}}{\text{厂供电量(千度)}}$$

电力成本计算表也可以按照生产费用的经济用途设置直接材料、直接人工和制造费用等成本项目进行编制。编表时,应根据各个车间生产费用发生的凭证,按照经济用途归类、整理,编制生产费用汇总表,并据以编制电力成本计算表。仍沿用上例资料编表,见表 3.7、表 3.8。

根据表 3.7,按直接材料、直接人工、制造费用成本项目进行归集,其中,直接材料包括燃料和水费;直接人工指生产工人工资及其提取的福利费;制造费用包括管理人员工资及福利费、机物料消耗、折旧费、修理费和其他费用。又假定修理车间只为基本生产车间服务,本月发生的修理成本全部计入制造费用。

根据生产费用汇总表(表 3.7),按照生产费用的经济用途设

表 3.6　电力成本计算表

发电量:12000 千度
厂内用电:700 千度

年 月	年 日	凭证号数	摘　　要	燃料	水费	材料	工资	提取福利费	折旧费	其他费用	合计
			按费用要素汇总成本	845222	2590	18765	16335	2288	72900	58900	1017000
			单位成本	74.80	0.23	1.66	1.46	0.20	6.45	5.20	90

表 3.7　生产费用汇总表

单位:元

费用项目 \ 地点和用途	燃料车间		锅炉车间		汽机车间		电机车间		修理车间		合计
燃　　料	845222										845222
水　　费			2590								2590
材　　料						2835		2430	13500		18765
工　　资	2800	440	3200	445	3000	510	3200	580	1800	360	16335
提取福利费	392	62	448	62	420	7248	448	81	252	51	2288
折 旧 费		8100		16200		20250		24300		4050	72900
其他费用		8200		14850		15000		17000		3850	58900
合　　计	848414	16802	6238	31557	3420	38667	3648	44391	15552	8311	1017000

置成本项目,通过分析,编制电力成本计算表(表3.8)。

表3.8　电力成本计算表 发电量:12000千度

厂内用电:700千度

年 月	年 日	凭证号数	摘　要	直接材料	直接人工	制造费用	合　计
		表3.7	按成本项目汇总成本	847812	13908	155280	1017000
			单位成本	75.03	1.23	13.74	90.00

如果该发电厂生产的产品,除电力外,还供应热力,则应将发生的生产费用在电力和热力两种产品之间进行分配,编制电力和热力成本计算表,以便计算电力、热力的实际总成本和单位成本。

生产费用在热力和电力之间分配应结合具体的费用项目,采用相应的分配方法。

1. 燃料费用的分配。

热电厂耗用的燃料包括各种煤和不同品级的重油,其分配方法通常采用标准燃料耗用量进行分配。材料燃料耗用量是按每公斤发热量7000大卡作为标准燃料进行折合的燃料耗用量,计算公式如下:

$$\text{标准燃料耗用量}=\text{燃料实际耗用量}\times\frac{\text{该燃料每公斤实际发热量(大卡)}}{7000\text{(大卡)}}$$

$$\text{燃料费用分配率}=\frac{\text{共同耗用燃料实际成本}}{\text{热力标准燃料耗用量}+\text{电力标准燃料耗用量}}$$

其中:

热力标准燃料耗用量=热力的标准煤耗用量+热力的标准重油耗用量

电力标准燃料耗用量=电力的标准煤耗用量+电力的标准重油耗用量

热力燃料分配数 = 热力标准燃料耗用量 × 分配率

电力燃料分配数 = 电力标准燃料耗用量 × 分配率

2. 其他费用的分配。

热电厂的其他费用是指除燃料以外的其他所有费用,包括水费、材料消耗、折旧费、修理费等,这些费用大多是共同费用,一般在全部成本中占20%左右,通常采用固定的比例将其在电力和热力之间进行分配。固定比例是根据正常生产情况下,电力、热力耗用标准燃料用量的比例,并参照电力、热力的历史成本资料,通过测算而定的。

沿用上例资料,假定该厂本月生产12000千度电力外,还提供热力8200百万大卡;电力和热力所耗用的标准燃料耗用量分别为6200吨和2200吨,其他费用的分配采用固定比例分配,假定电力为80%,热力为20%。根据以上资料,编制电力、热力成本计算表,计算本月电力和热力的实际总成本和单位成本。

表3.9 电力、热力成本计算表

单位:元

成本项目	生产费用合计	电力成本	热力成本
	1	2 = 1 × 80%	3 = 1 × 20%
燃料	845222	623854.33	221367.67
水费	2590	2072.00	518.00
材料	18765	15012.00	3753.00
工资	16335	13068.00	3267.00
提取福利费	2288	1830.40	457.60
折旧费	72900	58320.00	14580.00
其他费用	58900	47120.00	11780.00
总成本	1017000	761276.73	255723.27
产量		12000千度	8200百万大卡

（续表）

成本项目	生产费用合计	电力成本	热力成本
	1	2 = 1 × 80%	3 = 1 × 20%
其中:厂内用电		600 千度	
热力用电		100 千度	
合计		11300 千度	8200 百万大卡
单位成本		67.37 元/千度	31.19 元/百万大卡

$$表中,燃料费用分配率 = \frac{845222}{6200 + 2200} = 100.621666$$

电力分配率 = 6200 × 100.621666 = 623854.33(元)

热力分配率 = 2200 × 100.621666 = 221367.67(元)

表 3.10 电力、热力成本计算表

单位:元

成本项目	生产费用合计	电力成本	热力成本
	1	2 = 1 × 80%	3 = 1 × 20%
直接材料	847812	625926.33	221885.67
直接人工	13908	11126.40	2781.60
制造费用	155280	124224.00	31056.00
总成本	1017000	761276.73	255723.27
产量		12000 千度	8200 百万大卡
其中:厂内用电		600 千度	
热力用电		100 千度	
合计		11300 千度	8200 百万大卡
单位成本		67.37 元/千度	31.19 元/百万大卡

表中,直接材料包括燃料和水费,燃料按标准耗用量比例分配,水费按固定比例分配。直接材料分配:电力分配:623854.33 + 2590 × 80% = 625926.33(元)

热力分配:221367.67 + 2590 × 20% = 221885.67(元)

其他费用的分配均按固定比例分配。

四、品种法举例——一般品种法

某农机厂本月生产甲、乙两种产品。其中,甲产品本月完工220台,月初在产品40台,月末在产品50台;乙产品本月完工114台,月初在产品12台,月末在产品10台。甲、乙两种产品均为开工时一次投料,月末在产品完工程度为60%。根据资料,采用品种法计算本月甲、乙产品成本。

(一)根据原始凭证或原始凭证汇总表,编制有关费用分配表

1. 材料费用的分配。

月末,根据材料发出汇总表,将甲、乙两种产品共同耗用的材料费用,按定额耗用量比例分配,连同直接材料费用,编制材料费用分配表(见表3.11)。

表3.11 材料费用分配表

年 月份

项目 / 应借科目	材料费用分配数					直接费用	合计
	产量(台)	单位消耗用量	定额耗用量	分配率	分配金额		
基本生产—甲产品	230	45	10350		11385	14615	26000
—乙产品	112	50	5600		6160	2800	8960
小计			15950	1.1	17545	17415	34960
制造费用						4800	4800
合计			15950	1.1	17545	22215	39760

注:产量 = 本月完工数 − 月初在产品数 + 月末在产品数

其中:甲产品产量 = 220 − 40 + 50 = 230(台)

乙产品产量 = 114 − 12 + 10 = 112(台)

2．工资费用的分配。

月末,根据工资结算汇总表,按生产工时比例将甲、乙产品共同的工资费用进行分配,并编制工资费用分配表(见表3.12)。

表3.12　工资费用分配表

年　月份

项目 应借科目	生产工时	分配率	分配金额
基本生产—甲产品	2800		1680
—乙产品	3200		1920
小　　计	6000	0.60	3600
制造费用			1940
合　　计			5540

3．制造费用的分配。

月末,将制造费用明细账归集的费用10920元,按生产工时比例分配,编制制造费用分配表(见表3.13)。

表3.13　制造费用分配表

年　月份

项目 应借科目	生产工时	制造费用	
		分配率	分配金额
基本生产—甲产品	2800		5096
—乙产品	3200		5824
合　　计	6000	1.82	10920

(二)根据各种费用分配表,登记甲、乙两种产品的成本计算单

甲产品生产费用合计在完工产品和月末在产品之间的分配如下:

1．直接材料分配率 $=\dfrac{31050}{220+50}=115$

完工产品分配额 $=220\times115=25300$(元)

月末在产品分配额 $=50\times115=5750$(元)

2．直接人工费用分配率 $=\dfrac{3000}{220+50\times60\%}=12$

完工产品分配额 $=220\times12=2640$(元)

月末在产品分配额 $=30\times12=360$(元)

3．制造费用分配率 $=\dfrac{6250}{220+50\times60\%}=25$

完工产品分配额 $=220\times25=5500$(元)

月末在产品分配额 $=30\times25=750$(元)

乙产品生产费用合计在完工产品和月末在产品之间的分配略。

表 3.14　成本计算单　　完工产量:220 台

产品名称:甲产品　　　　年　月　　　　月末在产品:50 台(完工 60%)

凭证号数	摘　要	成本项目			
		直接材料	直接工资	制造费用	合　计
	月初在产品成本	5050	1320	1154	7524
	归集直接材料	26000			26000
	归集直接人工		1680		1680
	归集制造费用			5096	5096
	生产费用合计	31050	3000	6250	40300
	月末在产品成本	5750	360	750	6860
	完工产品总成本	25300	2640	5500	33440
	单位成本	115	12	25	152

表 3.15 成本计算单　　完工产量:114 台

产品名称:乙产品　　年　月　　月末在产品:10 台(完工 60%)

凭证号数	摘　　要	成本项目			
		直接材料	直接工资	制造费用	合　计
	月初在产品成本	1580	240	656	2476
	归集直接材料	8960			8960
	归集直接人工		1920		1920
	归集制造费用			5824	5824
	生产费用合计	10540	2160	6480	19180
	月末在产品成本	850	108	324	1282
	完工产品总成本	9690	2052	6156	17898
	单位成本	85	18	54	157

第四节　产品成本计算分批法

一、分批法的意义和适用性

产品成本计算分批法是按照产品的批别或订单作为成本计算对象归集生产费用,计算各批或各件产品成本的一种方法。这种方法适用于单件小批的复杂生产企业和车间,如船舶制造、重型机械、精密仪器、专用工具、模具和专用设备,以及新产品试制等。在单件小批生产的企业中,一般按照购买单位的订单,由企业下达生产任务通知单,用以安排每批或每件产品的生产,因而,可按照产品的批别或件别计算产品成本,即是按照产品的订单计算产品成本。因此,产品成本计算分批法,又称为订单法。在某些单步骤简单生产的情况下,如果企业的生产是按单件小批组织,管理上又要求分批计算产品成本,也可采用分批法计算各批产品成本,如某些特殊或精密铸件的熔铸等。

二、分批法的特点

分批法计算各批或各订单产品的成本,其成本计算对象是产品的批别或产品的订单。企业一定时期有多少个生产批别就必须要设立多少张产品成本计算单,或基本生产明细账。

各批(各订单)产品的实际成本总额,须待该批(该订单)产品完工后才能结出。因此,完工产品成本计算是不定期的,其成本计算时期与生产周期一致,而与会计核算期和会计报告期不一致。

由于分批法在大多数情况下是整批投入和整批产出的,故此种方法一般期末不存在在产品的计价问题,也无需单独计算在产品成本。但如果同一批产品分期完工,则需单独计算在产品成本。

如果该批产品的生产周期较长,则"基本生产"明细账归集的生产费用,不但包括本月发生的费用,而且包括以前月份归集的生产费用。如期末有在产品存在,则应将累计的生产费用在完工产品和在产品之间进行分配;在各月完工产品数量不多的情况下,可按计划成本或定额成本计算完工产品成本,实际成本与计划成本的差异则由月末在产品成本负担。

在分批法下,确定成本计算对象要作具体分析,一般可以订单作为成本计算对象。但是,如果企业接到的一张订单上,要求生产两种以上产品,为了便于管理,应按产品品种分批组织生产,并以同一品种的产品批别作为成本计算对象,于是成本计算对象不是订单,而是两种以上产品的批别;如果同一张订单上规定一种产品,但批量很大,且购货单位要求分批交货,此时,企业应分为数批组织生产,并以同一种产品的不同批量分别作为成本计算对象;如果同一时期内,几张订单规定的产品相同,也可合并为一批产品组织生产，此时，成本计算对象便是由几张订单合并的同一批产品。

三、分批法计算成本的基本程序

分批法计算成本的基本程序如下：

1. 根据产品的批别、件别或订单，设置“基本生产”明细账或成本计算单，以便归集生产费用，计算产品成本。

2. 各个基本生产车间、辅助生产车间应将各种费用的原始凭证，按其用途进行归类、整理，据以编制各种费用分配明细表，并在制造费用明细账和产品成本计算单中登记。

3. 根据“辅助生产”明细账汇集的费用，按照各车间、部门耗用辅助生产车间产品或劳务的数量进行分配。

4. 根据“制造费用”明细账汇集的费用，按一定标准在各批产品之间进行分配。

5. 根据成本计算单汇集的生产费用和有关生产记录，计算完工产品成本和月末在产品成本。

四、分批法举例

某机器制造厂有铸工、金加工和装配三个基本生产车间，一个修理车间。本月按订单101号和102号生产A、B两批产品，其中，A产品投产24件，本月全部完工，B产品投产120件，本月完工20件。本月B产品的完工产品成本按计划成本计价和结转。

(一) 生产车间根据各项费用分配表归集和分配辅助生产费用和制造费用

1. 辅助生产费用的归集和分配。

根据各项要素费用分配表归集本月发生的辅助生产费用，登记辅助生产成本计算单如下。

辅助生产成本计算单

车间名称:机修车间　　　　　　年　月　　　　　　单位:元

摘　　要	直接材料	直接人工	制造费用	合　计
根据各项要素费用分配表	3300	700	2800	6800

根据"辅助生产成本计算单",采用机修工时进行直接分配,编制辅助生产费用分配表(表3.16),据以登记有关生产费用明细账。

表3.16　辅助生产费用分配表

车间名称:机修车间　　　　　　年　月

项　　目	机修工时	分配率	分配金额
制造费用:			
铸工车间	1500		4800
金工车间	400		1280
装配车间	225		720
合　　计	2125	3.2	6800

2. 制造费用的归集和分配。

车间根据各项费用分配表(包括辅助生产费用分配表)归集本月发生的制造费用,登记分车间的制造费用明细账(见表3.17、表3.18、表3.19)。

表3.17　制造费用明细账

车间名称:铸工车间　　　　　　年　月

摘　　要	辅助材料	折旧费	工资	提取职工福利费	修理费	其他	合计
根据各项费用分配表	3600	1260	600	84	4800	1656	12000

表 3.18 制造费用明细账

车间名称:金工车间　　　　　　　　年　月

摘　要	辅助材料	折旧费	工资	提取职工福利费	修理费	其他	合计
根据各项费用分配表	2460	2500	2000	280	1280	1480	10000

表 3.19 制造费用明细账

车间名称:装配车间　　　　　　　　年　月

摘　要	辅助材料	折旧费	工资	提取职工福利费	修理费	其他	合计
根据各项费用分配表	600	2800	2600	364	720	916	8000

根据各车间制造费用明细账,采用生产工时比例分配各生产车间的制造费用,编制制造费用分配表(见表 3.20)。

表 3.20 制造费用分配表

年　月

车间 / 产品	铸　工			金　工			装　配		
	工时	分配率	分配额	工时	分配率	分配额	工时	分配率	分配额
101A 产品	4000		4800	30000		6000	12000		4800
101B 产品	6000		7200	20000		4000	8000		3200
	10000	1.2	12000	50000	0.2	10000	20000	0.4	8000

（二）根据各项费用分配表，编制分车间按订单的成本计算单

表 3.21　铸工车间成本计算单

定单号:101　　　　投产数量:24 件

产品名称:A 产品　　　　完工数量:24 件

摘　　要	直接材料	直接人工	制造费用	合　　计
根据费用分配表	13000	7880	4800	25680

表 3.22　铸工车间成本计算单

定单号:102　　　　投产数量:120 件

产品名称:B 产品　　　　完工数量:20 件

摘　　要	直接材料	直接人工	制造费用	合　　计
根据费用分配表	9000	2400	7200	18600

表 3.23　金工车间成本计算单

定单号:101　　　　投产数量:24 件

产品名称:A 产品　　　　完工数量:24 件

摘　　要	直接材料	直接人工	制造费用	合　　计
根据费用分配表	8000	1600	6000	15600

表 3.24　金工车间成本计算单

定单号:102　　　　投产数量:120 件

产品名称:B 产品　　　　完工数量:20 件

摘　　要	直接材料	直接人工	制造费用	合　　计
根据费用分配表	6300	1000	4000	11300

表 3.25　装配车间成本计算单

定单号:101　　　　投产数量:24 件

产品名称:A 产品　　　　完工数量:24 件

摘　　要	直接材料	直接人工	制造费用	合　　计
根据费用分配表	—	960	4800	5760

表 3.26 装配车间成本计算单

定单号:102　　投产数量:120 件

产品名称:B 产品　　完工数量:20 件

摘　要	直接材料	直接人工	制造费用	合　计
根据费用分配表	—	2000	3200	5200

(三) 根据各个车间成本计算单的制造成本资料,编制分订单的汇总产品成本计算单

如果日常核算按计划成本计价,厂部还应组织调整成本差异的工作,把计划成本调整为实际成本。

表 3.27 汇总产品成本计算单

定单号:101　　投产量:24 件

产品名称:A 产品　　年　月份　　完工产量:24 件

项　目	直接材料	直接人工	制造费用	合　计
铸工车间	13000	7880	4800	25680
金工车间	8000	1600	6000	15600
装配车间	—	960	4800	5760
合　计	21000	10440	15600	47040
完工产品总成本	21000	10440	15600	47040
单位成本	875	435	650	1960
月末在产品成本	—	—	—	—

表 3.28 汇总产品成本计算单

定单号:102　　　　　　　　　　　　　　　　投产量:120 件

产品名称:B 产品　　　　　年　月份　　　　　完工产量:20 件

项　　目	直接材料	直接人工	制造费用	合　　计
铸工车间	9000	2400	7200	18600
金工车间	6300	1000	4000	11300
装配车间	—	2000	3200	5200
合　　计	15300	5400	14400	35100
完工产品总成本	2600	980	2580	6160
单位成本	130	49	129	308
月末在产品成本	12700	4420	11820	28940

注:B 产品完工产品按计划成本计价。

五、累计分批法

在分批法下,生产费用的归集和分配,可按两种方式进行。一是当月发生的生产费用,无论是直接费用或间接费用,都要按月在各批产品之间进行分配和归集,上述分配法的举例便是这种方法。这种方式又称为当月分配的方式,它适合于同期内投产的产品批数不多,且月末在产品数量不大的企业。如果在同期内投产批数多,月末在产品数量较大的情况下,按月将间接费用在各批产品之间进行分配,其核算工作极为繁重。为了简化核算,可采用另一种方式,即所谓累计分配的方式。这种方式的特点是每月只归集各批产品的直接费用,不按月分配间接费用,间接费用通过设置“基本生产”二级账户分成本项目累计登记,待该批产品完工时,才分配计入该批产品成本。此法对间接费用通常采用累计工时比例进行分配,计算公式如下:

$$\text{各批产品某项间接费用累计分配率}=\frac{\text{各批产品某项间接费用累计数}}{\text{各批产品累计工时}}$$

$$\text{某批完工产品应分配间接费用}=\text{该批完工产品累计工时}\times\text{分配率}$$

“基本生产”二级账户登记的方法如下:

1.“期初余额”根据上月期末余额转入;

2.“本月发生费用、工时”,根据本月实际发生的费用、工时登记;

3.“累计费用、工时”,根据“期初余额”加计“本月发生费用、工时”累计登记;

4.“累计间接费用分配率”根据前述公式计算登记;

5.“转出完工产品成本”根据各批产品成本计算单计算的完工产品成本汇总登记;

6.“期末余额”根据计算登记,计算公式为:期末余额 = 期初余额 + 本期发生 − 转出完工产品成本。

例如某企业征税 101 号、102 号、103 号共三批产品,其生产情况如表 3.29 所示。

表 3.29

定单号	产品名称	投　产　量	本月完工	月末在产品
101	A 产品	上月投产 20 件	20 件	—
102	B 产品	上月投产 30 件	10 件	20 件(完工 50%)
103	C 产品	上月投产 12 件	—	12 件

该企业“基本生产”二级账户累计资料如下(见表 3.30):

表 3.30 "基本生产"二级账(各批全部产品成本)

年 月	年 日	摘　要	直接材料	工时	直接人工	制造费用	合计
		期初余额	185000	60000	70000	88000	343000
		本月发生费用、工时	115000	40000	50000	62000	227000
		累计费用、工时	300000	100000	120000	150000	570000
		累计间接费用分配率			1.2	1.5	
		转出完工产品成本	130000	70000	84000	105000	319000
		期末余额	170000	30000	36000	45000	251000

直接材料为直接费用,不需在各批产品之间进行分配。

计算全部产品累计间接费用分配率。

其中,全部产品累计直接人工分配率 $=\frac{120000}{100000}=1.2$(元/小时)

全部产品累计制造费用分配率 $=\frac{150000}{100000}=1.5$(元/小时)

编制各批产品成本计算单(见表 3.31、表 3.32、表 3.33)。其中,B 产品耗用直接材料系一次投料。

表 3.31 产品成本计算单(累计分配)

定单号 101　　　　　　　　　　　　上月投产:20 件

产品名称:A 产品　　　　　　　　　本月完工:20 件

年 月	年 日	摘　要	直接材料	工时	直接人工	制造费用	合计
		期初余额	55000	30000			
		本月发生	45000	20000			
		累计数及累计间接费用分配率	100000	50000	1.2	1.5	
		转出完工产品成本	100000	50000	60000	76000	235000
		单位成本	5000	2500	3000	3750	11750

表 3.32　产品成本计算单(累计分配)

定单号 102　　　　　　　　上月投产:30 件

产品名称:B 产品　　　　　　本月完工:10 件

年		摘　　要	直接材料	工时	直接人工	制造费用	合计
月	日						
		期初余额	70000	20000			
		本月发生	20000	15000			
		累计数及累计间接费用分配率	90000	35000	1.2	1.5	
		转出完工产品成本	30000	20000	24000	30000	84000
		单位成本	3000	2000	24000	30000	84000
		期末余额	60000	15000			

说明:直接材料在完工产品和在产品之间分配$\frac{90000}{10+20}=3000$元/件,完工产品应分配:$10\times3000=30000$元;在产品应分配:$20\times3000=6000$元。

表 3.33　产品成本计算单(累计分配)

定单号:103　　　　　　　　上月投产:12 件

产品名称:C 产品　　　　　　本月完工:

年		摘　　要	直接材料	工时	直接人工	制造费用	合计
月	日						
		期初在产品	60000	10000			
		本月发生	50000	5000			
		累计数	110000	15000			

第五节　产品成本计算分步法

一、分步法的意义和适用性

产品成本计算分步法，是把产品的品种及其生产步骤作为成本计算对象，来归集和分配生产费用，计算各步骤和最终产品成本的一种方法。它适用于大量大批多步骤复杂生产的企业或车间，如冶金、纺织、机器制造、造纸等。这种计算方法，既要求计算各种产品的成本，又要求计算这些产品在各个生产步骤上的成本或份额；不但要求能分步骤计算出产品成本，还要求为考核和分析各种产品和步骤的成本计划的执行情况提供重要的成本信息。

二、分步法的特点

分步法的成本计算对象是生产的产品品种及其所经过的各个生产步骤。企业一定时期的生产有多少个产品品种和生产步骤，就必须设立多少张产品成本计算单。在分步复杂生产中，作为成本计算对象的生产步骤的确定，应视管理的需要而定。它不一定与实际的生产步骤一致。在按生产步骤设立生产车间的企业中，可将生产车间作为生产步骤，如此，分步计算成本，即是分车间计算成本；在企业规模不大，管理上又不要求分车间计算成本时，可把多个生产车间合并为一个生产步骤计算成本，这样，分步计算成本就不是分车间计算成本；相反，在企业规模大，管理上又要求在车间内分步计算成本时，则把车间内的生产工段作为生产步骤计算成本，此时，分步计算成本也不是分车间计算成本，而是分工段

(或几个工段合并为一个生产步骤)计算成本。

大量大批复杂生产类型的生产周期较长,产品往往跨月连续生产并陆续完工,一般每月均有完工产品,其成本计算是按月定期进行的。所以该成本计算方法下,其成本核算与产品生产周期是不一致的,但与会计核算期和报告期是一致的。

由于产品陆续完工,月末通常有大量在产品存在,所以在各步骤的各种产品的成本计算单上归集的生产费用,在期末应该采用一定的分配方法,在各步骤、各产品的完工产品与期末在产品之间进行分配,以计算各个产品、各个生产步骤的完工产品成本和月末在产品成本。

成本管理对于各生产步骤的不同要求和成本计算与结转的特点,决定了各个生产步骤的成本计算和结转,可采用逐步结转和平行结转两种方式,从而分步法也分为逐步结转分步法和平行结转分步法两种。

三、逐步结转分步法

在大量大批连续式复杂生产的企业中,企业生产的产品由若干有顺序的生产步骤连续加工完成。各个步骤生产的半成品既可作为下一步骤继续加工的对象,又可作为商品对外销售,如钢铁厂的钢锭,纺织厂的棉纱等;还有些半成品为厂内几种产品共同耗用。为了计算外售半成品成本,以满足同行业半成品成本的比较和考核,或为了分别计算各种产品的成本,必须计算各个生产步骤的半成品成本。逐步结转分步法就是为了分步计算半成品成本而采用的一种分步法,亦称计列半成品法。

(一) 逐步结转分步法的特点

逐步结转分步法在计算各步骤产品成本时,由于上一步骤的半成品作为下一步骤的加工对象,因此,上一步骤计算的半成品成本,要随着半成品实物转移而转入下一步骤相同产品的成本计算单中,以便依次逐步计算各步骤半成品成本和最后步骤的产成品成本。

在逐步结转分步法下,各步骤半成品成本的结转应与半成品的实际转移相适应。在设半成品库进行半成品收发的情况下,半成品验收入库时,应将入库半成品成本借记“自制半成品”账户,贷记“基本生产”账户;下一步骤领用自制半成品时,再借记“基本生产”账户,贷记“自制半成品”账户。其核算程序见表 3.34。

表 3.34 逐步结转程序图(设自制半成品库)

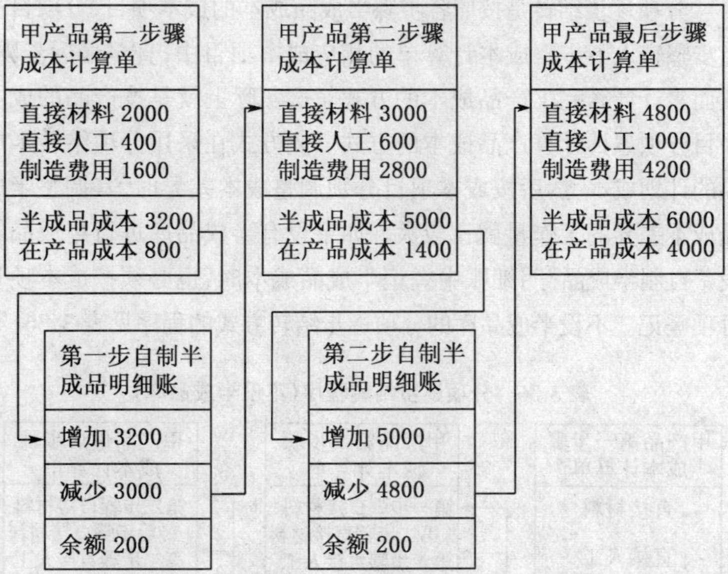

在不设半成品库进行半成品收发的情况下,各步骤半成品实物直接转移到下一步骤,其半成品成本也直接转入下一步骤的成本计算单中,不必通过“自制半成品”账户进行核算。其核算程序见表 3.35。

表 3.35　逐步结转程序图(不设自制半成品库)

逐步结转分步法按照半成品成本向下一步骤结转方式的不同,可分为分项逐步结转和综合逐步结转两种方式。

(二) 分项逐步结转方式

分项逐步结转是按照各步骤半成品成本的成本项目,分项目从上步骤转入下步骤成本计算单的相应成本项目中,直至最后步骤,从而累计计算完工产品成本的方式。这实际上就是按产品的成本项目分项累计计算产品成本的方式。此方式在采用分项结转半成品的计划成本,然后按成本项目分别调整成本差异时,其调整半成品成本差异的工作量就比较大。如果设有半成品库进行半成品收发,"自制半成品"明细账中登记半成品成本时,也必须按成本项目分项登记。不设半成品库的分项逐步结转方式的程序见表 3.36。

表 3.36　分项逐步结转程序(不设半成品库)

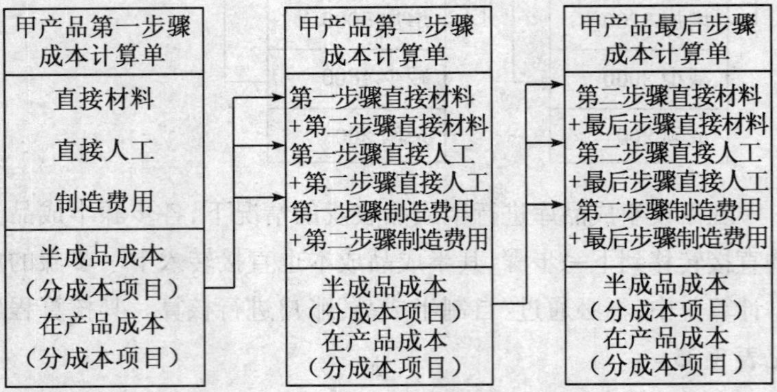

［例］ 某企业本月生产 A 产品,该产品依次经过第一、第二和第三三个基本生产车间加工完成。其中,第一车间生产完工的半成品,一部分转入第二车间连续加工,一部分直接对外销售。各车间月末在产品按定额成本计价。该企业采用分项逐步结转方式,计算各车间半成品成本和企业产成品成本。

该企业产量记录如表 3.37;各车间月末在产品定额成本资料如表 3.38;甲产品成本资料如表 3.39。

表 3.37　A 产品产量资料

单位:件

项　　目	一车间	二车间	三车间
月初在产品	300	400	200
本月投产或上车间转入	1200	600	800
本月完工转入下一车间或产成品	600	800	800
本月完工对外销售	400	—	
月末在产品	500	200	200

表 3.38　A 产品在产品定额成本资料

项　　目	一车间		二车间		三车间	
	单位消耗定额	计划单价(元)	单位消耗定额	计划单价(元)	单位消耗定额	计划单价(元)
直接材料(公斤)	20	1.50	24	1.50	26	1.50
直接人工(工时)	40	0.50	60	0.60	80	0.80
制造费用(工时)	40	2.50	60	2.20	80	2.80
单位成本		150		204		327

表 3.39

单位:元

项目	月初在产品成本				本月生产费用			
	一车间	二车间	三车间	合计	一车间	二车间	三车间	合计
直接材料	12000	3600	11000	26600	34000	13000	500	47500
直接人工	21000	6000	4000	31000	31000	40000	10000	81000
制造费用	55000	11600	1800	68400	205000	168000	52000	425000
合　　计	88000	21200	16800	126000	270000	221000	62500	553500

根据以上资料,在不设半成品库的情况下采用分项逐步结转方式计算甲产品成本如表 3.40、表 3.41、表 3.42)。

表 3.40　成本计算单

年　月

车间名称:一车间　　　　完工产量:1000 件

产品名称:A 产品　　　　月末在产品:500 件

项目	月初在产品成本	本月发生生产费用	合计	完工半成品				月末在产品成本
				总成本	单位成本	转入二车间	销售	
直接材料	12000	34000	46000	31000	31	18600	12400	15000
直接人工	21000	31000	52000	42000	42	25200	16800	10000
制造费用	55000	205000	260000	210000	210	126000	84000	50000
合　　计	88000	270000	358000	283000	283	169800	113200	75000

表 3.41　成本计算单

年　月

车间名称:二车间　　完工产量:800 件

产品名称:A 产品　　月末在产品:200 件

项　目	月初在产品成本	上步骤转来半成品成本	本月发生生产费用	合计	转入下车间半成品		月末在产品成本
					总成本	单位成本	
直接材料	3600	18600	13000	35200	28000	35	7200
直接人工	6000	25200	40000	71200	64000	80	7200
制造费用	11600	126000	168000	305600	279200	349	26400
合　计	21200	169800	221000	412000	371200	464	40800

表 3.42　成本计算单

年　月

车间名称:二车间　　完工产量:800 件

产品名称:A 产品　　月末在产品:200 件

项　目	月初在产品成本	上步骤转来半成品成本	本月发生生产费用	合计	转入下车间半成品		月末在产品成本
					总成本	单位成本	
直接材料	11000	28000	500	39500	31700	39.625	7800
直接人工	4000	64000	10000	78000	65200	81.5	12800
制造费用	1800	279200	52000	333000	288200	360.25	44800
合　计	16800	371200	62500	450500	385100	481.375	65400

在设半成品库的情况下，分项逐步结转方式的程序如

表 3.43　分项逐步结转程序图(设半成品库)

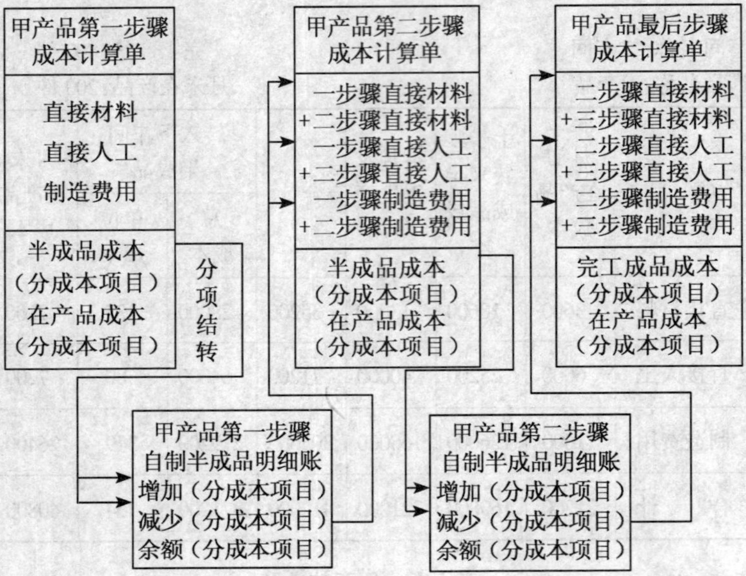

表 3.43。

仍以上例资料,但假定一车间并未外售半成品,在设半成品库的情况下,采用分项逐步结转方式计算 A 产品成本。

根据有关费用分配表,编制产品成本计算单如上例,并根据入库和出库凭证及有关成本资料登记自制半成品明细分类账如表 3.44、表 3.45。

分项逐步结转法,可以直接提供产品的原始成本构成,有利于成本结构的分析和考核。但是分项逐步结转的工作量较大,结转的程序也较复杂,而且各步骤成本计算单中,看不出上一步骤转来的半成品费用和本步骤加工费用,不利于各步骤成本的分析和考核。因此,这种方法适用于要求反映原始成本项目,而不要求分别提供各步骤所耗上步骤半成品费用和本步骤加工费用的企业。

表 3.44 自制半成品明细分类账

年 月

车间名称:一车间　　　　产品名称:半成品 A

项　目	数量(件)	直接材料	直接人工	制造费用	合　计
月初余额	—	—	—	—	—
本月增加	1000	31000	42000	210000	283000
合　计	1000	31000	42000	210000	283000
单位成本		31	42	210	283
本月减少	600	18600	25200	126000	169800
月末余额	400	12400	16800	84000	113200

表 3.45 自制半成品明细分类账

年 月

车间名称:二车间　　　　产品名称:半成品 A

项　目	数量(件)	直接材料	直接人工	制造费用	合　计
月初余额	—	—	—	—	—
本月增加	800	28000	64000	279200	371200
合　计	800	28000	64000	279200	371200
单位成本		35	80	349	464
本月减少	800	28000	64000	279200	371200
月末余额	—	—	—	—	—

(三) 综合逐步结转方式

综合逐步结转方式是在逐步结转各步骤半成品成本时,把上一步骤的综合成本(不分成本项目),结转到下一步骤成本计算单的直接材料或自制半成品项目,直至累计到最后步骤,以计算完工产品成本的一种方法。此法在综合结转半成品成本时,可以按照半成品的实际成本结转,也可以按照半成品的标准成本结转。

按实际成本综合结转各步骤半成品成本时,应按各步骤所耗上一步骤半成品数量乘以实际单位成本计算。所耗半成品实际单位成本可比照材料核算处理,既可采用先进先出法,也可采用加权平均法。如果半成品月初余额较大,本月所耗半成品大部分是以前月份所产,就可将上月末的实际平均单位成本作为计算本月所耗半成品费用的计价依据,其目的是为了简化核算。

按标准成本综合结转各步骤半成品成本时,其核算程序和方法,采用标准成本核算制度,即日常半成品的收发均按标准成本计价,定期计算自制半成品各类标准成本差异,以调整所耗半成品的标准成本为实际成本。

在设置半成品库进行半成品收发的情况下,还应组织自制半成品收发的明细核算。

仍以前面分项逐步结转方式的举例资料,用综合逐步结转方式计算在设置半成品库的情况下各步骤(车间)的成本和完工产品的成本。

一车间甲产品的产品成本计算单见表3.46,一车间的自制半成品明细分类账见表3.47。

表3.46　产品成本计算单

车间名称:一车间　　投入产量:1200件　完工产量:1000件　月初在产品:300件

产品名称:A产品(半成品A)　　年　月　　月末在产品:500件

项　目	月初在产品成本	本月发生生产费用	合　计	完工半成品入库		月末在产品成本
				总成本	单位成本	
直接材料	12000	34000	46000	31000	31	15000
直接人工	21000	31000	52000	42000	42	10000
制造费用	55000	205000	260000	210000	210	50000
合　计	88000	270000	358000	283000	283	75000

表 3.47 自制半成品明细分类账

车间名称:一车间

产品名称:半成品 A

月初余额		本月增加		合 计		本月减少		月末余额	
数量(件)	实际成本	数量(件)	实际成本	数量(件)	实际成本	数量(件)	实际成本	数量(件)	实际成本
—	—	1000	283000	1000	283000	600	169800	400	113200

根据一车间产品成本计算单和半成品入库单编制会计分录如下:

借:自制半成品——一车间半成品 A　　283000

　　贷:基本生产——一车间 A 产品　　283000

根据二车间半成品领用单和成本资料编制会计分录如下:

借:基本生产——二车间 A 产品　　169800

　　贷:自制半成品——一车间半产品 A　　169800

二车间的产品成本计算单见表 3.48,二车间的自制半成品明细分类账见表 3.49。

表 3.48 产品成本计算单

车间名称:二车间　　　　投入产量:600 件

　　　　　　　　　　　　完工产量:800 件

　　　　　　　　　　　　月初在产品:400 件

产品名称:半产品 A　　年　月　　月末在产品:200 件

项 目	月初在产品成本	本月发生生产费用	合 计	完工半成品入库		月末在产品成本
				总成本	单位成本	
直接材料	3600	182800	186400	179200	224	7200
其中转入半成品成本	3600	169800	173400	173400	216.75	—
直接人工	6000	40000	46000	38800	48.50	7200
制造费用	11600	168000	179600	153200	191.50	26400
合 计	21200	390800	412000	371200	464	40800

表 3.49　自制半成品明细分类账

车间名称:二车间

产品名称:半成品 A

月初余额		本月增加		合　计		本月减少		月末余额	
数量（件）	实际成本	数量（件）	实际成本	数量（件）	实际成本	数量（件）	实际成本	数量（件）	实际成本
—	—	800	371200	800	371200	800	371200	—	—

根据二车间产品成本计算单和半成品入库单编制会计分录如下:

借: 自制半成品——二车间半成品 A　　371200

　　贷: 基本生产——二车间 A 产品　　371200

根据二车间有关成本资料、三车间半成品领用单编制会计分录如下:

借: 基本生产——三车间 A 产品　　371200

　　贷: 自制半成品——二车间半成品 A　　371200

根据费用分配表、半成品领用单和有关成本资料编制三车间产品成本计算表如表 3.50。

按照标准成本综合逐步结转半成品成本的方法,实际上是一种标准成本核算制度与分步成本核算方法相结合的一种方法,其成本核算的基本原理将在以后的第七章中专门论述,此处不作赘述。按标准成本实行成本核算的主要优点是:第一,简化和加速核算工作。按标准成本结转半成品成本,可以简化和加速半成品收发的凭证计价和记账工作。按品种和步骤计算各类半成品成本差异,到期末再确认所耗半成品的成本差异,可以简化半成品实际成本计算的大量工作;各步骤的成本计算可以同时进行而不必等待,有利于加速整个成本计算工作。第二,便于进行成本考核和分析。按步骤成本结转半成品成本，由于分别反映所耗半成品的标准成

表 3.50　产品成本计算单

投入产量:800 件

车间名称:三车间　　　　完工产量:800 件

月初在产品:200 件

产品名称:产成品 A　　　　年　月　　　　月末在产品:200 件

项　目	月初在产品成本	本月发生生产费用	合　计	完工成品入库		月末在产品成本
				总成本	单位成本	
直接材料	11000	371700	382700	374900	468.625	7800
其中转入半成品	—	371200	371200	371200	464	—
直接人工	4000	10000	14000	1200	1.5	12800
制造费用	1800	52000	53800	9000	11.25	44800
合　计	16800	433700	450500	385100	481.375	65400

本和各类成本差异,从而在分析和考核时,可以排除以前步骤半成品成本超支或节约的影响。如果所耗半成品成本差异直接计入最后的产品成本,不仅可以简化和加速各步骤的成本计算工作,而且各步骤成本中不包括上一步骤半成品成本差异的影响,更有利于各步骤的成本分析和考核。

(四) 成本还原

采用综合逐步结转法结转各步骤半成品成本,是以“自制半成品”或“直接材料”综合项目反映的。这样计算出来的产品成本,不能反映产品的原始成本构成,不符合产品成本结构的实际,因而不能据以分析和考核产品成本的构成和水平,不利于分析和考核产品成本计划的执行情况。为此,必须进行成本还原。

成本还原是将所耗半成品的综合成本,分解还原为上一步骤的原始成本项目,从而按原始成本构成计算产品成本。成本还原的方法，一般采用项目比重还原法，即按上步骤半成品每一成本项目的金额占半成品成本的比重进行逐步还原。计算公式如下：

$$某成本项目所占比重 = \frac{该成本项目金额}{半成品各成本项目合计} \times 100\%$$

具体做法是，从最后一个步骤起，把各步骤所耗上一步骤半成品的综合成本乘以上一步骤该种半成品各个成本项目所占比重，依次逐步向前步骤分解，还原成直接材料、直接人工、制造费用等原始成本项目，直至第一个步骤；然后将分解还原后的数字，按成本项目相加，从而求得按原始成本构成反映的产品成本。实际工作中，通过编制产品成本还原计算表进行成本还原。现以上例资料，编制甲产品产品成本还原计算表如表3.51。

用以上方法进行成本还原，没有考虑以前月份所产半成品的成本结构对本月产成品所耗半成品的成本结构的影响，在各月半成品成本结构变动较大的情况下，还原结果就不够准确。为此，可将产品成本计算单中所记月初在产品费用、本月发生费用和月末在产品费用中所耗上一步骤半成品的综合成本全部按原始的成本项目进行分解，并根据月初在产品费用加上本月发生费用减去月末在产品费用等于完工产品成本的原理，计算按原始成本项目反映的完工产品成本，这样还原，计算结果准确，但工作量较大，因而在成本计算工作电算化的企业中适宜采用。

综合逐步结转的方法，可以从各步骤产品成本计算单中直接反映所耗半成品的费用，便于分析和考核，同时半成品成本结转较为简便，但成本还原工作比较繁重，如果不要求成本还原，则简便易行。

四、平行结转分步法

平行结转分步法是分步法的一种。它是只计算本步骤发生的

表 3.51　产品成本还原计算表

产品名称:A 产品　　　　　　　　年　月　　　　　　　　完工产量:800 件

项　目	三车间	二车间		一车间		还原后的产品成本	
		各成本项目所占比重(%)	金 额	各成本项目所占比重(%)	金　额	总成本	单位成本
直接材料	3700	1.5625	5800	10.9541	18994.41	28494.41	35.62
耗用上车间半成品	371200	46.7134	173400	—	—	—	—
直接人工	1200	10.4526	38800	14.8410	25734.29	65734.29	82.17
制造费用	9000	41.2715	153200	74.2049	128671.30	290871.30	363.59
合　计	385100	100	371200	100	173400	385100	481.38

生产费用，以及应计入完工产品成本的“份额”，然后将各步骤的费用份额平行汇总，以计算产品成本的一种方法。平行结转分步法适用于大量大批连续式复杂生产和大量大批装配式（平行加工式）复杂生产企业。

（一）平行结转分步法的特点

在大量大批连续式复杂生产企业中，采用平行结转分步法具有如下特点：

1．在生产过程中，上步骤的半成品实物转入下步骤时，其半成品成本不随实物转移而结转，仍保留在原步骤内，因而不要求计算各步骤半成品成本，只要求计算各步骤应计入完工产成品成本的“份额”，并于产品完工交入产成品库时，平行汇总计入完工产成品成本。所以，此法又可称为不计算半成品成本法。

2．为了准确计算各步骤应计入产成品的“份额”，各步骤应将本步骤的月初在产品成本与本月生产费用（不包括耗用上步骤半成品成本）的合计数，在最终产成品与广义在产品之间进行分配。分配方法可采用约当产量法或定额比例法。所谓广义在产品是从全厂范围的角度对最终产成品而言的在产品，它包括各个步骤正在加工中的在产品和本步骤已完工甚至已转移到以后各步骤、但尚未最后形成产成品的一切半成品。

3．由于不计算各步骤半成品，因而无论是否设立自制半成品仓库，均不通过“自制半成品”账户进行价值核算，只需进行自制半成品的数量核算。

4．由于产成品成本是由直接材料加上各步骤应计入产成品的份额而得，不存在成本还原问题。同时，各步骤可以同时结算成本，不需等待上步骤的成本结算，其成本计算更为及时。

在大量大批平行式（装配式）复杂生产的企业中，采用的平行结转分步法具有如下特点：

1. 在装配式复杂生产的企业中，各个生产步骤完工的半成品(指组成产成品的各种部件)，并不转移到下一步骤继续加工，而是直接转移到装配步骤(车间)装配成产成品。因此，各步骤半成品转移时，其半成品成本也随之转移到产成品成本中，这就要求计算各步骤的半成品成本，并随其实物转移而结转，然后平行汇总所耗各步骤半成品成本，以确定完工产成品的实际总成本和单位成本。

2. 各步骤将其发生的生产费用和月初在产品费用在本步骤完工半成品和月末在产品之间进行分配。分配方法可采用约当产量法和定额比例法等。此处的月末在产品是指本步骤正在加工中的狭义在产品，而不是广义在产品。

3. 如果各步骤设立自制半成品(零部件)库，通过自制半成品库收发自制半成品，则各步骤半成品收发应通过“自制半成品”账户进行核算。

(二) 平行结转分步法的计算程序

适用于大量大批连续式复杂生产的平行结转分步法，其主要计算程序如下：

1. 分步骤、按产品设置“基本生产”明细账或成本计算单，以便归集生产费用。

2. 各步骤(或车间)根据各种费用分配表，登记本步骤(或车间)产品成本计算单，以确定不包括耗用上步骤半成品费用在内的其他各项费用的数额。

3. 采用约当产量法或定额比例法，按成本项目将各步骤月初在产品成本与本期归集的生产费用的合计数，在最终产成品与广义在产品之间进行分配，以确定各步骤应计入产成品成本的“份额”和各步骤的广义在产品成本。

按约当产量法分配费用的计算公式如下：

$$\text{各成本项目费用分配率}=\frac{\text{该项目月初在产品成本}+\text{该项目本月生产费用}}{\text{产成品数量}+\text{广义在产品约当产量}}$$

$$\text{产成品分配金额}=\text{产成品数量}\times\text{费用分配率}$$

$$\text{广义在产品分配金额}=\text{广义在产品约当产量}\times\text{费用分配率}$$

$$\text{或}=\text{生产费用合计}-\text{产成品分配金额}$$

其中,

某步骤广义在产品约当产量 = 以后各步骤月末在产品数量 + 本步骤月末在产品约当产量

按定额比例法分配费用的计算公式如下:

$$\text{直接材料费用分配率}=\frac{\text{月初在产品直接材料费用}+\text{本月发生直接材料费用}}{\text{月初在产品直接材料定额费用}+\text{本月投入直接材料定额费用}}$$

$$\text{产成品直接材料费用分配额}=\text{产成品直接材料定额费用}\times\text{分配率}$$

$$\text{广义在产品费用分配额}=\text{生产费用合计}-\text{产成品分配额}$$

$$\text{或}=\text{月末广义在产品直接材料定额费用}\times\text{分配率}$$

$$\text{其他费用项目分配率}=\frac{\text{月初在产品其他费用}+\text{本月发生其他费用}}{\text{月初在产品定额工时}+\text{本月投入定额工时}}$$

$$\text{产成品其他费用分配额}=\text{产成品定额工时}\times\text{分配率}$$

$$\text{广义在产品分配额}=\text{月末广义在产品定额工时}\times\text{分配率}$$

$$\text{或}=\text{生产费用合计}-\text{产成品分配额}$$

4. 产成品入库时,将各步骤应计入产成品成本的份额平行汇总,编制产成品成本计算表,以确定产成品的实际总成本和单位成本。此法适用于各步骤半成品种类繁多,且不要求计算半成品成本的大量大批连续式复杂生产企业。

适用于大量大批平行加工式复杂生产的平行结转分步法,其主要计算程序如下:

1. 分步骤,按产品(含零、部件)设置基本生产明细账或成本计算单,以便归集生产费用。

2. 各步骤根据有关费用分配表登记本期发生的各项生产费用,编制产品成本计算单。

3. 各步骤按成本项目,采用约当产量法或定额比例法等,将该步骤的月初在产品费用与本期生产费用的合计,在本步骤完工半成品和月末在产品之间进行分配,计算单位半成品成本,然后再计算产成品成本中各步骤的份额。按约当产量法分配费用的计算公式如下:

$$\text{某步骤单位半成品成本}=\frac{\text{该步骤月初在产品费用}+\text{本月生产费用}}{\text{该步骤完工半成品产量}+\text{月末在产品约当产量}}$$

$$\text{产成品成本中该步骤份额}=\text{产成品产量}\times\text{单位产成品所耗半成品数量}\times\text{该步骤单位半成品成本}$$

$$\text{月末在产品费用中该步骤份额}=\text{生产费用合计}-\text{产成品成本中该步骤份额}$$

4. 产成品完工入库时,将各步骤同种产成品的份额平行汇总,编制产品成本计算表,计算完工产成品的实际总成本和单位成本。

平行结转分步法的程序见表 3.52。

表 3.52 平行结转分步法程序

甲产品第一步骤(或部件)成本计算单		甲产品第二步骤(或部件)成本计算单		甲产品第三步骤(或部件)成本计算单	
直接材料	6000	直接材料	1000	直接材料	0
直接人工	1000	直接人工	5000	直接人工	800
制造费用	4000	制造费用	9000	制造费用	1200

例:某企业有第一、第二、第三基本生产车间,三个车间按顺序加工生产甲种产品。该产品生产耗用的直接材料于开工时一次投入,采用平行结转分步法,按约当产量法计算完工产品成本和在产品成本。计算资料见表 3.53、表 3.54。

表 3.53　生产记录

计量单位:件

	一车间	二车间	三车间
月初在产品	10	50	47
本月投产或转入半成品	210	180	210
本月完工产品	180	210	222
月末在产品	40	20	35
在产品完工程度	50%	75%	80%

表 3.54　成本资料　　单位:元

	一车间		二车间		三车间	
	月初在产品成本	本月发生生产费用	月初在产品成本	本月发生生产费用	月初在产品成本	本月发生生产费用
直接材料	2675	5250	—	—	—	—
直接人工	430	1055	524	1108	520	2980
制造费用	1700	4240	1520	3376	450	2550
合　计	4805	10545	2044	4484	970	5530

根据以上资料编制各车间的成本计算单如表 3.55、表 3.56、表 3.57。

一车间产品成本计算如下:

约当产量合计:

直接材料 = 222 + (20 + 35 + 40 × 100%) = 317(件)

其他费用项目 = 222 + (20 + 35 + 40 × 50%) = 297(件)

单位成本:

直接材料 $= \dfrac{2675 + 5250}{317} = 25$(元/件)

直接人工 $= \dfrac{430 + 1055}{297} = 5$(元/件)

表 3.55　成本计算单

车间名称:一车间
产品名称:甲产品　　　　　　　　　　年　月　　　　　　　　　　完工产量:222 件

	月初在产品成本	本月发生生产费用	合　计	约当产量			单位成本	应计入产成品成本份额	月末在产品成本
				完工产量	在产品约当产量	合　计			
直接材料	2675	5250	7925	222	95	317	25	5550	2375
直接人工	430	1055	1485	222	75	297	5	1110	375
制造费用	1700	4240	5940	222	75	297	20	4440	1500
合　计	4805	10545	15350	—	—	—	50	11100	4250

表 3.56　成本计算单

车间名称:二车间
产品名称:甲产品　　　　　　　　　　年　月　　　　　　　　　　完工产量:222 件

	月初在产品成本	本月发生生产费用	合　计	约当产量			单位成本	应计入产成品成本份额	月末在产品成本
				完工产量	在产品约当产量	合　计			
直接材料	—	—	—	—	—	—	—	—	—
直接人工	524	1108	1632	222	50	272	6	1332	300
制造费用	1520	3376	4896	222	50	272	18	3996	900
合　计	2044	4484	6528	222	50	272	24	5328	1200

表 3.57　成本计算单

车间名称：三车间
产品名称：甲产品　　　　　　　　年　月　　　　　　　　完工产量：222 件

	月初在产品成本	本月发生生产费用	合　计	约当产量			单位成本	应计入产成品成本份额	月末在产品成本
				完工产量	在产品约当产量	合　计			
直接材料	—	—	—	—	—	—	—	—	—
直接人工	520	2980	3500	222	28	250	14	3108	392
制造费用	450	2550	3000	222	28	250	12	2664	336
合　计	970	5530	6500	222	28	250	26	5772	728

制造费用 $= \frac{1700 + 4240}{297} = 20$(元/件)

应计入产成品成本的份额:

直接材料 $= 222 \times 25 = 5550$(元)

直接人工 $= 222 \times 5 = 1110$(元)

制造费用 $= 222 \times 20 = 4440$(元)

月末在产品成本:

直接材料 $= 95 \times 25 = 2375$(元)

直接人工 $= 75 \times 5 = 375$(元)

制造费用 $= 75 \times 20 = 1500$(元)

二车间产品成本计算如下:

约当产量合计 $= 222 + (35 + 20 \times 75\%) = 272$(件)

单位成本:

直接人工 $= \frac{524 + 1108}{272} = 6$(元/件)

制造费用 $= \frac{1520 + 3376}{272} = 18$(元/件)

应计入产成品成本的份额:

直接人工 $= 222 \times 6 = 1332$(元)

制造费用 $= 222 \times 18 = 3996$(元)

月末在产品成本:

直接人工 $= 50 \times 6 = 300$(元)

制造费用 $= 50 \times 18 = 900$(元)

三车间产品成本计算如下:

约当产量合计 $= 222 + 35 \times 80\% = 250$(件)

单位成本:

直接人工 $= \frac{520 + 2980}{250} = 14$(元/件)

制造费用 $= \frac{450 + 2550}{250} = 12$(元/件)

应计入产成品成本的份额：

直接人工 = 222 × 14 = 3108(元)

制造费用 = 222 × 12 = 2664(元)

月末在产品成本：

直接人工 = 28 × 14 = 392(元)

制造费用 = 28 × 12 = 336(元)

将某步骤的生产费用总额在该步骤月末完工半成品和月末在产品约当产量之间进行分配，以确定各车间应计入产成品成本的份额和月末在产品成本。此外，还可采用另一种计算方法，即：

约当产量合计 = 对产成品而言的月初在产品数量 + 该车间本期完工半成品数量 + 该车间月末在产品约当产量

如一车间约当产量合计：

直接材料项目的约当产量 = (50 + 47) + 180 + 40 × 100% = 317(件)

其他费用项目的约当产量 = (50 + 47) + 180 + 40 × 50% = 297(件)

根据各车间产品成本资料，平行汇总产成品的制造成本，编制甲产品的产品成本计算单如表 3.58。

表 3.58　产成品成本计算单(平行汇总)

年　月　　　　完工产量:222 件

项　　目	应计产成品成本份额			总成本	单位成本
	一车间	二车间	三车间		
直接材料	5550	—	—	5550	25
直接人工	1110	1332	3108	5550	25
制造费用	4440	3996	2664	11100	50
合　　计	11100	5328	5772	22200	100

采用平行结转分步法，各生产步骤可以同时计算计入产品成

本的份额，无需等待上步骤半成品成本结转；按成本项目直接平行汇总，反映了原始成本构成，无需进行成本还原，既有利于成本结构分析，又可简化和加速成本计算工作。但是，它不能提供各个步骤的半成品成本资料，不利于分析和考核各步骤生产耗费水平，由于各步骤半成品实物转移与成本结转脱节，各步骤在产品实际价值与账面价值不一致，不利于加强在产品的实物管理和资金管理。平行结转分步法的优缺点恰好与逐步结转分步法相反。采用此法，应加强各步骤在产品实物的数量核算及其清查工作，以利于在产品管理和全面反映各步骤的生产耗费水平。

思考题

1．试述企业生产类型的概念和对企业成本核算的影响。

2．何谓成本计算对象？如何确定？它对成本核算方法的运用有什么重要意义？

3．产成品和在产品成本的划分有哪几种方法？各有什么适用性？

4．品种法主要用于什么企业？其主要特点有哪些？

5．品种法有几种类型？主要适用于什么样的企业？

6．何谓成本核算的分批法？在其核算特点上与品种法核算有什么区别和联系？

7．为什么要进行成本还原？它对企业正确的成本核算有什么作用？

8．成本核算逐步结转分步法和平行结转分步法有什么相同和不同之处？

第四章　多元成本概念与成本性态分析

成本会计的重心应该是为有效的成本管理提供高质量的成本信息,因此,为了符合成本管理的要求,建立多元成本概念是十分必要的。本章主要讲述各种不同成本管理要求下的各类成本概念与成本性态分析。

第一节　多元成本概念

一、成本的基本概念

成本的基本概念是指企业生产产品(包括提供劳务)所发生的各种支出和耗费。要注意的是产品的价值与产品的成本是不同的。产品价值中的一部分构成是物化劳动价值和劳动者为自己所创造的价值的货币表现,这部分价值构成就是产品成本。其中,物化劳动价值是指生产资料的转移价值,包括劳动对象一次性转移到产品中去的价值以及劳动资料的转移价值。劳动者为自己所创造的价值是要逐渐转移到产品中去的。从形式上看,物化劳动价值表现为材料消耗和计提的折旧等,劳动者为自己所创造的价值表现为工资及福利费。

产品价值中还有一部分是劳动者的剩余劳动为社会所创造的

价值,表现为企业留利、税收上缴等。它不是产品成本的组成部分。所以,可以看出产品价值是由产品成本和新创价值两部分构成的。

上述符合客观经济内涵的成本,又称为理论成本。为了统一成本所包含的内容,使各企业计入成本的各个项目与内容保持一致,不同的企业往往可以在符合国家有关法规制度的前提下,自行确定一定的成本核算范围,作为加强产品成本管理的依据。这种依成本核算范围而定的产品成本,又称为实际成本或财务成本,也就是我们在前面章节中所核算的企业实际成本。任何企业在确定其一定时点的财务状况及一定时期的经营成果时,所要核算的产品成本是其财务成本(或称实际成本),而不是产品的理论成本。

二、成本的广义概念

在成本管理中,“不同目的,不同成本”,这是有关成本的基本理念。各种管理职能不同,履行这些职能所需的成本信息也不同,这就需要根据各种管理职能的要求来核算并进而提供各种特定用途的成本信息。这种为管理职能所需的成本,通称为管理成本。这种成本概念的扩展适应了现代企业加强成本管理的要求。

随着经济的发展和人们对会计信息要求的不断提高,现代会计管理正不断由执行性会计管理向决策性会计管理转化。现代企业为不断地推行“经营的重心在管理,管理的重心在决策”的新概念,必须把正确的决策放在首位,并以此为基础来不断提高企业的预测、控制、分析、评价等各方面的成本管理水平。而要做好这一切,就必须充分地掌握和运用好各种全新的成本概念。

(一) 差别成本与边际成本

差别成本从狭义上讲,是指由于产量增减变化引起的成本差别;从广义上讲则泛指可供选择的不同备选方案间预计成本的差额。与差别成本相对应的是差别收入。差量分析法作为管理会计中最基本的分析方法,就是通过联系不同方案的差别成本与差别收入,进一步比较不同方案的差别收入与差别成本来进行决策分析的。

边际成本从理论上讲是指产量无限小变化所引起的成本变动部分。但实际计量时,边际成本应是产量每增减一个单位所引起的成本变动。在会计实务中,常常也将增加一批产量所增加的成本视为边际成本,这时的边际成本实际上是边际成本总额。与边际成本相联系的是边际收入。当企业的边际成本等于边际收入时,利润最大。

(二) 机会成本和估算成本

机会成本是指在决策时从多种可供选择的方案中选择某一种方案而放弃另一种方案所丧失的潜在利益。机会成本的存在以资源紧缺性与多用性为前提。需要注意的是,机会成本并不是通常意义上的成本,它不是实际的支出或费用,因而不记入企业的账册,而且,没有方案的选择便没有机会成本。考虑机会成本,可保证决策方案最优化。

估算成本是机会成本的一种表现形式,又称假计成本、应负成本,需要通过估计和推算才能予以确定。最常见的估算成本是利息。企业在进行投资决策时,不论资金是自有的还是外借的,都应将利息作为估算成本,以准确地对不同资金来源的方案进行分析对比。

(三) 沉入成本与付现成本

沉入成本从狭义上讲是指过去发生的、尚未得到补偿(如折旧)的成本;而从广义上讲则是指过去已经发生、当前决策不能使之改变的成本。例如,某股份制企业拟进行以旧换新,旧设备的固定资产净值是狭义的沉入成本,而固定资产原值则是广义的沉入成本。

付现成本又称现金支出成本,是指由某项决策所引起的、需要立即支付现金的成本。如果资金紧张,现金支付能力弱,企业在衡量决策的经济性时往往将付现成本作为考虑的重点,甚至以付现成本最低的方案来代替总成本最低的方案。

(四) 原始成本与重置成本

原始成本又称历史成本,指已购建资产所发生的实际成本。它有较为客观的参考价值,是账面记录的基础。在计量资产的价值和确定企业的净收益时,一般都以原始成本作为依据。

重置成本是指按现时的市价来计量的重新购建某项资产的成本,又称现时成本。重置成本分为完全重置成本与现行重置成本两类。前者是指使用与原资产相同的材料、建造标准、设计结构和技术条件,以现时价格购建相同状态的资产所需的成本;后者则是指利用新型材料、新技术标准,以现时价格再购建相同功能的资产所需的成本。

(五) 联合成本与专属成本

联合成本指联产品从投产起到可分离点止这一生产过程所发生的各项成本,又称为共同成本。在联产品生产的决策中,联产品继续加工与否都要发生联合成本,故决策时不必考虑联合成本的金额大小及分配结果。

专属成本是指联产品在通过可分离点以后进一步发生的、可明确归属于特定产品的成本,又称为可分成本。在联产品生产的决策中,需要考虑专属成本的大小。

(六) 不可避免成本与可避免成本

不可避免成本是指无论决策是否改变都必然要发生的或目前

已客观存在的成本。如企业厂房、设备的折旧,同是否接受利用剩余生产能力进行追加生产的决策无关,属于不可避免成本。

可避免成本是指选择不同方案时可能发生也可能不发生的成本。例如,企业接受某项特殊订货将增加直接材料费,而不接受该项特殊订货,这部分直接材料费就不发生,因此,接受特殊订货需要追加的直接材料费是可避免成本。

(七) 可延缓成本与不可延缓成本

如果某一方案已经被决定要采用,但延迟、暂缓实施对全局影响不大,那么与这一方案相联系的成本就是可延续成本。如某企业已决定购买 10 台高性能电子计算机,以便在财务部门推广电算化。但目前资金短缺,该企业决定推迟此项购买计划,预计不会由此带来负面影响。那么,与购买电子计算机有关的成本应被视为可延缓成本。

如果已选定的某一方案必须立即实施,否则将对企业生产经营活动的正常进行产生严重的不利影响,那么与这一方案有关的成本就是不可延缓成本。例如,某企业的主要生产线损坏,如不立即进行修复或购置,整个企业的生产将陷入瘫痪状态,势必使企业蒙受巨大的有形损失和无形损失,这样,修复或购置该主要生产线的成本就应被视为不可延缓成本。

(八) 相关成本与无关成本

相关成本是指与决策方案直接有关的成本。上述差别成本、边际成本、机会成本、估算成本、重置成本、付现成本、可避免成本、不可延缓成本、专属成本等,都属于相关成本。

无关成本是指与某一特定决策方案没有直接联系的成本或各个备选方案中项目、金额相同的成本。例如,历史成本、沉入成本、不可避免成本、联合成本都属于无关成本。

在现代企业中为了控制生产经营过程的耗费，考核生产经营耗费水平，还有必要运用标准成本、定额成本、计划成本、责任成本、可控成本等成本概念。标准成本是指企业在一定的技术经济条件下，根据产品设计和工艺方案的要求预定的目标成本；定额成本是按产品生产的各种现行消耗定额和当期正常费用预算确定的成本；计划成本是企业年度成本考核指标，用于企业生产经营总体计划；责任成本是以责任中心为对象汇集的，为各责任中心所控制并由责任中心承担相应经济责任的成本；可控成本是指在一个会计期间内能合理地为负责该项成本的管理人员所控制的成本。

第二节 成本类别

由于不同的成本概念反映了不同的特定对象，为了满足企业成本管理的不同需要，按照不同的标志对成本进行分类既是必要的又是可行的。成本分类便于明确各类成本间的相互关系和各类成本特定的经济意义，进而为加强成本管理、控制生产耗费、降低企业成本提供依据。

一、成本的基本分类

成本按经济用途分类与按性态分类是两种基本的成本分类方法。成本按经济用途分类，是传统的、被广为使用的一种成本分类，是准确核算产品成本和期间损益的必要前提；成本按性态分类，则是现代管理会计规划与控制企业全部经济活动的基础。

（一）成本按经济用途分类

成本按经济用途分类是指将同一经济用途和发生地点相同的

生产费用按权责发生制原则进行归集。

1. 生产成本。生产成本又称制造成本，是产品制造过程中发生的成本，通常由直接材料、直接人工与制造费用三个项目组成。

(1) 直接材料，指企业生产经营过程中构成产品实体的原料、主要材料以及有助于产品形成的辅助材料、设备配件、外购半成品、燃料、动力、包装物、低值易耗品和其他直接材料。其重要特征是，该项成本能准确地归属于具体产品。

(2) 直接人工，指生产过程中直接改变原材料的性质或形态所耗用的人工成本，包括直接从事产品生产人员的工资及福利费。该项成本也能准确地追溯到具体产品。

(3) 制造费用，指企业各生产单位(分厂、车间)为组织和管理生产所发生的各项费用，包括间接材料、间接人工和其他制造费用三部分。该项成本一般要分配计入具体产品。

上述生产成本中的直接材料、直接人工、制造费用可简称为料、工、费。其中，料、工之和为"主要成本"，工、费之和为"加工成本"。

2. 非生产成本。非生产成本又称非制造成本，是指生产领域之外服务于企业生产正常运转的一些成本，包括销售费用、管理费用和财务费用。

(1) 销售费用，又称推销成本，指企业在销售产成品、自制半成品和提供劳务过程中发生的各项费用与专设销售机构的各项经费，如销售部门人员工资、广告费等。

(2) 管理费用，指企业行政管理部门为管理和组织经营活动发生的各项费用，如公司经费、工会经费、业务招待费等。

(3) 财务费用，指企业为筹集资金发生的各项费用，如企业生产经营期间发生的利息支出、汇兑损失、调剂外汇手续费、金融机构手续费等。

我国在制定《企业会计准则》的过程中，参照国际惯例，按经济用途对成本进行的分类与西方国家的分类基本上是一致的。

(二) 成本按性态分类

成本性态,又称成本习性,指成本总额在相关范围内与业务量(产量、销量、销售收入、直接人工小时、机器小时等)总量之间固有的、客观存在的关系。

成本按性态分类,依据的是成本与业务量之间的依存关系,具体有两个判断标准:成本总额是否随业务量总量成正比例变动;成本总额是否随业务量总量的变动而变动。在实际工作中,成本按性态可分为三类:

1. 变动成本。变动成本是指相关范围内其总额随业务量总量成正比例变动的成本。

2. 固定成本。固定成本是指相关范周内在一定时期其总额不随业务量的变动而变动的相对稳定的成本。

3. 混合成本。混合成本是指在一定的业务量范围内其总额不随业务量的变动成正比例变动,但又不是固定不变的成本。

二、成本的其他分类

成本除按经济用途或性态进行分类外,还可按其他多种不同标志进行分类,以满足管理上各种特定的需要。

(一) 成本按可辨认性分类

成本的可辨认性是指成本的发生与特定的成本计算对象(产品、加工步骤或部门)之间是否具有明显的联系。按可辨认性,成本可分为可辨认成本与不可辨认成本。

1. 可辨认成本。可辨认成本又称为可追溯成本、可跟踪成本、直接成本。如果成本的发生同某一特定的成本计算对象发生联系,可直接归属于有关的产品、加工步骤或部门,则该项成本对于这些产品、加工步骤或部门来说,就是可辨认成本,如直接材料、直接人工等。

2．不可辨认成本。不可辨认成本又称为不可追溯成本、不可跟踪成本、间接成本。如果成本的发生同某一特定的成本计算对象之间没有明显的联系，无法按照特定的标志直接归属到有关的产品、加工步骤或部门，则该项成本对于这些产品、加工步骤或部门而言就是不可辨认成本。由于不可辨认成本同多种产品的生产或多个加工步骤、部门的活动都有联系，所以要对它运用一定的方法进行分配，才能归属于各有关产品、加工步骤或部门。间接制造费用属于不可辨认成本，常用的分配方法有实际工时比例分配法、定额工时比例分配法等。

正确区分成本的可辨认性，可以揭示成本形成的真实过程。将可辨认成本直接计入有关的产品、加工步骤或部门，最大限度地降低由于不可辨认或难于辨认而按拟定的分配标准进行间接分配的份额，这将有利于提高成本信息的真实性和可靠性。

（二）成本按可盘存性分类

成本的可盘存性是指一定期间内发生的成本是否应计入产品成本并形成结存类资产结转到以后期间。据此，一定期间内发生的成本可分为产品成本和期间费用两类。

1．产品成本。产品成本又称为可盘存成本，是指与产品的生产具有直接联系的成本，按产品进行归集，随产品流转。产品成本不仅是资产负债表资产计量的依据，而且是损益表期间损益计算的必备资料。

2．期间费用。期间费用又称为不可盘存成本，是指企业生产经营过程中所发生的与特定会计期间密切相关，其效益会随着时间的推移而消逝，不能计入产品成本，也不能随资产结转到下期的成本。期间费用与产品的生产没有直接关系，而与生产经营期直接相关。工业企业的非生产成本包括销售费用、管理费用和财务费用,一般都被视为期间费用。

(三) 成本按可控性分类

成本的可控性是指成本的发生能否为考核对象(如责任中心)所控制。据此可将成本分为可控成本与不可控成本。

1. 可控成本。一般而言,可控成本的时间范围是会计期间,空间范围是责任中心。其基本特征有三:责任中心事先知道该项成本会发生;该项成本的发生能确切计量;该项成本的发生额多少能为责任中心所控制。

2. 不可控成本。不可控成本是指不能由特定责任中心加以控制的成本。它不受特定责任中心工作好坏的影响,因而不应由该责任中心负责。

成本的可控性总是同特定的责任中心与特定的会计期间相联系。某项成本从某个单位看是可控成本,而在另一个单位却可能是不可控成本。例如,材料采购成本对采购部门来说是可控成本,而对生产部门而言却是不可控成本。另外,某些从较短期间看属于不可控的成本,如果从较长的期间看,又可能是可控的了。例如,现有生产设备的折旧在折旧方法与预计使用年限既定的条件下为不可控成本,但继续使用到进行更新的期间,新设备的折旧由于可以选择折旧方法或预计使用年限的长短等,则就是可控成本。

划分可控成本与不可控成本是实行责任会计的前提。各责任中心要有效地控制可控成本,将其作为责任成本进行考核。从整个企业来看,所有的成本都应是可控的,企业对责任中心的不可控成本同样要加强管理。

(四) 成本按相关性分类

成本的相关性是指成本的发生是否与决策方案相关。成本按相关性可分为相关成本与无关成本,这在上节中已述及,此处从略。

第三节 成本性态分析

一、成本性态分析的意义与条件

成本性态分析是要分析成本的性态,即成本与业务量之间的规律性联系。它首先进行成本按性态的分类,然后将混合成本予以分解,为管理会计中各种分析方法的实际应用奠定基础。

(一)成本性态分析的意义

研究成本性态的直接目的是为了向企业管理当局提供有关固定成本及变动成本的信息,以满足管理当局规划与控制企业经济活动的要求,这在企业经营管理中具有十分广泛和重要的意义。

1. 成本性态分析是采用变动成本法的前提。

进行变动成本计算的首要条件是将企业一定时期发生的所有成本划分为固定成本和变动成本两大类。在此基础上再将与产量变动成正比例变动的变动成本作为产品成本,并据此确定已销产品的单位成本和期末存货的计价基础;而将与产量变动无关的所有固定成本作为期间成本处理,计算出企业的期间损益。可见,进行成本性态分析,正确区分变动成本与固定成本是进行变动成本计算的基础。

2. 成本性态分析为本量利分析提供了便利。

本量利分析中使用的成本函数是反映成本性态的方程式,这就需要对过去的数据进行分析、研究,并在此基础上相对准确地将成本分解为固定成本与变动成本两大类。可见,如果不进行成本性态分析,也就不可能确定反映成本性态的成本函数,从而也就无法进行本量利分析。

3. 成本性态分析是正确制定短期经营决策的基础。

为了分清相关成本与无关成本,短期经营决策首先需要将成本按性态划分为固定成本与变动成本。固定成本在短期经营决策中一般属于无关成本,而变动成本一般属于相关成本,这一规则是正确进行短期经营决策的关键。

(二) 成本性态分析的条件

1. 相关范围。

固定成本和变动成本的性态只是在一段有限的期间和一个有限的产量范围之内才是正确的。成本性态分析是限定在相关范围内的。

2. 成本与业务量之间完全线性联系。

成本性态分析假定成本的变动率是线性的,因而可以用直线方程 $Y = a + bX$(其中,Y 代表管理成本,a 代表固定成本,b 代表单位变动成本,X 代表业务量)来反映线性的成本性态。

二、成本性态

进行成本性态分析,首先需要将成本按其与业务量之间的依存关系划分为固定成本、变动成本和混合成本三大类。

(一) 固定成本

1. 固定成本的基本特征。

固定成本是指相关范围内成本总额不受业务量变动的影响而能保持不变的成本。它的基本特征包括:相关范围内总额固定;业务量增加时单位固定成本减少,通常按管理决策要求或假定的依据分配于各部门;多数情况下有赖于高层管理人员进行控制。

2. 固定成本的相关范围。

(1) 特定的期间。企业在一定时期内,其生产经营规模基本稳定，单位消耗水平基本不变，某些成本具有固定性特征。而从较长时期看，企业生产经营能力会因改建、扩建与更新改造项目而发生变化，某些一定时期内的固定成本支出额，如折旧费、大修理费等相应会发生变化。所以，企业的固定成本是相对某一特定期间而言的。

(2) 特定的业务量水平。企业在现有的最大生产能力限度内进行生产，不论业务量高低，固定成本总额将保持不变。但超过特定的业务量水平，企业势必要扩建厂房、添置设备、增聘员工，为扩大销售还可能追加广告推销费等等。显然，企业的固定成本是相对于特定业务量水平而言的。

3. 固定成本的种类。

固定成本按其支出额是否可以在一定期间内予以改变而划分为两类：

(1) 酌量性固定成本，又称选择性固定成本，是指非近期组织和管理所必不可少的、为完成特定活动而支出的、通过管理层的决策行动其数额可予以改变的固定成本，如广告费、职工培训费、产品开发研究费、法律咨询费、公共关系费等。其基本特征是，预算期较短，通常为一年以内，发生额的大小取决于管理层根据企业经营方针作出的决策。

(2) 约束性固定成本，是指企业提供和维持生产经营所需设施、机构而支出的固定成本，与企业经营能力的形成及其正常维护直接相联系，如折旧、保险费、财产税、长期租赁费、管理人员薪金等。其基本特征是，预算期通常较长，可能长达数年；支出数额不能为管理当局当前决策所改变。

需要说明的是，酌量性固定成本并不是可有可无的，更不应归类为变动成本。由于酌量性固定成本要为企业的生产经营提供良好条件，这关系到企业的竞争能力与获利能力，所以一定的生产经营水平下必须支出一定数额的酌量性固定成本。又由于酌量性固定成本虽可由管理当局对不同预算期的支出限额及时进行调整，但从较短的期间看,其发生额同企业的业务量水平并没有直接联系,所以它仍应归类为固定成本。另外,由于现代企业日益趋向于采用资本密集型的经营方式,约束性固定成本占总成本的比重将不断提高。

(二)变动成本

1. 变动成本的基本特征。

变动成本是指在相关范围内成本总额随业务量的变动成正比例变动的成本。一般而言,变动成本有如下基本特征:成本总额在相关范围内与业务量成正比例变动;单位变动成本固定;容易归属于一定的产品、加工步骤或部门;可由责任部门控制其发生额。

2. 变动成本的相关范围。

变动成本与业务量之间成正比例变动的关系,通常也只是在一定业务量范围内存在,超出一定业务量范围,这种正比例变动关系就不一定存在,而表现为非线性联系了。例如,某种产品产量较低时,单位产品的材料和工时的消耗可能较高;而随着产量的提高,材料消耗和工时利用将较为经济、合理,单位产品的材料和工时的消耗会不断降低;到了一定阶段,单位产品的材料和工时的消耗将趋于稳定,这一阶段实际上就是我们所讨论的相关范围;产量继续增长,超过相关范围的上限后,可能会出现新的不经济因素,如管理经验显露出不足而导致材料投入的不经济、多支付加班加点津贴等,反而使生产单位产品的材料和人工的消耗又趋于上升。这些错综复杂的情况可用图 4.1 来表示。

现实经济生活中,许多成本与业务量之间的关系从某一特定的业务量范围来考察,可以假定是完全线性的。虽然完全线性的假定不切实际,不能精确地描述成本的实际性态,但这却是将许多复杂的经济现象纳入到成本性态分析的模式之中的必要条件。

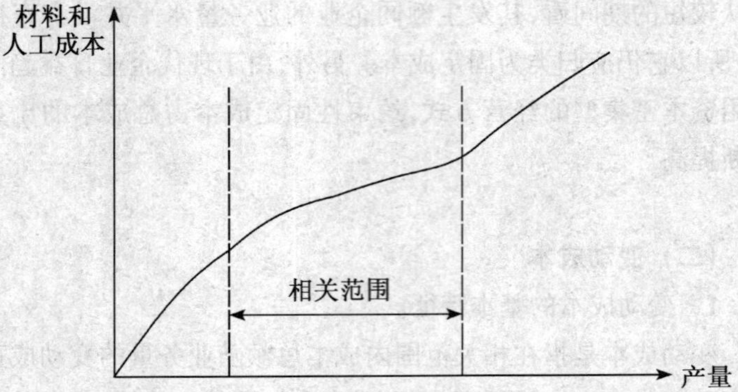

图 4.1

3. 变动成本的种类。

(1) 技术性变动成本,指与业务量有明确的技术或实物关系的变动成本,又称工程成本。这类成本实质上是利用现有生产能力进行生产必然要发生的成本。如果不生产产品,技术性变动成本便不会发生。如制造一台电视机要用一个显像管、一个扬声器,生产一辆汽车要用一个引擎及四个车轮,那么显像管与扬声器的成本就是制造电视机的技术性变动成本,而引擎与车轮的成本则为生产汽车的技术性变动成本。

(2) 酌量性变动成本,指支出与否、支出的标准通常取决于管理决策,可以由管理决策加以改变的变动成本。这类成本的显著特点是其单位变动成本的发生额可由企业最高管理层决定。例如,管理当局对某一地区广告费支出以该地区销售额的 1% 为基础,则广告费为酌量性变动成本,因为管理当局可通过修订销售额的广告费比例来改变广告费支出的基础。

(三) 混合成本

1. 混合成本的基本特征。

混合成本是指在一定的业务量范围内总额不随业务量严格成

正比例变动,但又不是固定不变的成本。其基本特征是,发生额受业务量变动的影响,但其变动的幅度并不同业务量的变动保持严格的正比例关系。混合成本同时包含了固定成本和变动成本两种因素。

2. 混合成本的种类。

混合成本项目较多,大体可分为四类:

(1) 以一定初始量为基础的变动成本,又称半变动成本,是指在一定初始量(基数)的基础上随着业务量变动而成正比例变动的成本。它是混合成本中较为普遍存在的一种类型。例如,机器设备的维护费、行政管理费以及公用事业服务费(水、电、气、电话费)等等,这些费用中的基数可视为固定成本,在这个基础上成本随业务量的变动而成正比例变动。

(2) 阶梯式成本,又称半固定成本、步增成本,是指总额会随着业务量的变动呈阶梯式变动的成本。其特点是,当业务量在小范围内增长时,成本不变;业务量超过一定范围,成本发生额会突然跃升到一个新的水平,然后在一定范围内又保持稳定;当业务量再超过一定范围时,成本发生额又跃升到更高的水平;如此反复,呈阶梯式逐步增长。例如,受班次影响的动力费、整车运输费、化验员与检验员的工资等等均属此类。

(3) 递延变动成本,是指总额在初始的一定业务量范围内固定不变,但超过特定业务量范围后,便会随着业务量的增长成正比例增长的成本。它的特点是,在初始的一定业务量水平内表现为固定成本,超过特定业务量范围后则成为变动成本。例如,某企业支付给职工的工资在正常产量情况下不变,超过正常产量则根据超产数量支付超产奖,这种工资费用就属于递延变动成本。

(4) 其他混合成本,指曲线成本、折线成本等混合成本形式。

●曲线成本是指总额随业务量增长而呈曲线增长的成本。这类成本通常有一个初始量，相当于固定成本，随着业务量的增加，成本逐渐增加，成本与业务量呈非线性的曲线关系。曲线成本可进一步分为递增曲线成本与递减曲线成本。例如，各种违约罚金、累计计件工资等，属于递增曲线成本；热处理电炉的耗电因为在预热后产量增加单位耗电量相对减少，则属于递减曲线成本。

- 折线成本是指总额随着业务量的变动，有时不变，有时上升，有时下降，数额不规则地发生变化的成本。例如，某企业支付的电费中，照明用电费基本固定不变；延长劳动时间的生产用电费随产量增加略有增加；延长设备运转时间提高产量的动力用电费同产量近似成正比例变动；开展技术革新增加产量的动力用电反而减少。这样，随着产量增加，由于增加产量的途径各异，电费可能增加，可能减少，也可能不变，就属于折线成本。

在成本管理会计中，混合成本与总成本有着相同的习性，即两者都包含着固定成本与变动成本两种因素。为了便于定量分析，通常用线性方程式 $Y = a + bX$ 来近似地描述总成本和混合成本的性态。固定成本的性态如图 4.2 和图 4.3 所描述；变动成本性态如图 4.4 和图 4.5 所描述；混合成本性态及类型如图 4.6 和图 4.7 所描述。

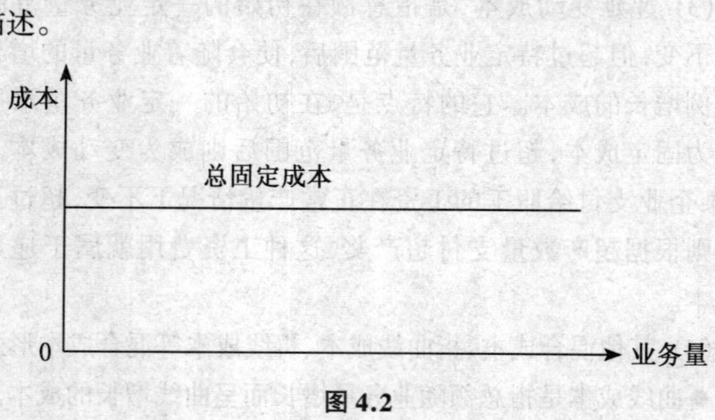

图 4.2

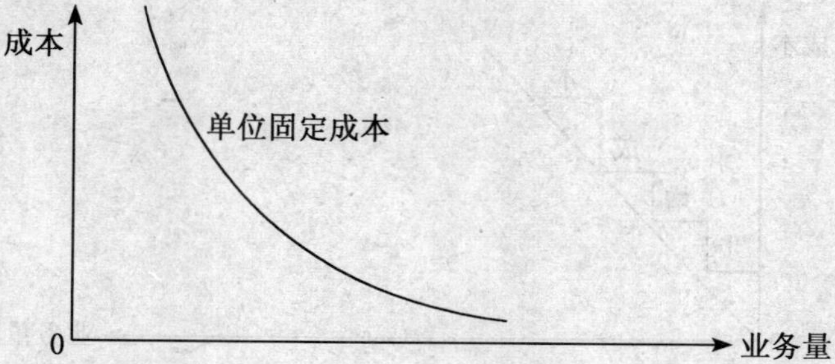

图 4.3

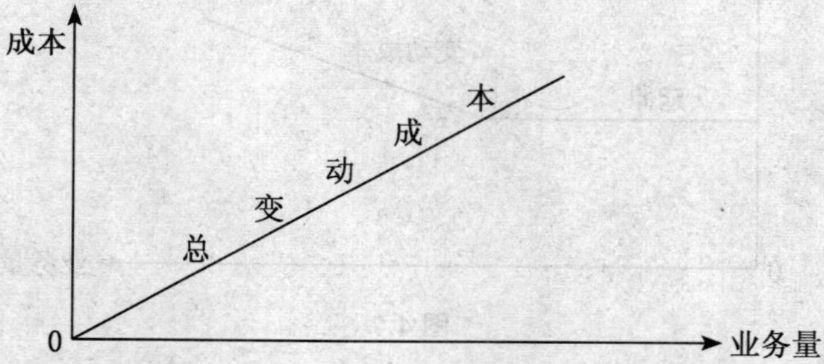

图 4.4

图 4.5

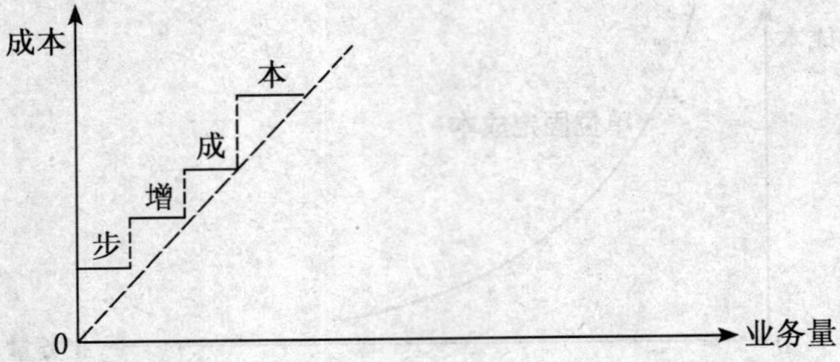

图 4.6

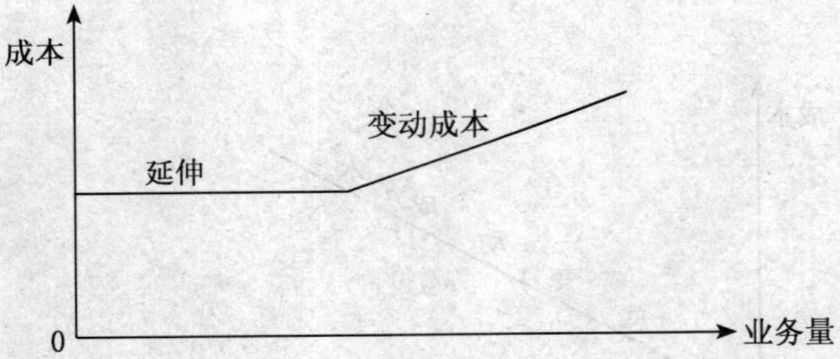

图 4.7

三、混合成本的分解

在实际的成本管理与成本核算工作中,要想合理地规划和有效地控制生产经营活动,应将总成本最终区分为固定成本和变动成本两大类。有些成本可以直接确认为固定成本或变动成本;而有些成本则属于混合成本,需要采用一定的方法分解成变动成本和固定成本两部分。

最精确的混合成本分解方法是根据费用发生的原始凭证逐次地进行分析。但这样做工作量大,往往不符合成本效益原则。比较切实可行的做法,是将同一费用项目在一定期间内的发生额进行累计,也可将性质相近的项目适当地归并在一起统一进行分析,以汇总的数字为基础，以一项成本在各种业务量水平下过去的变化情况作为分析的基点。从实践上看，分解混合成本，一般有工程研究法、账户分类法、合同认定法和历史资料分析法等。

（一）工程研究法

工程研究法又称工业工程法、技术测定法，是由工程技术人员通过某种技术方法测定正常生产流程中的投入产出关系，逐项研究决定成本高低的因素，并在此基础上合理区分固定成本与变动成本的一种方法。采用该方法的关键是要准确地测定投入的成本与产出的数量之间的规律性联系，如各种消耗量标准。

工程研究法是在缺乏历史成本资料的情况下可用的最有效方法，也是用于检验历史成本分析结果的最佳方法。如果在建立标准成本和制定预算以后再使用该法，由于已有现成的消耗定额可以利用，将更为便捷。而且，工程研究法不仅可以测定现在生产程序的投入产出关系，还可以为企业找出最经济有效的生产程序与方法，使企业的产品制造、工作效率和资源利用达到最优效果。为了增加成本分析的准确性，其他混合成本分解方法有时会与工程研究法结合使用。

然而，工程研究法也有很大的局限性，具体表现在：进行技术测定，通常要耗用较多的人力、物力；不能应用于生产过程的间接消耗，各种间接成本由于不存在明显的投入产出关系或属于不能单独进行观察的联合过程，就不能用此法进行分析。

鉴于工程研究法的上述特点，一般只在以下三种情况下适用：新建企业生产或新产品投产的成本分解，已有现成消耗定额资料可作为测定投入产出关系的依据的成本分解，生产技术有重大变革或生产能力有重大变动时的成本分解。

（二）账户分类法

账户分类法又称会计法、直接分析法、会计项目划分法，是根据各有关费用项目及有关明细项目的账户性质，通过直接判断或比例分配来分解混合成本的一种方法。具体做法是：将那些与变动成本较为接近的项目划归变动成本，而将那些接近于固定成本的项目划为固定成本；对不易简单判断为固定成本或变动成本的项目，根据企业的具体情况和经验数据，依赖专业判断来确定分配比例，将其分解为固定成本和变动成本两部分。

账户分类法具有简便易行的优点，仅取得某一期间（如一年）内实际的生产及成本资料便可进行成本分解。通过此法可以具体了解固定成本、变动成本包括的项目有哪些，还可以进一步分析实际总成本超支或节约的原因，因而这种方法实用价值较高，实际工作中使用较多，是一种传统的成本分解方法。

由于账户分类法观察的期间很短，需要分析人员作出主观判断，不同分析人员可能得出不同的成本分解结果，因而它不可避免地带有以下局限性：成本分解结果不一定能符合客观实际情况，主观判断可能有误差，分解结果没有可验证性。克服上述弊端的最好方法是联系多种业务量水平进行成本性态分析。

账户分类法与工程研究法相比，两者所需历史资料都有限，但前者简便易行，所花代价较小，后者分解结果更为准确，甚至可以在没有历史资料的情况下进行成本分解。

（三）合同认定法

合同认定法又称契约检查法，是指通过检查企业与其他单位签订的契约、合同以及企业内部既定的管理与核算制度中关于支付费用方式的具体规定，分别确认混合成本中固定成本的金额与变动成本的份额。此法依据合同、契约或既定的计费办法，不依赖于历史成本数据，特别适用于有明确计算方法或具体规定的各种以一定初始量为基础的混合成本的分解。例如，水费、电费、煤气费、电话费等各项公用事业费，其账单上的基数属于固定成本，而按耗用量多少计费的部分则属于变动成本。

（四）历史资料分析法

只要企业生产流程不发生重大变化，根据过去的生产经验，就可以较准确地预计出未来成本随业务量的变化而变化的情况。历史资料分析法正是依据这一原理，以过去若干期的业务量和成本资料为依据，采用科学的方法进行分析、目测或计算，找出成本的变化规律，推算一定期间固定成本与单位变动成本的平均值，并据此估算未来期间一定业务量下的成本。

历史资料分析法的准确程度，取决于用以分析的历史资料的恰当程度。为了保证成本分解的可靠性，企业要考虑期间的会计政策、方针变化对成本性态的影响，选择恰当的期间，以便既能消除期间较长带来的不稳定状态的影响，又可保证获得所选择期间的较为精确可靠的成本数据，并选取适宜的业务量的计量单位，使选定的变量与被估计的成本之间存在某种密切联系，并能对预测产生重要影响。

实际工作中，历史资料分析法又可具体分为高低点法、散布图法和回归直线法等。

1. 高低点法。

高低点法是历史资料分析法中最简便的一种方法。其主要特点是：假定成本与业务量之间存在线性联系，选择历史资料中的最高点和最低点，确定单位变动成本，进而求出固定成本数额，并以此为依据估算未来期间一定业务量下的成本或分解历史成本数据。这种方法高低点的选择可以业务量为依据，也可以成本为依据，但必须保证高点的成本或业务量，一定是最高成本或业务量，低点成本或业务量，也一定是最低成本或业务量，这就使得该方法的运用受到一定的局限。

高低点法的基本步骤依次为：以业务量或成本为依据选取最

高点和最低点，求得单位变动成本，推算固定成本。

假定最高点为(X_H, Y_H)，最低点为(X_L, Y_L)，代入混合成本线性方程式 $Y = a + bX$ 可得：

$$Y_H = a + bX_H \quad ①$$

$$Y_L = a + bX_L \quad ②$$

① − ②，则 $Y_H - Y_L = bX_H - bX_L = b(X_H - X_L)$，可求得 $b = \frac{Y_H - Y_L}{X_H - X_L}$。将 b 值代入①式或②式，可得 $a = Y_H - \frac{Y_H - Y_L}{X_H - X_L} \times X_H$ 或 $Y_L - \frac{Y_H - Y_L}{X_H - X_L} \times X_L$。

例如，某股份制企业某车间 2001 年电费支出的历史成本资料如表 4.1 所示，按照高低点法，电费支出的分解步骤如下：

(1) 选取最高点和最低点：以机器工时或电费支出为准都是(23,26)和(7,14)。

表 4.1

金额单位：元

月　份	机器工时 X	电费支出 Y
1	23	23
2	23	26
3	19	21
4	12	17
5	12	17
6	9	15
7	7	14
8	11	16
9	14	19
合计	129	168

(2) 单位变动性电费支出：

$$b = \frac{26 - 14}{23 - 7} = 0.75(\text{元}/\text{小时})$$

(3) 固定性电费支出：

$$a = 26 - 23 \times 0.75(\text{或}\ 14 - 7 \times 0.75) = 8.75(\text{元})$$

(4) 电费支出方程式可表示为：

$$Y = 8.75 + 0.75X$$

如果该企业要预测该车间10月份的电费支出,已知10月份的机器工时预计为20小时,则10月份电费支出预测数为

$$Y = 8.75 + 0.75 \times 20 = 23.75(\text{元})$$

高低点法有种简化形式,又称为近期费用概算法,就是就近选取两期的历史成本资料设定为高点和低点计算出单位变动成本,进而推算出固定成本,写出混合成本直线方程式,并以此为依据进行混合成本的预测和分解。

按上例资料,就近选取8、9月份的资料,得到高点(14,19)和低点(11,16),可求得单位变动性电费支出 $b = \frac{19 - 16}{14 - 11} = 1$(元/小时),固定性电费支出 $a = 19 - 14 \times 1$(或 $16 - 11 \times 1$) $= 5$ 元,故电费支出方程式可表示为 $Y = 5 + X$。假定10月份机器工时预计为9小时,则预计电费支出为 $Y = 5 + 9 = 14$ 元。

高低点法,包括近期费用概算法,具有运用简便的优点,但它仅以两点决定成本性态,因而带有一定的偶然性和不准确性,有时高低点系不正常情况,属非常事件,也就不能作为估计成本的良好基础,所以这种方法一般适用于各期成本消耗较稳定的企业或对成本分解结果的精确程度要求不高的部门。

2. 散布图法。

散布图法是将历史成本数据在坐标图上以散布点的形式标出,形成散布图,然后目测一条直线,使各散布点均匀地分布在两边或通过大多数散布点,这样,与坐标图纵轴的交点处的纵坐标即

纵截距，为估计的固定成本 a。如有散布点通过该直线，将固定成本值代入直线上任一散布点，按公式 $b=\frac{y-a}{x}$ 求出单位变动成本；如果散布点均匀分布在该直线两侧，则按公式 $b=\frac{n\text{期总成本之和}-na}{n\text{期业务量之和}}$ 求单位变动成本。也就是说，散布图法的基本步骤依次为：绘制散布图，目测一条反映成本平均变动趋势的直线，确定固定成本，计算单位变动成本。

按前例历史成本资料，分解电费支出的基本步骤如下：

（1）绘制散布图如图 4.8。

（2）目测一条反映成本平均变动趋势的直线。图 4.8 上目测的直线通过 1 月、4 月、5 月、7 月共 4 个月份形成的散布点，3 月、6 月、8 月、9 月形成的散布点均匀分布在直线两侧，只有 2 月形成的

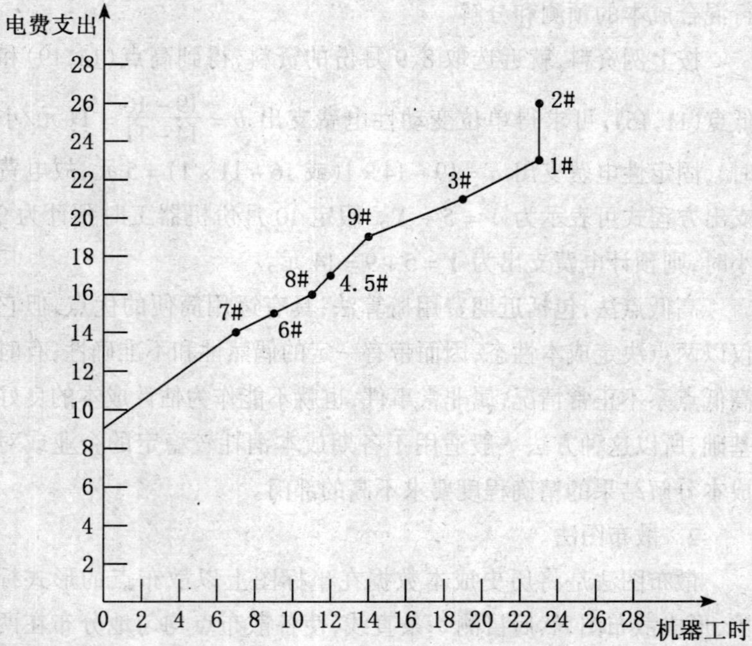

图 4.8

散布点有些异常,可不予考虑,显然,目测的直线较好地反映了电费支出的平均变动趋势。

(3) 确定固定成本。直线的纵截距为 $a=9.8$ 元。

(4) 计算单位变动成本。由于 1 月、4 月、5 月、7 月形成的散布点均在直线上,任选其中一个月份的成本资料,如 4 月份的成本资料,可求得单位变动成本 $b=\frac{17-9.8}{12}=0.6$ 元/机器工时,这样,电费支出的性态方程可表示为 $Y=9.8+0.6X$。

散布图法的优点是较为全面地考虑了已知的历史成本数据,可排除高低点法所面临的偶然性问题,同时,以图示反映成本性态更为直观,但由于仅凭目测,不同的人目测可能会有不同的目测结果,所测的直线受分析人员判断的限制,有随意性。与高低点法相比,散布图法的成本分解结果较为精确,但仍不能达到很高程度。

3. 回归直线法。

回归直线法又称回归分析法、最小二乘法。它是根据一系列历史成本数据,用最小二乘法原理,计算单位变动成本和固定成本数额,使得所确定的直线观察成本值与各散布点实际成本值之间的误差之和为最小。这条直线被称为散布点的回归直线,这一直线方程则被称为回归方程。

由于用最小二乘法原理进行的公式推导较为复杂,难以掌握,这里只介绍回归直线方程中单位变动成本 b 与固定成本 a 的简易求法。先以合计数的形式来表达 $Y=a+bX$ 中的每一项,可得:

$$\sum Y = na + b\sum X$$

再以 X 对上式的每一项加权,又有:

$$\sum XY = a\sum X + b\sum X^2$$

联立两式,将 $\sum Y$、n、$\sum X$、$\sum XY$、$\sum X^2$ 值代入,实际上就变为求解关于 a、b 的二元一次方程组。a、b 值可分别表示为

$$a=\frac{\sum X^2\sum Y-\sum X\sum XY}{n\sum X^2-(\sum X)^2},$$

$$b=\frac{n\sum XY-\sum X\sum Y}{n\sum X^2-(\sum X)^2}。$$

需要强调的是,X 与 Y 两个变量必须基本保持线性关系,然后,通过回归方程 $Y=a+bX$ 来描述成本变动的平均趋势才有实际意义。所以,回归直线法的前提是要检验 Y 与 X 的相关程度,相关程度通常以相关系数 R 的大小来表示,计算公式为

$$R=\frac{n\sum XY-\sum X\sum Y}{\sqrt{[n\sum X^2-(\sum X)^2][n\sum Y^2-(\sum Y)^2]}}。$$

相关系数的取值范围一般在正负 1 之间。当 $R=0$ 时,X 与 Y 零相关;$R=1$ 时,X 与 Y 完全正相关;$R=-1$ 时,X 与 Y 完全负相关;$0<R\leqslant 0.3$ 时,X 与 Y 微弱正相关;$0.3<R\leqslant 0.5$ 时,X 与 Y 低度正相关;$0.5<R\leqslant 0.8$ 时,X 与 Y 显著正相关;$0.8<R<1$ 时,X 与 Y 高度正相关。管理会计采用回归直线法分解混合成本时,通常要求相关系数 $R>0.8$,即成本与业务量高度正相关或完全正相关。

按前例资料,分解电费支出的步骤如下:

(1) 计算 $\sum X$、$\sum Y$、$\sum XY$、$\sum X^2$、$\sum Y^2$,填制经过扩展的表格。

(2) 代入相关系数计算公式,检验相关程度。

$$R=\frac{9\times 2586-129\times 168}{\sqrt{(9\times 2109-129^2)(9\times 3262-168^2)}}=0.98,$$

故电费支出 Y 与机器工时 X 高度正相关,可以采用回归直线法。

(3) 计算固定成本及单位变动成本数额。

求解方程组:

$$\begin{cases}168=9a+129b\\2586=129a+2109b\end{cases}$$

或者直接代入前述 a、b 的计算公式,求得:

$$\begin{cases} a = \dfrac{2109 \times 168 - 129 \times 2586}{9 \times 2109 - 129 \times 129} = 8.85(\text{元}) \\ b = \dfrac{9 \times 2586 - 129 \times 168}{9 \times 2109 - 129 \times 129} = 0.68(\text{元/机器工时}) \end{cases}$$

(4) 写出电费支出的性态方程。

$$Y = 8.85 + 0.68X$$

回归直线法的优点是使混合成本分解建立在科学分析和精确计算的基础上,是分析成本性态较为客观、合理的方法,其缺点是计算较为复杂,工作量较大。

混合成本的各种分解方法各有其优缺点及适用性,但它们并非是孤立存在、相互排斥,而是相辅相成的。实际工作中,这些成本分解方法常常互相补充和印证。不管采用的是哪种成本分解方法,直接目的都是将混合成本的固定部分和变动部分分解出来,使得总成本最终都可以区分为固定成本和变动成本,便于企业进一步运用变动成本法和本量利分析法来制定经营决策,评价部门工作业绩等。

思考题

1. 多元成本概念与一般成本概念有什么区别?
2. 多元成本概念有什么重要意义?
3. 不同成本分类的标准是什么?为什么要进行成本分类?
4. 为什么要进行成本习性分析?有什么重要意义?
5. 试述变动成本和固定成本的划分依据及这种分类在成本管理中的运用价值。
6. 什么是混合成本?正确分解混合成本有什么重要作用?
7. 进行混合成本分解有哪些主要方法?它们各有什么适用性?

第五章　变动成本法

本章主要介绍变动成本法的成本计算方法,并与全部成本法相比较,阐明这两种成本计算方法的优缺点,最后指出变动成本法在企业成本核算和成本管理中的具体运用。

第一节　变动成本法的意义及理论依据

变动成本法起源于 20 世纪 30 年代的美国,最初被称为直接成本法,这主要是因为当时的产品成本只包括与业务关系较明显的直接材料和直接人工。到了 50 年代,随着企业环境的改变,竞争日趋激烈,要求会计能够提供与决策有关的信息。而此时人们日渐意识到传统的完全成本法所提供的信息越来越不适用于管理人员的内部决策,因此,西方的一些会计师和管理人员重新研究变动成本法并在生产经营实践中加以运用,取得了很好的效果,从此变动成本法开始受到重视。60 年代以后,变动成本法风靡整个西方管理会计界,成为人们决策、控制的重要工具。本节主要讨论变动成本法的意义及理论依据。

一、变动成本法的概念和意义

(一) 变动成本法的概念

所谓变动成本法,是指在企业日常成本计算过程中,只将有关成本对象的直接材料、直接人工、变动制造费用等变动成本项目计入成本计算对象的成本中,而将固定成本作为当期费用的一种成本计算方法。在前面章节中我们已经阐述了固定成本与变动成本的内涵与外延,在此不再赘述。由于变动成本法摒弃了传统成本计算中将固定成本作为产品成本组成部分的做法,因而它突破了传统观念对成本计算和分析的束缚,成为人们进行决策控制的有力武器。

(二)变动成本法的意义

与传统的成本计算方法相比,变动成本法的意义主要在于它所提供的数据能有效地为企业预测、决策、控制、考核等方面提供有力证据,同时也有利于简化成本核算工作。

1. 变动成本法在预测中的运用。

我们知道,企业为了实现其中长期经营目标,一般总会在年末编制下一年度的全面预算,以作为下一年度经营的指导方针和考核依据。企业在编制全面预算时,一般要利用变动成本法预测其年度利润,因为此时用变动成本法所提供的预测数据较之全部成本法(传统成本计算方法)所提供的预测数据具有更大的准确性和有效性。现举例说明。

设佳音股份公司正在编制该公司 2002 年度利润预算。该公司 2003 年有关成本、售价方面的资料如下:平均产品售价为 90 元/吨,平均变动成本为 40 元/吨,年固定成本总额为 1000000,年销售量预测为 30000 吨,则按照变动成本法,2003 年利润预计为 $90\times30000-40\times30000-1000000=500000$ 元。若按全部成本法,则先按上年生产情况估计单位产品成本,$(40\times40000+1000000)/40000=65$ 元/吨,因此 2003 年预计利润为 $90\times30000-65\times30000=750000$ 元。显然,变动成本法下的利润预测数更有实际意义,因为全部成本法下单位成本中含有并不随产量变动而变动的固定成本,使其预测准确性打了折扣。

2. 变动成本法在企业日常经营决策中的运用。

企业日常经营中，有许多临时发生的特殊事项，如特殊订货事项等。对于这些事项的决策，运用变动成本法也会收到更好的效果。现举例说明。

设衡山股份公司遇到一批特殊订货。客户订货单价为 10 元，订货量 10 万件，生产该批订货并不影响其他生产；公司生产该产品单位成本 11 元，其中变动成本 8 元。若按完全成本法计算，则公司应拒绝该批订货，因为其售价低于生产成本。但若按变动成本法计算，则企业应接受该批订货，因为该批订货将为企业创收 $10\times(10-8)=20$ 万元。事实上，考虑到即使公司不接受订货固定成本也会发生这一事实，我们便可看出，变动成本法所提供的数据更准确、更为有效。

3. 变动成本法在企业业绩考核方面的运用。

变动成本法在企业经营管理者业绩考核中运用的效果也比完全成本法更为公正、客观。按首例资料，假定佳音公司 2003 年实际产量为 5 万吨，其余数据不变，则按完全成本法，单位实际生产成本为 $(5\times40+100)/5=60$ 元/吨，该年利润为 $90\times3-60\times3=90$ 万元，超额完成利润为 $90-75=15$ 万元。也就是说，企业只要增加产量，就会使利润增加，这显然不利于公正考核管理人员的业绩。而如果按变动成本法，那么我们可看出，企业的当年利润仍为 $90\times3-40\times3-100=50$ 万元，只要企业销售收入不增加，成本不下降，企业就不能增加利润，变动成本法客观地反映了这一现实，有利于企业公正考核管理人员业绩。

变动成本法简化成本核算工作的作用，我们将在第四节阐述。

二、变动成本法的理论依据

以变动成本法计算产品成本并非仅为管理会计实务所用，事

实上,它也有理论上的依据。变动成本法的理论依据是基于如下观点:

(一) 产品成本只应是那些随着产量的增减而增减的耗费

我们知道,企业为组织生产必须进行三方面的投入:劳动资料、劳动对象和劳动力。这三者中,有一部分投入是用于维护企业基本生产能力的。也就是说,不管企业预期生产多少产品,这部分费用必然要发生,如机器的润滑费用、房屋的折旧费用、工人的劳动保护费用,以及各项财产物资的保险费用等,这些费用一般形成企业的固定费用。另有一些投入是随着产量的增加而增加的,如主要材料、员工雇佣数、产品检验工时数等,这些投入一般形成企业的变动费用。对于这两类投入形成的费用,会计理论界有两种观点。一种意见认为,不管是固定费用还是变动费用,只要是为生产产品而发生的,就应计入产品成本,这是财务会计中历史成本原则的要求。按照这种观点计算成本的方法就是全部成本法。另一种观点则认为,企业的固定费用与产品的产量无直接的联系,即使本月未生产产品,费用也要发生,这种费用怎么能计入产品成本呢?因此计入产品成本的,只应是随产品产量的增加而增加的那些费用。这种观点下计算成本的方法就是变动成本法。

事实上,经过分析我们可以看出,变动成本法与全部成本法的出发点是完全相同的,它们都是按照成本与成本动因之间的因果联系来确定成本的构成项目,但由于二者的着眼点不同,故得出的结论不同。变动成本法着眼于短期内成本与成本动因的联系,而短期内企业已投入的维持生产能力的耗费无法调整,故与产品生产多少无关。全部成本法着眼于成本与成本动因在长时期内的联系,从长时期看,为保持那么多产量而投入的耗费与产量的多少呈正相关关系,可随着预期产量的多少而调整,因此,主张把这部分费用计入产品成本也无可指责。

(二) 固定生产费用应作为期间费用处理

一般说来,固定生产费用的总额变动不大,因为它们都是为维持企业一定时期的生产经营能力而发生的,而企业的生产经营能力一般在短期内没有多少变化。从这一点来说,固定生产费用应视同企业的期间费用,因为它只与期间长短有关,而与每期的产品产量关系不大。这样处理不仅能简化会计核算中繁杂的固定生产成本分配问题,也有利于企业正确看待固定生产费用,从总额(而不是从单位产品固定生产成本)上对固定生产费用的发生加以控制。

第二节　变动成本法的计算

在第一节,我们已说明变动成本法与全部成本法的最大区别在于其所计算的产品成本不包括固定生产成本,而将其列入期间费用。这样,由变动成本法计算出的产品销售成本、期末存货、利润等就可能与全部成本法有较大区别。本节将以两个例子来简介变动成本法的计算。

[例 1]　假设万利股份公司 2001—2003 年产销状况和费用发生情况如表 5.1 所示。

表 5.1

	2001 年	2002 年	2003 年
期初存货量(件)	—	6000	6000
本年投产完工量(件)	30000	30000	30000
本年销售量(件)	24000	30000	36000
单位售价(元/件)	100	100	100
单位产品变动成本:			
直接材料(元/件)	20	20	20
直接人工(元/件)	10	10	10

（续表）

	2001 年	2002 年	2003 年
变动制造费用(元/件)	10	10	10
固定制造费用(元)	1000000	1000000	1000000
变动销售费用(元)	24000	30000	36000
固定销售费用(元)	50000	50000	50000
变动管理费用(元)	48000	60000	72000
固定管理费用(元)	60000	60000	60000
期末存货(件)	6000	6000	—

首先,计算各年的销货成本和期末存货成本如表 5.2。

表 5.2

	2001 年	2002 年	2003 年
期初存货量(件)	—	6000	6000
单位成本(元/件)	—	40	40
总成本(元)	—	240000	240000
本年投产完工量(件)	30000	30000	30000
单位成本:			
直接材料(元/件)	20	20	20
直接人工(元/件)	10	10	10
变动制造费用(元/件)	10	10	10
总成本(元)	1200000	1200000	1200000
可供销售存货数量(件)	30000	36000	36000
单位成本(元/件)	40	40	40
总成本(元)	1200000	1440000	1440000
销货数量(件)	24000	30000	36000
单位成本(元/件)	40	40	40
总成本(元)	960000	1200000	1440000
期末存货数量(件)	6000	6000	—
单位成本(元/件)	40	40	—
总成本(元)	240000	240000	

其次,计算各年损益情况如表 5.3。

表 5.3

	2001 年	2002 年	2003 年
销售收入	2400000	3000000	3600000
销售成本	960000	1200000	1440000
贡献毛益 （=销售收入－销售成本）	1440000	1800000	2160000
减：固定生产成本	1000000	1000000	1000000
变动销售费用	24000	30000	36000
固定销售费用	50000	50000	50000
销售费用总额	74000	80000	86000
变动管理费用	48000	60000	72000
固定管理费用	60000	60000	60000
管理费用总额	108000	120000	132000
本年利润	258000	600000	942000

三年总计利润数为：258000 + 600000 + 942000 = 1800000（元）

［例 2］ 假设恒祥股份公司 2001—2003 年产销状况和费用发生情况如表 5.4 所示。

表 5.4

	2001 年	2002 年	2003 年
期初存货量（台）	—	1000	1000
本年投产完工量（台）	4000	3000	2000
本年销售量（台）	3000	3000	3000
期末存货量（台）	1000	1000	—
单位售价（元/台）	1000	1000	1000
单位产品变动成本：			
直接材料（元/台）	400	400	400
直接人工（元/台）	100	100	100
变动制造费用（元/台）	100	100	100
固定制造费用（元）	800000	800000	800000
销售费用（元）	30000	40000	30000
管理费用（元）	70000	80000	70000

按变动成本法计算各期销货成本和期末存货成本如表5.5。

表 5.5

项　目	2001 年	2002 年	2003 年
期初存货量(台)	—	1000	1000
单位成本(元/台)	—	600	600
总成本(元)	—	600000	600000
本年投产完工量(台)	4000	3000	2000
单位成本:			
直接材料(元/台)	400	400	400
直接人工(元/台)	100	100	100
变动制造费用(元/台)	100	100	100
单位成本合计(元/台)	600	600	600
总成本(元)	2400000	1800000	1200000
可供销售存货数量(台)	4000	4000	3000
单位成本(元/台)	600	600	600
总成本(元)	2400000	2400000	1800000
销货数量(台)	3000	3000	3000
单位成本(元/台)	600	600	600
总成本	1800000	1800000	1800000
期末存货数量	1000	1000	—
单位成本	600	600	—
总成本	600000	600000	—

该公司 2001—2003 年损益计算如表 5.6 所示。

三年利润合计数为:300000 + 280000 + 300000 = 880000(元)

从上述两例的计算分析中可看出变动成本法有如下特点:

1. 在生产条件和产品不变的条件下,变动成本法所计算的每期产品单位成本不变。如在例 1 中单位产品成本始终为 40 元,而例 2 中单位产品成本始终为 600 元。这是因为在变动成本法下的单位成本只有变动成本,而变动成本总是与产量成正比,单位产品成本是变动成本总额与产量的比值，因此它成为一个定值也就不

表 5.6

项　　目	2001 年	2002 年	2003 年
销售数量	3000	3000	3000
销售单价	1000	1000	1000
销售收入	3000000	3000000	3000000
销售成本	1800000	1800000	1800000
贡献毛益（=销售收入－销售成本）	1200000	1200000	1200000
减：固定生产成本	800000	800000	800000
销售费用	30000	40000	30000
管理费用	70000	80000	70000
本年利润	300000	280000	300000

奇怪。

2. 在销售量不变而产量变动的情况下，变动成本法所计算的贡献毛益（销售收入减去变动成本）不变，利润的变化幅度不大。而在产量不变、销售量变动的情况下，贡献毛益和本年利润数变动较大，说明变动成本法下的利润数额受销售收入的影响较大，而不受产量变动的影响。如在例 1 中，虽然企业的每年生产量较稳定，但由于销售量不稳定，因此利润起伏较大。第一年为 258000 元，第三年则增至 942000 元，增加了 2 倍多，这是因为销售收入增长了 50%。而在例 2 中，尽管各年产量变化较大（第一年的产量为 4000 台，第三年的产量为 2000 台，只有第一年的一半），但由于其销售量相同，因此这两年利润数相同，均为 300000 元。

事实上，这个结论可由前面的论断推导出来，因为按前面的论断，不管生产数量如何变动，只要保持生产条件不变，变动成本计算法的单位成本不变，各期生产产品的单位成本就相同。而实际上，销货成本是由产品单位成本乘销售数量而得到的，因此按变动成本法计算的销货成本不受产量变动的影响，当然利润也就不大受产量变动的影响了。

3. 损益表的格式与平常相比有所变化。在变动成本法下,利润的计算须考虑计算贡献毛益,而固定生产成本全部作为期间费用;在全部成本法下,无须计算贡献毛益,而只需计算销售毛利,企业的固定生产成本有一部分在期末存货当中,有一部分作为销售成本抵减了销货毛利。

第三节 全部成本法的特点和缺陷

在变动成本法产生以后,人们就将以往的那种计算成本的传统方法称为全部成本法,又叫完全成本法。因此,全部成本法实际上就是在计算产品成本时,将直接材料、直接人工、变动制造费用和固定制造费用都计入产品成本的方法。本节先通过两个计算例子来说明全部成本法的做法,然后再评价其特点和缺陷。

[例 1] 以第二节例 1 的财务资料为依据,计算该公司的产品成本、期末存货和当期利润状况。

首先,计算各期产品销售成本和期末存货成本(计算结果如表 5.7 所示)。

表 5.7

	2001 年	2002 年	2003 年
期初存货数量(件)	—	6000	6000
单位成本(元/件)	—	73.33	73.33
总成本(元)	—	440000	440000
本期完工产品数量(件)	30000	30000	30000
单位变动成本:			
直接材料(元/件)	20	20	20
直接人工(元/件)	10	10	10
变动制造费用(元/件)	10	10	10
单位变动成本合计(元/件)	40	40	40

（续表）

	2001 年	2002 年	2003 年
总变动成本(元)	1200000	1200000	1200000
加:固定生产成本(元)	1000000	1000000	1000000
总生产成本(元)	2200000	2200000	2200000
单位生产成本(元/件)	73.33	73.33	73.33
可供销售存货数量(件)	30000	36000	36000
单位成本(元/件)	73.33	73.33	73.33
总成本(元)	2200000	2640000	2640000
本期销售产品数量(件)	24000	30000	36000
单位成本(元/件)	73.33	73.33	73.33
总成本(元)	1760000	2200000	2640000
期末存货数量(件)	6000	6000	—
单位成本(元/件)	73.33	73.33	—
总成本(元)	440000	440000	—

三年损益计算如表 5.8 所示。

表 5.8

	2001 年	2002 年	2003 年
销售数量(件)	24000	30000	36000
单价(元/件)	100	100	100
总收入(元)	2400000	3000000	3600000
销售成本(元)	1760000	2200000	2640000
销售毛利(元)	640000	800000	960000
减：变动销售费用	24000	30000	36000
固定销售费用	50000	50000	50000
变动管理费用	48000	60000	72000
固定管理费用	60000	60000	60000
本年利润	458000	600000	742000

三年共计实现利润:458000 + 600000 + 742000 = 1800000(元)

注意,这个计算结果与变动成本法计算的三年总利润数相等。

[例 2] 以上一节例 2 提供的财务资料为计算依据,试计算恒祥股份公司 2001—2003 三年内的产销成本状况和利润状况。计算结果如表 5.9 所示。

表 5.9

	2001 年	2002 年	2003 年
期初存货数量(台)	—	1000	1000
单位成本(元/台)	—	800	850
总成本(元)	—	800000	850000
本期完工产品数量(台)	4000	3000	2000
单位变动成本:			
直接材料(元/台)	400	400	400
直接人工(元/台)	100	100	100
变动制造费用(元/台)	100	100	100
单位变动成本合计(元/台)	600	600	600
总变动成本(元)	2400000	1800000	1200000
固定生产成本(元)	800000	800000	800000
总生产成本(元)	3200000	2600000	2000000
单位生产成本(元/台)	800	867	1000
可供销售存货数量(台)	4000	4000	3000
单位成本(元/台)	800	850	950
总成本(元)	3200000	3400000	2850000
销售产品数量(台)	3000	3000	3000
单位成本(元/台)	800	850	950
总成本(元)	2400000	2550000	2850000
期末存货数量(台)	1000	1000	—
单位成本(元/台)	800	850	—
总成本(元)	800000	850000	
产品销售数量(台)	3000	3000	3000
单价(元/台)	1000	1000	1000
总收入(台)	3000000	3000000	3000000
减:产品销售成本	2400000	2550000	2850000
产品销售毛利	600000	450000	150000
减:销售费用	30000	40000	30000
管理费用	70000	80000	70000
本年利润	500000	330000	50000

三年利润总额合计数为:500000 + 330000 + 50000 = 880000(元)

可见,这一计算结果与用变动成本法计算的结果相同。

通过上例结果我们可以得出如下有关全部成本法的特点:

1. 全部成本法所计算的产品单位成本比变动成本法所计算的产品单位成本高。因为在全部成本法下,固定生产成本列入产品的总成本之中,而在变动成本法下,固定生产成本被列为当期费用。如在本节例 1 中计算的单位成本为 73.33 元/件,比上一节例 1 中的单位成本 40 元/件高,而在本节例 2 中,尽管每年产品单位成本都不同,但均高于上一节例 2 的单位成本。

2. 按全部成本法所计算的产品单位成本受当期产量的影响。例 1 中,由于每年生产产品数相同,故单位产品成本也相同,均为 73.33 元,而在例 2 中,由于三年的产出量逐年递减,故单位产品成本逐年递增,2001 年单位成本为 800 元,2002 年为 867 元,2003 年为 1000 元。这是因为,由于每年产出产品数量不同,而每年固定生产成本总数不变,故每年产出单位产品所负责的固定成本也就随产量的变化而变化,产量越高,则单位产品固定生产成本也就越低,相反,产量越低,则单位产品所负担的固定生产成本也就越高。而我们在第二节中已说明,单位变动成本不随产品产量变动而变动,这样,由单位变动成本与单位固定成本组成的全部成本法下的单位产品成本就肯定会随着产量的高低而反向变动了。

3. 按全部成本法计算的各期利润数不仅受当期销售量的影响,还受产品产量的影响。我们比较上一节例 1 与本节例 1 计算的结果可以看出,由于销售量的变动,两种方法所计算的利润数随销量的增加而增长,但按变动成本法计算的结果的变动比按全部成本法计算的结果的变动幅度更大,这是因为万利公司 2001—2003 年的产量十分平稳,都是 30000 件,这样客观上有了一个对利润的平滑作用。而比较上一节例 2 和本节例 2 的计算结果我们可以看出,变动成本法计算利润不受产量变动的影响,而全部成本法则深受产量变化的影响。在上一节例 2 中,利润变动幅度很小,这是因为连续三年销量相同。而在本节例 2 中,尽管情况相同,但由于产量的递减,导致利润由 2001 年的 500000 元减至 2003 年的 50000 元,这说明了全部成本法下的利润数与产量的同向变动关系。

事实上,这个结论也可由前一结论推出。按照前面的结论,在全部成本法下,单位产品成本的变动受产量影响,产量越高则单位产品成本越低。我们知道,产品销售成本是由产品单位成本乘以销售量得到的,而销售量为确定值,因此,产品销售成本就只受产品单位成本变动的影响,单位产品成本越高,则产品销售成本越高。而利润则包括销售收入、销售成本等因素。也就是说,可以有这样一个推论:产量变动→单位产品成本变动→产品销售成本变动→利润变动。

4. 从长期来看,变动成本法所计算出的利润总额与全部成本法所计算出的利润总额趋于一致。比较上一节例 1 和本节例 1、上一节例 2 和本节例 2,我们都可以得出这样的结论。因为从长期来看,固定生产成本总是要进入企业的最终利润核算中。不管是通过当期费用化抵减利润,还是通过进入产品成本以销售成本方式抵减利润,最终都成为利润的减项。因此,企业不论选用变动成本法还是选用全部成本法,都无法改变企业的长期盈亏状况。

与变动成本法相比,全部成本法的主要优点在于它比较符合传统会计理论的定义,符合经济学成本的含义,在国家经济决策和企业长期决策中,全部成本法所提供的信息比变动成本法更具有适用性,但它的缺陷在于不适用于企业的短期决策、分析和考核。原因在于:

首先,运用全部成本法进行短期决策可能会导致失误。

由于在全部成本法中单位产品成本包含有不随产量变动而变动的成本,故其提供的成本信息不完全是相关成本。利用全部成本法计算的会计资料常常会导致决策失误,这在短期决策中表现

得更为明显。现举例说明:

假设云和股份公司生产耗用一批材料,这种材料可外购,买入价为5元/kg(不考虑运费)。公司也可购入原料加工成该材料,预计每加工1kg该材料,需耗用原料约1.2kg、电费0.2元、人工费0.8元,原料外购价为2元/kg,加工该材料需利用本公司一套闲置生产设备和厂房,已知该套设备和厂房每月固定的维护保养费为800元、固定折旧费1200元,已知该公司需耗用这种材料1000kg。问公司应外购还是自己加工该种材料?

对这个问题,判断的标准当然是外购和自制的费用,费用低的为最佳选择。按全部成本法计,每月加工1000kg材料,需耗费原料成本1.2×1000×2=2400元,电费0.2×1000=200元,人工费用0.8×1000=800元,设备和厂房维护保养费800元,厂房和设备折旧费1200元共计费用5400元;而外购1000kg材料的成本为5000元,显然外购更为划算。

然而,仔细分析不难发现,由于设备和厂房的折旧费和维护保养费是固定费用,即使不加工材料也会发生,且厂房和设备都是闲置的,因此,即使从外部购进材料,折旧费、维护保养费也同样会发生。也就是说,这些费用是无关成本,不应在决策中加以考虑。如果我们按这种观点重新考虑这个决策,不再考虑设备和厂房的折旧费和维护保养费,就会发现自行加工材料的成本仅仅是原料成本2400元,人工成本800元,电费200元,总成本为3400元,显然比外购成本低。那么这时运用全部成本法决策就会导致失误。

其次,运用全部成本法不利于正确分析和考核管理人员的业绩。

在当今市场经济中,竞争十分激烈,每个企业都必须按市场需求生产产品,以加速资金周转,获取更多的收益。然而,在前面论述全部成本法的时候我们已发现,全部成本法下的利润计算结果与企业的产量有同向增长的规律,而现在的股份制公司通常按照企业实现的利润多少而给予管理人员奖励。这样就使企业管理人员有空子可钻：在经营不善、销售无力时，他可以通过增大产量来减少单位成本，增大企业账面利润，以获取更多的奖励。然而这种行为却给企业带来了更大的损失：它使企业大批量生产积压物资，使企业周转困难。

以本节例2来说，假设企业2003年的产量不是2000台，而是5000台，则该年产品成本为5000×600+800000=3800000元，可供销售产品量为6000台，总成本为4650000元，单位成本为775元/台，本月销售3000台，销售成本为775×3000=2325000元，则该年利润为3000000－2325000－30000－70000=575000元，期末存货量为3000台，总成本为2325000元，实际上积压了2003年全年的销售产品。但这样的利润数对公司管理人员显然更为有利。因此我们说，按以全部成本法所计算的财务数据来考核管理人员业绩，其适用性不如以变动成本法计算的财务数据，因为我们在前已论述，变动成本法下的利润数不受产量变动的影响，管理人员不能通过操纵公司的产品产量来增加公司利润。

第四节　变动成本法的优点和局限

在第一节讨论变动成本法的意义时，我们已经简单地探讨了变动成本法的一些运用，在这几个方面，变动成本法确实显示了其比全部成本法更优越的地方。本节将详细讨论变动成本法的优点及其局限。

一、变动成本法的优点

1. 变动成本法计算成本比较简便客观。

在变动成本计算法下，固定生产成本作为企业的当期费用，从贡献毛益项下扣除,不计入产品成本,这就大大简化了生产成本核算的繁杂过程。我们知道,随着生产的现代化,企业生产成本中固定成本份额越来越高,且项目越来越多,这就使得这些间接费用的分配越来越复杂。对于这些间接费用,如果只采用一种分配标准,会导致分配不科学,造成成本核算不准确。如果分别按各种标准分配,又会使成本核算工作量增大,且如何正确选择分配标准也成为一个难题。因此,使用变动成本法,将固定成本作为当期费用,有利于简化成本核算,提高会计工作效率。

2. 变动成本法符合会计核算的稳健原则。

由于在变动成本法下固定生产成本全部作为当期费用处理,故其所核算的期末存货成本已不含有固定生产成本,这就使得变动成本法下的期末存货成本总是小于全部成本法下的期末存货成本,这十分符合会计中稳健性原则的精神,有利于增强企业后劲。

3. 可以用于进行本量利分析,用以进行科学的预测和短期经营决策。

本量利分析是成本、业务量和利润分析的简称,它通过对成本、业务量和利润三者关系的分析,找出三者之间的联系的规律,利用这些规律进行正确的预测和决策。变动成本法是本量利分析的前提。没有变动成本法提供准确的变动成本、固定成本、业务量的具体数据,本量利分析将无法进行。在第一节我们阐述变动成本法的意义时曾举了两个简单的例子来说明变动成本法在预测和决策中的运用,这其中已隐含了本量利分析的雏形。

有关本量利分析的具体方法及运用在本书第六章中有详细论述,此处不作进一步探讨。

4. 便于企业制定正确的成本控制方法,以达到企业成本控制目标。

在前面第二节我们已经论述,变动成本总额随产量正比例变动,而单位变动成本保持不变,固定成本一般在一定时期内总额变化不大。因此,对于这两类成本应分类控制。对于变动成本,可按单耗控制,因为只要单位变动成本不超出计划,就说明企业变动成本控制正常。而对固定成本则按期间总额控制,即在一定期间内如固定生产成本的发生没有超过当期限额,就说明固定成本控制较好,因为固定成本的发生与产量无关。这时,我们就需要利用变动成本法,提供分类控制所需的各种资料。

5. 有利于正确考核和评价企业管理部门的经营业绩。

我们知道,企业管理部门的最终目标应该是帮助企业获取最大利润。但这种利润应该通过多创收的方式获得,而不是通过其他方式获得。我们在第三节中已提到,在全部成本法下,企业管理者可通过扩大产品产量来提高企业利润,但这种方法负效应十分明显。而在变动成本法下,产量的变动不能影响企业的利润,这就促使企业管理当局从扩大销售出发,广开财源,并且,通过变动成本法核算的企业利润也较客观地反映了企业管理当局的业绩状况,因为企业管理当局已不可能通过操纵产品产量来增大利润了。

二、变动成本法的局限性

与全部成本法相比,变动成本法最大的局限性或缺点在于:它不符合经济学成本定义和会计理论成本概念,也不适用于国家宏观决策和企业长期决策。

1. 变动成本法与成本的经济学定义不符。

按照经济学定义,成本是指为达到一定产出而投入生产的要素价值总和。这些生产要素包括固定资产投入和流动资产投入、人工投入,缺一不可。而马克思主义政治经济学则认为,成本是企业为生产商品和提供劳务等所耗费物化劳动和活劳动中必要劳动价值的货币表现。这里的物化劳动,是指投入生产的劳动资料和劳动对象的价值,活劳动则是指劳动力的价值。对于某一个具体企业来说,其产品成本所消耗的物化劳动是指消耗的各种原辅材料和设备、厂房磨损等;其活劳动消耗则是指付给雇员的工资费用。对某个生产部门而言,其部门产品成本是部门投入生产的各种原辅材料和人工工资以及固定资产折旧。因此,无论是从微观还是从宏观出发,成本都应包括为生产一定产品而投入生产的要素消耗总和,包括固定生产成本和变动生产成本。而变动成本法仅计算产品的变动生产成本,当然不符合经济学成本定义。

2. 变动成本法与会计理论的成本定义不符。

在一般财务会计理论中,成本被定义为取得某项资产的耗费。按照这种定义,企业生产产品的成本,应当是企业为生产该种产品所发生的各种耗费的总和,包括原辅材料、人工工资、设备折旧、修理费等。如我国《企业财务通则》中规定:"企业为生产经营商品和提供劳务等发生的各项直接支出,包括直接工资、直接材料、商品进价以及其他直接支出,直接计入生产经营成本。企业为生产商品和提供劳务而发生的各项间接费用,分配计入生产经营成本。"按照这些观点,显然变动成本法所计算的成本不符合成本的会计概念。

一般认为,成本的会计概念非常注重成本的资本保全作用。企业处理存货,只有在获得价值超过其成本时,才被认为是保全了其资本。因此,成本也就成为企业经营管理中最后的防线。人们常说的"亏本"中的"本"就是指成本。正是从这个意义上说,成本应该是全部成本,如果仅仅是变动成本,显然不能保证企业不"亏本"。因此,企业的外部信息使用者很关心企业的总成本和单位成本状况。也正因为此,各国会计界均把以全部成本法计算的成本列为"公认会计原则"(GAAP)的一部分,要求所有会计人员遵守。

3. 变动成本法所提供信息不适用于国家宏观决策和企业长期决策。

在我国社会主义市场经济中,国家需要了解企业的生产经营状况，以制定正确的政策，引导国民经济健康、持续、快速发展。国家在考察某一部门、行业的经济效益状况时，通常要计算该行业的投入产出比例。这时计算的投入既包括人工消耗，又包括各种物耗，即各种材料和固定资产及厂房的磨损，实际上与以全部成本法计算成本的要求差不多。在统计该部门所属企业的经济效益状况时，所运用的资料也都是以全部成本法为基础的会计资料。因此，在宏观决策时，全部成本法所提供的信息显然比变动成本法所提供的信息更为有效。

变动成本法也不适用于企业的长期决策。因为从长期来看，企业维持正常生产能力所需的是费用可以调整的，企业的生产能力会因长期决策的不同而不同。因此，固定成本从长期来看不再是固定成本。而且从长期来说，只有收入超过全部成本才能保证长期投资的收回和盈利，如果企业收入只能超过变动成本而不超过全部成本，则投资无法收回。因此，从长期决策的目标出发，变动成本法所提供的信息显然不如全部成本法适用。

思考题

1. 变动成本法的理论依据是什么？
2. 变动成本法的具体操作过程有什么特点？
3. 变动成本法的优缺点是什么？
4. 在产量不变或销量不变的情况下，变动成本法和全部成本法所计算的成本和利润各有什么规律？
5. 全部成本法的优缺点包括哪些？
6. 为什么现行会计实务中均使用全部成本法而不用变动成本法计算成本和编制财务报表？
7. 在管理会计中哪些方面运用变动成本法？
8. 企业运用变动成本法时如何具体操作？

第六章　本量利分析及其应用

本量利分析是成本、销售量和利润分析的简称,又称损益平衡分析、保本分析等。它通过对成本、销售量、单价和利润等四个因素之间的内在联系进行综合分析,找出四者之间联系的规律,从而成为有效地预测盈利、控制成本、判断企业经营状况、选择决策方案等的非常有用的方法。

本量利分析是管理会计的基本方法之一,其基本内容包括将总成本分为变动成本和固定成本;计算产品的贡献毛益和贡献毛益率;确定产品生产销售的损益平衡点;分析产品销售的安全边际;进行损益平衡的敏感性分析等。其中,确定产品生产销售的损益平衡点是本量利分析基本模式的核心内容。

第一节　贡献毛益与损益平衡点

进行本量利分析,首先要将各产品的费用消耗即全部成本划分为变动成本和固定成本。本量利分析是建立在变动成本法基础之上的,产品成本只负担变动成本,销售收入超过变动成本的部分即为贡献毛益。企业不盈也不亏时的销售量或销售额为损益平衡点。贡献毛益和损益平衡点的计算是本量利分析的基础。

一、贡献毛益和贡献毛益率

（一）贡献毛益

在进行本量利分析时，先要计算出产品的贡献毛益和贡献毛益率。所谓贡献毛益，也称边际贡献、边际收益或创益额，是指产品销售收入减去变动成本后的余额，因此有时也称为毛利。贡献毛益可分为单位产品的贡献毛益和全部产品的贡献毛益两种情况。

单位产品贡献毛益即单位产品销售收入减去单位产品的变动成本后的余额，它表示每增加一单位产品销售可提供的毛益。其计算公式如下：

单位产品贡献毛益 = 销售单价 - 单位变动成本

全部产品贡献毛益为全部产品的销售收入减去全部产品的变动成本总额。即：

全部产品贡献毛益 = 全部产品销售收入 - 全部产品变动成本

= 销售单价 × 销售数量 - 单位变动成本 × 销售数量

=（销售单价 - 单位变动成本）× 销售数量

= 单位产品贡献毛益 × 销售数量

［例1］ 某企业生产甲产品，每件售价20元，单位变动成本12元，共销售了1000件。则：

单位产品的贡献毛益 = 20 - 12 = 8(元)

全部产品的贡献毛益 = 20 × 1000 - 12 × 1000 = 8000(元)

（二）贡献毛益率

所谓贡献毛益率，是指贡献毛益在销售收入中所占的百分率，它表示每1元销售收入中贡献毛益所占的比重，反映产品给企业作出贡献的能力。

$$贡献毛益率 = \frac{单位产品贡献毛益}{销售单价} 或 = \frac{全部产品贡献毛益}{全部产品销售收入}$$

引用上例资料计算如下：

贡献毛益率 = 8/20 = 8000/(20 × 1000) = 40%

与贡献毛益率相对应的概念是变动成本率。变动成本率是指变动成本在销售收入中所占的百分率。

变动成本率 = 单位产品变动成本 / 销售单价
= 全部产品变动成本 / 全部产品销售收入

如上例，变动成本率 = 12/20 = (12 × 1000)/(20 × 1000) = 60%

由于销售收入被分为变动成本和贡献毛益两部分，前者是产品自身的耗费，后者是对企业的贡献，变动成本率与贡献毛益率之和应等于100%，即：

变动成本率 + 贡献毛益率 = 1

按上例资料计算显示：

变动成本率 + 贡献毛益率 = 60% + 40% = 1

二、损益平衡点

(一) 损益平衡点的意义

企业的贡献毛益是销售收入扣除变动成本后的余额，很显然，首先要用来补偿固定成本。如有剩余，才能为企业提供最终的利润；如果不足补偿固定成本，企业就要发生亏损。若一种产品提供的贡献毛益正好补偿固定成本，即产品的销售收入等于全部成本，则此时的销售量或销售额即为损益平衡点。

确定企业的损益平衡点是本量利分析的核心内容。损益平衡点的意义和作用在于它能帮助管理人员正确地把握产品销售量与企业盈利之间的关系，即企业要盈利，其销售量一定要超过其损益平衡点。超过损益平衡点后的销售量所提供的贡献毛益就是利润。这是因为,所有固定成本都已由损益平衡点销售量所提供的贡献毛益抵偿,而超过损益平衡点的销售量提供的贡献毛益已无需抵偿任何费用,所以即为利润。这样,超过损益平衡点后,销售越多,利润的增长也越快,这是刺激当今生产经营不断向规模经济发展的一个重要的内在因素。

(二) 损益平衡点的计算

就单一产品企业来说,损益平衡点的计算并不困难。根据定义,当利润为零时的销售量或销售额为损益平衡点,由于

$$\text{销售单价} \times \text{损益平衡点销售量} - \text{单位变动成本} \times \text{损益平衡点销售量} - \text{固定成本} = 0$$

得:

$$\text{损益平衡点销售量} = \frac{\text{固定成本}}{\text{销售单价} - \text{单位变动成本}}$$

又由

$$\text{损益平衡点销售额} \times \text{贡献毛益率} - \text{固定成本} = 0$$

得:

$$\text{损益平衡点销售额} = \frac{\text{固定成本}}{\text{贡献毛益率}}$$

[例2] 某企业生产单一品种甲产品,每件售价20元,单位变动成本12元,若全年固定成本总额为120000元,则此企业的损益平衡点计算如下:

$$\text{损益平衡点销售量} = \frac{120000}{20-12} = 15000(\text{件})$$

$$\text{损益平衡点销售额} = \frac{120000}{\frac{20-12}{20}} = 300000(\text{元})$$

对于单一产品企业损益平衡点的计算,既可以使用损益平衡点销售量,又可以使用损益平衡点销售额。而对于多品种企业,尽管可作用损益平衡点销售量,但大多数还是乐于使用损益平衡点

销售额。

(三) 多品种企业损益平衡分析

现实生活中,大多数企业都生产几种、几十种甚至几百种产品。对于这种多品种企业,其损益平衡分析可以使用如下方法:

1. 加权平均法。

加权平均法是多品种企业损益平衡分析时采用得最为广泛的方法。所谓加权平均法,是指根据加权平均贡献毛益率和固定成本计算得出损益平衡销售额的方法。此种方法适用于固定成本无法在各产品之间进行分配的企业。

使用加权平均法,首先要计算出产品的加权平均贡献毛益率。加权平均贡献毛益率为产品贡献毛益总和占产品销售收入总和的比重,也等于各产品贡献毛益率与销售比重乘积之和。即

$$加权平均贡献毛益率=\frac{各产品贡献毛益总和}{各产品销售收入总和}$$

$$=\frac{\sum 各产品销售收入\times 各产品贡献毛益率}{产品销售收入总和}$$

其次,根据固定成本和加权平均贡献毛益率计算出整个企业的损益平衡点销售额。即

$$损益平衡点销售额=\frac{固定成本}{加权平均贡献毛益率}$$

最后,根据整个企业的损益平衡点销售额及各产品的销售比重计算出各产品损益平衡点销售额与销售量。即

$$\begin{matrix}各产品的损益\\平衡点销售额\end{matrix}=\begin{matrix}整个企业损益\\平衡点销售额\end{matrix}\times\begin{matrix}各产品销售\\收入比重\end{matrix}$$

$$\begin{matrix}各产品的损益\\平衡点销售量\end{matrix}=\frac{各产品的损益平衡点销售额}{各产品销售单价}$$

[例 3] 某企业生产销售 A、B、C 三种产品,固定成本总额 70000 元,其他有关资料如表 6.1 所示。对该企业进行损益平衡分析。

表 6.1

	A产品	B产品	C产品	合　计
销售单价	20元	15元	10元	
单位变动成本	14元	10元	6元	
贡献毛益率	30%	33.3%	40%	
销售数量	5000件	10000件	15000件	
销售收入	100000元	150000元	150000元	400000元
销售比重	25%	37.5%	37.5%	100%

首先,计算加权平均贡献毛益率:

$$\text{加权平均贡献毛益率} = 30\% \times 25\% + 33.3\% \times 37.5\% + 40\% \times 37.5\% = 35\%$$

其次,计算整个企业的损益平衡点销售额:

$$\text{损益平衡点销售额} = \frac{70000}{35\%} = 200000(\text{元})$$

最后,计算各产品损益平衡点销售额及销售量:

$$\text{A产品损益平衡点销售额} = 200000 \times 25\% = 50000(\text{元})$$

$$\text{损益平衡点销售量} = \frac{50000}{20} = 2500(\text{件})$$

$$\text{B产品损益平衡点销售额} = 200000 \times 37.5\% = 75000(\text{元})$$

$$\text{损益平衡点销售量} = \frac{75000}{15} = 5000(\text{件})$$

$$\text{C产品损益平衡点销售额} = 200000 \times 37.5\% = 75000(\text{元})$$

$$\text{损益平衡点销售量} = \frac{75000}{10} = 7500(\text{件})$$

应予注意的是,以上计算的整个企业的损益平衡点销售额是以A、B、C三种产品的销售结构不变为基础的。但在实际销售过程中,产品的销售结构会发生变化,此时损益平衡点销售额也会随之发生变化。所以,即使总的销售额已超过整个企业的损益平衡点销售额,也不一定能保本。例如上例中,如果A、B、C三种产品销售量分别为4000件、4000件、6000件,此时产品销售结构与原来不同(原来为1:2:3),原来销售收入总额200000元刚好为损益平衡点销售额,但是此时并没有保本,验证如下:

$$\text{总的贡献毛益} = 4000 \times 20 \times 30\% + 4000 \times 15 \times 33.3\% + 6000 \times 10 \times 40\% = 68000(\text{元})$$

$$\text{利润} = 68000 - 70000 = -2000(\text{元})$$

当贡献毛益率高的产品多销售时,整个企业的损益平衡点销售额就会降低;反之,当贡献毛益率低的产品多销售时,整个企业的损益平衡点销售额就会升高。

2. 分别计算法。

当固定成本能够分配到各产品中去时,就可采用分别计算法来计算各种产品的损益平衡点销售额及整个企业的损益平衡点销售额。

假设例3中固定成本70000元能够分配到A、B、C三种产品中去,分别为30000元、20000元、20000元,此时,按上例资料,各种产品损益平衡点计算如下:

$$\text{A产品损益平衡点销售额} = \frac{30000}{30\%} = 100000(\text{元})$$

$$\text{损益平衡点销售量} = \frac{30000}{20 - 14} = 5000(\text{件})$$

$$\text{B产品损益平衡点销售额} = \frac{20000}{33.3\%} = 60000(\text{元})$$

$$\text{损益平衡点销售量} = \frac{20000}{15 - 10} = 4000(\text{件})$$

$$\text{C产品损益平衡点销售额} = \frac{20000}{40\%} = 50000(\text{元})$$

$$\text{损益平衡点销售量} = \frac{20000}{10 - 6} = 5000(\text{件})$$

$$\text{整个企业的损益平衡点销售额} = 100000 + 60000 + 50000 = 210000(\text{元})$$

运用此种方法同样应该注意的是，当产品销售结构变化时，即使销售额已达到整个企业的损益平衡点销售额，也不一定能够保本。

3．历史资料法。

有些企业产品品种多达几千种甚至上万种，如果运用上述两种方法计算显然会很困难。如果这类企业的产品销售结构及各产品的贡献毛益率相对稳定，我们可以采用历史资料法进行损益平衡分析。所谓历史资料法，就是根据若干时期的历史资料，求出平均每年的销售收入和贡献毛益，然后再求出平均的贡献毛益率以计算损益平衡点销售额。

［例 4］ 某企业过去三年的销售资料及根据这些资料计算的损益平衡点销售额如表 6.2 所示。

表 6.2

	第 1 年	第 2 年	第 3 年	合计	平均
销售收入总额	8000000	9000000	7600000	24600000	8200000
变动成本总额	5000000	5200000	4500000	14700000	4900000
贡献毛益总额	3000000	3800000	3100000	9900000	3300000
固定成本					1500000
贡献毛益率					40.24%
损益平衡点销售额					3727634

如果企业的产品品种结构变化较大，且各种产品的贡献毛益率不稳定，运用此种方法其准确度就较差，计算结果只能作为辅助参考数据。

第二节　损益平衡图分析

将成本、产品销售量及利润的关系反映在直角坐标系中，即成损益平衡图，又称本量利图。因其能清晰地显示企业不盈利也不亏损时应达到的产销量，故又称为盈亏临界图。用图示法表达本量利的相互关系，不仅形象直观、一目了然，而且容易理解。

根据资料的多少和目的的不同，损益平衡图有多种形式。为说明方便，现举简例如下：

［例 5］ 某企业生产甲产品，销售单价 20 元，单位变动成本 12 元，全年固定成本总额为 120000 元。

一、传统式损益平衡图

传统式损益平衡图即为基本损益平衡图，其绘制步骤如下：

1．以横轴表示产品销售量，纵轴表示成本和销售收入，建立直角坐标系；

2．在纵轴上找出固定成本数值，以此为起点，平行于横轴绘制一条直线，即为固定成本线；

3．以纵轴上固定成本点为起点，以单位变动成本为斜率，绘制总成本线；

4．以坐标原点为起点，以销售单价为斜率，绘制销售收入线。

那么，根据例 5 资料，便可绘制出损益平衡图如图 6.1。

图中销售收入线与总成本线的交点即为损益平衡点，所以从图中可以直观地得到损益平衡点销售量为 15000 件，损益平衡点销售额为 300000 元，在损益平衡点左侧，总成本大于销售收入，为亏损区，在损益平衡点右侧，销售收入大于总成本，为盈利区。

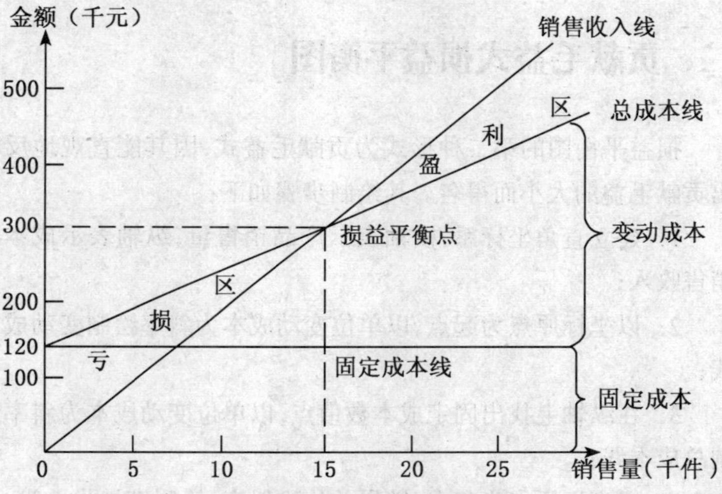

图 6.1 传统式损益平衡图

此种损益平衡图反映出了固定成本不随销售量变化而变化的性质,能够显示任一销售量时的利润情况,但却不能反映任一销售量下的贡献毛益。不过这种图先画固定成本再画变动成本与总成本,与成本的实际发生情况相同,故容易为人们所理解。

如果动态地对该图进行分析,我们可以得到以下几条规律:

第一,当损益平衡点不变时,销售量越大,企业获利越多或亏损越小;销售量越小,企业获利越小或亏损越大。

第二,当固定成本与单位变动成本不变时,销售单价越大,销售收入线的斜率越大,损益平衡点越低;反之,损益平衡点越高。

第三,当销售单价既定时,固定成本越大或单位变动成本越多,损益平衡点就越高;反之,损益平衡点就越低。其中,单位变动成本对损益平衡点的影响,是通过总成本线的斜率的变动而表现出来的。

明确以上规律,根据企业具体的主客观条件有预见性地采取相应措施,将对企业实现扭亏为盈起到极大作用。

二、贡献毛益式损益平衡图

损益平衡图的第二种形式为贡献毛益式,因其能直观地反映出贡献毛益的大小而得名。其绘制步骤如下:

1. 建立直角坐标系,横轴表示产品销售量,纵轴表示成本和销售收入;

2. 以坐标原点为起点,以单位变动成本为斜率绘制变动成本线;

3. 在纵轴上找出固定成本数值点,以单位变动成本为斜率绘制总成本线;

4. 以坐标原点为起点,销售单价为斜率,绘制销售收入线。

那么,根据例5资料,就可绘制其贡献毛益式损益平衡图如图6.2。贡献毛益式损益平衡图与传统式损益平衡图一样,可以显示出损益平衡点,即销售收入线与总成本线的交点,也能反映出任一销售量下的企业利润的情况。

此种损益平衡图与传统式损益平衡图最大的区别,也即它的优点在于:此种损益平衡图能反映任一销售量下的贡献毛益,而传统式损益平衡图则不能。由于销售收入与变动成本的差额为贡献毛益,所以图6.2中销售收入线与变动成本线的垂直距离即为贡献毛益。总成本线与变动成本线间的垂直距离为固定成本。从图6.2中还可以看出贡献毛益的作用,即贡献毛益要先弥补固定成本,才能形成利润。在损益平衡点左侧,贡献毛益小于固定成本,所以为亏损区;在其右侧,贡献毛益大于固定成本,所以为盈利区。因此,这种损益平衡图对贡献毛益与固定成本之间的联系反映得较清楚。但此种损益平衡图先画变动成本,再画总成本,不像传统式损益平衡图那样较易被人理解。

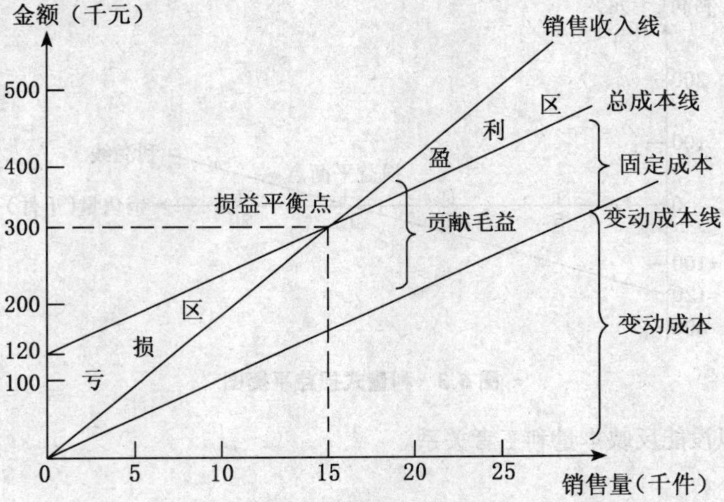

图 6.2　贡献毛益式损益平衡图

三、利量式损益平衡图

利量式损益平衡图是一种着重分析利润与销售量之间关系的损益平衡图。在此类图中并不反映成本情况。其绘制步骤为:

1. 建立直角坐标系,横轴表示销售量,纵轴表示利润和亏损;

2. 在纵轴的负数区标出固定成本点,该点即为销售量为零时的亏损数;

3. 在横轴上任取一整数销售量,然后计算该销售水平下的损益数,并依此在坐标系中确定此点;

4. 连结固定成本点与步骤 3 所确定的点,即为利润线,利润线与横轴的交点即为损益平衡点。

那么,根据例 5 资料,便可绘制其利量式损益平衡图如图 6.3。

此种形式的损益平衡图简明扼要,易于理解,而且揭示了固定成本的重要性。但由于此图不能反映销售量与成本间的关系,所

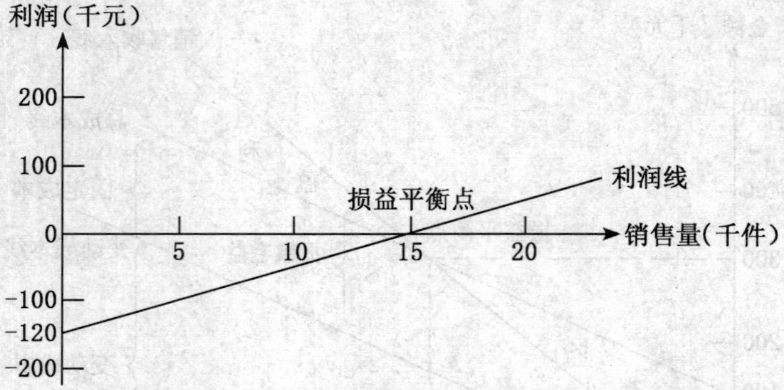

图 6.3　利量式损益平衡图

以没能反映本量利三者关系。

四、多品种情况下的损益平衡图

前面三种损益平衡图适用于单品种企业。由于其横轴都表示销售量,所以不适用于多品种企业。现举例说明多品种情况下损益平衡图的绘制。

[例 6]　某企业的固定成本为 500000 元,生产 A、B、C 三种产品,有关资料如表 6.3 所示。

表 6.3

	A 产品	B 产品	C 产品
销售量	20000	10000	10000
销售单价	50	50	50
单位变动成本	20	30	40
单位贡献毛益	30	20	10

根据例 6 资料绘制损益平衡图如图 6.4。

多品种情况下的损益平衡图与单一品种情况下的利量式损益

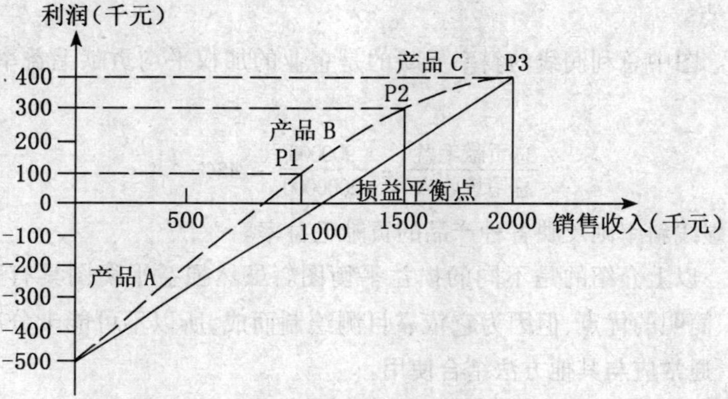

图 6.4　多品种情况下的损益平衡图

平衡图大体一致，只是横轴表示销售收入而不是销售量。此图的绘制步骤（前两个步骤与单品种下的利量式损益平衡图一致）如下：

1．假设先销售产品 A，销售收入 1000000 元，贡献毛益 600000 元，利润 100000 元，在坐标系中确定 P1 点，连结固定成本点与 P1 点即为产品 A 的利润线；

2．然后假设销售产品 B，累计销售收入 1500000 元，累计贡献毛益 800000 元，累计利润 300000 元，在坐标系中确定 P2 点，连结 P1 和 P2 点即为产品 B 的利润线；

3．最后销售产品 C，此时总销售收入 2000000 元，总贡献毛益 900000 元，总利润 400000 元，在坐标系中确定 P3 点，连结 P2 和 P3 点即为产品 C 的利润线；

4．连结固定成本点和 P3 点得出总利润线，其与横轴的交点即为损益平衡点。

此处假设企业依次销售 A、B、C 三种产品，实际上最终的总利润线与各产品的销售顺序是无关的。因为最终的销售总收入都是 2000000 元，总利润也都为 400000 元，在坐标系中确定的点也总是

P3 点。

图中总利润线的斜率反映的是企业的加权平均贡献毛益率，即

$$\frac{总贡献毛益}{总销售收入} = \frac{900000}{2000000} = 45\%$$

各虚线斜率则反映各种产品的贡献毛益率。

以上介绍的是不同的损益平衡图。虽然损益平衡图具有直观、简明的优点，但因为它依靠目测绘制而成，所以不可能十分准确，通常应与其他方法结合使用。

第三节 安全边际分析

企业在进行目标规划时，还需要进行安全边际分析，判断企业经营风险，并可根据安全边际与利润的关系，通过提高安全边际来提高企业利润。

一、安全边际和安全边际率

当企业销售处于损益平衡点状况时，固定成本被全部贡献毛益所补偿，企业不盈也不亏。只有当企业销售超过损益平衡点时，企业才能获利，超过越多，获利越大，其生产经营也越安全。安全边际即是指企业现有销售量（或销售额）越过损益平衡点销售量（或销售额）的差距。其计算公式如下：

安全边际 = 现有销售量（或销售额） - 损益平衡点销售量（或销售额）

该项指标以绝对形式反映从现有销售量（或销售额）到损益平衡点销售量（或销售额）之间的差距，说明只要企业的销售量（或销售额）与损益平衡点销售量（或销售额）的差距在此指标内波动，企

业的生产经营就是安全的，只是安全程度不同。显然，此指标越大，企业生产经营越安全。

以相对数指标反映企业的安全边际即是安全边际率。安全边际率是指安全边际与现有销售量(或销售额)的比值。其计算公式如下：

$$安全边际率 = \frac{安全边际}{现有销售量(或销售额)}$$

[例7] 某企业生产甲产品，固定成本120000元，单位变动成本12元，销售单价20元，损益平衡点销售量为15000件，现有销售量30000件，则此企业安全边际和安全边际率计算如下：

$$安全边际销售量 = 30000 - 15000 = 15000(件)$$

$$安全边际销售额 = 30000 \times 20 - 15000 \times 20 = 300000(元)$$

$$安全边际率 = \frac{15000}{30000} = \frac{300000}{600000} = 50\%$$

理论上说，安全边际率的可能值在$-\infty$到$+1$之间，正值表示企业销售在损益平衡点之上，越大越安全，负值意味着企业的销售水平没有达到损益平衡点，处于亏损状态。由于安全边际率是相对数指标，所以便于不同企业和不同行业的比较。企业安全性的经验数据如表6.4所示。

表6.4 安全性检验标准

安全边际率	40%以上	30%—40%	20%—30%	10%—20%	10%以下
安全等级	很安全	安全	较安全	值得注意	危机

对于单品种企业，分析其生产经营的安全程度时安全边际销售量或销售额都适用，而对于多品种企业，进行分析时就只能采用销售额来计算安全边际了。在计算时，同样应注意销售结构的变动，即使现有销售额超过原计算的损益平衡点，也不能保证企业的生产经营是安全的，因为此时的损益平衡点已经变化。

与安全边际率相对应的一个指标是损益平衡点作业率，它是指损益平衡点销售量占企业正常销售量的比重。其计算公式如下：

$$损益平衡点作业率 = \frac{损益平衡点销售量}{正常销售量}$$

这个比率表示企业保本的业务量在正常业务量中所占的比重。由于多数企业的生产经营能力是按正常销售量来规划的，生产经营能力与正常销售量基本相同，所以损益平衡点作业率表示保本状态下的生产经营能力利用程度。该指标对企业的生产安排具有一定指导意义。在例 7 中，假设现有的销售量 30000 件为该企业的正常销售量，则该企业的损益平衡点作业率为：

$$损益平衡点作业率 = \frac{5000}{30000} = 50\%$$

计算表明，该企业的作业率必须达到正常作业的 50% 以上才能获利，否则就会发生亏损。

安全边际还可以用图来表示。根据上例资料就可绘制其安全边际图如图 6.5。从图 6.5 中可以看出，安全边际的距离越长，企业获利越大，企业生产经营越安全。

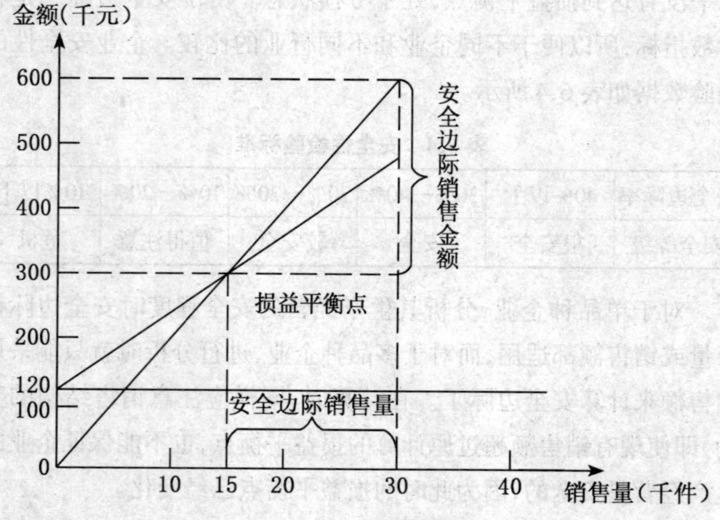

图 6.5　安全边际图

二、安全边际及安全边际率和利润的关系

正如前述,企业销售处于损益平衡点时,不盈也不亏。当超过损益平衡点时,其超出部分所提供的贡献毛益才能形成企业的最终利润,而安全边际就是企业的现有销售与损益平衡点销售的差距,所以安全边际部分的销售减去自身变动成本后即为企业利润,即安全边际中的贡献毛益等于企业利润。证明如下:

$$\begin{aligned}\text{利润} &= \begin{matrix}\text{现有}\\\text{销售量}\end{matrix} \times \begin{matrix}\text{销售}\\\text{单价}\end{matrix} - \begin{matrix}\text{现有}\\\text{销售量}\end{matrix} \times \begin{matrix}\text{单位变}\\\text{动成本}\end{matrix} - \begin{matrix}\text{固定}\\\text{成本}\end{matrix}\\ &= \begin{matrix}\text{现有}\\\text{销售量}\end{matrix} \times \left(\begin{matrix}\text{销售}\\\text{单价}\end{matrix} - \begin{matrix}\text{单位变}\\\text{动成本}\end{matrix}\right) - \begin{matrix}\text{损益平衡}\\\text{点销售量}\end{matrix} \times \begin{matrix}\text{单位贡}\\\text{献毛益}\end{matrix}\\ &= (\text{现有销售量} - \text{损益平衡点销售量}) \times \text{单位贡献毛益}\\ &= \text{安全边际销售量} \times \text{单位贡献毛益}\\ &= \text{安全边际销售量} \times \text{销售单价} \times \text{贡献毛益率}\\ &= \text{安全边际销售收入} \times \text{贡献毛益率}\end{aligned}$$

若将此式两端同除以销售收入,得:

$$\frac{\text{利润}}{\text{销售收入}} = \frac{\text{安全边际销售收入}}{\text{销售收入}} \times \text{贡献毛益率}$$

即

$$\text{销售利润率} = \text{安全边际率} \times \text{贡献毛益率}$$

利用例 7 资料计算如下:

$$\text{单位贡献毛益} = 20 - 12 = 8(\text{元})$$

所以,

$$\begin{aligned}\text{企业利润} &= 15000 \times 8\\ \text{或} &= 15000 \times 20 \times 40\%\\ &= 120000(\text{元})\end{aligned}$$

明白了安全边际及安全边际率与利润的关系,企业就可以通过提高安全边际来提高利润。

三、提高安全边际的方法

我们知道,安全边际是指现有销售量(或销售额)与损益平衡点销售量(或销售额)的差距,所以提高安全边际的方法有两种:提高现有销售水平和降低损益平衡点。

(一) 提高现有销售水平

提高企业的销售水平,包括提高企业的销售数量或销售单价两个方面。

仍以例7资料来说明,当企业通过提高生产能力或加强促销工作使销售量提高到45000件时,其安全边际计算如下:

$$安全边际销售量 = 45000 - 15000 = 30000(件)$$

$$安全边际销售额 = 45000 \times 20 - 15000 \times 20 = 600000(元)$$

$$安全边际率 = \frac{30000}{45000} = \frac{600000}{900000} = 67\%$$

但提高生产能力,加强促销工作,显然要增加一些成本,所以必须在对企业的经营活动进行全面分析后才能决定是否采用这种方法。

提高销售单价对提高企业的安全边际有着双重作用,既可提高销售收入,又可降低损益平衡点。对此,我们将在下面进行详细说明。

(二) 降低损益平衡点

损益平衡点的计算公式如下:

$$损益平衡点销售量 = \frac{固定成本}{销售单价 - 单位变动成本}$$

所以,降低损益平衡点的方法包括降低固定成本、提高销售单价和降低单位变动成本三个方面。

1．降低固定成本。

假如例 7 中企业因改进生产技术使得固定成本降低为 100000 元，则此时其安全边际计算如下：

$$单位贡献毛益 = 20 - 12 = 8(元)$$

$$损益平衡点销售量 = \frac{100000}{8} = 12500(件)$$

$$安全边际销售量 = 30000 - 12500 = 17500(件)$$

$$安全边际销售额 = 30000 \times 20 - 12500 \times 20 = 350000(元)$$

$$安全边际率 = \frac{17500}{30000} = \frac{350000}{600000} = 58\%$$

2．提高销售单价。

在销售数量不变时，提高销售单价可以提高企业的销售收入并同时降低损益平衡点，对提高安全边际有着双重作用。

如果例 7 中企业因产品较受欢迎，将销售单价从 20 元提高到 22 元，但销售数量不受影响，此时安全边际计算如下：

$$单位贡献毛益 = 22 - 12 = 10(元)$$

$$损益平衡点销售量 = \frac{120000}{22 - 12} = 12000(件)$$

$$安全边际销售量 = 30000 - 12000 = 18000(件)$$

$$安全边际销售额 = 30000 \times 22 - 12000 \times 22 = 396000(元)$$

$$安全边际率 = \frac{18000}{30000} = \frac{360000}{600000} = 60\%$$

3．降低单位变动成本

假如例 7 中企业因大量采购原材料而获得折扣，使其原材料价格下降，从而将单位变动成本降低为 10 元。则安全边际计算如下：

$$单位贡献毛益 = 20 - 10 = 10(元)$$

$$损益平衡点销售量 = \frac{120000}{20 - 10} = 12000(件)$$

$$安全边际销售量 = 30000 - 12000 = 18000(件)$$

$$安全边际销售额 = 30000 \times 20 - 12000 \times 20 = 360000(元)$$

企业提高安全边际，既可单独采用上述方法中之一种，也可综合采用其中几种方法。

第四节　损益平衡敏感分析

敏感分析是一种用途广泛的分析技术，其应用领域不仅仅限于本量利分析。通常，它是指研究与分析一个系统因周围条件发生变化而引起其状态或输出结果变化的敏感程度的方法。敏感分析是在求得某个模型的最优解后，研究模型中某个或若干个参数允许变化到多大，仍能使原最优解的条件保持不变；或者当参数变化超出允许范围，原最优解已不能保持最优性时，提供一套简捷的计算方法，重新求得最优解。

一、损益平衡敏感分析的内容

在现实生活中，由于市场的变化（如原材料价格、产品价格、供求数量等波动）以及企业技术条件（如原材料消耗水平和工时消耗水平等）的变化，会引起原来计算出的损益平衡点和利润发生变化。如果企业管理人员事先掌握了哪个因素影响小，哪个因素影响大，就可以在情况发生变化后及时采取对策，调整企业计划，使生产经营活动经常被控制在最有利状态之下。

损益平衡敏感分析的内容就是分析有关参数发生多大变化会使盈利转为亏损，各参数变化对利润变化的影响程度，以及各因素变动时如何调整销售量或销售单价，以保证利润的实现等问题。

二、有关参数使盈利转为亏损的临界值

利润的计算公式是：

$$利润=\text{销售单价}\times\text{销售数量}-\text{单位变动成本}\times\text{销售数量}-\text{固定成本}$$

$$=\text{销售数量}\times\left(\text{销售单价}-\text{单位变动成本}\right)-\text{固定成本}$$

从以上公式可以看出,销售数量、销售单价、单位变动成本及固定成本的变化,都会影响到利润的变化。敏感分析的目的之一,就是确定使企业从盈利转为亏损的各参数的临界值。为说明方便,现举例如下。

[例 8] 某企业生产一种产品,销售单价 4 元,单位变动成本 2.4 元,固定成本 80000 元。销售量预计达到 200000 件,则预计利润为:

$$利润 = 200000\times(4-2.4)-80000=240000(元)$$

1. 销售单价的最小值。

销售单价下降会使利润下降,当利润为零时的销售单价即为企业能忍受的最小值。由

$$200000\times(销售单价-2.4)-80000=0$$

得:销售单价 = 2.8(元)

即销售单价降至 2.8 元,利润为零,再往下降,企业将亏损。

2. 销售量最小值。

销售量下降也会使利润下降,由

$$销售量\times(4-2.4)-80000=0$$

得:销售量 = 50000(件)

因此,销售量的最小值为 50000 件,销售量低于 50000 件时,企业也处于亏损状态。

3. 单位变动成本的最大值。

单位变动成本上升使利润下降,当利润为零时的单位变动成本为企业所能容忍的最大值。由

$$200000\times(4-单位变动成本)-80000=0$$

得:单位变动成本 = 3.6(元)

单位变动成本由 2.4 元上升至 3.6 元，企业利润将减为零。

4. 固定成本的最大值。

固定成本上升也会使利润下降，并趋于零，由

$$200000 \times (4 - 2.4) - \text{固定成本} = 0$$

得：固定成本 = 320000（元）

因此，当固定成本增至 320000 元即为原来固定成本的 4 倍以上时，企业将由盈利转为亏损。

三、敏感系数

销售数量、销售单价、单位变动成本以及固定成本的变化虽然都能引起利润的变化，但对利润的影响程度却各有不同。有的因素发生很小的变化就会使利润变化很大，这类因素为敏感因素；而有的因素虽然变化很大，但利润对其并不敏感，变化很小，这类因素称为不敏感因素。敏感系数便是反映利润对各因素敏感程度的指标。其计算公式如下：

$$\text{敏感系数} = \frac{\text{利润变化百分比}}{\text{各参数值变化百分比}}$$

仍以例 8 资料为基础，进行利润对各因素敏感程度的分析如下：

1. 销售单价的敏感系数。

如果说销售单价增长 20%，此时

$$\text{销售单价} = 4 \times (1 + 20\%) = 4.8(\text{元})$$

$$\text{利润} = 200000 \times (4.8 - 2.4) - 80000 = 400000(\text{元})$$

$$\text{利润变化百分比} = \frac{400000 - 240000}{240000} = 67\%$$

$$\text{销售单价的敏感系数} = \frac{67\%}{20\%} = 3.35$$

这说明，当销售单价上升 1% 时，利润将上升 3.35%；销售单

价下降 1%时,利润将下降 3.35%。

2. 销售数量的敏感系数。

如果销售数量增加 20%,此时

$$销售数量 = 200000 \times (1 + 20\%) = 240000(件)$$

$$利润 = 240000 \times (4 - 2.4) - 80000 = 304000(元)$$

$$\frac{利润变化}{百分比} = \frac{304000 - 240000}{240000} = 27\%$$

$$\frac{销售单价的}{敏感系数} = \frac{27\%}{20\%} = 1.35$$

因此,当销售数量上升 1%时,利润将上升 1.35%;销售数量下降 1%时,利润将下降 1.35%。

3. 单位变动成本的敏感系数。

设单位变动成本增加 20%,此时

$$单位变动成本 = 2.4 \times (1 + 20\%) = 2.88(元)$$

$$利润 = 200000 \times (4 - 2.88) - 80000 = 144000(元)$$

$$\frac{利润变化}{百分比} = \frac{144000 - 240000}{240000} = -40\%$$

$$\frac{单位变动成}{本敏感系数} = \frac{-40\%}{20\%} = -2$$

这意味着单位变动成本和利润呈反方向变化,当单位变动成本增加 1%时,利润下降 2%;单位变动成本下降 1%时,利润将上升 2%。

4. 固定成本的敏感系数。

当固定成本增长 20%,这时

$$固定成本 = 80000 \times (1 + 20\%) = 96000(元)$$

$$利润 = 200000 \times (4 - 2.4) - 96000 = 224000(元)$$

$$\frac{利润变化}{百分比} = \frac{224000 - 240000}{240000} = -7\%$$

$$\frac{固定成本}{敏感系数} = \frac{-7\%}{20\%} = -0.35$$

这表明固定成本和利润也呈反方向变化,当固定成本增加

1%时，利润将下降 0.35%；当固定成本下降 1%时，利润将上升 0.35%。

从上述计算出的各因素敏感系数的绝对值可以看出，最敏感的是销售单价(3.35)，其次是单位变动成本(2)，再次是销售数量(1.35)，最后是固定成本(0.35)。

敏感系数只是提供了利润变化百分比与各因素变化百分比的比值，不能显示变化后利润的绝对值。实务中可编制敏感分析表，列示各因素变化百分比及相应的利润值。根据上述计算编制的各因素变动敏感分析表如表 6.5 所示。

表 6.5　各因素变动敏感分析表

项目 \ 利润 \ 变化百分比	−20%	−10%	0	10%	20%
销售单价	80000	1600000	240000	320000	400000
单位变动成本	336000	288000	240000	192000	144000
销售数量	176000	208000	240000	272000	304000
固定成本	256000	248000	240000	232000	224000

表 6.5 只列示了四个变化百分比，也可以根据实际需要列示更多的变化百分比，获得更多的数据。如果把这些变化百分比在直角坐标系中表示出来，便形成了敏感分析图如图 6.6 所示。

图 6.6 中横轴代表各因素变化的百分比，而纵轴代表利润变化百分比及其绝对值。图中各直线的斜率表示各因素的敏感系数。斜率为正，表示此因素变化与利润变化同向；斜率为负，表示此因素变化与利润变化反向。斜率的绝对值越大，其敏感程度越高；反之，则越低。

掌握了各因素的敏感程度，企业就可着重控制较敏感的因素以调节或控制利润。

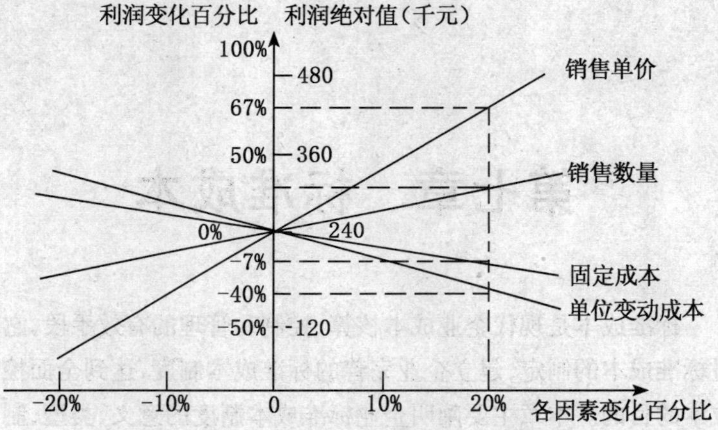

图 6.6　损益平衡敏感分析

思考题

1. 什么是本量利分析？主要包括哪些内容？
2. 什么是贡献毛益和损益平衡点？其计算有什么重要意义？
3. 如何进行多品种的损益平衡点计算？
4. 本量利分析的图解有几种形式，各有什么优缺点？
5. 安全边际的计算有什么意义？它与利润有什么关系？
6. 如何进行损益平衡的敏感分析？
7. 本量利分析对现代企业管理有何重要意义？

第七章　标准成本

标准成本是现代企业成本核算、控制和管理的有效手段，它通过标准成本的制定，建立企业完善的标准成本制度，达到全面控制成本的目的。本章主要阐明企业标准成本制度的意义、类型、制订方法和如何进行有效的分析和考核。

第一节　标准成本制度的意义和作用

一、标准成本制度的意义

早在20世纪20年代初，为配合泰勒制度的实施，“标准成本”、“差异分析”、“预算制度”等技术方法开始引入会计当中，自此，标准成本制度在管理会计中占重要地位。因为从管理会计的角度来讲，成本控制比单纯的成本计算更有意义。而成本控制的关键在于把成本的事前计划、事中控制和成本计算有机地结合起来，只需建一套账就既可满足财务会计报表的需要，又能满足成本控制所需内部报表的需要。标准成本制度能满足这一要求。

标准成本制度包括标准成本、差异分析和差异处理三个有机组成部分。标准成本是指通过精确的调查、分析与技术测定而制订的，据以评价实际成本、衡量工作效率的一种预计成本。实际成本脱离标准成本的数额为成本差异，以成本差异为线索进行分析研究,确定差异形成的原因和责任,及时采取措施,避免各种"不利"差异的出现,巩固"有利"差异。期末把标准成本与成本差异结合,最终又可确定产品的实际成本。所以标准成本制度不是单纯的成本计算方法,而是一种把成本计划、成本控制和成本计算相结合的一种成本制度。

二、标准成本的分类

标准成本按其制订时所依据的生产技术和经营管理水平,分为理想标准成本、正常标准成本、基本标准成本和现行标准成本。

1. 理想标准成本。

这是指以现有生产技术和生产经营管理水平处于最佳状态,即以效率最高,停工损失、废品损失及不正常损耗为零,工人提供了最大量劳动的理想状态为基础制订的标准成本。采用这种标准意味着不能有任何浪费和低效率存在才能达到,这在实际中很难做到,所以这种标准成本在实际中很少采用。

2. 正常标准成本。

它是以已达到的生产技术水平在正常有效经营下应达到的成本为基础制订的。在实务中常以过去若干时期实际数据的平均值作为正常条件下应达到的成本水平。由于长期平均值忽略了未来时期的变化因素,在成本控制中很难发挥衡量业绩的作用,因此,在实务中运用这种标准成本时应作出一些调整。

3. 基本标准成本。

这种标准成本一旦制订,只要生产条件无重大变化就不予以改变,它可以使各期成本以同一的标准成本为基础进行比较。但实际上,产品的生产技术和企业生产经营状况会随时间的推移发生变化,使原有的标准成本赖以制订的基础发生改变,使它在成本管理中不能发挥应有的作用,所以,这种标准成本在实际中很少采用。

4．现行标准成本。

它是指在现行生产技术条件下，通过有效经营管理应能达到的一种成本水平。在制订时考虑了生产经营中一些目前无法避免的损耗和浪费，剔除了经过努力应能避免的各种损耗和浪费。这样制订出来的标准成本要求比较严格，但又不是高不可攀，只有经过一番努力才能达到。如生产技术和经营管理条件有较大的改变，标准成本也应随之进行修订。由于现行标准成本在成本控制中能发挥应有的作用，因而在实际工作中应用最为广泛。

三、标准成本制度的作用

标准成本制度最显著的特点是把成本计划、成本控制、成本计算有机地结合在一起，因而成为成本管理的重要工具。具体地讲，其作用包括以下几个方面：

1．提供了成本控制的依据。

标准成本是事先经过调查研究制订的既先进又可行的成本，为生产经营各有关部门提供了一个努力的目标，并能作为评价和考核工作质量与效果的依据。尤其是能配合“责任会计”的实施，加强成本差异的分析和考核，增强职工对成本的责任感，积极主动挖掘降低成本的潜力。

2．为进行正确经营决策提供数据。

标准成本代表了成本要素的合理近似值，因而在经营决策时可以代替实际成本为决策提供信息。例如，在制定产品价格或评价有关方案的经济效果时，利用标准成本可以进行“差别成本”的分析。

3．可作为存货计价的依据。

由于标准成本中已剔除了各种不必要的浪费和损耗，以此为材料、在产品和产成品计价的基础,可使存货计价建立在更加健全的基础上,可避免以实际成本计价所带来的同样实物形态的存货计价标准不同的现象,更能反映存货的真实价值。

4. 简化账务处理。

在标准成本制度下,材料、在产品、产成品和销售收入账户都可以标准成本入账,成本差异另设账户归集,期终一并处理,从而减少了许多费用的分配计算,账务处理及时而且简单。

第二节　标准成本的制订

标准成本应按成本项目分别制订,先确定直接材料、直接人工和制造费用的标准成本,最后确定单位产品的标准成本。标准成本的基本形式是以数量标准乘以价格标准得到的。不同成本项目的数量标准和价格标准含义不同。数量标准包括直接材料单耗、单位产品直接人工工时消耗量等标准数量。数量标准主要由生产部门来主持制订,并尽量吸收负责执行标准的职工参与。价格标准包括材料价格、小时工资率、小时制造费用分配率标准,主要由会计部门会同有关部门研究确定。材料价格主要由采购部门负责,人事部门和生产部门对小时工资率负责,小时制造费用分配率主要由各生产车间负责。

一、直接材料的标准成本的制订

直接材料的标准成本等于产品耗用的各种材料标准成本之和。所以应首先区分直接材料的品种,再分别确定每种材料的数量标准和价格标准,分别算出每种材料的标准成本,同时必须考虑生产中必要的损耗和不可避免地形成废品所需的材料等,最后汇总算出单位产品的直接材料成本。价格标准是事先确定的购买材料应付的标准价格,包括发票价、运杂费、正常损耗等成本。

以 A 公司生产的甲产品为例,该产品所耗原材料有两种:B 和 C,其制订的直接材料标准成本如表 7.1 所示:

表 7.1　甲产品直接材料标准成本

	材料 B	材料 C
价格标准:		
发票价	1.0元	3.5元
运杂费等	0.5元	1.0元
标准单价	1.5元/公斤	4.5元/公斤
数量标准:		
产品实耗	3公斤	2.0公斤
合理损耗	0.5公斤	0.5公斤
预计废品	0.3公斤	—
标准单耗	3.8公斤	2.5公斤
标准成本	5.7元(3.8×1.5)	11.25元(4.5×2.5)
合计:	16.95元	

二、直接人工标准成本的制订

直接人工的数量标准是指在现有生产技术条件下,生产单位产品所耗用的工时,它包括对产品直接加工所需的操作时间、必需的间歇时间和停工检修时间及不可避免废品所耗工时。尽管目前西方发达国家实行全面质量管理,使废品损失减少到零,但对我国企业管理水平而言,还不太现实。数量标准应以"动作行为研究"为基础,分步骤严格确定,然后汇总计算产品的工时标准。

直接人工的价格标准指工资率标准，计件工资制下指单位产品应付的单价，计时工资制下指单位工时的应付工资，由按工资制度确定的工资总额与标准工时计算确定。用数量标准乘以价格标准即可得出直接人工标准成本。

三、变动制造费用的标准成本制订

制造费用是企业各个生产单位发生的除直接材料和直接人工以外的其他间接制造成本。变动制造费用的数量标准是直接人工工时，在直接人工标准成本制订时已经确定。价格标准指变动制造费用分配率。变动制造费用分配率取决于变动制造费用预算和以工时表示的生产量标准两个因素。

$$\text{变动制造费用分配率} = \frac{\text{变动制造费用预算总额}}{\text{预计总工时(或其他分配标准)}}$$

变动制造费用预算应分部门分项目编制，再汇总计算单位产品变动制造费用的标准成本。

四、固定制造费用的标准成本制订

固定制造费用是指不随生产部门产量变动的制造费用，如生产部门使用的固定资产的折旧、生产部门管理人员的工资等。

固定制造费用的数量标准一般为直接人工工时，在直接人工标准成本制订时已确定。价格标准是指固定制造费用分配率，取决于固定制造费用预算和以工时表示的生产量标准。制订时应先分部门分项目编制预算，再汇总计算单位产品制造费用标准。现举例说明变动制造费用标准成本和固定制造费用标准成本的制订。假定A公司生产甲产品有两道工序分别在第一车间、第二车间加工，其制订的制造费用标准成本如表7.2所示。

表 7.2　制造费用标准成本

	第一车间	第二车间
生产量标准(以人工工时表示)	8000	7000
变动制造费用:		
运　输	2000	8000
水电费	8000	10000
辅料消耗	6000	3000
合　计	16000	21000
变动制造费用分配率	2 元/小时 (16000/8000)	3 元/小时 (21000/7000)
单位产品所耗工时标准	3 小时	1 小时
变动制造费用标准	6 元	3 元
固定制造费用:		
折旧费	5000	2000
管理人员工资	3000	1500
合　计	8000	3500
固定制造费用分配率	1 元/小时 (=8000/8000)	0.5 元/小时 (=3500/7000)
固定制造费用标准	3 元(1×3)	0.5 元(0.5×1)
制造费用标准成本	9 元(6 元+3 元)	3.5 元(3 元+0.5 元)
合　计	12.5 元	

标准成本的制订,是一件十分细致的工作,不能草率从事,只有经过认真的分析研究,才能使标准成本具有科学性、现实性、稳定性和目标性。否则,制订得过高会挫伤执行人员的积极性,过低则起不到降低成本的作用,缺乏稳定性而经常变动的标准成本也会影响成本控制的效果。

第三节 成本差异的分析

一、成本差异的含义

标准成本作为成本控制的依据，是各个部门努力的目标，是一种预计成本。这种预计可实现的“理想”成本，由于种种原因会与实际成本不完全相符，其间的差额即为标准成本的成本差异。差异是反映成本控制状况的重要“信号”，如果实际成本超过标准成本，所形成的成本差异反映成本的超支，称为不利差异，由于这种差异通常在有关差异账户的借方反映，又称借差；反之，如果实际成本低于标准成本，所形成的差异反映成本的节约，称为有利差异，通常在有关差异账户的贷方反映，又称贷差。管理人员在成本形成过程中应密切注意实际成本的发生额，随时与标准成本进行对比分析，把不利差异消灭在“摇篮”里。对于无法控制的不利差异应分析差异形成的原因和责任，采取措施，防止不利差异在以后期间出现。对于有利差异则进一步拓展。有时，成本差异是由于标准成本制订得过严或过松而产生的，应根据具体情况具体分析，必要时应修订标准成本。

成本是由直接材料、直接人工和制造费用组成的，制造费用又可分为变动制造费用和固定制造费用。因此成本差异也分为直接材料成本差异、直接人工成本差异、变动制造费用成本差异和固定制造费用成本差异四部分。由于每个成本项目都是以数量乘以价格得出，所以每项成本差异又可进一步分解为数量差异和价格差异。数量差异是由于实际耗用量脱离标准用量而导致的成本差异，价格差异是由于实际价格脱离标准价格而产生的差异。用公式可表示如下：

$$
\begin{aligned}
\text{成本差异} &= \text{实际成本} - \text{标准成本} \\
&= \begin{array}{c}\text{实际}\\\text{用量}\end{array} \times \begin{array}{c}\text{实际}\\\text{价格}\end{array} - \begin{array}{c}\text{标准}\\\text{用量}\end{array} \times \begin{array}{c}\text{标准}\\\text{价格}\end{array} \\
&= \left(\begin{array}{c}\text{实际}\\\text{用量}\end{array} \times \begin{array}{c}\text{实际}\\\text{价格}\end{array} - \begin{array}{c}\text{实际}\\\text{用量}\end{array} \times \begin{array}{c}\text{标准}\\\text{价格}\end{array}\right) \\
&\quad + \left(\begin{array}{c}\text{实际}\\\text{用量}\end{array} \times \begin{array}{c}\text{标准}\\\text{价格}\end{array} - \begin{array}{c}\text{标准}\\\text{用量}\end{array} \times \begin{array}{c}\text{标准}\\\text{价格}\end{array}\right) \\
&= \begin{array}{c}\text{实际}\\\text{用量}\end{array} \times \left(\begin{array}{c}\text{实际}\\\text{价格}\end{array} - \begin{array}{c}\text{标准}\\\text{价格}\end{array}\right) + \begin{array}{c}\text{标准}\\\text{价格}\end{array} \times \left(\begin{array}{c}\text{实际}\\\text{用量}\end{array} - \begin{array}{c}\text{标准}\\\text{用量}\end{array}\right) \\
&= \text{价格差异} + \text{数量差异}
\end{aligned}
$$

价格差异和数量差异往往由不同部门负责，所以对成本差异的分析不仅要按成本项目及成本特性分四个部分来分析，还要将同一项目成本差异分解为价格差异和数量差异，分析不同差异产生的原因及责任，采取不同措施改进成本控制。

二、成本差异的分析方法

从成本差异的含义中，其分析方法即初见端倪。差异分析的一般方法是先将总成本差异按成本项目及特性分成四部分，即直接材料成本差异、直接人工成本差异、变动制造费用成本差异及固定制造费用成本差异，再将各部分差异进一步分解为数量差异和价格差异进行分析研究。具体运用分述如下：

（一）直接材料成本差异的分析

直接材料实际成本脱离标准成本的差异即为直接材料成本差异，包括材料数量差异和材料价格差异两部分。

1．材料数量差异是指产品生产过程中材料实际耗用数量超过或低于标准耗用数量形成的超支或节约。当产品生产耗用原材料不止一种时，应分别计算不同材料的数量差异。其计算公式为：

$$\text{材料数量差异} = (\text{实际用量} - \text{标准用量}) \times \text{标准单价}$$

计算结果,正数表示超支,负数表示节约。

[例1] 设某厂生产A产品,本期领用甲材料3000公斤,其标准用量为2800公斤;领用乙材料600公斤,其标准用量为650公斤。甲材料标准价格为每公斤2元,乙材料标准价格为每公斤4元。两种材料数量差异计算如下:

甲材料数量差异 $=(3000-2800)\times 2=+400$(元)(超支)

乙材料数量差异 $=(600-650)\times 4=-200$(元)(节约)

材料数量差异形成的原因有多种,例如材料节约或浪费及由于材料质量改变、产品结构改变、加工方法改变等。一般产生差异的责任或业绩应由生产部门负责,但有些应由采购部门负责,比如采购部门低价购进质次材料或不适宜的代用材料,由于不能完全适应生产的需要而引起材料的不利数量差异,应由采购部门负责而不能由生产部门负责。

2. 材料价格差异指材料实际采购价格与标准价格不符而形成的材料成本差异。同样,当产品所耗材料不止一种时应分别计算。其计算公式为:

材料价格差异 =(实际单价 - 标准单价)× 实际用量

计算结果正数为超支,负数为节约。

在上例中,设甲材料实际采购价格为2.2元/公斤,乙材料实际采购价格为3.7元/公斤,则其价格差异为

甲材料价格差异:$3000\times(2.2-2)=+600$(元)

乙材料价格差异:$600\times(3.7-4)=-180$(元)

材料价格差异形成的原因也很多,有些应由生产部门负责,有些应由采购部门负责,应根据具体情况具体分析。例如,应生产追加订货产品所需材料的要求,小批量定购材料使采购价格高于标准价格产生的差异应由生产部门负责。一般情况下,应由采购部门负责。

材料价格差异和数量差异之和为直接材料成本差异。在例1

中,甲种材料成本差异为 3000×2.2−2800×2=1000 元,等于价格差异(+600 元)与数量差异(+400 元)之和。材料数量差异和价格差异可用图 7.1 表示(以甲材料为例):

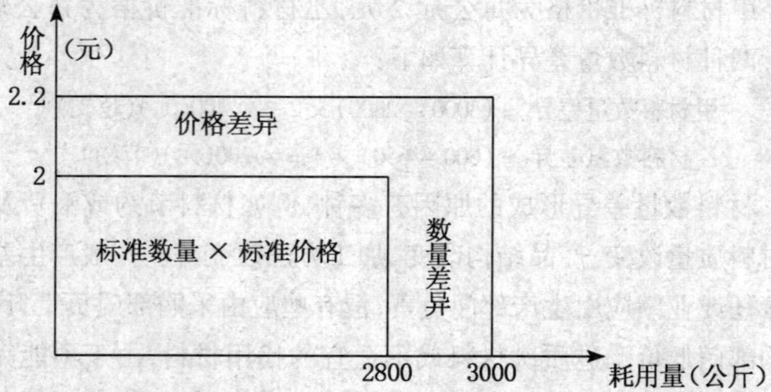

图 7.1

(二)直接人工成本差异的分析

直接人工成本差异是向产品生产工人支付的工资及福利费超过或低于直接人工标准成本形成的差异。直接人工成本的数量差异即工时耗用差异,又可称为人工效率差异;直接人工成本的价格差异是指工资率差异。

1. 人工效率差异。

人工效率差异指生产单位产品的实际工时脱离标准工时形成的差异,反映了生产工人劳动效率的变化。当产品生产有多个工序时,应分别计算不同工序的人工效率差异,为下一期生产提供改进的方向,为本期业绩考核、评价提供依据。其计算公式如下:

$$直接人工效率差异 = \left(\begin{matrix}实际耗\\用工时\end{matrix} - \begin{matrix}标准耗\\用工时\end{matrix}\right) \times 标准工资率$$

计算结果为正,表示实际人工效率低于预计人工效率,为不利差异;反之,则表示实际人工效率高于预计人工效率,为有利差异。

[例 2] 设例 1 中 A 产品生产需经过研磨和装配两个工序,

本期投产完工的产品为400件。在研磨工序,每件产品标准工时为1小时,标准工资率为每小时4元;在装配工序,每件产品标准工时为2.25小时,每小时标准工资率为5元。在研磨工序,该批产品实际加工500小时;在装配工序,该批产品实际加工800小时。这两个工序的人工效率差异可计算如下:

研磨工序:$(500-400\times1)\times4=+400$元(不利差异)

装配工序:$(800-400\times2.25)\times5=-500$元(有利差异)

效率差异形成的原因,包括工作环境不良、工人劳动情绪不佳、工人经验不足、新上岗工人太多、作业计划安排不当、机器使用不当等等。主要由生产部门对效率差异的形成负责,但也不是绝对的。例如,材料质量不符合生产需要,会影响到生产效率,形成的效率差异应由采购部门负责。在实际中,要针对形成差异的不同原因进行分析,采取相应的措施,加强成本控制的力度。

2. 直接人工价格差异。

直接人工价格差异即工资率差异,指实际小时工资率脱离标准工资率而形成的差异。当存在不同工序时,同样需要按工序分别计算分析。其计算公式如下:

$$\begin{matrix}\text{直接人工}\\\text{工资率差异}\end{matrix}=\text{实际工时}\times\left(\begin{matrix}\text{实际}\\\text{工资率}\end{matrix}-\begin{matrix}\text{标准}\\\text{工资率}\end{matrix}\right)$$

例如,在上例中研磨工序实际支付工人工资1950元,装配工序实际支付工资4200元。这两个工序发生的工资率差异可计算如下:

$$\text{研磨工序}:500\times\left(\frac{1950}{500}-4\right)=-50\text{元(有利差异)}$$

$$\text{装配工序}:800\times\left(\frac{4200}{800}-5\right)=+200\text{元(不利差异)}$$

工资率差异形成的原因有多种。由于实际工资率是以实际总工资除以实际有效总工时求得的,因此,凡是工人人数变动、工资制度调整、非生产工时损失以及出勤率变动等都会形成工资率差异,应对不同的形成原因采取不同的对策。

直接人工成本的价格差异与数量差异之和与直接人工成本总差异相等。如例 2 中研磨工序数量差异(+400 元)与价格差异(-50 元)之和,与该工序直接人工总差异(1950-400×4=350 元)相等,其价格差异与数量差异可用图 7.2 表示:

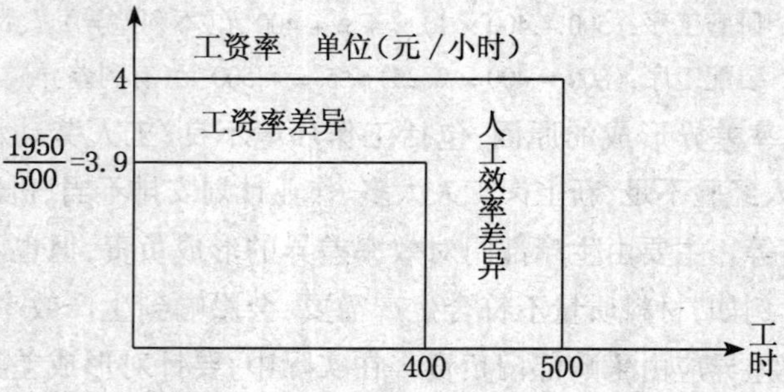

图 7.2

(三) 变动制造费用成本差异的分析

变动制造费用成本差异是指实际变动制造费用与标准变动制造费用不符形成的,可以分解为价格差异和数量差异。价格差异是指变动制造费用实际分配率脱离标准分配率所形成的差异,又称为变动制造费用耗费差异。变动制造费用可以人工工时为基础分配,也可以机器工时为基础分配。在机械化程度日益提高的今天,变动制造费用很多项目都与机器运作工时紧密相关,因此以机器工时为分配基础更合理。数量差异反映实际机器工时脱离标准机器工时形成的差异,又称为变动制造费用效率差异。

$$\text{变动制造费用耗费差异} = \text{实际工时} \times \left(\text{变动制造费用实际分配率} - \text{变动制造费用标准分配率}\right)$$

$$\text{变动制造费用效率差异} = \text{变动制造费用标准分配率} \times \left(\text{实际工时} - \text{标准工时}\right)$$

变动制造费用同一定生产活动水平相联系,因此,应首先编制变动制造费用弹性预算,以根据不同生产活动水平确定的费用水平作为分析的标准。

[例 3] 设某厂的装配车间制造费用预算如表 7.3 所示。

表 7.3 制造费用预算

19××年×月份 单位:元 单位:装配车间

	每小时耗费	机器小时		
		800 小时	850 小时	900 小时
变动制造费用:				
水电费	1.0	800	850	900
辅料消耗	1.5	1200	1275	1350
合计	2.5	2000	2125	2250
固定制造费用:				
折旧费		4000	4000	4000
管理人员工资		2000	2000	2000
合计		6000	6000	6000
制造费用合计		8000	8125	8250

该车间预算本月应完成 900 工时,生产 450 件产品(每件产品需 2 个机器工时)。实际生产结果:实际发生机器工时 850 小时,实际完成产量 400 件,实际发生制造费用(变动部分)为水电费 1200 元,辅料消耗 2500 元,合计 3700 元,与 800 工时(400 件×2 小时/件)标准变动制造费用 2000 元相比差异为 3700 - 2000 = 1700 元。其中:

$$耗费差异:850 \times \left(\frac{3700}{850} - 2.5\right) = 1575(元)$$

$$效率差异:(850 - 400 \times 2) \times 2.5 = 125(元)$$

变动制造费用效率差异,是由于实际工时脱离标准工时形成的,其产生的原因与直接人工效率差异相同,一般应由生产部门负责。变动制造费用耗费差异,是在认定实际工时为必要的前提下,费用绝对开支增减变动的差异,这些费用发生时,一般都经部门经理或车间负责人审核批准,所以这类差异应由部门经理或车间负责人负责。

(四)固定制造费用成本差异的分析

固定制造费用主要是由生产能力的形成与维护决定的,在一定范围内,生产活动水平变化不会对其产生影响。因此,对固定制造费用主要按总额编制一定期间的固定制造费用预算进行控制。固定制造费用成本差异的分析方法有两种,即两因素分析法与三因素分析法。

1.两因素分析法,即把固定制造费用成本差异分为耗费差异和能量差异。耗费差异指固定制造费用实际发生额与其预算数之间的差异;能量差异是指实际业务量的标准工时未能达到预计生产能量形成的差异。计算公式如下:

$$\text{固定制造费用耗费差异} = \text{固定制造费用实际发生数} - \text{固定制造费用预算数}$$

$$\text{固定制造费用能量差异} = \text{固定制造费用预算数} - \left(\text{实际产量} \times \text{单位产品固定制造费用标准分配率}\right)$$

在例 3 中,若当期固定制造费用实际发生数为 6500 元,则:

$$\text{固定制造费用耗费差异} = 6500 - 6000 = +500(\text{元})$$

$$\text{固定制造费用能量差异} = 6000 - \frac{6000}{450} \times 400 = +667(\text{元})$$

$$\text{固定制造费用总成本差异} = 6500 - 400 \times \frac{6000}{450} = +1167(\text{元})$$

从计算中可以看出耗费差异与能量差异之和,与总成本差异相等。

2. 三因素分析法。三因素分析法实质上是把两因素分析法下的能量差异分解成两部分:

(1)实际工时未能达到生产能量而形成的能量差异,即例 3 中

850 实际机器工时与预计能量 900 机器工时之差形成的差异;(2)生产实际产量所实际消耗工时与标准工时不符形成的效率差异,即例 3 中生产 400 件产品实际工时 850 小时,与标准工时 800(400×2)小时之间形成的差异。另一个因素即耗费差异,与两因素分析法下的含义、计算均相同。能量差异及耗费差异计算公式如下:

$$能量差异=\left(\begin{matrix}生产\\能量\end{matrix}-\begin{matrix}实际\\工时\end{matrix}\right)\times 固定制造费用标准分配率$$

$$效率差异=\left(\begin{matrix}实际\\工时\end{matrix}-\begin{matrix}标准\\工时\end{matrix}\right)\times 固定制造费用标准分配率$$

在例 3 中,

$$能量差异=(900-850)\times\frac{6000}{900}=333(元)$$

$$效率差异=(850-400\times 2)\times\frac{6000}{900}=333(元)$$

$$耗费差异=6500-6000=+500(元)$$

三因素分析法下,三种差异之和等于固定制造费用成本总差异,即:

$$\begin{matrix}固定制造费\\用成本差异\end{matrix}=\begin{matrix}耗费\\差异\end{matrix}+\begin{matrix}能量\\差异\end{matrix}+\begin{matrix}效率\\差异\end{matrix}$$

在上例中,总成本差异 $=6500-400\times\frac{6000}{450}=1167$(元)

不同差异含义不同,责任不同,应采取的控制措施亦不同。

第四节　成本差异的处理

一、账务处理

在标准成本制下,设置差异账户来归集和反映各种成本差异,如“材料数量差异”、“材料价格差异”、“人工效率差异”、“工资率差异”、“变动制造费用耗费差异”、“固定制造费用能量差异”等账户。

“生产成本”和“产成品”按标准成本计价,各类差异期末一并处理。处理方式有两种:(1)若标准成本的制订科学性较强,与企业现有成本水平相去不远,则成本差异是企业各部门工作质量和业绩的反映,成本差异应转入本期产品销售成本,使其体现在当期经营成果中。(2)若标准成本的制订科学性较差,与企业现有成本水平相去甚远,这种差异就不应转入当期销售成本,而应该在产品销售成本、在产品、产成品账户中按比例分摊。但在实务中,据重要性原则,若差异相对产成品、期末在产品账户余额较小,也可以结转入销售成本以简化账务处理。

二、例解

现举例说明各种差异的计算及差异的处理。

[例 4] 设某厂生产 A 产品,该产品期初、期末无在产品盘存,本月投产 1200 件,全部完工入库。有关标准成本资料如下(预计本月投产 1000 件):

(1) 单位产品成本:

直接材料(100 公斤,@0.4 元)	40
直接人工(8 小时,@3 元)	24
变动制造费用(8 小时,@1 元)	8
变动成本合计	72
固定制造费用(8 小时@1.5 元)	12
单位产品标准成本	84

(2)

全月变动制造费用预算	8000 元
固定制造费用预算	12000 元
变动销售费用	2 元/件
固定销售费用	3000 元
固定管理费用	2800 元

(3) 本月销售 960 件,单位售价 110 元。

本月实际发生业务及其处理如下:

1. 材料采购与领用。

(1) 本月初购入材料一批 60000 公斤,每公斤 0.5 元,其价格差异为:60000 × (0.5 − 0.4) = 6000 元,会计分录为:

借:材料　　24000
　　材料价格差异　　6000
　　贷:银行存款　　30000

(2) 月中又购入一批材料 70000 公斤,单价 0.35 元,其价格差异及其账务处理为:

借:材料　　28000
　　贷:银行存款　　24500
　　　　材料价格差异[70000 × (0.35 − 0.4)]　　3500

(3) 基本生产车间领用 115200 公斤,其数量差异及其账务处理为:

借:生产成本　　48000
　　贷:材料　　46080
　　　　材料数量差异[(115200 − 1200 × 100) × 0.4]
　　　　1920

2. 直接人工工资。

实际耗用工时 10000 小时,实际支付工资 28000 元。则

直接人工效率差异为:(10000 − 1200 × 8) × 3 = + 1200 元

工资率差异为:$10000 \times \left(\frac{28000}{10000} - 3\right) = -2000$(元)

账务处理为:

借:生产成本　　28800
　　人工效率差异　　1200
　　贷:应付工资　　28000

工资率差异　　　　　　　　　　2000

3．变动制造费用。

本月实际发生制造费用 9600 元,与标准制造费用间的差异分为:

$$变动制造费用效率差异 = (10000 - 1200 \times 8) \times 1 = 400(元)$$

$$变动制造费用耗费差异 = 10000 \times \left(\frac{9600}{10000} - 1\right) = -400(元)$$

其账务处理为:

变动制造费用发生时:

借:变动制造费用　　　　　　　　9600

　　贷:银行存款等有关账户　　　　　　9600

计入产品成本时:

借:生产成本　　　　　　　　　　9600

　　变动制造费用耗费差异　　　　　400

　　贷:变动制造费用效率差异　　　　　400

　　　　变动制造费用　　　　　　　　9600

4．固定制造费用。

本月实际发生固定制造费用为 13000 元,实际分配率为 1.3 元/小时(13000 ÷ 10000),发生时账务处理为:

借:固定制造费用　　　　　　　　13000

　　贷:各有关账户　　　　　　　　　13000

固定制造费用成本差异为:$13000 - 1200 \times 8 \times 1.5 = -1400$(元),可分解为:

$$固定制造费用耗费差异 = 13000 - 12000 = +1000(元)$$

$$固定制造费用效率差异 = (10000 - 1200 \times 8) \times 1.5 = +600(元)$$

$$固定制造费用能量差异 = (1000 \times 8 - 10000) \times 1.5 = -3000(元)$$

计入产品成本时其账务处理为：

借：生产成本　　14400
　　固定制造费用耗费差异　　1000
　　固定制造费用效率差异　　600
　　贷：固定制造费用能量差异　　3000
　　　　固定制造费用　　13000

5．完工产品入库。

A 产品本月完工 1200 件，按标准成本结转。

借：产成品(1200×84)　　100800
　　贷：生产成本　　100800

6．产品销售。

本月销售 A 产品 960 件，单位售价 110 元。

借：应收账款　　105600
　　贷：产品销售收入　　105600

按标准成本结转产品销售成本(960×84=80640 元)。

借：产品销售成本　　80640
　　贷：产成品　　80640

7．发生期间费用。

设本月发生固定销售费用 4000 元，固定管理费用 2500 元，变动销售费用 2016 元。

借：变动销售费用　　2016
　　固定销售费用　　4000
　　固定管理费用　　2500
　　贷：各有关账户　　8516

8．差异处理。

假设该企业标准成本制订得比较合理，差异全部转入当期损益，作为产品销售成本的调整。

借：材料数量差异　　1920

工资率差异　　2000

变动制造费用效率差异　　400

固定制造费用能量差异　　3000

贷：材料价格差异　　2500

　　人工效率差异　　1200

　　变动制造费用耗费差异　　400

　　固定制造费用耗费差异　　1000

　　固定制造费用效率差异　　600

　　产品销售成本　　1620

据以上资料,月终编制损益表如表 7.4 所示：

表 7.4　损益表

20××年×月份　　单位:元

产品销售收入		105600
减：产品销售成本(标准)		80640
毛利		24960
加减成本差异		
材料价格差异	(2500)	
材料数量差异	1920	
直接人工工资率差异	2000	
直接人工效率差异	(1200)	
变动制造费用耗费差异	(400)	
变动制造费用效率差异	400	
固定制造费用耗费差异	(1000)	
固定制造费用效率差异	(600)	
固定制造费用能量差异	3000	(1620)

（续表）

调整后的毛利		23340
减：		
变动销售费用	2016	
固定销售费用	4000	
管理费用	2500	8516
净利		14824

思考题

1. 何谓标准成本，与传统的成本概念有何关系？
2. 试述标准成本制度与一般的成本核算制度有什么区别。
3. 试述标准成本制度的意义和作用。
4. 说明标准成本的种类及其基本特性和作用。
5. 如何有效地制订和建立标准成本及其核算制度？
6. 标准成本的价格差异和数量差异是什么关系？
7. 如何进行有效的成本差异分析来提高企业的成本管理水平？
8. 如何进行标准成本的会计账户处理？
9. 如何有效地分配标准成本制度下的各类成本差异？

第八章　质量成本管理

质量成本管理是现代成本核算管理工作发展的必然趋势。现代化大生产的发展对产品成本的管理工作提出了更高的要求,即全过程的成本管理、分职能的成本管理和预防性的成本管理。质量成本是质量职能活动的经济表现。推行质量成本管理,将实现成本管理向质量领域的渗透和扩张,细化和开阔成本管理的范围和内容,扩大成本管理的职能和作用,将使成本管理发展到一个新阶段。质量成本管理就是对企业在进行生产和经营活动时所发生的产品成本,有组织、有系统地进行预测、计划、核算和分析等一系列的科学管理,借以实现在改善产品质量的同时降低产品寿命周期成本、提高企业效益的目标。

第一节　质量成本的意义和分类

现代企业管理的实践充分证明:质量是企业的生命,是建立信誉获得效益的重要内容,也是发展生产的基础。因此,中外成功的企业家深深懂得,要想在激烈的市场竞争中求生存、谋发展,关键在于源源不断地提供高质量的商品和服务,以适应市场的变化,满足顾客的需要。而所谓质量成本,就是指企业为了保证和提高产品质量需支付的一切费用以及因未达到质量标准而产生的一切损失费用的总和。

一、建立质量成本的必要性

建立质量成本,不但可以找出质量管理存在的问题,进而找出降低成本提高经济效益的途径,同时也是用经济办法考核质量职能有效性的一种有效办法。其必要性表现在以下几方面:

1．促进领导重视产品质量和质量管理,提高企业质量职能的有效性。企业领导通过开展质量成本统计核算,可以掌握各项费用及其所占比重,从而就能比较具体地看到企业产品质量和质量管理中存在的问题,进而可以有的放矢地深化质量管理。

2．可降低产品总成本,提高经济效益。通过开展质量成本核算,可以了解由于质量事故给企业造成的经济损失以及为保证产品质量而支付的预防和鉴别费用,从它们的比例关系中可明确企业在哪些环节上存在着改进质量、降低成本的可能性,从而使企业明确在一个时期内的主攻方向,达到最大限度地降低质量故障成本、提高经济效益的目的。

3．有利于经济责任制的贯彻实施。通过质量成本核算,分清经济责任,把内外部故障成本等责任划给有关的责任部门,从而克服责任不清的现象。

二、质量成本的分类

质量成本包括企业为保证和提高产品质量而支付的一切费用及因产品未达到质量标准而产生的一切损失费用。再进行细分,为保证和提高产品质量而支付的费用包括预防成本和鉴定成本;因产品质量未达到标准而产生的损失费用包括内部故障成本以及外部故障成本。

(一)预防成本

预防成本是指企业为使产品质量不低于标准的开支和提高质量水平的活动费。包括如下内容：

1. 质量计划工作费,指制定质量政策、质量目标及质量计划工作所发生的费用,编制管理文件、手册、工作程序、工作标准所发生的费用,以及建立质量保证体系所发生的费用。

2. 质量培训费,指为达到质量要求,提高人员素质,对有关人员进行质量意识、质量管理知识以及操作和检测技术的培训所支出的费用。

3. 质量奖励费,指为改进和保证产品质量而支付的各种奖励费用,如质量管理小组成果奖、产品升级创优奖及有关质量的技术革新和合理化建议奖。

4. 新产品评审费,指对研究方案的设计进行评价,制定试验方案与实施计划,进行质量评价活动和产品更新的质量评审等支出的费用。

5. 质量审核费,指对质量体系、工序质量和供应单位等进行质量审核所发生的一切费用。

6. 工序能力研究费,指为保证产品达到质量要求而对工序能力进行研究,以及为保持工序能力而采取措施所发生的费用。

7. 质量改进措施费,指为建立质量保证体系、提高产品质量、改进产品设计、开展工序控制等而进行技术改进的费用。

8. 质量情报费,指对质量情况进行收集、分析、归纳、判断和研究所发生的费用。

(二) 鉴定成本

鉴定成本是指在一次交验合格的情况下,按照计划对原材料、零部件、产品质量进行检验而发生的一切费用。包括以下内容：

1. 进货检验费,指器材、外购件、协作件进厂的检验费用,零部件鉴定、检查,协作件的质量审核,以及采取其他监督办法所发生的费用等。

2. 工序检验费,指在产品制造过程中,对零部件的半成品质量进行检验所发生的一切费用。

3. 产成品检验费,指对完工产品进行检验所支付的费用。

4. 产品质量评级费,指确定产品质量等级的评审费用。

5. 产品试验用的材料、设备折旧及劳务费用,指对产品进行破坏性试验所消耗的产品、材料、劳务费用及设备折旧费用。

6. 检验设备维修费,指对检测量具、仪器仪表等进行维护、校准和修理等所发生的费用。

(三) 内部故障成本

内部故障成本指产品出厂前由于自身的缺陷而造成的损失及处理缺陷所发生的费用之和。包括以下内容:

1. 废品损失,指产品因无法修复的缺陷或经济上已不值得修复而报废所造成的材料和人工损失费用。

2. 返修损失,指为修复不合格产品而发生的费用,及为解决一般性质问题在定额工时以外所增加的费用。

3. 复检费用,指对返工或校正后的产品进行重复检测和试验所发生的费用。

4. 停工损失,指由于质量事故导致设备停工的损失费用。

5. 事故分析处理费,指由于处理而发生的费用中由于抽样检验不合格而进行筛选或重复试验的费用。

6. 降级损失,指产品因质量事故达不到原定精度而必须降级处理所造成的损失费用。

(四) 外部故障成本

外部故障成本指产品出厂后,因产品质量问题而引起的索赔、

修理、更换、退货等的损失费用。包括以下内容:

1. 索赔费用,指因产品质量的缺陷,经用户提出申诉而进行理赔所支付的一切费用。

2. 退货损失,指由于产品质量的问题,致使用户退货、换货而支付的一切费用。

3. 保修费用,指在保修期内或根据合同规定对用户提供修理服务的一切费用。

4. 折价损失,指因为产品质量低于标准,经与用户协商同意折价出售的损失。

质量成本按其是否实际支付可分为显见成本和隐含成本。显见成本指企业在生产经营过程中实际发生的有形损失,包括预防成本、鉴定成本以及内部故障和外部故障成本中的大部分,此类成本必须得到补偿。隐含成本是实际发生但并未支付的无形损失,包括停工损失、降级损失和折价损失,此类成本只需计算而不必得到补偿。根据可否避免,质量成本又可分为可避免成本和不可避免成本。预防成本和鉴定成本可归为不可避免成本,内部故障成本和外部故障成本属于可避免成本。显然,两类成本之间是此消彼长的关系。当不可避免成本增加时,可避免成本就会降低;当不可避免成本降低时,可避免成本则可能增加。

第二节　质量成本预测和计划

质量成本预测和计划直接影响着质量成本管理的控制、分析和考核等方面的工作,它是质量成本管理的一个重要环节,企业应该在对历史的成本数据和企业发展的因素关系的分析基础上对未来质量成本的发展作出正确的估计,这样才能正确地制订质量成本计划,使质量成本管理具有预见性、目的性和有效性,因此,企业应予以充分的重视。

一、质量成本预测

(一) 质量成本预测的概念、目的和分类

质量成本预测就是在分析研究各种质量因素与质量成本的依存关系时,结合企业对产品质量改进和用户对产品质量的要求,采用一定的措施,利用大量观察的数据和一定的科学方法,对一定时期的产品质量成本水平和目标进行测算、分析和预见,使企业的质量成本管理更加符合客观规律的要求。

通过对企业的质量成本进行预测,应该达到两个目的:

1. 为企业提高产品质量和挖掘降低质量成本的潜力指明方向,同时为企业在计划期编制质量成本计划提供可靠依据。

2. 指明企业内部各单位努力降低产品质量成本的方向和途径,为编制增产节约计划和拟定产品质量改进实施计划提供可靠依据。

质量成本预测按照作用期限可以划分为长期质量成本预测、中期和短期质量成本预测。所谓长期质量成本预测是指对今后较长时期(如三年、五年、十年等)的质量成本进行预测,它主要是为企业的长期质量成本计划服务的。短期质量成本预测是指企业对短期(如一年、半年等)内的质量成本的预测,它主要是为企业的短期质量成本计划服务的,可以为短期质量成本计划提供真实可靠的资料。

(二) 质量成本预测的程序

质量成本预测是编制企业质量成本计划时必不可少的过程,它是质量成本计划的重要组成部分。在质量成本预测基础上,才能正确地编制出质量成本计划。因此,质量成本预测必须做好充

分调查研究，掌握大量可靠的信息资料，并对资料进行客观的分析、判断等准备工作。同时，由于企业的质量成本预测工作不只是质量管理部门或财务部门的事，而是企业整个质量管理工作的重要组成部分，它涉及面广、要求高，因此要求组织各方面的专门人员参加。质量成本预测的程序有：

1．确定预测目标。预测未来是为了决定当前如何行动。因此，首先应根据预测的目标和所要达到的要求，明确预测的对象和方法，规定预测的期限，从而使预测的结果更能符合客观未来的变动趋势。质量成本预测的目标，就是要在企业总体经营目标的条件下，通过预测计划的目标质量成本，采用最佳方案和有效措施寻求降低质量成本的有效途径。

2．选择质量成本预测的方法。一般地，质量成本预测都是根据质量成本项目逐项进行的。对于不同性质的项目，企业可以根据情况选用不同的预测方法。具体说来，质量成本预测的方法有以下三种：

(1) 经验判断法。企业组织与质量管理有关的工程技术、财务、计划等方面有经验丰富的人员，根据所掌握的准确可靠的信息资料，对预测期内的质量成本有关项目进行预计和推测。

(2) 计算分析法。根据质量成本的历史资料对未来时期各有关因素变化可能引起质量成本升降的程度，采用一定的数学分析方法对质量成本进行计算和分析预测。

(3) 比例测算法。即根据质量成本的历史资料中其占销售收入、产品总成本或利润等的比例以预测质量成本。

上述三种方法都有其各自的特点，企业在进行质量成本预测时，可将三种方法结合使用，再对不同预测方法的不同结果进行分析、比较，修正和调整预测结果，使之更符合和接近实际情况。

3．调查和收集信息资料。进行质量成本预测，应广泛地从企业的外部和内部收集可能对产品质量产生影响的各种信息资料，包括(1)用户对本企业产品的质量和维修服务的要求;(2)同行业质量水平、质量改进和质量成本水平、结构等资料;(3)新产品的发展,新工艺、新技术的应用和产品结构的改进情况等;(4)设备修理及更新状况;(5)材料、外协件、检验标准、检测手段对产品质量的影响程度;(6)有关质量成本的历史资料。

4. 整理分析资料,并提出质量改进措施。对收集的信息资料进行整理分析,做到去伪存真,去粗取精,并在此基础上进行系统的分析、研究、组织,以便作出符合客观规律的判断。然后,根据整理分析后的资料,提出质量改进的措施计划,对预测期的质量成本结构和水平等作出估计,为编制质量成本计划奠定基础。

二、质量成本计划

(一) 质量成本计划的概念、作用和分类

质量成本计划是指为达到质量成本预测所确定的适宜的质量成本而筹划的过程,是以货币形式对计划期要实现的质量成本目标作出最优化安排的一种具体的书面方案。

质量成本计划是企业成本计划的重要组成部分,同时也是全面质量管理推进计划的重要组成部分,对于企业加强计划管理,建立健全质量成本管理责任制,进行质量成本控制均有重要作用。

质量成本计划按时间划分分为长期质量成本计划和短期质量成本计划。长期计划一般3—5年,依据未来企业产品结构的变化、生产能力和经济效益情况及远期的质量成本水平考虑。短期计划是一年或更短时期的计划,依据目前产品、质量、成本等情况定出达到的目标。

按作用范围划分,质量成本计划有工厂质量成本计划和部门质量成本计划。工厂质量成本计划是对部门质量成本计划的汇总,部门质量成本计划是对工厂质量成本计划的展开。

(二)质量成本计划的内容

质量成本计划既然是企业成本计划的重要组成部分,其内容与企业成本计划的内容就应有共性。同时,质量成本计划和企业成本计划相比又具有一定的特殊性,所以质量成本计划和企业成本计划又不完全一致。其具体内容是:

1. 主要产品单位质量成本计划,反映计划期企业主要产品的单位质量成本构成和水平情况。

2. 全部商品产品质量成本计划,反映计划期内企业全部商品产品的总质量成本。

3. 质量成本构成比例计划,反映计划期质量成本的结构以及质量成本与销售收入、利润、产品总成本的比例情况。

(三) 质量成本计划的编制程序

1. 确定编制方式。由于各个企业的经营规模、生产特点和管理要求等不尽相同,质量成本计划的编制方式也有所区别。一般有厂部直接编制方式和厂部汇总编制方式两种。前者适用于产品品种比较单一、组织规模较小、成本计算不复杂的企业;后者适用于产品品种较多、组织规模较大、成本计算较为复杂的企业,先由各车间、各部门编制本单位的质量成本计划,再由厂部汇总编制全厂的成本计划。

2. 质量成本计划的编制步骤。企业编制质量成本计划时,一般可按以下两个步骤进行:

(1) 收集和整理有关资料,进行预测;

(2) 分析上期质量成本计划的执行情况,总结上期质量成本计划执行过程中的经验和存在的问题,看是否有潜力可挖、是否要修订定额,并以此作为本期编制质量成本计划的基础。

(3) 研究计划期影响质量成本升降的各项因素,确定质量成本总额及降低率。

(4) 正式编制计划。

(5) 将质量成本计划目标和措施按项目和部门展开,落实到基层。

(四) 质量成本计划的编制方式

正如前述,企业的质量成本计划的编制方式应与企业的实际情况以及企业的质量成本核算形式相一致。在一级核算情况下,质量成本计划可采用由厂部直接编制的方式;在分析核算情况下,可采用由厂部汇总编制的方式。

1. 厂部直接编制方式。

采用厂部直接编制的方式时,首先由厂部根据有关资料直接编制单位产品质量成本计划,然后在单位产品质量成本计划的基础上编制产品质量成本计划。

(1) 单位产品质量成本计划。首先根据质量成本历年的资料和计划期内企业准备投资或减少投资性费用的要求,确定预防成本和鉴定成本的增长率或降低率,并计算计划期单位产品预防成本计划额和鉴定成本计划额:

$$\begin{matrix}\text{计划期单位产品}\\\text{预防成本计划额}\end{matrix}=\begin{matrix}\text{上期单位产品预防}\\\text{成本实际发生额}\end{matrix}\times\left(1+\begin{matrix}\text{计划投资增长率}\\\text{或降低率}\end{matrix}\right)$$

$$\begin{matrix}\text{计划期单位产品}\\\text{鉴定成本计划额}\end{matrix}=\begin{matrix}\text{上期单位产品鉴定}\\\text{成本实际发生额}\end{matrix}\times\left(1+\begin{matrix}\text{计划投资增长率}\\\text{或降低率}\end{matrix}\right)$$

然后,根据上级部门或企业对各产品的合格率的要求,编制出各单位产品的内部故障和外部故障成本计划额:

$$\begin{matrix}\text{计划期单位产品内部}\\\text{故障成本计划额}\end{matrix}=\begin{matrix}\text{上期单位产品内部故障}\\\text{成本实际发生额}\end{matrix}\times(1-\text{计划降低率})$$

$$\begin{matrix}\text{计划期单位产品外部}\\\text{故障成本计划额}\end{matrix}=\begin{matrix}\text{上期单位产品外部故障}\\\text{成本实际发生额}\end{matrix}\times(1-\text{计划降低率})$$

(2) 全部产品质量成本计划。企业全部产品质量成本计划的编制是根据单位产品质量成本计划和生产计划计算而来的:

$$\text{全部产品质量成本计划} = \sum \text{单位产品质量成本计划额} \times \text{产品计划产量}$$

2．厂部汇总编制方式。

厂部汇总编制方式是在各车间、部门编制质量成本计划的基础上，由厂部财务科汇总编制全厂质量成本计划。

(1) 各车间、各部门的质量成本计划。各车间、各部门要按质量支出项目的明细项目逐项编制，然后予以汇总。凡是有消耗定额的质量支出项目，根据消耗定额和计划单位计算。没有消耗定额和开支标准的质量支出项目，根据上年预计数结合本期的情况，考虑节约要求加以匡算。

(2) 厂部质量成本计划的编制。厂部将各车间、部门质量成本计划加以汇总，按质量成本项目计算编制单位产品质量成本计划，然后再用各产品计划产量乘以其计划单位质量成本中的各质量成本项目，求得各种产品按质量成本项目反映的计划总成本，汇总起来就形成了全部产品质量成本计划。

第三节　最优质量成本决策

我们知道，预防成本和鉴定成本与内部故障成本和外部故障成本之间存在着此消彼长的关系。开始时，预防成本和鉴定成本一般较低，而内部故障成本和外部故障成本较高，随着对产品质量要求的提高，势必要增加预防成本和鉴定成本，而由于废品率降低，内部故障成本和外部故障成本也会降低。但当质量达到一定水平后，尽管大幅度地增加了预防和鉴定成本，内部故障和外部故障成本下降的速度却逐渐放慢。显然，存在一个最佳质量水平点，使得产品的质量总成本最小，这就是最优质量成本决策问题。进行最优质量成本决策的方法有：经验分析法、合理比例法、逐项优化法、图示法和数学模型法。

一、经验分析法

经验分析法就是将企业前几年的质量水平与质量成本数据进行相互比较,找出质量成本的最优值,或根据对国内外同行业、同类产品的先进质量成本水平进行具体分析的技术经济论证,确定本企业质量成本的最优值。

二、合理比例法

实践证明,预防成本和鉴定成本以及内部故障和外部故障成本之间客观上存在着一个合理的比例,这个比例通常是:内部故障和外部故障成本之和约占质量总成本的50%—60%,预防成本约占10%,鉴定成本约占30%,如果违背了这个比例,企业在经济上将会受到巨大损失。因此,每个企业可根据自身具体情况分析确定,使质量成本构成达到这一合理比例。

三、逐项优化法

逐项优化法就是根据企业的具体情况和外部条件,通过优选分别找出预防成本、鉴定成本、内部故障成本和外部故障成本各项目的最佳值,从而相应地确定适宜区域,并在实践中不断修正完善。

四、图示法

图示法即采用绘制坐标图的方式,将产品质量与各项质量成本的关系在图中列示，并确定最优质量成本的方法。美国质量管理专家费根堡姆和朱兰分别提出了不同的最优质量成本模型。

1. 费根堡姆模型。费根堡姆模型认为，当产品质量较低时，内部故障成本和外部故障成本较高，预防成本较低。随着产品质量上升，内部故障成本和外部故障成本逐渐下降，预防成本逐渐上升而鉴定成本不随产品质量的提高而改变，处于稳定状态。把四项质量成本之和绘成质量总成本曲线，其最低点就是最优质量成本，如图 8.1 所对应的质量水平即为可接受的质量水平。

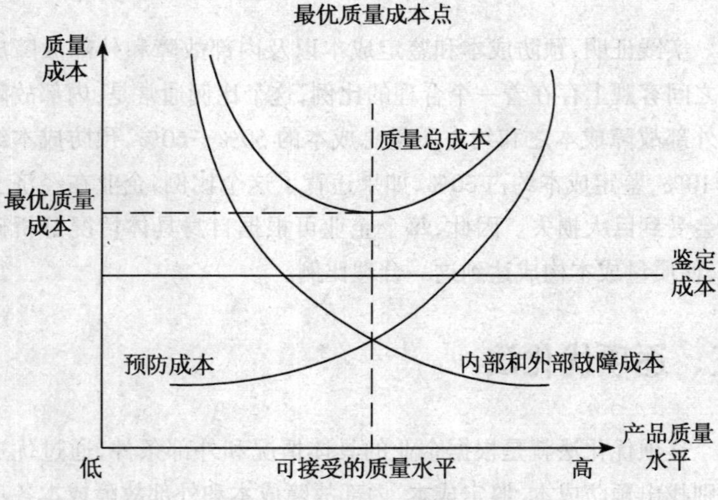

图 8.1　费根堡姆模型

2. 朱兰模型。朱兰模型认为，内部故障成本和外部故障成本的曲线随产品质量的提高而逐渐下降，而预防成本和鉴定成本之和的曲线则随着产品质量的提高而逐渐上升。两条曲线的交点和质量总成本曲线的最低点，处于同一垂直线的位置上，即为最优质量成本。朱兰模型如图 8.2 所示。

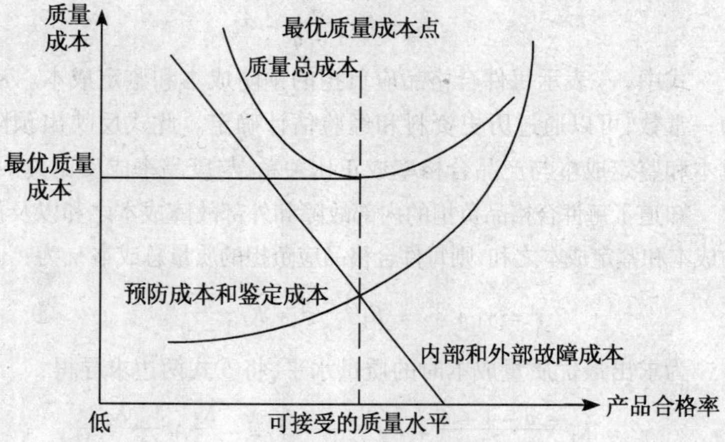

图 8.2　朱兰模型

五、数学模型法

数学模型法就是将质量成本各项目与产品质量水平的关系用数学模型表示,通过数学方法,求出最佳质量水平和最优质量成本。

若以 q 代表产品合格率,表示产品质量水平;$1-q$ 代表废品率;K_1 代表每件废品造成的损失,即为内部和外部故障成本之和,则每件合格品应负担的内部和外部故障成本 y_1 为:

$$y_1 = K_1 \cdot \frac{1-q}{q} \qquad ①$$

从①式可以看出,当 $q=0$ 时,y_1 趋向无穷大;当 $q=100\%$ 时,$y_1=0$。此模型符合内部故障成本和外部故障成本与产品质量水平的关系。

由于预防成本和鉴定成本之和随产品质量水平的提高而增大,随质量水平的降低而减少,所以建立预防成本和鉴定成本的模型如下:

$$y_2 = K_2 \frac{q}{1-q} \quad ②$$

式中，y_2 表示每件合格品应负担的预防成本和鉴定成本。K_2 为一常数，可以通过历史资料和经验估计确定。此式反映出预防成本和鉴定成本与产品合格率成正比关系，与废品率成反比关系。

知道了每件合格品负担的内部故障和外部故障成本之和以及预防成本和鉴定成本之和，则每件合格品应负担的质量总成本 y 为：

$$y = y_1 + y_2 = K_1 \frac{1-q}{q} + K_2 \frac{q}{1-q} \quad ③$$

为求出最优质量成本时的质量水平，将③式两边求导得：

$$y' = K_1 \frac{-q-1+q}{q^2} + K_2 \frac{1-q+q}{(1-q)^2} = -\frac{K_1}{q^2} + \frac{K_2}{(1-q)^2}$$

令其等于零，则求得：

$$\frac{q}{1-q} = \sqrt{\frac{K_1}{K_2}}$$

将有关 K_1 及 K_2 的值代入上式，即可求得最优质量成本时的质量水平。将求出的产品合格率代入③式即可求出单位产品的最优质量成本。

［例］ 某股份企业生产甲产品，每件废品所造成的损失为 8 元，根据以往的经验，当产品合格率为 60% 时，每件产品负担的预防成本和鉴定成本为 0.75 元，该股份制企业的最佳质量水平和最优质量成本计算如下：

由 $y_2 = K_2 \frac{q}{1-q}$ 得

$$0.75 = K_2 \frac{60\%}{1-60\%}$$

则：$K_2 = 0.5$

又由 $\frac{q}{1-q} = \sqrt{\frac{K_1}{K_2}}$ 得

$\frac{q}{1-q} = \sqrt{\frac{8}{0.5}}$，则求得 $q = 80\%$

由计算结果可知，最佳质量水平为产品合格率达到80%。此时，单位产品的最优质量成本为：

$$y = y_1 + y_2 = K_1 \frac{1-q}{q} + K_2 \frac{q}{1-q}$$

$$= 8 \times \frac{1-80\%}{80\%} + 0.5 \times \frac{80\%}{1-80\%}$$

$$= 4(\text{元})$$

值得注意的是，以上的最优质量成本决策，是依据产品质量成本各项目与质量水平间的关系来进行的。但是产品质量和产品售价以及企业收入也存在密切关系。当产品质量提高时，产品售价、销量和质量成本往往会随之提高；但当质量水平达到一定程度后，再继续提高质量，质量成本往往会迅速上升，而售价和销量却不再上升，这就会导致企业经济效益下降。此时，就要分析提高产品质量水平所增加的边际收入与边际成本大小，来确定经济效益最佳时的质量水平。

引用上例，如企业生产能力为200件，每件产品售价20元，单位变动成本8元，其产品合格率以80%往上提高后的资料如表8.1所示。

表8.1　某企业产品合格率80%以上的质量成本及贡献毛益增加数

生产数	产品合格率	内部和外部故障成本核算	预防鉴定成本	合计	单位产品的质量成本	边际收入	边际成本	增加的贡献毛益
200	80%	320	320.00	640.00	4.00	—	—	—
200	81%	304	345.20	649.32	4.01	40	25.32	14.68
200	82%	288	373.56	661.56	4.03	40	28.24	11.76
200	83%	272	405.23	677.23	4.08	40	31.67	8.33
200	84%	256	441.00	697.00	4.15	40	35.77	4.23
200	85%	240	481.67	721.67	4.25	40	40.67	-0.67
200	86%	224	528.29	752.29	4.37	40	46.62	-6.62

从表 8.1 可知,当产品合格率从 80%提高到 81%时,合格品增加 2 件,增加销售收入 40 元,变动成本增加 16 元,质量成本增加 9.32 元,总成本增加 25.32 元,贡献毛益增加 14.68 元。依此类推,直到产品合格率提高到 84%,企业的经济效益达到最大。所以,虽然产品合格率在 80%以后每提高 1%,产品质量成本都要上升,但从经济效益来看,产品合格率在 84%时为最佳。

第四节　质量成本核算方法

产品质量成本核算是企业成本核算的重要内容,也是企业质量成本管理的重要任务。做好质量成本核算工作,是贯彻全面质量管理、巩固和加强质量责任制的要求,也是提高质量、降低消耗、提高企业经济效益的要求。

一、质量成本核算的任务

质量成本核算是企业质量成本管理的重要环节,目的在于用货币形式综合反映企业质量管理活动及其结果,为企业全面质量管理工作提供数据。其主要任务是:

1. 反映和监督企业在生产经营过程中开展质量管理活动的各项费用支出以及各种质量损失,使企业更有效地推行质量管理工作,减少质量损失。通过质量成本核算,揭示技术、管理等方面存在的问题,揭示企业各部门、各单位以至个人在质量职能上存在的薄弱环节。

2. 正确归集和分配各项质量费用,计算产品的总质量成本和单位质量成本,为编制质量成本计划、进行质量成本分析和考核、实施质量成本控制,提供准确、完整的数据资料。质量成本核算是质量成本管理最基本的内容和最初始的起点，其数据资料的可靠性如何，对整个质量成本管理工作的成效如何具有举足轻重的意义。

3．通过质量成本核算，要探求企业在一定的生产、技术和管理条件下最经济合理的质量水平，即找出质量的合格程度和质量成本间的变化关系，以改善质量成本结构，降低质量成本，提高企业质量管理的经济性。

二、质量成本核算的要求

为了提供质量成本管理上需要的资料，质量成本核算必须讲究质量，使提供的信息符合规定，达到正确和及时的要求。要提高质量成本核算的质量，必须符合以下要求：

1．独立性。质量成本属于管理成本范畴，而不属于现行的财务成本范畴。它是因全面质量管理的需要而产生的，并以服务于全面质量管理为最终目的。因此，质量成本没有必要也不可能照现行的财务成本核算方法来进行核算，而必须单独核算、单独处理，但这并不否定质量成本可以最大限度地借鉴和利用现行成本核算方法和资料以节约质量成本核算费用。这一点与现行的管理会计在本质上是一致的。

2．正确划分生产成本开支和质量成本开支的费用界限。生产成本开支是指构成产品实体及维持基本的生产经营条件方面的开支；质量成本开支是指按质量成本定义所规定的有关开支。这二者的界限应明确划分。当然，基本的生产费用中有部分费用在生产经营过程中可能会转化为质量费用而最终形成质量成本，那另当别论。

3．可靠性要求。可靠性包括真实性和可核实性。真实性就是所提供的质量成本信息与客观的经济事项相一致，没有掺假或人为提高、降低。可核实性即质量成本核算资料按一定原则由不同的会计人员加以计算,都能得出相同的结果。真实性和可核实性的要求是为了保证质量成本核算信息的正确可靠。

4. 相关性要求。相关性包括两个方面,即质量成本信息的有用性和及时性。质量成本信息的主要目的是帮助使用人员解决质量成本的有关问题,并为未来决策提供有用信息。有用性就是要求把质量成本核算的质量提高,成为质量成本管理中重要的一环。及时性也是相关性的一个重要因素,因为信息的及时反馈可以使改进工作得以及时进行或为预测决策服务,而过时信息往往成为徒劳无用的资料。

5. 质量成本核算的组织形式适当。质量成本核算应与企业的实际情况相结合,适应企业的规模和全面质量管理及质量会计管理的需要。质量成本核算的组织形式一般有两种:一种是一级质量成本核算组织形式,在这种形式下,由企业会同各部门集中进行全厂的质量成本的收集、分配、归集和计算工作,不分车间和各职能部门计算质量成本。这种形式适合于规模较小、品种单一的小型企业。另一种是两级质量成本核算的组织形式,在这种形式下,质量成本的核算分厂部和车间、各职能部门、各责任中心两级进行,各车间、职能部门、责任中心设置专职或兼职的核算员,负责责任范围内的质量成本的明细核算,再由厂部进行汇总核算,这种形式一般适用于规模较大的大中型企业。

三、质量成本核算的基础工作

为了保证质量成本核算的质量,企业要重视健全质量成本核算的基础,没有健全的基础,质量成本核算就不能顺利进行并达到预期的目的。

1. 建立和健全各种原始记录和凭证。原始记录和凭证是进行成本核算工作的首要条件。进行成本核算和成本分析都要以数据可靠、内容齐全的原始记录和凭证为依据。质量成本核算的原始记录和凭证包括废品通知单、废品计算汇总表、返修单和返修损失计算汇总表、物资领用单、物资费用汇总表、质检费用支付明细表、工资结算支付汇总表和工资费用汇总表和其他原始凭证。企业应根据不同的核算方法,设计不同格式的原始凭证,以便及时登记、收集与质量成本有关的数据。

2. 质量成本的计量和计价制度。质量成本的范围涉及到从企业设计开发到售后服务的各个环节,且很多与产品成本混杂在一起,需要进行仔细的分离,有些属于隐含的、潜在的产品废品损失、产品质量停工损失等,更需要通过一整套完善的计量、计价制度,才能相对完整地收集到质量成本数据。这一切工作都有赖于灵敏、准确的计量、检测器具,并须保持良好的工作状态,操作人员须具有相应的技术及进行规范的操作,建立必要的计量制度;同时还应根据企业实际及市场行情,制定不同的计价标准,为在质量成本中充分运用货币手段打下基础。

3. 建立健全质量成本核算责任制。质量成本各项数据的记录、收集、计算、考核、分析、控制、改进,只有与各责任部门和责任指标等联系起来,才能落到实处,取得成效。质量成本核算的主要内容包括:质量成本各项内容的责任分解;在充分利用现有财会人员的基础上,培训、充实各级质量成本核算员,并明确职责分工;建立质量成本分离、记录、审核、汇集、计算、传递、报告的工作程序和规章,确保质量成本核算的及时、准确。

四、质量成本数据的收集

质量成本数据是开展质量成本管理的基础资料,为此,做好质量成本数据的收集工作,是进行质量成本核算分析和控制的第一步。其具体内容包括:质量成本各项目的责任分解,质量成本数据的收集渠道,以及质量成本数据的传递。

(一)质量成本各项目的责任分解

质量成本的各项指标只有分解落实到各责任单位,才能得到贯彻和落实。首先,企业应根据质量经济责任制的要求,充分考虑现实的生产工艺特点和管理要求,反复研究、综合平衡。同时,要明确所负的成本责任及相应的权力和物质利益,做到责权利的统一。然后,各责任主体再根据各自的情况,实行第二次、第三次甚至更多层次的分解,尽可能具体落实到人。具体说,预防成本中质量计划工作费、质量审核费及质量情报费由全面质量管理部门负责;质量培训费和质量奖励费由人事教育部门负责;新产品评审费、工序能力研究费和质量改进措施费由开发设计部门和工艺科负责。鉴定成本中进货检验费、工序检验费、产成品检验费和产品质量评级费由检验科负责;产品试验用的材料、设备折旧和劳务费用由试验室负责;检验设备维修费由计量室负责。内部故障成本中的废品损失、返修损失、停工损失、事故分析处理费和降级损失由生产车间负责;复检费由检验科负责。外部故障成本由销售科负责。

以上各项目的划分只是原则性的划分,企业可根据自己的实际情况作相应的调整,但有一条须坚持,即谁负责某项目的质量管理工作,就由谁来负责由此而发生的质量成本费用。

(二)质量成本数据的收集渠道

质量成本数据的收集渠道主要有三条:一是直接利用现有会计资料进行收集。即在日常填制凭证和登记明细账时,遇到与质量成本有关又能直接分离的,即在凭证上加盖质量成本专用章,便于质量成本核算员能依此迅速收集。二是虽存在于现有的会计资料中,但与其他费用紧密联系在一起,无法直接分离出来的质量成

表 8.2　预防成本明细表

部门:铸钢车间　　20××年 12 月份　　单位:元

日期	凭证号	项目 / 内容	质量计划工作费	质量培训费	质量奖励费	新产品评审费	质量审核费	工序能力研究费	质量改进措施费	质量情报费	小计
		培训人员工资		2076.48							2076.48
		新产品评审费				3160.00					3160.00
		领用文具表格	1179.25								1179.25
		工序能力研究员工资						316.80			316.80
	合计		1179.25	2076.48		3160.00		316.80			6732.53

本,如生产工人为修复少量次品所支出的工资、材料等费用,一般与日常的基本生产成本混在一起。对这类费用须建立临时记录卡来反映,并通过调查分析将质量成本与非质量成本区别开来,以便科学地确定质量成本的实际发生额。三是不能从现有会计资料中收集到的,不属于现行会计制度核算范围的隐含质量成本,如质量停工损失,这种损失并没有实际支出,往往只能通过估算取得,须设置专用凭证进行单独计算。

(三)质量成本数据的传递

质量成本数据的传递,先由各责任单位的核算员编制质量成本原始凭证(如是直接从现有会计资料中获取的,可免去这一程序);然后各责任单位核算员以相关的原始凭证为依据,以责任单位为主体,进行质量成本的明细核算,并编制质量成本明细表;最后由质量会计部门根据各责任单位报送的质量成本明细表,汇总编制报告期质量成本各项目汇总表。

[例] 某车辆股份制企业20××年12月份铸钢车间预防成本明细表及企业质量成本汇总表如表8.2、表8.3所示。

铸钢车间将本车间的各项质量成本明细表汇总上报质量会计部门,由其根据各部门上报的质量成本明细表编制整个企业的质量成本汇总表。

表8.3 质量成本核算汇总表

20××年12月份某车辆股份制企业

单位:元

项目 部门	预防成本	鉴定成本	内部故障成本	外部故障成本	合计
货车	1093.73	3777.06	230.65		5101.44
铸钢	6732.53	18383.70	51851.88		76968.11

（续表）

部门＼项目	预防成本	鉴定成本	内部故障成本	外部故障成本	合计
铸铁	294.55	1373.70	28833.20		30501.45
制动机	19087.36	1263.25	2338.75		22689.36
制材	504.95	667.33	9341.89		10514.17
轮轴	1918.16	1161.96	6832.00		9912.12
锻工	1251.88	4428.33	2492.71		8172.92
转向架	18.60	498.86	12.90		530.36
机械工具	4370.04	872.02			5242.06
冶金科	10615.81	16587.49			27203.30
计量科		9122.45			9122.45
检查科	1712.00	16783.00			18495.00
销售科				35428.81	35428.81
质管办	3865.54				3865.54
合　计	51465.15	74919.15	101933.98	35428.81	263747.09

注:为简化起见,上表是按二级科目进行汇总的,在实际工作中应按三级科目汇总。

五、质量成本核算的具体方法

质量成本核算的具体方法有两种:账外核算和账内核算。

1. 账外核算法。账外核算法就是把质量成本的核算和正常的会计核算截然分开,单独设置质量成本的账外记录,由各质量成本控制点进行核算。其中大部分可利用原有的资料(如废品损失计算单),并在原有的“生产成本”和各种费用账户内设置分析专栏,根据有关凭证将成本数据在分析栏内填列。然后由各质量成本控制点根据核算结果定期编制质量成本报告,作为考核控制点业绩的依据。

此种方法简便易行,但是不能对质量成本的实际发生数进行准确和有效的控制。

2. 账内核算法。账内核算法就是在原有会计科目表中增设“质量成本”一级科目,然后在它的下面再分别按“预防成本”、“鉴定成本”、“内部故障成本”和“外部故障成本”以及“质量成本调整”设置五个二级科目。前四个二级科目分别核算属于各项目实际支付的有关费用和损失,后一个用来调整实际并未支付,但应计入前四个项目中的隐含成本(如停工损失、降级损失以及折价损失),以保证“质量成本”账户借方发生额完整地反映企业一定时期的总的质量成本,作为编制产品质量成本报告的依据。各二级科目下还可按具体内容设置明细项目。质量成本核算程序如图 8.3 所示。

此种方法能对质量成本的实际数进行准确而有效的控制,缺点是账务处理比较繁琐。以上例股份制企业 12 月份资料为例,其

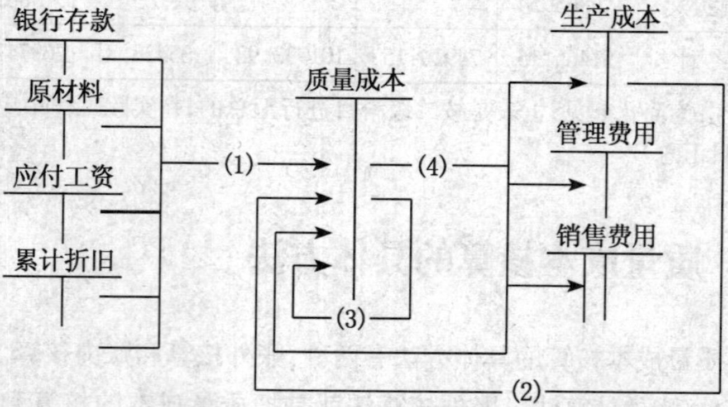

图 8.3　质量成本核算程序

注:(1) 归集日常发生的质量成本;

(2) 结转废品损失;

(3) 调整隐含质量成本;

(4) 质量成本的分配。

质量成本的账务核算如下：

(1) 归集日常发生的质量成本(为简化起见,此处只编制总分录)。

借：质量成本——预防成本　　51465.15
　　　　　　——鉴定成本　　74919.15
　　　　　　——内部故障成本　　38938.78
　　　　　　——外部故障成本　　34153.37
　贷：各有关账户　　199476.45

(2) 结转废品损失。

借：质量成本——内部故障成本　　35880.76
　贷：生产成本——废品损失　　35880.76

(3) 调整隐含质量成本。

借：质量成本——内部故障成本　　27114.44
　　　　　　——外部故障成本　　1275.44
　贷：质量成本——质量成本调整　　28389.88

质量成本分配表

表 8.4　　20××年 12 月

单位:元

应贷项目 / 应借项目	质量成本				
	预防成本	鉴定成本	内部故障成本	外部故障成本	合计
生产成本			74819.54		74819.54
管理费用	51465.15	74919.15			126384.30
销售费用				34153.37	34153.37
质量成本调整			27114.44	1275.44	28389.88
合计	51465.15	74919.15	101933.98	35428.81	263747.09

(4) 根据表 8.4 编制质量成本分配分录如下。

借：生产成本　　　　　　　　　　　74819.54

　　管理费用　　　　　　　　　　　126384.30

　　销售费用　　　　　　　　　　　34153.37

　　质量成本——质量成本调整　　　　28389.88

　　贷：质量成本——预防成本　　　　　　　51465.15

　　　　　　　　——鉴定成本　　　　　　　74919.15

　　　　　　　　——内部故障成本　　　　　101933.98

　　　　　　　　——外部故障成本　　　　　35428.81

通过上述分录,“质量成本”一级科目所反映的内容如下所示。

质量成本

(1) 51465.15	(3) 28389.88
(1) 74919.15	(4) 51465.15
(1) 38938.78	(4) 74919.15
(1) 34153.37	(4) 101933.98
(2) 35880.76	(4) 35428.81
(3) 27114.44	
(3) 1275.44	
(4) 28389.88	
292136.97	292136.97

六、质量成本报告

质量成本核算无论采用账外核算法还是账内核算法,在各个会计期(月、季、年)终了均应编制质量成本报告,以考核质量成本的升降情况,进一步研究工作,提出改进措施,挖掘成本潜力。

引用某车辆股份制企业的有关资料,其 12 月份质量成本报告如表 8.5 所示。

企业还可按各主要产品编制单位质量成本报告,分别与历史

表 8.5　某车辆股份制企业质量成本报告

20××年 12 月

单位:元

项目		预算数			实际数			差异数		
		金额	占各项质量成本的百分比	占总额的百分比	金额	占各项质量成本的百分比	占总额的百分比	金额	占各项质量成本的百分比	占总额的百分比
预防成本	质量计划工作费	6000	12.27	2.39	4580.40	8.9	1.74	(1419.60)	(3.37)	(0.65)
	质量培训费	4000	8.18	1.59	3911.35	7.6	1.48	(88.65)	(0.58)	(0.11)
	质量奖励费	2000	4.09	0.80	2727.65	5.3	1.03	727.65	1.21	0.23
	新产品评审费	6000	12.27	2.39	7822.70	15.2	2.97	1822.70	2.93	0.58
	质量审核费	12000	24.54	4.78	12351.64	24.0	4.68	351.64	(0.54)	(0.10)
	工序能力研究费	15000	30.67	5.97	15645.41	30.4	5.93	645.41	(0.27)	(0.04)
	质量改进措施费	900	1.80	0.36	669.05	1.3	0.30	(230.95)	(0.50)	(0.06)
	质量情报费	3000	6.18	1.19	3756.95	7.3	1.42	756.95	1.12	0.23
	小计	48900	100.00	19.46	51465.15	100.0	19.52	2565.15	0.00	0.05

（续表）

项目		预算数			实际数			差异数		
		金额	占各项质量成本的百分比	占总额的百分比	金额	占各项质量成本的百分比	占总额的百分比	金额	占各项质量成本的百分比	占总额的百分比
鉴定成本	进货检验费	20000	27.86	7.96	18280.27	24.4	6.93	（1719.73）	（3.46）	（1.03）
	工序检验费	25000	34.82	9.95	29967.66	40.0	11.36	4967.66	5.18	1.41
	产成品检验费	14000	19.50	5.57	15208.59	20.3	5.77	1208.59	0.80	0.20
	产品质量评级费	8000	11.14	3.18	6742.72	9.0	2.56	（1257.28）	（2.14）	（0.62）
	产品试验用的材料、设备折旧及劳务费用	4000	5.57	1.59	4120.55	5.5	1.56	120.55	（0.07）	（0.03）
	检验设备维修费	800	11.11	0.32	599.36	0.8	0.23	（200.64）	（0.31）	（0.09）
	小计	71800	100.00	28.57	74919.15	100.0	28.41	3119.15	0.00	（0.16）
内部故障成本	废品损失	30000	32.78	11.94	35880.76	35.2	13.50	5880.76	2.41	1.66
	返修损失	30000	32.78	11.94	31191.80	20.6	11.83	1191.80	（2618.00）	（0.11）
	复检费用	6000	6.56	2.39	7237.31	7.1	2.74	1237.34	0.54	0.35

（续表）

项目		预算数			实际数			差异数		
		金额	占各项质量成本的百分比	占总额的百分比	金额	占各项质量成本的百分比	占总额的百分比	金额	占各项质量成本的百分比	占总额的百分比
内部故障成本	停工损失	5000	5.46	1.99	4688.96	4.6	1.78	（311.04）	（0.86）	（0.21）
	事故分析处理费	500	0.55	0.20	509.67	0.5	0.19	9.67	（0.05）	（0.01）
	降级损失	20000	21.87	7.96	22425.48	22.0	8.50	2425.48	0.13	0.54
	小计	91500	100.00	36.42	101933.98	100.0	38.65	10433.98	0.00	2.22
外部故障成本	索赔费用	6000	15.38	2.39	5987.98	16.9	2.27	（12.53）	1.52	（0.12）
	退货损失	2000	5.13	0.80	0.00	0.0	0.00	（2.00）	（5.13）	（0.80）
	保修费用	30000	76.94	11.94	28165.90	79.5	10.68	（1834.10）	2.58	（1.26）
	折价损失	1000	2.57	0.40	1275.44	3.6	0.48	275.44	1.03	0.08
	小计	39000	100.00	15.54	35428.81	100.0	13.42	（3571.19）	0.00	（2.12）
	合计	251200		100.00	263747.09		100.00		0.00	0.00

先进水平、上年实际平均水平、本年预算水平等进行比较分析,这里不再举例。

思考题

1. 什么是质量成本？建立质量成本的必要性在哪里？

2. 质量成本的分类如何？

3. 什么是质量成本的预测和计划？如何进行质量成本的预测和计划？

4. 最优质量成本决策的方法有哪些？

5. 简述最优质量成本决策的数学模型。

6. 质量成本核算的要求有哪些？

7. 质量成本核算的具体方法有哪些？

8. 质量成本账内核算的程序如何？

第九章　成本预测与决策

现代企业的管理理念和管理目标直接影响了其成本管理的方法和手段,并将其着眼未来的特性表现得最为突出。成本管理首先要求在科学的成本预测和成本决策基础上,制订出合理的目标成本,并形成现实可行的成本计划,然后,才能在日常经营管理活动中,对各项成本计划指标实施全面的、有效的控制。可以说,成本预测和成本决策是成本管理的基本前提。

第一节　成本预测概述

预测,就是对未来进行预计和推测。它是根据已知推测未来,根据过去和现在的状况预计将来的趋势,是对未来不确定的事件预先提出的看法和判断。

成本预测,是以预测理论为指导,根据有关历史成本资料、成本信息数据,在分析目前技术经济条件、市场经营环境等内外条件变化的基础上,对未来成本水平及发展趋势所作的定性描述、定量估计和逻辑推断。

一、成本预测的意义

凡事预则立,不预则废。预测作为一项探索未来的活动,早在古代就已出现，只不过当时是一种经验式的直观预测。在经济、社会和科技迅猛发展的20世纪，特别是第二次世界大战后，由于科技的发展使生产规模日趋扩大，社会分工日趋明细，同时市场竞争环境的不确定性和不稳定性加强，使管理决策成为企业管理必不可少的环节，从而带动了经济预测的发展。至20世纪60年代，经济预测逐渐形成一门新兴的管理学科。

成本预测是企业经济预测的重要组成部分，是成本管理的重要环节，在市场经济下，竞争激烈，企业进行有效的成本预测，对提高经济效益，降低成本，在竞争中求生存求发展，有着十分重要的现实意义。

（一）成本预测是成本决策的依据

成本预测是对成本变动趋势作出的一种估计，回答“将如何”的问题，提供备选方案；成本决策是对成本预测方案的选择，回答“如何办”的问题，确定备选方案。预测的要点在于揭示和描述经济变动趋势，从而为确定经营目标和方向提供依据。但预测本身并不是目的，其目的在于提供反映未来状况的情况，以便作出尽可能合理的定性分析和尽可能精确的定量分析，为成本决策提供有科学依据和有说服力的数据。通过成本预测，对未来经营活动中可能出现的有利和不利因素，进行全面、系统、尽可能准确的分析，以避免成本决策的片面性和局限性，将未来不确定性的程度降低到最低限度。

（二）成本预测是成本计划的基础

计划是对未来的具体要求和部署，预测是对未来事件的描述，两者通过决策环节相联结。预测提出可行的备选方案，决策从备选方案中确定最佳的可行方案，计划则是对决策确定的最佳方案作出实施的具体规划。所以，成本预测是企业编制成本计划过程中必不可少的科学分析阶段，是成本计划的基础工作。没有成本预测，也就无所谓成本决策，更谈不上对决策所选方案进行成本计划。

(三) 成本预测是市场经济和企业管理的必然要求

在市场经济下，生产的社会性日趋强烈，企业外部环境处于急剧变化之中。企业为了增强自身的竞争能力和适应能力，必然要通过成本预测分析企业产品在市场竞争中的地位和获利水平，并不断将预测数与企业的实际状况相比较，克服盲目性，增强竞争能力。实践证明，市场经济越发展，成本预测越重要。

从企业内部管理出发，企业一方面要不断对历史成本资料进行测算，根据目前状况，寻求降低成本的途径；另一方面又要不断对未来经济、技术情况作出适当的估计，不断开拓新产品，并预计其成本水平，以及这种成本水平与市场占有率的客观联系，扩大和加强企业的生存能力。

二、成本预测的基本内容

成本预测涉及生产规划、生产技术、生产组织等各个方面。一般来说，凡是投入资金并发生相应成本耗费的生产经营活动，都涉及成本预测问题。按企业成本决策类型和时间长短划分，成本预测的内容主要包括：

(一) 生产经营规划中的中长期成本预测

一个持续经营的企业首先要对其未来一定时期作出长远的规划，才能确定企业的经营方向和经营策略。这种生产经营规划涉及的时间较长(往往超过一年)，涉及面广，其主要内容是对方案或项目的可行性进行预计，包括：

1. 企业经营项目的成本预测。

企业的经营项目,主要指企业的新建、扩建、改建和其他重大投资项目。这类项目投资额大、回收期长、不确定性强、风险性大,往往要结合宏观产业结构、市场趋向、货币的时间价值等方面进行预测,同时还要对投产后的财务成本水平进行预计,对方案的可行性进行技术经济论证,以便为日后项目实施时的成本管理奠定基础。

2. 产品设计与改造的成本预测。

新产品的开发与老产品的改造,虽然没有企业新建、扩建项目复杂,但由于是开工前对生产产品的重大选择,因而也将涉及到新产品开发与老产品改造的市场需求可行性,需要在保证产品质量的前提下,以成本低、功能高为目标,对不同的产品设计和改造方案进行预测,以确定适宜的产品结构、产品性能、生产工艺和采用合适的原材料。

(二) 生产经营过程中的近短期成本预测

中期和长期成本预测主要解决生产的方向、生产的工艺等问题,而近期和短期成本预测主要解决在日常生产经营过程中如何有效控制劳动耗费的问题。因此,近期和短期成本预测的内容比较单一,主要是测定成本耗费水平高低,以及先期成本计划能否完成,以便于为事中成本控制提供可靠的数据。

三、成本预测的基本要求

预测本身不是目的,任何预测技术都是决策和计划的辅助手段。而运用预测技术时由于不确定性的影响,使得成本预测具有近似性和局限性的特点。因素数据的随机性,造成了预测的近似性,因素的不确定和假定条件,造成了预测的局限性。为此,成本预测要求:

（一）定量分析与定性分析相结合

定量分析适用于定量化的因素预测，可以取得确定的预测值。它是一种定时的预测技术，但并非所有的因素都可以量化，特别对于中长期预测来说，由于时间较长，因素随机性大，因此，某些量化的因素实际上只有在一些假设前提下才可以量化，这样就客观上需要定性分析。定性分析适用于对非计量因素进行未来变动方向的预测，即定性预测方向和趋势。尽管定性分析不能得出直观的预测值，但在任何情况下，定性分析都是前提。只有在定性分析基础上定量分析才有实际意义。因此，定量分析与定性分析应相互结合、相互补充、相互检验，既提出预计的方向和趋势，又提出预计的数量结果。

（二）预测方法与数据模式相适应

所有预测方法都假设存在某种模式或关系，识别出在一给定数据情况下的模型类型，是选择预测方法的重要前提。因为有许多方法适应性很强，能够比别的方法处理更广泛的数据模型，而某些方法适应性不强，但在处理某种特定模式时却较有效。对于定性预测方法，适应于任何模式；对于定量预测方法，各具体方法都有较明确的数据模式与之相适应。如按数据变化情况分析，基本模式有水平型、季节型、循环型、趋势型四种类型。当数据序列随时间的变化有平坦的分布时，存在水平型模式（图 9.1），适用于近期预测及相应方法；当数据序列随季节性起伏时，存在季节型模式（图 9.2），适用于短期预测及相应方法；当数据序列呈季节性起伏周期超过一年时，存在循环型模式（图 9.3），适用于中期预测及相应方法；当数据序列表

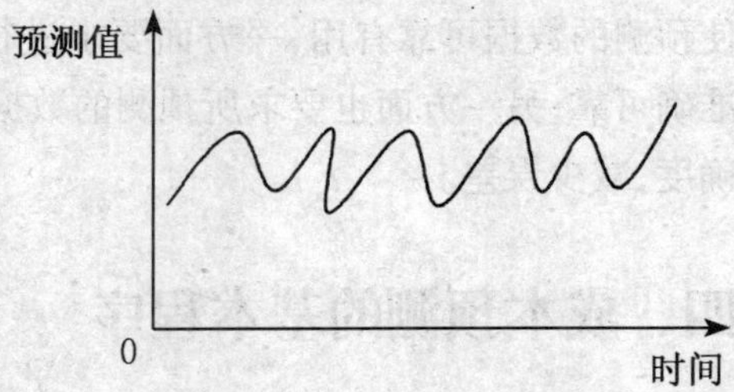

图 9.1

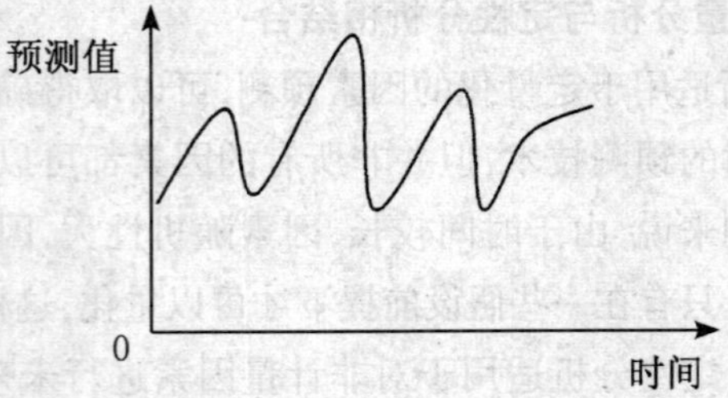

图 9.2

现出随时间全面增加或全面减少的特性时，存在趋势型模式(图 9.4)，适用于长期预测及相应方法。

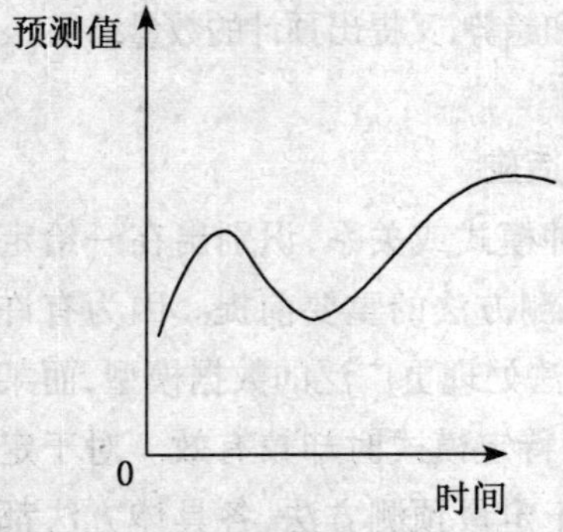

图 9.3

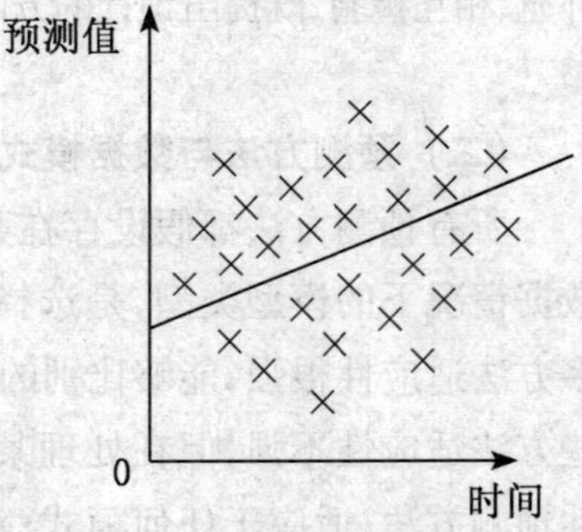

图 9.4

(三) 预测及时，数据可靠

为了不失时机地提供预测数据，要尽可能缩短预测时间，使所预测的数据起到事前控制和推动经营目标实现的作用。同时，为使预测的数据可靠有用，一方面要求进行预测所依据的资料必须准确可靠；另一方面也要求所预测的数据本身尽量准确，提高其精确度，减少误差。

四、成本预测的基本程序

预测并不是空想和臆造。科学的预测，首先要对预测对象进行充分的调查研究，收集和利用尽可能全面的信息资料，然后，使用科学的方法和手段，去寻求预测对象的内部和外部联系、演变的逻辑和发展规律，并利用这种联系和规律去得出正确的结论。这样，成本预测的基本程序一般分为如下步骤：

（一）确定预测目标

这一步骤，首先要确定预测对象，即要求对什么事物进行预测，比如，是对总成本还是单位成本进行预测？是要求预测社会总体成本的变动趋势还是本行业成本水平？等等。其次，要确定对预测有哪些要求，比如，是要求定性化的趋向预测还是定量化的数据预测？对预测结果的精确程度有什么要求？等等。

（二）收集处理信息资料

要得到比较准确的预测结果，必须要有能揭示本质的足够的资料信息。根据预测的需要，就该收集成本预测对象本身的历史资料以及进行预测所需的其他资料，主要是对预测对象起影响作用的各种因素的历史资料以及在计划期内这些因素可能发生变化的资料。如历年成本水平、产品的材料和工时消耗定额、产品市场占有率、国内外竞争价格、目标利润等资料。在收集资料时，除了应注意与预测对象直接相关的因素外，还必须注意可能对预测对象的未来造成较大影响的间接因素。在收集资料的过程中，应随时分析资料的完整性和可靠性，补充必要资料，剔除虚假因素和偶然因素，保证预测结果的精确度和可靠性。

（三）建立预测模型

影响成本的因素是多方面的。为了准确地进行预测，应当建立预测模型，使预测规范化和科学化。对定性预测设定一些逻辑思维和推理程序，对定量预测则建立数学模型，然后根据这些推导和模型进行成本预测。预测模型是对被预测事物过去和现在发展规律的模拟,它是否与实际相符将直接关系到预测结果的精确程度。

(四)利用模型预测

建立了成本预测模型后,就可以将有关成本历史资料或变动因素置于预测模型中进行成本测算。不过,预测模型是在一定条件下建立起来的,它的应用也需要一定条件。因此,必须对预测期内的具体条件加以分析,在确认该时期具备模型的应用条件之后,才能把模型用于预测,去计算和推测。同时,也需要假设和判断过去和现在的发展规律性能够延续到需要预测的时期,即认为预测对象的发展规律性在这期间内依然起作用。否则,也就无必要利用该模型去进行预测了。

(五)分析预测结果

运用预测模型测算的结果,并不能直接使用,还必须进行分析并修正。这是因为,制定的模型和利用的资料是过去和现状的反映,所预测的未来只是近似于该模型反映的情况。而且在计算和推测过程中又会产生一些误差,再加上模型本身又是在许多假定条件下建立起来的,因而预测的结果假定程度较高。这样,每次得到预测结果后,都应对预测的结果加以分析和评价。分析评价的内容有两:一是根据经验和常识去检查与判断预测结果是否合理,是否可能与实际存在较大的误差,并判断未来的条件变化会对预测结果产生多大的影响。二是在预测方案实施后,及时与实际结果相比较,以检验预测结果是否准确及误差大小。如果误差较大,则应建立新的预测模型,或采用多种预测方法对同一对象进行预测,比较并修正预测结果。

在上述基本程序中,关键在于处理和分析环节。一是首先对收集的信息资料进行筛选和处理，二是最后对模型的预测结果进行分析和修正。前者直接决定后面建立的模型是否符合事物发展的客观规律，而后者则限定了提供给成本决策和成本计划使用的预测结果的质量。这两个步骤所涉及的大多是复杂的不确定因素，不像其余步骤那样有章可循。预测是一种技巧与艺术，预测方法只是工具。使用效果的好坏取决于使用者的运用情况，而灵活运用预测方法使预测结果有效的关键就在于处理和分析环节。

第二节　成本预测的方法

随着预测科学的发展，预测方法日益增多。按预测方法的预测结果性质分类，通常将成本预测方法分为定性分析法和定量分析法两大类。按预测技术的内容不同，可将预测方法分为直观判断法、因果关系法、时序外推法和因素关系法等等类别。

一、定性分析法（直观判断法）

成本预测的定性分析法，是成本管理人员根据专业知识和实践经验，运用逻辑思维方法，对产品成本可能达到的水平及发展趋势，所作出的质的分析和推断。由于定性分析的各种具体方法都是利用现有直观材料，依靠管理人员的素质和分析能力进行的直观判断，因此定性分析法也称为直观判断法。

直观判断法简单易行，节省预测时间，应用范围广泛，但由于可依据的原始资料缺乏，需要主观判断，因而准确程度不高，有一定片面性。直观判断法具体主要包括专家会议法、德尔菲法、主观概率法、类推法等等。

(一) 专家会议法和德尔菲法

专家会议法是通过组织专家会议，运用专家各方面专业知识和经验，相互启发，集思广益，对成本等重大战略目标的决策进行预测的一种方法。该法与个人判断相比，其优点在于信息量大，考虑因素多，易于展开思路。它适用于进行初步预测分析，或对已提出的预测方案进行评价。但专家会议法的准确性较差，在预测时易受专家个性、会议时间、专家间感情等方面的影响。

德尔菲法(Delphmethod)是20世纪40年代美国兰德公司设计提出的著名的定性分析法,它实质上是专家会议法的发展。它不同于专家会议法把一组专家召集在一起对预测对象发表意见,而是通过中间机构以匿名方式征求每个专家的意见,以消除专家间在个性、情感等方面的相互影响。经过几轮反复调查和总结,最后取得专家们一致意见的预测。德尔菲法的特点是匿名调查、统计处理、信息反馈。其基本过程一般分四步进行:第一步,将预测主题用调查表形式送交专家预测;第二步,专家们以匿名方式填写调查表并阐明理由;第三步,将收回的调查表进行汇总整理,归并同类项目,排除次要项目,用准确术语再提出预测事件和要求,并作为第二轮调查表再发放给每个专家;第四步,经过上述几轮调查和总结统计,使专家意见达到比较集中的程度,作为预测结果。上述程序中,对应答结果的分析和处理,是德尔菲法预测的最重要的阶段。处理的方法和表达的方式,取决于预测问题的类型和对预测的要求。

[例] 某厂准备投产一种新产品,估计市场承受价格为300元。现请A、B两类专家进行预测,A类专家为技术专家,拟定加权权数为5,B类专家为管理专家,拟定加权权数为3。另外,本厂直接生产人员预测新产品单位成本为260元,拟定加权权数为2。A、B两类专家对新产品单位成本的分析判断如表9.1所示。

表 9.1 专家调查表

单位:元/件

状 况	A 类专家(权数 5)			B 类专家(权数 3)		
	成本水平	概率	期望值	成本水平	概率	期望值
1	238	30%	71.40	230	10%	23.00
2	270	60%	162.00	238	50%	119.00
3	290	10%	29.00	270	40%	108.00
合 计	—	100%	262.40	—	100%	250.00

根据表 9.1 中的资料,再考虑本厂生产人员的意见,则新产品的单位成本预测值为:

$$\text{新产品单位成本} = \frac{262.40 \times 5 + 250 \times 3 + 260 \times 2}{5 + 3 + 2} = 258.20(\text{元})$$

(二) 主观概率法

主观概率法是在调查个人对事件信念程度的基础上,用数值说明人们对事件可能发生程度的主观估计。这种方法是对专家经验的一种定量化定性分析方法。由于掌握相同情况的两个人很有可能对同一事件提出不同的概率,因此,用主观概率法能汇总并定量考虑不同专家的不同意见,得出一种量化的结果。

[例]某企业拟预测 2003 年可比产品成本的降低率,为此,将 2001 年 1 月至 2002 年 9 月共 21 个月的产量和单位成本资料分寄给 8 位成本预测专家,要求根据前 21 个月降低率的趋势预测 2003 年的降低率,预测误差不能超过 ± 1%。被调查专家填写回复的调查资料统计汇总如表 9.2 所示。

根据表 9.2 数据分析说明如下:

(1) 2003 年的成本降低率最低可能为 6.96%,最高可能为 9.40%;

(2) 取最低与最高之间的中间值,即累积概率为 50%时的降

表 9.2 主观概率汇总统计表

专家编号 \ 累积概率	1%	12.5%	25%	37.5%	50%	62.5%	75%	87.5%	99%
	①	②	③	④	⑤	⑥	⑦	⑧	⑨
1	6.0	6.25	6.50	6.75	7.3	7.25	7.50	7.75	8.0
2	6.0	6.40	6.50	7.00	8.3	8.40	8.50	9.40	9.5
3	8.0	8.13	8.25	8.38	8.5	8.63	8.75	8.88	9.0
4	5.0	5.50	6.00	6.50	7.5	8.00	8.25	8.50	9.9
5	7.8	8.00	8.20	8.50	8.8	9.00	9.30	9.40	9.6
6	7.2	7.80	8.26	8.40	8.6	8.80	9.20	9.60	10.0
7	9.2	9.25	9.30	9.35	9.4	9.45	9.50	9.70	9.8
8	6.5	6.80	7.20	8.10	8.9	9.00	9.10	9.30	9.4
平均值	6.96	7.27	7.53	7.87	8.41	8.57	8.76	9.07	9.40

低率 8.41%为 2003 年的预测值。

(3) 取误差 ±1%,预测区间为 7.41%至 9.41%,这个预测区间相当于第③档到第⑨档的范围,其发生概率相当于 0.865(0.99 -0.125)。也就是说,实际成本降低率在 7.41%至 9.41%之间的可能性为 86.5%。

(三) 类推法

如果两个不同对象之间的相互联系规律是已知的,则其中一个对象的发展模型可以被用来预测另一对象的发展趋势,这种定性方法称为类推法。

类推法的前提条件是寻找类似事件。我们假定,当发现两种事件有某些基本相似性时,就可以以此类推它们的其他相似性;或当一种事件的出现经常伴随产生另一种事件时,就可以认为两种事件存在某些联系,也即存在相似关系(如闪电之后推知产生雷鸣)。

类推法的要点是只要两种事件中存在某些基本相似性,就要尽力探求其他相似性。这样,要先确定前一种的先导模型曲线,再预测迟发事件的模型曲线,以探求两曲线间的收敛或扩散关系。然后,再根据先导模型的历史数据,预测迟发事件的未来发展情况。如根据某种材料成本随生产规模扩大而降低的情况,去预测另一种在性能、单耗等方面相似的材料的成本降低情况。

二、因果关系法

因果关系法是一种定量预测方法。定量预测分析是利用历史成本资料以及成本与其影响因素之间的数理数量关系,通过一定的数学模型来推测、估算未来成本水平。定量预测方法一般有因果关系法、时序外推法和因素关系法三大类型。

因果关系法是对成本同其他相关因素的联系进行分析,以建立成本 y 与其影响因素 x 之间的函数关系 $y=f(x)$,利用已知资料数据,对该函数中自变量 x 进行估计和检验,以得到成本预测模型。因果关系法的具体表现主要为回归分析法,其中,因所采用的自变量不同,又分为一元线性回归法、多元线性回归法以及非线性回归法等具体方法。

因果关系法的优点是,当回归模型适当、数据准确时,预测结果一般较为理想。但该法的模型建立过程较为复杂,而且数据稍有变更,即需重新对模型参数进行估计,这样就使模型反映经济活动的变化较为迟钝,缺乏时间延续能力,因而在应用上受到一定的局限。

(一) 一元线性回归模型

在只有一个自变量,而且自变量与因变量之间表现出线性趋势时,可以在自变量与因变量之间建立一元线性回归方程。假设

已知变量(即自变量)为 x,所需预测的未知变量为 y(即因变量),则一元线性回归预测方程为:

$$y = a + bx$$

上式中,参数 a 与 b 用下列最小二乘公式估算:

$$b = \frac{n\sum xy - \sum x\sum y}{n\sum x^2 - \left(\sum x\right)^2} = \frac{\sum xy - \bar{x}\sum y}{\sum x^2 - \bar{x}\sum x}$$

$$a = \frac{\sum y - b\sum x}{n} = \bar{y} - b\bar{x}$$

式中,$\bar{x}$ 与 $\bar{y}$ 分别是 x_i 与 y_i 的算术平均值,即:

$$\bar{x} = \frac{\sum x}{n}, \bar{y} = \frac{\sum y}{n}$$

为了保证预测模型的可靠性,对于建立的模型必须进行统计检验,以检查自变量与因变量间线性关系的强弱程度。检验是通过计算方程的相关系数 r 进行的。

$$r = \frac{\sum xy - \bar{x}\sum y}{\sqrt{\left(\sum x^2 - \bar{x}\sum x\right)\left(\sum y^2 - \bar{y}\sum y\right)}}$$

当 r 的绝对值越接近于 1 时,表明线性关系愈强,建立的预测模型愈可靠。当 $r=1$ 时,说明自变量与因变量正相关,存在正比例关系;当 $r=-1$ 时,说明自变量与因变量负相关,存在反比例关系。反之,如果 r 的绝对值越接近于 0,情况刚好相反。

[例] 某厂 2002 年上半年修理车间的维修工时与维修费资料如表 9.3 所示:

建立回归方程 $y = a + bx$,式中,

$$\bar{x} = \frac{41.36}{6} = 6.893, \quad \bar{y} = \frac{51.16}{6} = 8.527$$

$$b = \frac{360.2516 - 6.893 \times 51.16}{294.163 - 6.893 \times 41.36} = 0.838$$

$$a = 8.527 - 0.838 \times 6.893 = 2.749$$

所建立的预测模型为:

表 9.3　2002 年

月份	维修量 x（千小时）	维修费 y（千元）	xy	x^2	y^2
1	5.52	7.45	41.124	30.4704	55.0525
2	7.61	8.50	64.685	57.9121	72.2500
3	5.34	7.13	38.0742	28.5156	50.8369
4	6.54	8.25	53.955	42.7716	68.0625
5	7.53	9.68	72.8904	56.7009	93.7024
6	8.82	10.15	89.523	77.7924	103.0225
合计 $\sum$	41.36	51.16	360.2516	294.163	443.3768

$$y = 2.749 + 0.838x$$

相关系数为：

$$r = \frac{360.2516 - 6.893 \times 51.16}{\sqrt{(294.163 - 6.893 \times 41.36) \times (443.3768 - 8.527 \times 51.16)}} = 0.943$$

相关系数 r 接近于 1，说明维修量与维修费有较显著的线性关系，所建立的回归预测方程较为可靠。如果 7 月份预计维修 9 千小时，则预计维修费为：

$$y = 2.749 + 0.838 \times 9 = 10.291\text{（千元）}$$

（二）多元线性回归模型

由于事物的复杂性，影响成本因素的多样性，在实际情况中，某些因素与产量变动关系并不密切，并不会通过产量来影响成本，但它们会通过其他因素和途径来对成本施加影响。如能源动力消耗、材料利用率等等。因此，应尽可能地考虑多种因素（自变量）变动对成本（因变量）的综合影响，建立多元线性回归方程预测模型：

$$y = a + b_1x_1 + b_2x_2 + \cdots + b_mx_m$$

上式中，$x_i(i=1,2,\cdots,m)$表示所选取的影响成本变动的各主要因素，a 与 $b_i(i=1,2,\cdots,m)$均为方程的回归系数(即参数)。在该模型应用于实际成本预测时，所选取的自变量要根据企业成本费用耗费的性质而定，一般不宜超过 3 个以上。因为自变量过多，不仅计算过程繁杂，而且难以保证统计资料的可靠性。

下面我们以二元和三元为例，说明多元线性回归方程的建立。在上述 $y=a+b_1x_1+b_2x_2+\cdots+b_mx_m$ 模型中，运用最小二乘原理估计回归系数，应建立的联立方程组为：

$$\begin{cases}\sum y = na + b_1\sum x_1 + b_2\sum x_2 + \cdots + b_m\sum x_m \\ \sum x_1y = a\sum x_1 + b_1\sum x_1^2 + b_2\sum x_1x_2 + \cdots + b_m\sum x_1x_m \\ \sum x_2y = a\sum x_2 + b_1\sum x_1x_2 + b_2\sum x_2^2 + \cdots + b_m\sum x_2x_m \\ \vdots \\ \sum x_my = a\sum x_m + b_1\sum x_1x_m + b_2\sum x_2x_m + \cdots + b_m\sum x_m^2\end{cases}$$

[例]　某厂生产铸件的总成本 y 与劳动量 x_1 和生铁用量 x_2 密切相关，本年 1—9 月份历史统计资料如表 9.4 所示：

表 9.4　1—9 月份铸件生产有关资料

月份	1	2	3	4	5	6	7	8	9	$\sum$
总成本 y（万元）	5.1	5.5	4.8	4.6	5.2	5.0	4.3	4.9	5.7	45.1
劳动量 x_1（千时）	4.1	4.5	3.7	3.6	5.4	5.1	3.2	3.9	4.5	38.0
生铁用量 x_2（百吨）	3.8	4.0	3.6	3.3	3.8	3.7	3.0	3.7	4.2	33.1
电耗量 x_3（万度）	2.6	2.8	2.4	2.4	2.7	2.5	2.0	2.6	2.8	22.8

根据上述资料，建立二元线性回归方程为：

$$y = a + b_1x_1 + b_2x_2$$

按最小二乘原理,得出估计回归系数的联立方程组为:

$$\begin{cases}\sum y = na + b_1\sum x_1 + b_2\sum x_2\\ \sum x_1y = a\sum x_1 + b_1\sum x_1^2 + b_2\sum x_1x_2\\ \sum x_2y = a\sum x_2 + b_1\sum x_1x_2 + b_2\sum x_2^2\end{cases}$$

代入各期数据,得:

$$\begin{cases}45.1 = 9a + 38b_1 + 33.1b_2\\ 192.08 = 38a + 164.58b_1 + 141.1b_2\\ 159.79 = 33.1a + 141.1b_1 + 122.75b_2\end{cases}$$

解方程组,得:

$$a = 29.685, b_1 = 4.119, b_2 = -11.438$$

所建立的预测方程为:

$$y = 29.685 + 4.119x_1 - 11.438x_2$$

[例] 上例中总成本 y 除了与劳动量 x_1 和生铁用量 x_2 相关外,还与电耗量 x_3 相关,根据表 9.4 资料,建立三元线性回归方程为:

$$y = a + b_1x_2 + b_2x_2 + b_3x_3$$

按最小二乘原理,得出估计回归系数的联立方程组为:

$$\begin{cases}\sum y = na + b_1\sum x_1 + b_2\sum x_2 + b_3\sum x_3\\ \sum x_1y = a\sum x_1 + b_1\sum x_1^2 + b_2\sum x_1x_2 + b_3\sum x_1x_3\\ \sum x_2y = a\sum x_2 + b_1\sum x_1x_2 + b_2\sum x_2^2 + b_3\sum x_2x_3\\ \sum x_3y = a\sum x_3 + b_1\sum x_1x_3 + b_2\sum x_2x_3 + b_2\sum x_3^2\end{cases}$$

代入各期数据,得:

$$\begin{cases}45.1 = 9a + 38b_1 + 33.1b_2 + 22.8b_3\\ 192.08 = 38a + 164.58b_1 + 141.1b_2 + 97.25b_3\\ 159.79 = 33.1a + 141.1b_1 + 122.75b_2 + 84.53b_3\\ 115.06 = 22.8a + 97.25b_1 + 84.53b_2 + 58.26b_3\end{cases}$$

解方程组,得:

$$a = 0.6860, b_1 = 0.0292, b_2 = 1.0309, b_3 = 0.1609$$

所建立的预测方程为:

$$y = 0.6860 + 0.0292x_1 + 1.0309x_2 + 0.1609x_3$$

若该厂10月份计划投入的劳动量 x_1 为6.0千时,生铁消耗量为4.5百吨,则10月份铸件总成本为:

$$y = 29.685 + 4.119 \times 6.0 - 11.438 \times 4.5 = 2.928(\text{万元})$$

若上述资料不变,10月份计划电耗量为3.0万度,则10月份铸件总成本为:

$$\begin{aligned} y &= 0.6860 + 0.0292 \times 6.0 + 1.0309 \times 4.5 + 0.1609 \times 3.0 \\ &= 5.977(\text{万元}) \end{aligned}$$

(三) 一元非线性回归模型

当制定一个较长时期的成本计划(如一年以上)时,总成本与某一主要因素(如总产量)的关系总是呈非线性关系,这样就存在非线性的回归分析模型:

$$y = a + b_1x + b_2x^2 + \cdots + b_mx^m$$

在实际情况中,上述模型极少有 $m \geqslant 4$ 的形式,一般只采用 $m = 2$ 或 $m = 3$ 进行预测。当 $m = 3$ 时,预测模型为:

$$y = a + b_1x + b_2x^2 + b_3x^3$$

对于上式中各个系数,仍可以采用最小二乘法予以估计:

令 $x_1 = x, x_2 = x^2, x_3 = x^3$,则有:

$$y = a + b_1x_1 + b_2x_2 + b_3x_3$$

这是一个三元线性函数,再运用三元线性回归方程求解的方法,即可求出回归系数 a、b_1、b_2 和 b_3 的数值。

(四) 学习曲线法

在成本预测中,有一种常用的一元非线性回归分析方法称为学习曲线法。早在 1925 年,人们在飞机制造业中发现,如果飞机产量每扩大一倍,其直接工时便会下降为原来的 80%,后来将这种现象总结为一种学习曲线(learning curve),如图 9.5 所示。这种现象的产生是由于产量的增加,引起工人操作经验的积累,从而引起成本消耗的降低。学习曲线法的基本公式为:

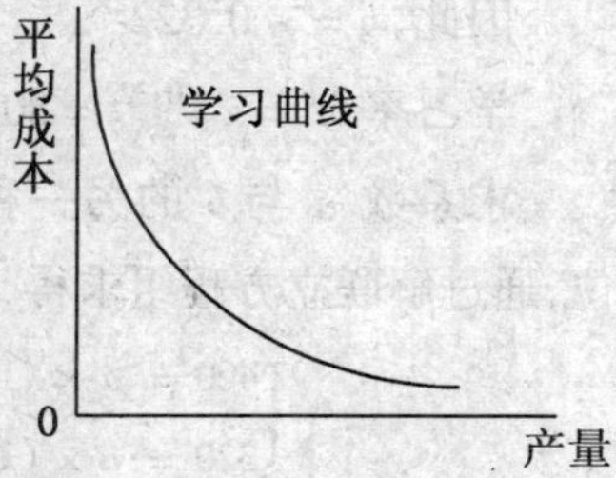

图 9.5

$$y = ax^b$$

在上式中,a 为产出第一批(或第一件)产品的平均单位成本;x 代表与第一批(或第一件)相比累计的批量(或累计的产量);b 反映学习进度的量度;y 为累计的平均单位成本。当 $x = 2$,即累计批量(产量)每增加一倍时,2^b 表示相应的单位成本变动率,因而又称为学习率。很显然,由于 b 是一个预测前需测算出的系数,不是已知的,因此,学习曲线法是一种变化了的一元非线性回归模型。

[例] 美国某公司在装配飞机时发现装配批量与单位成本存在一定关系(如表 9.5 所示),批量每扩大一倍时,单位成本相应降低 80%。于是,可建立下列学习曲线方程:$y = ax^b$。

表 9.5

累计产量(架)	10	20	40	80	160	320
累计平均成本(万元/架)	400	320	256	204.80	163.84	131.07

对于系数 a 与 b,有两种求解方法。一种是以一个批量(10 架)为产量单位,当生产第一批飞机(即 $x = 1$)时,平均成本为 $a = 400$。当生产今后各批产品时,则有:

$$320 = 400 \times \left(\frac{20}{10}\right)^b \text{ 或 } 256 = 400 \times \left(\frac{40}{10}\right)^b \text{ 等等}$$

因此，$b=-0.322$

学习率 $x^b=x^{-0.322}=80\%$

求系数 a 与 b 的另一种方法是以一件产品(1 架)为产量单位，通过解联立方程组求得，如有：

$$\begin{cases}400=a\times(10)^b\\320=a\times(20)^b\end{cases}\quad 得：\begin{cases}a=836.62\\b=-0.322\end{cases}$$

两种方法下建立的预测方程分别为：

$$y=400x^{-0.322}\quad (x\text{ 为 10 架的倍数})$$

$$y=839.62x^{-0.322}\quad (x\text{ 为 1 架的倍数})$$

如果当飞机生产量达到 500 架时，预计生产的单位成本为：

$$y_{500}=400\times\left(\frac{500}{10}\right)^{-0.322}=113.499(\text{万元}/\text{架})$$

$$或\ y_{500}=839.62\times500^{-0.322}=113.505(\text{万元}/\text{架})$$

学习曲线法是生产行业特别是制造加工性生产行业中常用的预测方法，根据各经验数据，一般 75% 的手工操作、25% 的机器操作时，学习率为 80%；手工操作和机器操作各占一半时，学习率为 85%；手工操作为 25%、机器操作为 75%时，学习率为 90%。机械化程度越高，学习率越大。

三、时序外推法

因果关系法最大的局限在于所利用的资料无时序性，所建立的模型对当前情况的反应能力差，自身缺乏延续性。为此，应采用考虑时间关系的预测模型。

时序外推法，就是根据历史资料数据，按时间顺序排列起来，组成数据序列进行外延类推，将过去直接延续到未来的一种预测方法。由于预测期长短和成本变动的规律性特点，决定了时序外推法主要分为移动平均、趋势外推以及指数平滑等方法。

(一) 移动平均法

移动平均法是一种最简单的时序预测模型,它是将统计资料按时间顺序划分为若干个数据点相等的组,并依次向前平行移动一个数据,计算各组的算术平均数,并组成新的时间序列进行预测。

移动平均法假定预测与较近期的观察值关系较大,因此,它在处理历史资料时不像简单平均法那样进行一次平均,而是顺次地重叠分组,求出该组的平均值。并且逐步向后移动,用近期数据替换远期数据,用新的平均值修改原来的平均值,从而反映实际增减趋势。设 x_t 为 t 时刻的成本数据,M_t 为 t 时刻的简单移动平均数,n 为每组数据的个数(一般为 3 或 5),则移动平均法公式为:

$$M_t = \frac{x_t + x_{t-1} + \cdots + x_{t-n+1}}{n} = M_{t-1} + \frac{x_t - x_{t-n}}{n}$$

[例] 某厂 2002 年各月甲产品单位成本资料如表 9.6 所示,则按 $n = 5$ 计算时,各期移动平均数值列示于表中第(4)列。如果 11 个月的移动平均数值为:

$$M_{11} = \frac{155 + 130 + 220 + 277 + 235}{5} = 203.4(\text{元})$$

$$= M_{10} + \frac{x_{11} - x_6}{5} = 191.6 + \frac{235 - 176}{5} = 203.4(\text{元})$$

表 9.6 甲产品单位成本移动平均值

单位:元

月份	时间(t)	单位成本(x_t)	五个月移动平均(M_t)	变动趋势	三个月变动趋势移动平均
(1)	(2)	(3)	(4)	(5)	(6)
元月	1	200	—	—	—
二月	2	135	—	—	—
三月	3	195	—	—	—

（续表）

月份	时间(t)	单位成本(x_t)	五个月移动平均(M_t)	变动趋势	三个月变动趋势移动平均
四月	4	197	—	—	—
五月	5	310	207.4	—	—
六月	6	176	202.6	-4.8	—
七月	7	155	206.6	+4.0	—
八月	8	130	193.6	-13.0	-4.60
九月	9	220	198.2	+4.6	-1.47
十月	10	277	191.6	-6.6	-5.00
十一月	11	235	203.4	+11.8	+3.27
十二月	12	218	216.0	+12.6	+5.93

从表9.6中可以看出，按五个月移动平均计算的11月份数值$M_{11}=203.4$元，以此作为12月份的预测值，实际值为218元，偏差为14.6元。这种偏差一方面是由于每组数据个数n的多少引起的，另一方面是由于数据变动趋势的影响造成的。

一般来说，n的取值大，移动平均数对远期的干扰因素的反应较弱，对数据变化的敏感性较差，预测值较平稳；反之，n值越小，预测值对近期的敏感性强，但修匀能力下降，估计值误差较大。另外，数据序列存在非趋势变动时，也将影响最后预测值(如例中)，因此，一般采用计算移动平均数M_t的增减量移动平均值，如第(6)列，以尽量消除非趋势变动的影响。这时，预测公式变为：

预测值 = 最后一期移动平均数 + 变动趋势调整值

　　　 = 最后一期移动平均数 + 趋势移动平均值 × 时间滞后期

上例中，如果要预测12月份的单位成本，则最后一期(11月)的移动平均值为203.4元，趋势移动平均值为3.27元，计算趋势移

动平均值的中心月份为 8 月,距预测月 12 月时间滞后期是 4 个月,因此:

$$12\text{月成本预测值} = 203.4 + 3.27 \times 4 = 216.48(\text{元})$$

(二) 季节趋势外推法

采用移动平均法,虽然可以自行延续,但并非反映成本水平发展趋势的规律性。事实上,某些经济现象往往随着时间的推移而呈现出一定的规律性,这就可以建立一定的以时间为自变量的趋势外推法。

趋势外推法可以分直线趋势外推、指数曲线趋势外推、抛物线趋势外推等几种类型。在直线趋势外推类型下,预测模型为:

$$y = a + bt(t\ \text{为时间})$$

这种类型预测公式的建立与一元线性回归法相同。在指数曲线趋势外推类型下,预测模型为:

$$y = ab^t(t\ \text{为时间})$$

这种类型下,可以将方程两边取对数,令 $Y = \lg y, A = \lg a, B = \lg b$,则也变化成一元线性回归模型。

$$\lg y = \lg a + t\lg b$$

即:

$$Y = A + Bt$$

在抛物线趋势外推类型下,预测模型为:

$$y = a + bt + ct^2(t\ \text{为时间})$$

这种类型实质上也是以时间为自变量的二元线性回归模型。

在某些季节性生产的企业中,由于经营环境的影响,成本往往随季节性的变化而起伏,如冷饮、服装业等,这就适宜采用季节趋势外推法预测成本。季节趋势外推法实质上是一种直线趋势外推类型,其基本原理是:

首先,建立不含季节性变动影响的直线趋势外推模型:

$$y = a + bt(t\ \text{为时间})$$

其次，利用上述直线模型计算统计资料中各期预测值与实际值的对应关系，用季节系数反映各期季节的变动：

$$\text{季节系数 } S_i = \frac{\text{实际值}}{\text{理论预测值}}$$

由于按直线趋势模型计算的各期预测值是通过实际数据分布中心的一条直线，因此，当预测值与实际值愈相符时，则季节系数 S_i 越接近于 1，反映无季节变动影响；反之，预测值愈偏离实际值，则季节系数 S_i 越偏离于 1，反映存在季节变动的影响。为此，可利用各周期内相应各期季节系数的平均值来修正相应的预测值，使之既能反映事物发展的长期总趋势，又能反映季节性变动的影响。即预测模型为：

$$y = (a + bt)\bar{S}_i$$

上式中，a，b 为方程系数，t 为时间，$\bar{S}_i$ 为 t 中季节性循环周期相应各季节系数的平均值（$i = 1, 2, \cdots, t$）。

［例］ 某厂的丁产品 2002 年全年各月单位成本资料如表 9.7 所示。从单位成本各月的分布来看，各月成本水平波动较大，升降情况不明显，不宜直接建立以时间为自变量的一般外推模型。但数据基本体现了单位成本表现出下降、回升、下降的季节波动规律，尽管各月份成本波动较大，但总体发展趋势是下降的。为此，首先建立反映这一总体趋势的线性模型（如图 9.6 中虚线所示）：

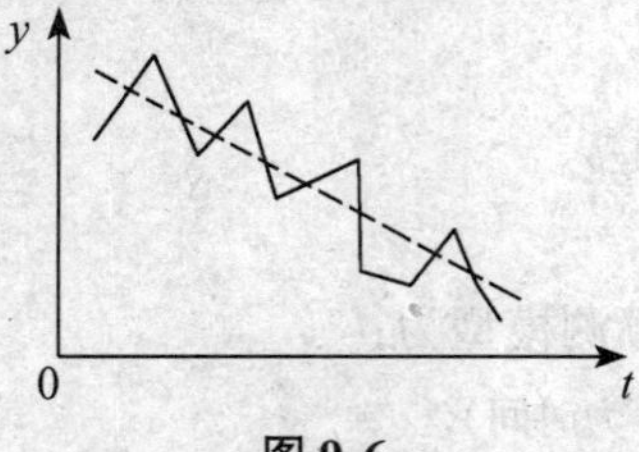

图 9.6

$$y = a + bt$$

根据表 9.7 中的资料，可用一元回归公式计算出

$$a = 266.47, \quad b = -2.406,$$

线性模型为：

$$y = 266.47 - 2.406t$$

表 9.7　季节性数据及理论预测值

月　份 (t)	单位成本实际值	线性预测值 (y)	季节系数 (S_i)	平均季节系数 $(\bar{S}_i)$
1	260	264.06	0.9846	
2	268	261.66	1.0242	$\bar{S}_1 = 0.9865$
3	258	259.25	0.9952	
4	262	256.85	1.0201	
5	251	254.44	0.9865	$\bar{S}_2 = 1.0077$
6	248	252.04	0.9840	
7	250	249.63	1.0015	
8	246	247.22	0.9950	$\bar{S}_3 = 1.0044$
9	242	244.82	0.9885	
10	246	242.41	1.0148	
11	244	240.01	1.0166	$\bar{S}_4 = 1.0014$
12	235	237.60	0.9890	

表 9.7 中各月的季节系数为实际值与按线性方程计算的预测值的比率，例如：

$$S_1 = \frac{260}{264.06} = 0.9846, \quad S_9 = \frac{242}{244.82} = 0.9885$$

如果以 4 个月为一个循环周期计算平均季节系数，则有：

$$\bar{S}_1 = \frac{0.9846 + 0.9865 + 0.9885}{3} = 0.9865$$

$$\bar{S}_2 = \frac{1.0242 + 0.9840 + 1.0148}{3} = 1.0077$$

$$\bar{S}_3 = \frac{0.9952 + 1.0015 + 1.0166}{3} = 1.0044$$

$$\bar{S}_4 = \frac{1.0201 + 0.9950 + 0.9890}{3} = 1.0014$$

这样，所建立的季节趋势外推模型为：

$$y = (266.47 - 2.406t)\bar{S}_i$$

如例,如果要预测明年 3 月和 6 月份的单位成本,则有:

$$y_3 = (266.47 - 2.406 \times 3) \times 1.0044 = 260.39(\text{元})$$

$$y_6 = (266.47 - 2.406 \times 6) \times 1.0077 = 253.98(\text{元})$$

季节趋势外推法预测误差较大,但考虑了季节性周期的特点,一般适应于短期预测。

(三) 指数平滑法

指数平滑法是对移动平均法的改进和发展。由于移动平均法所需数据量大,而且没有反映历史资料对近期影响大、对远期影响小的特点,因此,应运用加权移动平均法进行预测。指数平滑法实质上是一种加权移动平均法,它是以本期实际值和本期预测值的加权平均值作为下期预测值的。由于移动平均法的公式为:

$$M_t = M_{t-1} + \frac{x_t - x_{t-n}}{n}$$

而 x_{t-n} 是参与计算 M_{t-1} 的一个数据,因而可以认为 M_{t-1} 是 X_{t-n} 的最佳估计值,可以用 M_{t-1} 代替 x_{t-n},则有:

$$M_t = M_{t-1} + \frac{x_t - M_{t-1}}{n} = \frac{x_t}{n} + \left(1 - \frac{1}{n}\right)M_{t-1}$$

令 $1/n = \alpha$,则有

$$M_t = \alpha x_t + (1 - \alpha)M_{t-1} \quad ①$$

$$= M_{t-1} + \alpha(x_t - M_{t-1}) \quad ②$$

上面两式中,M_t 为下期预测值,M_{t-1} 为本期预测值,x_t 为本期实际值,α 为平滑系数($0 \leqslant \alpha \leqslant 1$),即权数。上式第①种表达表明,下期预测值是本期实际值和本期预测值的加权平均。上式第②种表明,下期预测值是在本期预测值的基础上加上预测误差,预测误差取决于本期实际值与本期预测值的偏差及所用权数的大小。

指数 α 是一个加权因子,它能使近期的历史资料对预测值的影响加大,并使预测的发展趋向更趋于平滑。反之,预测结果的准确性很大程度上受平滑指数 α 的影响。一般来说，α 越大，平滑效果越差，α 越小，平滑效果越好。当认为经济现象数据波动不大时，α 取小值（0.1 至 0.3）；数据波动较大时，α 取大值（0.6 至 0.8）；不易掌握时，可分别取不同的 α 值进行试算比较，选取预测误差最小的 α 值。

［例］ 在表 9.6 中，是以五期移动平均的，即 $n=5$。因此，选择平滑指数 $\alpha=20\%$。由于 6 月份实际单位成本为 $x_6=176$，预测值为 $M_5=207.4$，则按指数平滑法预测的各期单位成本为：

7 月：$M_6 = M_5+\alpha(x_6-M_5)$
$= 207.4+0.2\times(176-207.4)$
$= 201.12$（元）

8 月：$M_7 = M_6+\alpha(x-M_6)$
$= 201.12+0.2\times(155-201.12)$
$= 191.90$（元）

9 月：$M_8 = M_7+\alpha(x_8-M_7)$
$= 191.90+0.2\times(130-191.90)$
$= 179.52$（元）

10 月：$M_9 = M_8+\alpha(x_9-M_8)$
$= 179.52+0.2\times(220-179.52)$
$= 187.62$（元）

11 月：$M_{10} = M_9+\alpha(x_{10}-M_9)$
$= 187.62+0.2\times(277-187.62)$
$= 205.50$（元）

12 月：$M_{11} = M_{10}+\alpha(x_{11}-M_{10})$
$= 205.50+0.2\times(235-205.50)$
$= 211.40$（元）

1 月：$M_{12} = M_{11}+\alpha(x_{12}-M_{11})$
$= 211.40+0.2\times(218-211.40)$

$= 212.72$(元)

为了测定在不同 α 取值条件下预测结果的精确度,可计算平均绝对偏差 *MAD* 和平均平方偏差 *MSE* 两种标准。上例中 $N=7$,则:

$$MAD = \frac{1}{N}\left(\sum_{t=1}^{N} |x_t - M_{t-1}|\right) = 43.63$$

$$MSE = \frac{1}{N}\left[\sum_{t=1}^{N} (x_t - M_{t-1})^2\right] = 2497.98$$

如果用其余的 α 值(如 $\alpha = 0.7$)计算的 *MAD* 和 *MSE* 均大于上述检验值,这说明当 $\alpha = 0.2$ 时要准确一些。

四、因素关系法

因素关系法,就是建立影响成本诸因素之间的某种比例关系,通过因素之间相互依存的结构比例变化来预测成本的数值。这种预测方法所表达的关系实质上也是一种因果关系,其特点是不同预测目标之间互为因果。在预测学中,因素关系法也称为结构比例分析法,常用的具体方法有投入产出法、经济计量模型法等。

(一)投入产出法

投入产出法最早用于国民经济计划,在成本预测中应用投入产出法,是从费用耗费运动过程的整体出发,分析各个生产经营环节上费用的投入与产出成果之间的数量关系及其处于平衡状态的条件,以预测未来各环节投入产出的变化对其他环节的影响。

(二)经济计量模型法

经济计量模型法是根据因素间客观的经济联系,利用各种经济因素之间的数量依存关系来建立基本数学模型,然后通过这个模型来分析各因素的变化规律,预测未来的经济变动。经济计量模型的实质是进行因素测算,所以又称为因素测算法。最常用的经济计量模型是盈亏平衡分析模型,其基本模型式为盈亏平衡分析式:

$$利润 = 销量 \times (单价 - 单位变动费用) - 固定费用$$

$$保本销售量 = \frac{固定费用}{单价 - 单位变动费用}$$

预测成本升降临界点的业务量,一般采用盈亏平衡分析模型。在基期成本水平一定的情况下,要降低单位成本,应从提高产量,降低单位固定费用入手。成本升降临界点是指未来期间单位成本与基期单位成本相等时的临界产量,超过这个临界产量,单位成本将低于基期水平;反之,单位成本将有所上升。

$$成本升降临界点 = \frac{固定费用}{基期单位成本 - 单位变动费用}$$

［例］ 设基期单位成本为85元,单位变动成本为60元,固定成本为5000元。若下期准备扩大生产能力增添新设备2000元,由于生产效率提高可使变动成本降低5%,问产量至少要达到多少才能保持基期成本水平?

$$临界产量 = \frac{5000 + 2000}{85 - 60 \times (1 - 5\%)} = 250(件)$$

第三节 成本决策概述

经营管理的重心在于决策,合理的决策为经营目标的实现提供了行为起点。成本决策是为了实现成本目标,根据客观的可能性,在成本预测所提供的成本信息基础上,运用决策技巧和方法,从多个成本备选方案中选择最优化成本方案的行为过程。

一、成本决策的意义

一般意义上的决策,就是为达到所期望的目标,根据事物现状、环境条件及有关信息,对未来可能采取的行为作出选择的过程。人们在日常工作和生活中,无时无刻不在作出决策,以规划自己的行为。正确的决策产生正确的行为,得出满意的结果。反之,一旦决策失误,将造成无可挽回的损失。因此,决策的作用在于保证行为的合理有效性。

(一)成本决策是现代化成本管理的重要特征

管理的重心在于经营,经营的重心在于决策。决策正确与否,直接关系到企业的兴衰成败。决策者的职位越高,管辖范围越广,其决策对未来行为的影响也越大。所以,正确的决策是企业合理的生产经营活动的前提和基础。现代化成本管理由成本决策、成本控制、成本分析等环节构成,成本决策是现代化成本管理的前提环节。而且,成本决策决定着其后成本目标计划的先进性和成本目标实施的可能性,直接影响企业经营管理水平和经济效益的高低。成本决策具有较大的综合性,它对其他经营决策起着指导性作用。

(二)成本决策是经营环境和经济效益的客观要求

社会主义市场经济建立后,由于市场竞争和价值规律的作用,同时现代社会市场需求变化的复杂性和科学技术发展的迅速性,使得过去单一的计划管理和行政手段已远远不能满足市场经济的变化要求,成本决策呈现出更为特殊的重要性。市场经济越发展,社会分工越来越细,引起企业外部经营环境急剧变化,企业与外界联系日趋复杂,企业内部的生产规模和生产过程在不断扩大和复杂,影响决策的因素也日趋增加,决策的影响后果也就越大。企业必须不断扩大市场和降低成本,在市场竞争中以提高经济效益求生存,以加强自身的竞争能力和适应能力,这一切都依赖于科学的成本决策。决策的产生和完善,标志着企业经营管理已由过去经验式的定性管理发展到科学的定量管理。

二、成本决策的基本要素

决策者要进行有效而合理的决策,取决于三个基本要素:合理的决策目标、科学的决策方法和适当的评价标准。在成本决策中,同样要面临这三个基本要素。进行成本决策的过程,也就是在一定决策目标下运用决策方法进行定性定量分析,并对决策结果作出评价判断的过程。

建立目标是决策的前提,它决定着决策的性质。同样一个经营问题,如果所建立的决策目标不同,则决策的性质及其所拟定的方案也会随之改变。同样,所要求的决策目标太高或太低,也会使决策的最终结果有所不同。成本决策目标通常都有一定的附加约束条件,是一种有条件的决策目标。同时,成本本身也可能成为其他经营决策目标的约束条件。这些情况,都是在确立决策目标时所需考虑的。

决策方法是进行决策的手段,方法本身是客观的,但方法的选择是主观的。不同方法的选择首先取决于决策目标的不同,其次还取决于决策期的长短、预测资料的完备可靠程度以及方案本身各变量的状态等。由于不同决策方法的采用,同样会造成不同的决策结果。因此,在具体进行决策时,一定要注意决策方法的约束条件,以及所需决策的事项是否适应用于某种所准备采用的决策方法。

为了便于对各种决策方案的优劣程度给予选择和评价,还必须定量地计算出在执行某一方案、出现某种客观状况下,该方案的得失或损益的大小。从理论上来看,评价决策方案优劣的标准应与决策目标的要求一致。在成本决策中,评价的直接标准当然是成本耗费的高低。但还要注意两个原则：首先，决策评价应坚持全面评价的原则，即要从经济、技术、社会等方面来综合评价。既要考虑经济上的合理性，又要考虑技术上的先进性，同时还要考虑方案的社会效益。其次，决策评价应坚持最优化原则。所谓最优并非最佳，因为决策者不可能对全部可行方案及其未来的执行结果都能全面掌握并全部量化。因此，决策结果的最优是相对于次优而言的，是一种对决策者而言较满意的结果。

三、成本决策的基本程序

科学的决策程序贯穿于决策的全过程，也是决策顺利进行的基本保证。决策程序由若干相互联系的步骤组成。其基本步骤为：

1. 提出决策目标。

决策目标是决策的出发点和归结点，没有明确的决策目标只会引起决策过程的混乱和决策的无效。成本决策的总目标是成本最低，在这个总目标下，要注意几点：一是需要与可能相结合；二是目标要具体明确，并尽可能量化；三是适当考虑目标的约束条件；四是正确处理多重目标间的相互关系。

2. 拟定备选方案。

备选方案是能保证决策目标实现的可行方案。拟定备选方案的过程实际上是根据决策目标的要求对预测资料及其他相关信息进行设想、分析的过程，一个成功的决策应有一套完备的数量和质量的可行方案作为保证。因此，一定要在可靠的充足的预测资料前提下，制定多个可行的备选方案。在拟定备选方案时，还应注意：一是保持备选方案的全面完整性；二是满足备选方案之间的相互排斥性。

3. 选择最优方案。

拟定了各种备选方案后，就应对备选方案进行分析评价、效果对比，论证各方案所达到的成本水平和经济效果。选择最优方案的关键是评价标准是否适当，特别是在多目标决策中更应注意择优标准的多重性和综合性。另外，在选择最优方案时还应注意：(1)重视方案间的差异；(2)兼顾考虑实施方案的措施；(3)进行敏感性分析；(4)充分考虑方案的实施结果。

4. 方案的实施准备。

方案确定后，首先还要考虑其他不可计量的因素，如国家产业政策、社会生态环境等，只有充分考虑了其他不可计量的因素后，才能作为最后方案加以实施。在实施前，还应根据所选定的方案，拟定落实实施方案的各环节的措施，以保证达到决策目标。

四、成本决策的类型

企业的成本决策涉及面广，为了掌握各类决策的不同特点，正确进行决策分析，有必要从不同的角度对成本决策进行分类。

（一）按决策的时间范围划分，成本决策可分为短期成本决策和长期成本决策

(1) 短期成本决策。

凡决策方案对企业经济效益的影响在一年以内的成本决策，称为短期成本决策。短期成本决策的主要目的是在企业的日常经营中，为使企业现有资源得到最恰当的利用而对成本水平进行控制，因此又称为战术性决策。如生产能力利用决策、生产批量成本决策、零部件自制或外购决策等。短期成本决策对企业未来经营方向无直接影响，所涉及的因素一般也是确定的，因此，大多属于确定型决策和重复性决策。

(2) 长期成本决策。

凡决策方案对企业经济效益的影响在一年以上的成本决策，

称为长期成本决策。长期成本决策一般是涉及到企业的发展规模、发展方向、成本规划等重大成本管理问题的决策,因此又称为战略性决策。如投资方向、产品设计与改造、生产组织等。长期成本决策涉及金额大、时间长,对企业的发展具有战略意义,所涉及的因素一般是多变的或者根本无法确定,因此,大多属于随机型决策、不确定型决策和一次性决策。

(二)按状态变量的肯定程度,成本决策可分为确定型决策、随机型决策和不确定型决策

所谓状态变量是指在某一决策方案中,事件可能出现的一种或几种可能的客观状况。按状态变量的肯定程度,成本决策可分为:

(1)确定型成本决策。

确定型成本决策是指状态变量已知,采取某一方案只会有一种相应确定结果的决策。这类决策中事件发生的未来状况是肯定的,决策的结果也是确定的,可以用一定的方法求得具体的优化解。

(2)随机型成本决策。

随机型成本决策是指状态变量未知,但有一定的概率依据的决策。这类决策中事件在未来是否发生不能肯定,由于存在不可控的因素,只能预计其可能的概率。由于每种状态下都有一定的概率可能性,无论选择哪一种方案都会有不同的结果,都带有一定的风险性,因此这类决策又称为风险性决策。

(3)不确定型成本决策。

不确定型成本决策是指状态变量未知,而且其概率都无法估计的决策。随机型决策对可能的结果还有一个客观的概率估计,而不确定型决策则连这种作为决策条件的概率都不存在,只能凭决策人的经验和主观估计(如估计为发生、可能发生、不发生三种状况)进行决策。

除以上两种经常使用的决策分类外，还有另外一些分类的方法。如按决策对象是否可以被有效量化来划分，可分为定量决策和定性决策；按决策问题是否重复出现划分，可分为一次性决策和重复性决策；按制定决策的部门层次划分，可分为高层决策、中层决策和基层决策。各种决策分类，并不是相互排斥的，而是相互交叉重叠的。

第四节　成本决策的方法

成本决策的方法很多，应根据决策的性质、决策内容和取得资料的不同进行选择。一般可将成本决策方法按决策的性质划分为定量分析法和定性分析法两大类。

一、定性分析法

定性分析法又称非数量分析法，它是依靠专家与有丰富知识和经验的专业人员的分析能力，利用直观材料和逻辑推理对所提出的各种备选方案作出正确评价和选择的方法。也正因为定性分析法只是一种主观判断和逻辑推理，因此定性分析法没有固定的模式，视不同的分析对象和分析要求而灵活运用。一般来说，定性分析法有单项评估法、关系估计法、概率估计法、权数估计法等几种具体形式。

（一）单项评估法

即对某一因素的确定结果作出估计，如某种产品单位成本、某项具体费用等等。在作单项估计时，必须统一指标的确切含义和计算口径，并对不同的评估结果作出统计综合计算。

(二) 关系估计法

即向专家提供两个以上相关因素及有关资料，请专家对它们之间的关系作出估计。如总成本与产量的关系、工资费用与劳动生产率的关系等等。当然，不可能要求专家直接提出一个带有各种参数的函数关系式，而是要求对变量间关系的性质采用点估计方法，在坐标图上修匀一条曲线或推算出其经验公式。

(三) 概率估计法

即要求专家对某些不确定因素的各种可能结果估计出主观概率，据以决策。

(四) 权数估计法

即估计多个事件、变量、方案或指标之间相比之下的重要程度，据以决策。由于影响决策的因素很多，因此，权数估计法是一种比较综合的定性决策方法。

定性分析法主要决策事物变动的方向，即质的决策；定量分析法主要决策事物变动的数量，即量的决策。两类方法不应相互排斥和对立，而应相互结合、相互补充、相互检验。

例如，对于工程项目可行性成本决策，涉及因素多，不确定程度强，因此，一般采用权数估计法决策。权数估计法是对多种指标之间相比之下的重要程度进行对比，以选取最优方案的定性决策方法。由于可行性研究是对各单项指标作出综合评价，而各指标既可能是定量的，也可能是定性的，即使定量的指标由于计量单位不同也无法相比较。因此，应按指标重要性的程度进行加权评分，以进行最优决策。

[例] 某厂计划盖一栋职工宿舍，在已定地址和规定总建筑面积的前提下，作出三个设计方案，其评价标准及结果如表 9.8 所示，试选择最优方案。

表 9.8　评价表

项　目	甲方案	乙方案	丙方案
(1) 结构合理(定性)	中	优	良
(2) 抗震性能(里氏级)	6.0	5.5	6.5
(3) 造价(元/m^2)	120	140	130
(4) 美观(定性)	良	优	中

对表 9.8 中各项目进行评估的关键是确定各项目的相对重要性比率。应组织熟悉专业情况的技术人员、管理人员、工程人员共同研究,将最重要项目定值为 100,其余项目分别与之比较定出每一项目的重要性值。然后,对重要性值反复修正,并以比分值形式表现。如本例中重要性值反复修正后结果为:

	重要性值	百分比值
(1) 结构合理	100	37%
(2) 抗震性能	90	33%
(3) 造价	50	19%
(4) 美观	30	11%
总　计	270	100%

确定各项目的相对重要性百分比值后,第二步要确定效果值的考核标准。对于定量指标,可按指标等级确定考核效果值,对于定性指标,可按具体情况划分几个档次,恰当地确定考核效果值,如表 9.9 所示。

表 9.9　考核标准表

百分值 / 指标	0	25	50	75	100
抗震性能(里氏级)	5.0	5.5	6.0	6.5	7.0
造价(元/m^2)	150	140	130	120	110
定性指标	劣	差	中	良	优

最后，根据上述项目相对重要性百分比值、考核标准以及原始资料，就可以进行决策。如表9.10所示，丙方案为最优方案。

表9.10　方案综合评价表

指　标	重要性	甲方案		乙方案		丙方案	
		效果值	评分	效果值	评分	效果值	评分
结构合理	37%	50	18.50	100	37.00	75	27.75
抗震性能	33%	50	16.50	25	8.25	75	24.75
造　价	19%	75	14.25	250	4.75	50	9.50
美　观	11%	75	8.25	100	11.00	50	5.50
综合评分	100%		57.50		61.00		67.50

二、定量分析法

定量分析法是运用一定的数学原理，将决策所涉及的变量与决策目标之间的关系，用一事实上的数学模型或公式表达并据以决策的分析方法。由于决策的方案中数据预测结果的确定性程度有强有弱，所采用的相应决策方法也不尽相同，按所选方案中成本资料的确定程度，分为确定型成本决策方法、随机型成本决策方法、不确定型成本决策方法。

（一）确定型成本决策方法

在确定型成本决策类型中，各种可能出现的状态变量是已知的，采取某一方案只会有一种确定结果。相应的决策方法常有差量分析法、量本利分析法、线性规划法、数学模型法等。

1. 差量分析法。

差量分析法是根据两个备选方案的差量收入与差量成本的比较，从而确定最优方案的决策方法。所谓差量收入和差量成本是指两个备选方案之间的预期收入或预期成本的差异数。在决策时，若差量收入大于差量成本，则前一个方案较优；相反，若差量收入小于差量成本，则后一个方案较优。

［例］ 假定某厂每年生产甲产品 3000 件，单位变动成本为 22.50 元，固定成本总额为 20000 元，售价为 36 元。若把甲产品进一步加工为乙产品，售价可提高到 45 元，但需追加单位变动成本 6.50 元，购置专用设备 3800 元，试决策应否进一步加工？

这是一个典型的半成品应否进一步加工的决策。在采用差量分析法时，应注意加工前所发生的成本，在决策分析中属于无关成本，不必加以考虑，只需比较进一步加工后所增加的收入是否超过进一步加工过程中所追加的成本即可。例中，进一步加工的差量成本和差量收入为：

差量收入 = (45 − 36) × 3000 = 27000(元)

差量成本 = 6.50 × 3000 + 3800 = 23300(元)

差量利润 = 27000 − 23300 = 3700(元)

上述分析过程表明，进一步加工比直接出售可以多取得 3700 元利润，故应进一步加工。

2. 量本利分析法。

量本利分析法是根据各备选方法的成本与业务量、利润的依存关系来确定何种方案最优的决策方法。该法的关键在于确定成本分界点，即寻求两个备选方案预期成本相等时的业务量点。在该点以下，某一方案最优；在该点以上，另一方案最优。

［例］ 某厂在生产 A 产品时，可用普通机床加工，也可用数控机床加工。这两种机床加工时成本资料如表 9.11 所示。

本例中，同一产品可以在不同设备上加工，普通设备保养调试成本较低，但加工费用及损耗大；先进设备生产耗用水平低，但调试保养费大。因此，当产量较大时，虽然固定成本高，但分摊下来单 位固定成本并不高，宜采用先进设备；反之，宜采用普通设备。

表 9.11　A 产品加工成本

机床名称	单位加工费	一次调试费
普通机床	0.80	30
数控机床	0.20	120

假定两方案下成本相等时的产量为 x，则有：

$$30 + 0.8x_0 = 120 + 0.2x_0$$

解之得：$x_0 = 150$(件)

结论如下：

当实际产量 = 150 件时，两方案的成本相等，两方案均是可行的；

当实际产量 > 150 件时，数控机床方案的总成本较低，应采用数控机床加工；

当实际产量 < 150 件时，普通机床方案的总成本较低，应采用普通机床加工。

3. 线性规划法。

线性规划法是用来对具有线性联系的极值问题进行分析，以便在若干约束条件情况下，对人力、物力等进行合理组织的决策方法。线性规划一般具有如下特点：

(1) 有一定目标函数，决策的目的在于追求目标函数的最大值或最小值。

(2) 有若干约束条件，在追求目标函数的极值时，必须受若干条件的约束。

(3) 上述目标函数和约束条件，应具有直线性的关系，或至少具有与直线性相近的关系。

线性规划的求解方程主要是单纯形法，在只有两个变量时，一般采用更直观和实际的图解法。这里主要介绍图解法。

[例]　某企业生产甲、乙两种产品，由于能源供应紧张，因此

每月电耗不能超过 4200 度。另外由于生产这两种产品的设备是租入的,为了尽量利用,规定开工台时不得低于 1600 台时。如果两种产品在市场上旺销,单位产品消耗和单位盈利如表 9.12 所示,假设每月至少要求盈利 15000 元,如何安排两产品的生产产量,才能使该厂成本最低?

表 9.12

产品	单位电耗 (度/件)	单位台时消耗 (台时/件)	单位盈利 (元/件)	单位成本 (元/件)
甲	7	2	60	50
乙	6	8	25	80

现用图解法对该实例求解。设甲产品产量为 x_1 件,乙产品产量为 x_2 件,企业的总成本为 S 元。根据给定的约束条件,列出约束方程组:

$$\begin{cases} 7x_1 + 6x_2 \leqslant 4200 \\ 2x_1 + 8x_2 \geqslant 1600 \\ 60x_1 + 25x_2 \geqslant 15000 \\ x_1, x_2 \geqslant 0 \end{cases}$$

目标函数为:$S_{\min} = 50x_1 + 80x_2$

在决策过程中,首先将约束条件方程式用图示在坐标图中标出,以确定可行解区域。在图 9.7 中,同时满足上述约束条件的可行解区域为多边形 ABCD。多边形 ABCD 内任何一点所对应的坐标都满足约束条件,成为一个可行的组合方案。

确定了可行解区域后,然后求使目标函数最小的最优可行解。从数学中凸集性质得知,目标函数的极值一定在凸集的顶点上,因此,只要比较凸多边形各顶点的目标函数值就能找到最优解。图 9.7 中各顶点的坐标分别为:A(0,700)、B(545,64)、C(186、153)、D(0,600),因此相应的成本值为:

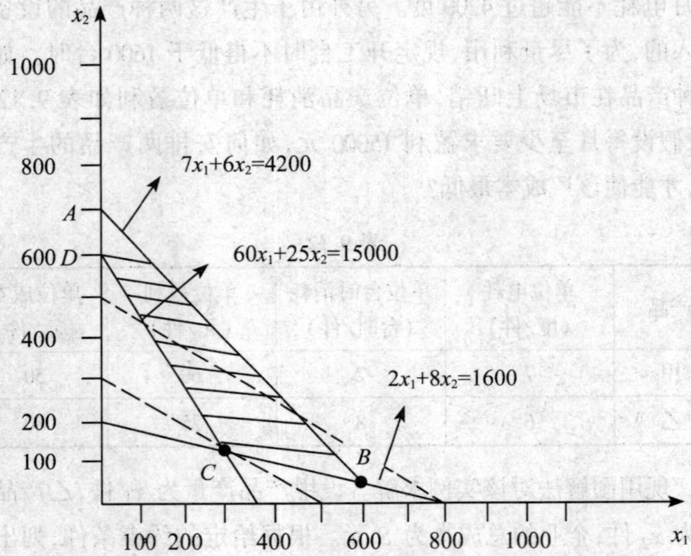

图 9.7

$$S_A = 50 \times 0 + 80 \times 700 = 56000(\text{元})$$

$$S_B = 50 \times 545 + 80 \times 64 = 32370(\text{元})$$

$$S_C = 50 \times 186 + 80 \times 153 = 21540(\text{元})(\text{极小值})$$

$$S_D = 50 \times 0 + 80 \times 600 = 48000(\text{元})$$

也可利用目标函数图象求最优解，目标函数 $S = 50x_1 + 80x_2$，方程整理为：

$$x_2 = \frac{S}{80} - \frac{5}{8}x_1$$

它在坐标图中表现为斜率为 $-5/8$，纵截距为 $S/80$ 的一组平行线组，平行线距原点越远，S 越大，距原点越近，S 越小。为在坐标图中标出这组平行线组，令 $S = 40000$，则 $50x_1 + 80x_2 = 40000$ 的直线图在图 9.7 中如虚线所示。该平行线组与可行解区域相重合的任何一点对应的 x_1、x_2 值都是一个可行的组合方案。随着平行线组越接近于原点，总成本 S 越小。因此，能使 S 最小的可行解

为 C 点，即最优解。此时，甲产品生产 186 件，乙产品生产 153 件，企业的最低总成本为：

$$S_C = 50 \times 186 + 80 \times 153 = 21540(\text{元})$$

4. 数学模型法。

数学模型法通过对反映实际情况的数学模型进行分析，从各因素的数量关系中寻求极值决策方法。由于在现实生产经营中，成本与产量一般都表现为多次函数，因此存在着极值(极大值或极小值)。在数学上，当曲线的一阶导数为零时，曲线就达到一个转折点。我们利用这个原理，就可以分析当产量再增加无限小个单位(最小为 1 件)时成本的变动额，这种原理也称为边际分析原理。

假定产量为 x，总成本为 TC，总成本中变动成本为 VC，固定成本为 FC。总成本与产量的函数关系式为：

$$\begin{aligned} TC &= FC + VC \\ &= a + bx + cx^2 + dx^3 \end{aligned}$$

这时，有：

边际成本 $MC = TC' = b + 2cx + 3dx^2$

平均成本 $AC = \dfrac{TC}{x} = \dfrac{a}{x} + b + cx + dx^2$

在边际分析中，有两个重要结论可以运用于成本决策(证明从略)：

(1) 当平均成本与边际成本相等时，平均成本最低；

(2) 当边际收入与边际成本相等时，利润最大。

［例］ 已知成本与产量的函数为：

总成本：$TC = 30 + 18x - 2.7x^2 + 0.15x^3$

单位成本：$AC = 18 - 2.7x + 0.15x^2 + \dfrac{30}{x}$

边际成本：$MC = 18 - 5.4x + 0.45x^2$

则要使平均成本取得极小值，要求 $AC = MC$，即有：

$$18 - 2.7x + 0.15x^2 + \frac{30}{x} = 18 - 5.4x + 0.45x^2$$

从中解出，当 $x=10$ 时，AC 达到最小值，其最小值为：

$$AC_{(10)} = 18 - 2.7 \times 10 + 0.15 \times 10^2 + 30/10 = 9(\text{元})$$

如果销售单价函数为 $R=(45-x)$，则利润：

$$TP = (45-x)x - (30 + 18x - 2.7x^2 + 0.15x^3)$$

$$= -30 + 27x + 1.7x^2 - 0.15x^3$$

令：$TP' = 27 + 3.4x - 0.45x^2 = 0$

有：$x = 12.4$(件)≈ 12(件)

这时，TP 达到最大值，其数额为：

最大利润 $= -30 + 27 \times 12 + 1.7 \times 12^2 - 0.15 \times 12^3$

$= 279.60$(元)

在数学模型法中，最典型的实际应用就是求存货的经济订购批量。随着采购次数增加，每次购入批量小，可使存货数量减少，从而降低储存成本；但采购批量小，必然使采购次数增加，从而增加订购成本。在这两种互为消长的成本关系中，能找到使两种成本的合计数达到最低的订购批量，即为经济订购批量。

假设存货的年需要量为 D，Q 为每批购进的数量(即批量)，k_1 为一次订货的订购成本，k_2 为单位存货储存一年的储存成本。则有：

全年存货总成本 $TC = \dfrac{D}{Q} \times k_1 + \dfrac{D+0}{2} \times k_2$

当 $TC' = -\dfrac{Dk_1}{Q^2} + \dfrac{k_2}{2} = 0$ 时，TC 取得极小值。这时，最佳订购批量为：

$$Q_0 = \sqrt{\frac{2k_1 D}{k_2}}$$

(二) 随机型成本决策方法

随机型决策问题是指在决策过程中存在着两种以上决策者无法加以控制的自然状态，但各种自然状态下可能的概率大致可以预测确定的决策问题。随机型成本决策常用的决策方法有贝叶斯决策模型法、决策树法等等。

1. 贝叶斯决策模型法。

贝叶斯决策模型的要点是:

(1) 计算对应于每种状态下各个决策方案的条件损益。这里,条件损益是指在每种状态下各方案所对应的可能费用损失或利润。如果方案的决策目标是使成本费用最低或损失最小,则应计算各方案的条件费用或投机倒把损失;如果方案的决策目标是使收入或利润最大,则应计算各方案的条件收入或条件利润。各个状态下各方案可能出现的损益用矩阵形式排列起来,构成条件损益矩阵。

(2) 计算每一种状态相应概率下的期望损益。由于每一种状态下各方案的条件损益只是可能发生的损失或利润,再把各种条件损益实际发生的可能性(即概率)考虑进来,即构成每一种状态发生损益的期望可能值,即期望损益。各个状态下各方案的最终期望损益用矩阵形式排列起来,构成期望损益矩阵。

(3) 将各个决策方案在不同状态下的期望损益总和进行比较,以选择期望值最大或最小的优选方案。

假定有 n 种客观状态,各自的客观概率分别为 $P_i(i=1,2,\cdots,n)$。对此有 m 个备选方案,则上述 n 种客观状态下对应的条件损益矩阵为 C,有:

$$\begin{pmatrix} C_{11}, & C_{12}, & \cdots, & C_{1m} \\ & & \vdots & \\ C_{21}, & C_{22}, & \cdots, & C_{2m} \\ C_{n1}, & C_{n2}, & \cdots, & C_{nm} \end{pmatrix}$$

各备选方案的期望损益构成期望损益矩阵 E,有 $E=P\times C$

$$E_m=(p_1,p_2,\cdots,p_n)\begin{pmatrix} C_{11}, & \cdots, & C_{1m} \\ & \vdots & \\ C_{n1}, & \cdots, & C_{nm} \end{pmatrix}$$

优选方案要 $M_{ax}E_m$ 或 $M_{in}E_m$，即为所对应的备选方案 E_i（$i=1,2,\cdots,m$）。

［例］ 在一定批量下某产品的单位生产成本为每件 20 元，售价为每件 25 元。如果产品在库积压半年，必须按 70% 的折价处理，同时因积压资金而每件支付贷款利息 0.20 元。据预测，一季度该产品的市场需求量的各种可能性如表 9.13 所示。问何时利润最大或损失最低？

表 9.13

单位：件

需求量（D）	800	1000	1200	1500	2000
概率（P）	10%	30%	40%	15%	5%

该决策问题的客观状态有五种情况，即需求量分别为 800 件、1000 件、1200 件、1500 件和 2000 件。如果企业按需求量生产，则有五个备选方案。其决策目标是期望利润最大或期望损失最小。

由于：

单位产品过量损失 = 25 × (1 − 70%) + 0.20 = 7.70（元）

单位产品不足损失 = 25 − 20 = 5（元）（即净利）

∴ 生产过量净损失 = (20 + 0.20) − 25 × 70% = 2.70（元）

或 = 7.70 − 5 = 2.70（元）

（1）当决策方案为产量 800 件时，无论市场客观状况为上述五种状况中的哪一种状况，不会产生过量损失，其条件利润均为：

$$800 \times 5 = 4000（元）$$

（2）当决策方案为产量 1000 件时，如果市场状况为需求 800 件，生产过量 200 件，其条件利润为：

$$800 \times 5 + 200 \times (5 - 7.70) = 1000 \times 5 - 200 \times 7.70 = 3460（元）$$

（3）其他决策方案在各种市场状况下条件利润的计算与上述类同，这样条件利润矩阵为：

$$C = \begin{pmatrix} 4000 & 3460 & 2920 & 2110 & 760 \\ 4000 & 5000 & 4460 & 3650 & 2300 \\ 4000 & 5000 & 6000 & 5190 & 3840 \\ 4000 & 5000 & 6000 & 7500 & 6150 \\ 4000 & 5000 & 6000 & 7500 & 10000 \end{pmatrix}$$

状态变量的概率矩阵为：

$$P = (0.1, 0.3, 0.4, 0.15, 0.05)$$

这样，期望利润矩阵为(过程如表 9.14 所示)：

$$E = P \times C = (4000, 4846, 5230, 4882, 3724.50)$$

期望利润的矩阵结果表明，第三方案即生产量为 1200 件时期望利润最大，为 5230 元，故第三方案为最优方案。

如果要从期望损失的角度加以决策，则先要计算条件损失矩阵 S：

$$S = \begin{pmatrix} 0 & 1540 & 3080 & 5390 & 9240 \\ 1000 & 0 & 1540 & 3850 & 7700 \\ 2000 & 1000 & 0 & 2310 & 6160 \\ 3500 & 2500 & 1500 & 0 & 3850 \\ 6000 & 5000 & 4000 & 2500 & 0 \end{pmatrix}$$

该矩阵横行表示在需求量状况一定时(如第一行需求量为 800 件)，生产量从 800 件至 2000 件时各决策方案的条件损失。纵列表示在生产量方案一定时(如第二列方案为生产 1000 件)，需求量在 800 件至 2000 件时各状态下的条件损失。矩阵中对角线上的元素均为零，表明在产销平衡时，不存在生产过量或生产不足的损失。

在 S 矩阵对角线上方的元素均表示生产过量损失。如当产量为 1200 件，需求量为 800 件时，生产过量损失为：

$$(1200 - 800) \times 7.70 = 9240 - 6160 = 3080(\text{元})$$

同样，在 S 矩阵对角线下方的元素均表示生产不足损失。如当产量为 1200 件，需求量为 1500 件时，生产不足损失为：

$$(1500 - 1200) \times 5 = 7500 - 6000 = 1500(\text{元})$$

这样，期望损失矩阵 E 为：

表 9.14　贝叶斯决策过程

单位:元

决策方案 / 需求状态		产量					产量				
		800	1000	1200	1500	2000	800	1000	1200	1500	2000
D	*P*	条件利润(*C*)					期望利润(*E*)				
800	0.1	4000	3460	2920	2110	760	400	346	292	211	76
1000	0.3	4000	5000	4460	3650	2300	1200	1500	1338	1095	690
1200	0.4	4000	5000	6000	5190	3840	1600	2000	2400	2076	1536
1500	0.15	4000	5000	6000	7500	6150	600	750	900	1125	22.50
2000	0.05	4000	5000	6000	7500	10000	200	250	300	375	500
合　计	1.00	—	—	—	—	—	4000	4846	5230	4882	3724.50

$$E = P \times S = (0.1, 0.3, 0.4, 0.15, 0.05) \times S$$
$$= (1925, 1179, 1195, 2738, 6295.50)$$

上述结论表明，从损失的决策目标考虑，最优方案为生产1000件，此时期望损失最小，仅为1179元。

2. 决策树法。

决策树法是以网络形式把成本决策的各个要点分布在决策树图形上，并定量比较各个方案的实施结果，以选择最优成本方案的决策方法。其基本要点是：

（1）绘制决策树图形。决策树图形是决策者对某个成本决策问题未来发展情况的可能性和可能结果所作出的预测在图纸上的反映。所画图形因其决策分析思路为树枝状而得名，如图9.8所示：

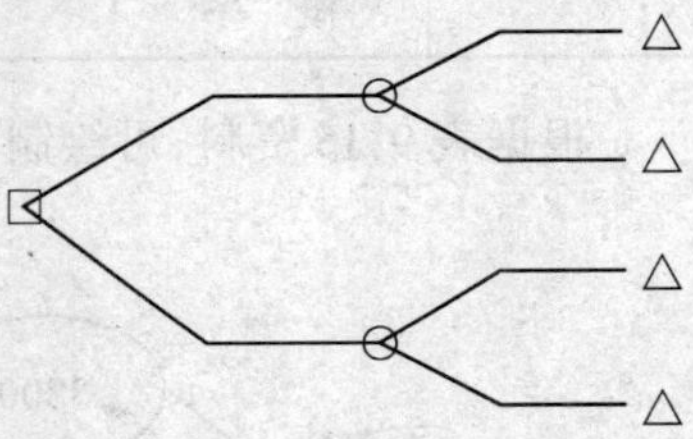

图9.8

图中，□表示决策节点，从决策节点引出的分枝叫方案分枝。○表示机会节点，或称自然状态节点，从它引出的分枝叫概率分枝，表示可能出现的自然状态数。△表示结果节点，反映每一行动方案在相应自然状态下可能的结果。

（2）计算期望值。期望值是各方案下各种可能结果的数值与其相应的概率可能性乘积之总和。

（3）剪枝。从右到左在每个决策节点中，对各方案的分枝进行比较，剪去期望值较差的分枝，最后留下的分枝就是最优方案。

［例］　某台机床加工甲零件，每批10000件，单位废品损失3元，在不同条件下有三种废品率，每种条件下废品率及其出现的概率和损失如表9.15上半部分所示。如果对机器进行改装，可以降低废品率。但改装需投资20000元，每批产品负担1400元。机器改装后不同条件下废品率及其出现的概率和损失如表9.15下半

部分所示。试作出机器是否改装的成本决策。

表 9.15　废品损失资料表

单位:元

改装前	废品率	5%	12%	18%
	废品损失	1500	3600	5400
	概　　率	0.4	0.3	0.3
改装后	废品率	5%	10%	15%
	废品损失	1500	3000	4500
	概　率	0.5	0.3	0.2

根据表 9.15 资料,可绘制决策树形图如图 9.9 所示:

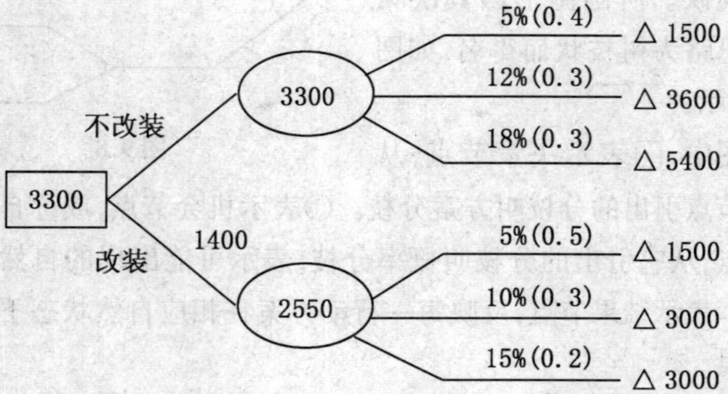

图 9.9

从树的末端往回算,先算出每个机会节点的期望值,填入图形○内:

不改装的损失期望值 = 1500 × 0.4 + 3600 × 0.3 + 5400 × 0.3
= 3300(元)

改装后的损失期望值 = 1500 × 0.5 + 3000 × 0.3 + 4500 × 0.2
= 2550(元)

然后比较机会节点值,改装后废品损失期望值 2550 元低于不改装的废品损失期望值 3300 元,但加上应分摊的改装费用 1400

元以后，费用和损失共计 3950 元。故应将暂不改装方案作为最优方案，损失期望值为 3300 元，填入方形□内。

（三）不确定型成本决策方法

不确定型决策问题是指在决策过程中存在着两种以上决策者无法控制的自然状态，而且各自然状态下可能的概率也无法加以预测的决策问题。常用的决策方法有小中取大法、大中取小法、最大后悔值最小化法、极端平衡法等等。

1. 小中取大法。

小中取大法是从各种决策收益值出发，在各方案中各状态下的最小收益值基础上，选择最大值的决策方法。其特点是从不利情况出发，找出最坏的可能中最好的方案，因此也称为悲观准则。

［例］ 某企业在生产过程中收回一批脚料，其处理方案有三种：一种是拨给本厂家属工厂，售价 3500 元；二是直接对外出售，销售情况好，可收入 5000 元，销售情况不好，可收入 3000 元；三是经本厂辅助生产车间加工后出售（需支付加工费 1000 元），若销售情况好，可收入 6500 元，销售情况不好，可收入 3500 元。企业的决策表如表 9.16 所示。

表 9.16 决策表（小中取大法）

单位：元

行动方案	各状态下收益值		最小收益值 P_{min}
	销路好	销路差	
拨给家属工厂	3500	3500	3500
对外直接出售	5000	3000	3000
加工后再出售	5500	2500	2500
小中取大 Max[P_{min}]			3500
最优决策方案			拨给家属工厂

2. 大中取小法。

大中取小法是从各种决策方案的支出(损失)值出发,在各方案的各种状态下的最大支出(损失)值基础上,选择最小支出(损失)值的决策方法。这种方法与小中取大法相同,也是从最差的情况出发,找出最坏的可能中支出或损失最小的方案。只不过小中取大法着眼于收益,大中取小法着眼于支出损失。因此,该法也称为稳健准则,在西方称为瓦尔德准则(the World criterion)。

[例] 企业中途转运 10000 包水泥(每包 5 元,共 50000 元),需在某地停放 20 天。如果露天存放,则遇下小雨损失 50%,下大雨要损失 70%;如果租用篷布每天租金 550 元,遇下小雨损失 20%,下大雨损失 30%;若用 20000 元搭临时敞棚,下小雨不受损失,下大雨损失 15%。若当地 20 天内天气情况不明,则企业的决策如表 9.17 所示。

表 9.17 决策表(大中取小法)

单位:元

行动方案	各状态下支出值			最大支出值 C_{max}
	不下雨	下小雨	下大雨	
露天存放	0	25000	35000	35000
租用篷布	11000	21000	26000	26000
搭盖敞棚	20000	20000	27500	27500
大中取小 Min[C_{max}]				26000
最优决策方案				租用篷布

从上述决策过程可以看出,大中取小法是从最差的状态出发,即使最差状况发生(下大雨),租用篷布也不至于造成较大的经济损失。但反过来看,如果出现最好的状态(不下雨)时,却失去了节省费用的机会,造成机会损失 11000 元。因此,它是一种较保守的决策标准。

3. 最大后悔值最小化法。

该法也称为萨凡奇准则(the Savage criterion),它是从大中取小法演化过来的。如果当某种状态出现后,事后当然知道哪种方案最优,而如果当初并未采取这个方案,就会感到后悔。因此,最大后悔值最小化法是找出同一状态下最大收益值方案与所选方案收益值的后悔值(或最小支出值与所选方案支出值的后悔值),然后从各方案在各状态下的最大后悔值中选择最小后悔值方案作为最优决策方案的决策方法。从其原理出发,该法也称为遗憾准则。

[例] 上面存放水泥的实例中,首先找出对应于各状态下的最小值支出值。在表9.17纵列中,不下雨时的最小支出值为露天存放下0元,下小雨时的最小值为搭盖敞棚下20000元,下大雨时的最小支出值为租用篷布下26000元。其次,把每种状态下各项支出值与最小支出值相减,求出后悔值,如表9.18中纵列所示。

表9.18 决策表(最大后悔值最小化)

单位:元

行动方案	各状态下后悔值			最大后悔值 R_{max}
	不下雨	下小雨	下大雨	
露天存放	0	5000	9000	9000
租用篷布	11000	1000	0	11000
搭盖敞棚	20000	0	1500	20000
最小的最大后悔值 $M_{in}[R_{max}]$				9000
最优决策方案				露天存放

在表9.17中,如遇下小雨时最小支出值为搭盖敞棚20000元,而露天存放和租用篷布的支出值分别为25000元和21000元,因此在表9.18中相应的后悔值分别为5000元和1000元。余类同。最

大后悔值最小化法实际上是从最坏的可能性出发,去争取好的结果,以求损失最小。这种思路符合人们对事物判断的一般逻辑推理,故较为稳妥,又不过于保守。

4. 极端平衡法。

该法也称赫维斯准则(the Hurwicz criterion),其特点是不像悲观者那样保守,也不像乐观者那样冒险,而是认为既然未来出现的状态是未知的,不能从最好或最差的状态出发进行决策,而应以一个决策系数 α 作为一个折衷的标准。α 的经济含义是:最好状态出现的概率为 α,当 $\alpha=1$ 时为最好状态,α 的取值范围是 $0\leqslant\alpha\leqslant1$。这里,$\alpha$ 的具体取值取决于决策者的主观态度,如果小心谨慎,则 α 取值小,如果乐观冒险,则 α 取值大。所以,各方案的最终期望值为:

$$E=\alpha \text{Max}P+(1-\alpha)\text{Min}P(P\text{ 为收益})$$

或 $$=\alpha \text{Min}C+(1-\alpha)\text{Max}C(C\text{ 为支出})$$

[例] 在表 9.17 的水泥存放实例中,如果令 $\alpha=0.7$,即认为发生最大损失的可能性只在 0.3 时,则各方案的期望损失值为:

露天存放 $=0.7\times0+0.3\times35000=10500$(元)

租用篷布 $=0.7\times11000+0.3\times26000=15500$(元)

搭盖敞棚 $=0.7\times20000+0.3\times27500=22250$(元)

可见当 $\alpha=0.7$ 时,露天存放的期望损失最小,故为最优方案。但如果令 $\alpha=0.2$,即认为发生最大损失的可能性为 0.8 时,则同样可以计算出各方案的期望损失值分别为:露天存放为 28000 元;租用篷布为 23000 元;搭盖敞棚为 26000 元。可见,租用篷布的期望损失最小,为最优方案。

上述计算可知,α 的取值对决策结果影响很大,若以露天存放与租用篷布比较,设两方案下期望损失相等时的决策系数为 α,则有:

$$0\times\alpha+(1-\alpha)\times35000=\alpha\times11000+(1-\alpha)\times26000$$

求得： $\alpha = 0.45$

这就是说，当决策系数取值大于 0.45 时，露天存放的期望损失要低些，否则应采用租用篷布方案。所以，只要认为出现最好状态（不下雨）的可能性大于 45%，就应采用露天存放的方案。

以上介绍了各种类型的成本决策方法，由于客观经济情况十分复杂，定量方法需要许多假设和前提，而定性方法又往往不能得到量化的数据，因此，应从不同的条件和不同的决策目标出发，定性方法和定量方法相结合，以便作出较准确而满意的决策。

第五节　成本决策方法的应用

成本决策方法种类繁多，方法各异，由于客观经济环境十分复杂，在应用上述各种定量和定性决策方法时，应该从决策对象的实际情况出发，按不同决策目标的要求，采取不同的决策方法，才能作出比较准确的成本决策。

一、差量分析法应用实例

在确定型成本决策中，差量分析法的应用范围比较广泛。确定型成本决策的另一种主要方法量本利分析法，实质上也是差量分析法的变型。量本利分析法就是在寻求成本平衡分界点后再进行各方案的差量分析。对于零部件是自制还是外购的成本决策、出售或进一步加工的成本决策等确定型决策问题，都可以用差量分析法进行决策。

［例］　某厂生产甲机床，全年最大生产能力为生产 100 台，正常产销量为 80 台。该机床市场售价为 1000 元，单位成本资料如下：

直接材料	300 元
直接人工	200 元
变动制造费	100 元
固定制造费	300 元
单位产品成本合计	900 元

(1) 现有新客户前来订货 20 台，只愿出价 880 元，企业应否接受追加订货？

(2) 新客户订货 20 台，每台出价 880 元，而且会引起原正常产销量的一半也要求按 880 元价格结算，企业应否接受追加订货？

(3) 新客户订货 50 台，每台出价 880 元。追加订货后不仅减少正常产销量 30 台，而且需专门添置 1000 元的设备，企业应否接受追加订货？

在该实例中，由于固定制造费与产销量无关，是企业原有生产能力上发生的，接受新订货后其数额照常发生，因此，在差量比较时不予考虑。

(1) 由于产品单位变动成本为直接材料、直接人工和变动制造费，三项合计共 600 元，而追加订货单价为 880 元。因此，由：

追加订货单价 880 元 > 单位变动成本 600 元

可知，企业应接受追加订货。接受追加订货后，利润有所增加。

可增加利润 $= (880 - 600) \times 20 = 5600$(元)

(2) 在第二种情况下，接受订货后原正常产销量的一半(40 台)所造成的降价损失应由追加订货负担。

$$接受追加订货成本 = 600 + \frac{(1000 - 880) \times 40}{20} = 840(元)$$

而：追加订货单价 880 元 > 追加订货成本 840 元

故企业应接受追加订货。此时，接受追加订货后：

可增加利润 $= (880 - 840) \times 20 = 800$(元)

(3) 在第三种情况下,接受订货后原正常产销量 30 台所造成的机会损失应由追加订货负担。

$$接受追加订货成本 = 600 + \frac{1000 + (1000 - 600) \times 30}{50} = 860(元)$$

而:追加订货成本 880 元 > 追加订货成本 860 元

故企业应接受追加订货。此时,接受追加订货后:

可增加利润 = (880 − 860) × 50 = 1000(元)

二、贝叶斯决策模型法应用实例

在确定型成本决策问题中,由于各种方案实施后的结果是确定的,因此,应采用差量分析法选择成本最低或利润最大的方案。如果各种实施的结果不易预测确定,则应采用随机型决策方法。

贝叶斯决策模型是解决随机型决策问题的常用方程,其关键是确定各方案在各状态下的收益或损失值,然后再根据各状态可能出现的概率确定最大收益值或最大损失值下的最优方案。当然,贝叶斯决策用决策树法也可以解决,而且在多层决策时只能用决策树法解决。但是,当决策方案较多和自然状态较多时,用贝叶斯决策模型更为简单。

[例] 有一项工程,施工管理人员要决定是否开工。如果开工后天气好,则可以按期完工而盈利 5 万元;如果开工后天气坏,则造成损失 1 万元。如果不开工,则无论天气好坏均要付出窝工费损失 1 千元。根据气象资料,预测下期天气好的概率是 0.2,天气坏的概率是 0.8。这样,决策方案是开工与不开工,自然状态是天气好和天气坏。决策方案的条件利润矩阵为:

$$C = \begin{pmatrix} 50000 & -1000 \\ -10000 & -1000 \end{pmatrix}$$

状态变量的概率矩阵为:

$$P=(0.2, 0.8)$$

因此,期望利润矩阵为:

$$E=P\times C=(2000, -1000)$$

所以,开工方案的期望利润为 2000 元,不开工方案将损失 1000 元,应采取开工方案。当然,这里的期望值是指今后可能的利润值,而不是必然能实现的利润。如果下期碰上出现天气坏,当然不开工损失少些。但从统计学的随机性来看,即使下期十次中只遇上两次有好天气,还是开工方案好些。

[例] 某企业准备使用计算机,有三个方案可供选择:A 方案是向凯歌公司租赁,每月租金 3000 元,使用时间不限;B 方案是向华明公司租赁一台,每月租金 800 元,但每使用一小时加付租金 10 元;C 方案是委托计算中心运算,每小时付费 20 元。如果据预测,企业一个月内最高使用时间为 180 小时,其余各段时间的发生概率如表 9.19 所示。

表 9.19

使用时间(小时)	50	100	120	180
概率	0.1	0.2	0.4	0.3

本例中,条件费用矩阵 S 和状态变量概率矩阵 P 分别为

$$\begin{array}{c} \text{状态} \backslash \text{方案} \\ \\ S= \end{array}\begin{array}{c} \\ 50\\100\\120\\180 \end{array}\begin{array}{c} \begin{array}{ccc} \text{A} & \text{B} & \text{C} \end{array} \\ \begin{pmatrix} 3000 & 1300 & 10000 \\ 3000 & 1800 & 2000 \\ 3000 & 2000 & 2400 \\ 3000 & 2600 & 3600 \end{pmatrix} \end{array}$$

$$P=(0.1, 0.2, 0.4, 0.3)$$

则决策过程如表 9.20 所示。

表 9.20 决策矩阵表

使用状态		条件支出(S)			期望支出($E = P \times S$)			最小必然支出
时间	概率 P	方案 A	方案 B	方案 C	方案 A	方案 B	方案 C	
50	0.1	3000	1300	1000	300	130	100	100
100	0.2	3000	1800	2000	600	360	400	360
120	0.4	3000	2000	2400	1200	800	960	800
180	0.3	3000	2600	3600	900	780	1080	780
合计	1.0	—	—	—	3000	2070	2540	2040

表 9.20 清楚地表明,如果我们采用方案 B 时,期望的费用支出最小,为 2070 元。当然,从最后的一列来看,并非是在任何状态下 B 方案都是最优的,如果将来只使用 50 小时时,最优方案就是 C,而只有在使用 100—180 小时时,最优方案才是 B。但在所有综合状态的考虑下,B 方案是最优的。

三、决策树法的应用案例

决策树法是可行性分析中最常用的一种定量决策方法,当然,其前提是能相对准确地预测未来各种自然状态下出现的概率。如果完全无法预测概率,则应采用非确定性模型的决策方法。

[例] 某公司为开拓新业务有两个方案:一个是建大厂,一个是建小厂。建大厂需投资 300 万元,建小厂需投资 140 万元,两者使用期均为 10 年。经预测,前三年销路好的概率为 0.7,销路差的概率为 0.3;后七年继续保持销路好的概率为 0.9,由好转差的概率为 0.1,不会出现由差转好的情况。两方案的年度损益值为:

	建大厂	建小厂
销路好	100 万元	40 万元
销路差	-20 万元	30 万元

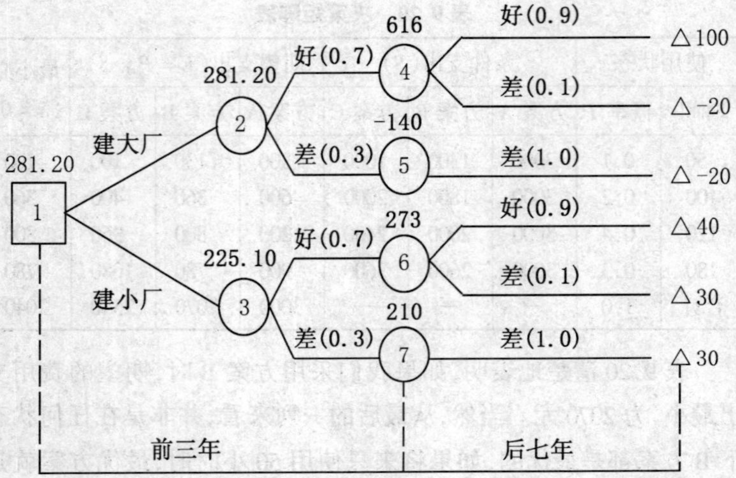

图 9.10

如决策树图形(图 9.10)所示,图中各状态节点的损益值为:

点④:$0.9 \times 100 \times 7 + 0.1 \times (-20) \times 7 = 616$(万元)

点⑤:$1.0 \times (-20) \times 7 = -140$(万元)

点②:$0.7 \times 100 \times 3 + 0.7 \times 616 + 0.3 \times (-20) \times 3 + 0.3 \times (-140) - 300 = 281.20$(万元)

点②结果表明,建大厂的损益期望值为 281.20 万元。

点⑥:$0.9 \times 40 \times 7 + 0.1 \times 30 \times 7 = 273$(万元)

点⑦:$1.0 \times 30 \times 7 = 210$(万元)

点③:$0.7 \times 40 \times 3 + 0.7 \times 273 + 0.3 \times 30 \times 3 + 0.3 \times 210 - 140 = 225.10$(万元)

点③结果表明,建小厂的损益期望值为 225.10 万元。

由上述两方案的期望值,可知建大厂的方案较优。不过,这类决策还只是单层决策,如果在最终决策前还需先进行决策,则为多层决策问题。

[例] 上例中,又提出第三个方案,即先建小厂,若销路好则

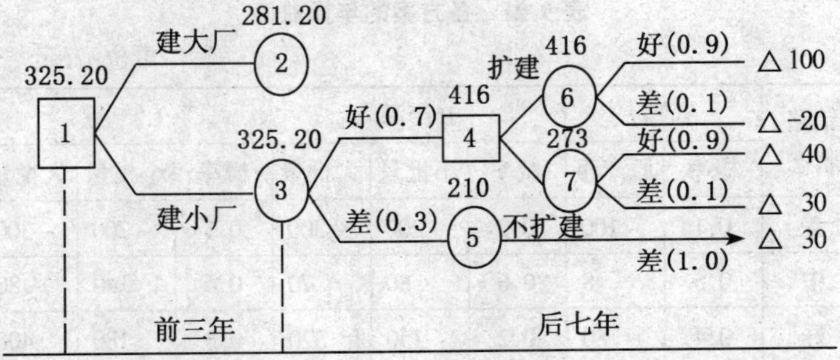

图 9.11

三年后再扩建。扩建投资为 200 万元,扩建后作用期为七年,其余资料不变。这时的决策树图形如图 9.11 所示。图中,各状态节点的损益值为:

点②:与前例相同,建大厂的损益期望值为 281.20 万元。

点⑥:$0.9\times100\times7+0.1\times(-20)\times7-200$(投资)$=416$(万元)

点⑦:$0.9\times40\times7+0.1\times30\times7=273$(万元)

点⑤:$1.0\times30\times7=210$(万元)

点③:$0.7\times40\times3+0.7\times416+0.3\times30\times3+0.3\times210-140$(投资)$=325.20$(万元)

图 9.11 表示,点③的期望值高于点②,故前三年应先建小厂,而点⑥的期望值高于点⑦,故后七年应扩建成大厂。

[例] 某厂现生产 A 产品,由于产品陈旧,在销路中等时保持微利,在销路低落时还要亏本,只有当销路高涨时才有较大盈利。现有两方案可供选择:一种购买专利生产新产品 B;另一种是在现有 A 产品基础上研制改造成 C 产品(研制成功的可能性是 80%)。不论生产产品 B 还是产品 C,生产规模都考虑小批量或大批量两个方案,各方案在不同销路下的年损益值如表 9.21 所示,试作出生产 A 产品或 B 产品或 C 产品的决策。

表 9.21　各方案的年损益值

单位:万元

销路状态	A 产品		B 产品			C 产品		
	概率	原产量	概率	小批量	大批量	概率	小批量	大批量
差	0.1	-100	0.2	-200	-300	0.1	-200	-300
中	0.5	8	0.6	80	70	0.6	40	-80
好	0.4	80	0.2	150	320	0.3	180	400

这是一个多层次决策问题,将有关方案及各状态下的损益值画在决策树图形中(图 9.12)。可以看出,对于新产品 B 产品来说,应采用大批量生产的方案,可以盈利 46 万元。但与原 A 产品改造为 C 产品的方案比较,后者能盈利 51.6 万元,故优选方案为改造旧产品。尽管有 20% 改造不成功的可能性,但从期望值来看,改造旧产品盈利值大于直接生产新产品 B。如果改造成功,应采取小批量生产的方案。

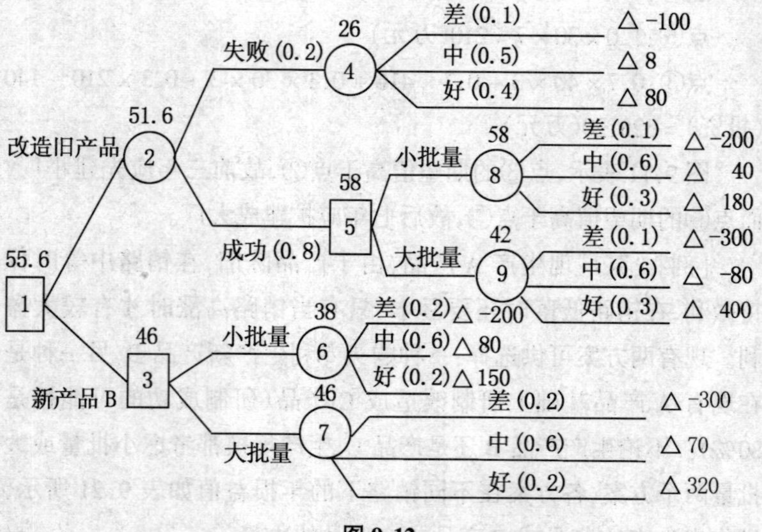

图 9.12

四、不确定型成本决策方法应用实例

在企业进行改变生产方向、生产工艺、添置生产能力等战略性长期决策中,未来状态距决策时点时间太长,一般不易预测,甚至连出现的可能性都难以估计。如对老产品改造特别是新产品开发时,未来的成本水平和市场需求量往往难以预计,因此,适宜用非确定型成本决策方法。如果能预计未来状态出现的概率,也可用决策树法等随机型成本决策方法。

[例] 工厂准备生产一种市场上从未出现过的新产品,但由于缺乏资料,只能大致估计市场需求量可能为较高、一般、较低和很低四种状况。现有四种方案可选择,A 方案是改建原有生产线,B 方案是新建生产线,C 方案是把零部件包给外厂,D 方案是从市场采购零部件加以改造装配。该产品计划生产 5 年,5 年内扣除投资成本后的净利如表 9.22 所示。

表 9.22 各方案净利表

单位:万元

需求状态 \ 方案	A	B	C	D
较高	600	800*	350	400
一般	400*	350	220	250
较低	-150	-300	50	90*
很低	-350	-700	-100	-50*

从表 9.22 看出,C 方案无论在哪种需求状态下比 D 方案都差,因此予以剔除。由于该问题的决策目标是使净利最大,因此不采用大中取小法。

（一）小中取大法的应用

在表 9.22 中，最后一种需求状态即需求量很低时的净利是各方案的最小净利值，因此，比较需求量很低时各方案的净利值可知，最大的最小净利值是 -50 万元，相应的 D 方案为最优方案。

（二）最大后悔值最小化法的应用

首先，在表 9.22 中找出对应于各种需求状态下的最大收益值，横行中用 * 号标出；其次，把对应于各种需求状态下的各收益值从最大收益值中减出，求出后悔值，如表 9.23 所示；最后，找出各方案的最大后悔值，列在表 9.23 中最后一列，其中最小的最大后悔值为 300 万元，相应的 A 方案是最优方案。

表 9.23　决策表(最大后悔值最小化)

单位：万元

行动方案	各需求状态下的后悔值				最大后悔值
	较高	一般	较低	很低	R_{max}
A	200	0	240	300	300
B	0	50	390	650	650
D	400	150	0	0	400
最小的最大后悔值[R_{max}]					300
最优决策方案					A

（三）极端平衡法的应用

如果结合定性分析，决策者对此新产品的销路持乐观态度，认为需求量较高的可能性为 65%，则决策系数为 $\alpha=0.65$，各方案的期望收益值为：

A 方案 $=600\times0.65+(1-0.65)\times(-350)=267.50$(万元)

B 方案 $=800\times0.65+(1-0.65)\times(-700)=275$(万元)

D 方案 = $400 \times 0.65 + (1-0.65) \times (-50) = 242.50$(万元)

可知当 $\alpha = 0.65$ 时,B 方案的期望收益最高,为最优方案。

进一步,以 α 为自变量,期望收益值 E 为因变量,分别令三方案期望收益值 E 两两相等,即:

A = B, A = D, B = D

得出:$\alpha_1 = 63.64\%$, $\alpha_2 = 60\%$, $\alpha_3 = 61.90\%$。

可知,当认为需求较高销路好的可能性低于 60%时,D 方案最优;在 60%至 63.64%之间时,A 方案最优;超过 63.64%时,B 方案最优(如图 9.13 所示)。

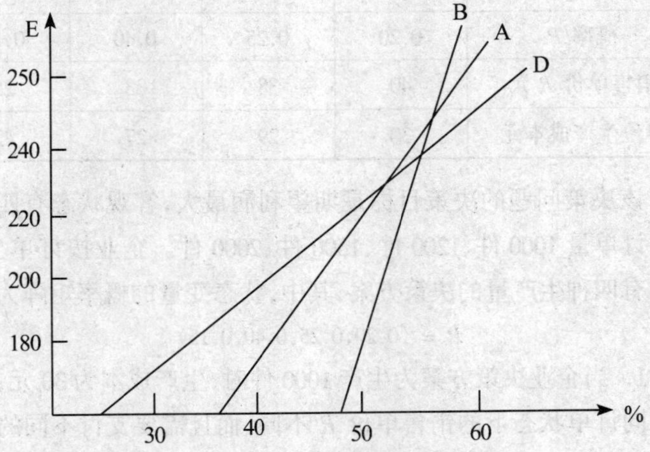

图 9.13

五、随机型与不确定型成本决策实例

有些综合的决策方案,需要将随机型成本决策方法与不确定型成本决策方法相结合。如企业生产规模的大小,既要根据企业内部现有生产条件考虑,又要根据市场的外部需要量才能确定生产量,这是以销定产的商品经济的基本要求,而由于市场需求量往往又是未知的，这就需要根据随机型和不确定型成本决策方法进行决策。

［例］ 某产品按订单生产，由于生产周期长，因此在开工时不能确定订单数量，可能接受的订单需要量和相应概率，以及在各订单量下的销售单价、单位生产成本等资料如表9.24所示。如果企业未按订单数量交货，每缺货一件需支付违约金5元，问应生产多少为宜？

表9.24

订单量 D 件	1000	1200	1500	2000
概率 P	0.20	0.25	0.40	0.15
销售单价 R 元	40	38	33	25
单位生产成本元	30	29	27	22

该决策问题的决策目标是期望利润最大，客观状态有四处可能的订单量1000件、1200件、1500件、2000件。企业按订单生产，因而有四种生产量的决策方案，其中，状态变量的概率矩阵为：

$$P = (0.20, 0.25, 0.40, 0.15)$$

1. 当企业决策方案为生产1000件时，生产成本为30元，但处于不同订单状态下的销售单价 R 不同，而且需要支付不同的违约损失 $(D-1000)\times 5$ 元，因此，该方案在不同订单状态下的条件利润为：

$$C_{i1} = (R_i - 30)\times 1000 - (D_i - 1000)\times 5 \qquad i = 1,2,3,4$$

如订单为1500件时，条件利润为：

$$C_{31} = (33-30)\times 1000 - (1500-1000)\times 5 = 500(\text{元})$$

2. 当企业决策方案为生产1200件时，生产成本为29元，如果订单状态小于生产量时，条件利润为：

$$C_{i2} = R_i \times D_i - 29\times 1200 \qquad i = 1,2,3,4$$

如订单量为1000件时，条件利润为：

$$C_{i2} = 40 \times 1000 - 29 \times 1200 = 5200(元)$$

如果订单状态大于生产量时,条件利润为:

$$C_{i2} = (R_i - 29) \times 1200 - (D_i - 1200) \times 5 \qquad i = 1,2,3,4$$

如订单量为 2000 件时,条件利润为:

$$C_{42} = (25 - 29) \times 1200 - (2000 - 1200) \times 5 = -8800(元)$$

(3) 当企业决策方案为生产 1500 件、2000 件时,在订单状态小于生产量和大于生产量的各种订单状态下条件利润的计算与上述类同,这样,条件利润矩阵为:

$$X = \begin{pmatrix} X_{11} & X_{12} & X_{13} & X_{14} \\ X_{21} & X_{22} & X_{23} & X_{24} \\ X_{31} & X_{32} & X_{33} & X_{34} \\ X_{41} & X_{42} & X_{43} & X_{44} \end{pmatrix} = \begin{pmatrix} 10000 & 5200 & -500 & -4000 \\ 7000 & 10800 & 5100 & 1600 \\ 500 & 3300 & 9000 & 5500 \\ -10000 & -8800 & -5500 & 6000 \end{pmatrix}$$

如果用贝叶斯模型进行决策,则期望利润矩阵为:

$$E = P \times C = (2450,3740,3950,2700)$$

期望利润的矩阵结果表明,第三方案即生产量为 1500 件时期望利润最大,为 3950 元,故为最优方案。

在本例中,如果各订单状态的概率无法预测,则是一种不确定型成本决策,如果采用小中取大法,则根据条件利润矩阵

方案⟶

$$\text{状态}\downarrow\quad \begin{array}{cccc} 10000^{*} & 5200 & -500 & \boxed{-4000} \\ 7000 & 10800^{*} & 5100 & 1600 \\ 500 & 3300 & 9000^{*} & 5500 \\ \boxed{-10000} & \boxed{-8800} & \boxed{-5500} & 6000^{*} \end{array}$$

可以看出,矩阵的横行为方案,纵列为状态,同一方案在各状态下的最小利润用方框表示,因此,最大最小收益值方案为第四方案,即生产 2000 件,此时期望利润为 -4000 元。

同样,如果采用最大后悔值最小化法,同一状态在各方案下的

最大收益值用星号＊标出,则同一状态在各方案下的后悔值如表9.25。

表 9.25

状态＼方案	1000 件	1200 件	1500 件	2000 件
1000 件	0	4800	10500	14000
1200 件	3800	0	5700	9200
1500 件	8500	5700	0	3500
2000 件	16000	14800	11500	0
最大后悔值	16000	14800	11500	14000

因此,各方案的最大后悔值分别为 16000 元、14800 元、11500 元和 14000 元,故最小的最大后悔值为 11500 元,第三方案最优。

思考题

1. 说明成本预测的重要意义和作用。
2. 说明企业成本预测的基本内容和预测要求。
3. 试述成本预测的基本程序。
4. 成本预测的基本方法有哪些?它们各有什么特性和适用性?
5. 何谓成本决策?有什么重要意义?
6. 影响企业成本决策的基本要素有哪些?
7. 企业成本决策的基本类型是什么?它们各有哪些特点?
8. 成本决策有哪些重要方法?各自的特点和适用性是什么?

第十章 成本控制

成本控制是现代成本管理的核心内容。成本预测、决策和计划为成本控制提供依据,成本核算为成本控制提供反馈信息,成本分析和考核反映了成本控制的结果。因此,在研究了成本预测、成本决策和成本计划之后,还必须进一步研究成本控制。成本控制的目标是实现企业的成本预算。成本控制涉及到成本发生的全过程,所以形式多变、方法多样,主要运用的方法有标准成本控制制度、价值工程方法等等。

第一节 成本控制概述

一、成本控制及其意义

所谓控制是指通过调节使客观对象的活动按照既定目标运行的行为。控制是一个系统,作为控制系统,它具有以下特点:第一,控制由施控主体和受控对象所组成。控制的过程实际上就是施控主体对受控对象施加影响,进行约束和调节的过程。第二,控制指向既定的目标。没有目标就等于控制失去了方向,也即失去了评判控制效果的标准。第三,控制应具备有效的约束和调节功能。如果缺少这种功能,受控对象就会偏离既定的目标,出现失控。第四,控制应具有准确、及时的信息反馈。没有准确及时的信息反馈,也就没有有效的控制。因此,任何一种控制,首先要明确目标,目标的实现需要施控主体对受控对象进行有效的约束和调节,而约束和调节的有效性又依赖准确及时的信息反馈。成本控制也不例外。

成本控制是一种经济控制。它是根据预定的成本目标,对企业生产经营过程中的劳动耗费,进行约束和调节,发现偏差,纠正偏差,以实现预定的成本目标,促使成本不断降低。

从控制系统的一般特点出发,成本控制的施控主体是企业的成本管理机构和各级管理人员,上至厂部和最高管理当局,下至班组和一般职工。成本控制的受控对象是企业生产经营过程中的劳动耗费,即企业在供应、生产、销售过程中发生的以货币形式表现的全部费用支出。成本控制的目标是在一定的外部环境和内部条件下,根据市场情况和企业经营总目标,并考虑一定的战略和策略而确定的降低成本水平、提高成本效益的具体要求。成本控制的方式是约束和调节。所谓约束,就是对成本活动过程进行监督,并对没有按照成本目标进行的活动加以限制;所谓调节,就是协调成本活动过程与成本目标之间的关系,发现偏差,纠正偏差。成本控制的信息主要是有关实际成本信息、目标成本信息以及调查研究信息等等。这些信息不仅是连接施控主体和受控对象之间的纽带,而且还是实施约束和调节的重要依据。由于这些信息主要依靠成本核算系统、成本预测、计划和决策系统提供,所以,为了保证成本控制信息的及时性和准确性,必须加强成本预测、成本计划、成本决策以及成本核算工作,并搞好信息的及时反馈。

成本控制在现代成本管理中具有重要意义。

1. 成本控制是现代成本管理的核心。

现代成本管理包括成本预测、成本决策、成本计划、成本核算、成本控制、成本分析和成本考核等环节。成本核算和成本控制属于事中成本管理,而成本分析和成本考核属于事后成本管理。在这里，成本预测、决策和计划为成本控制提供依据，成本核算为成本控制提供反馈信息，成本分析和成本考核则反映了成本控制的结果。由此可见，成本控制是成本管理的核心内容。

2．成本控制是降低成本，提高经济效益的重要手段。

所谓经济效益就是企业生产经营过程中劳动消耗与劳动成果之间的对比。要以最小的劳动消耗实现最大的经济效益，降低成本是实现经济效益的重要基础。要降低成本，必须加强成本管理，其中的一项重要内容是强化成本控制。因为成本控制实际上是对生产经营活动过程中的一切耗费进行约束和调节，使其朝着预定的成本目标发展，促使企业不断降低成本。显然，如果成本控制不力，成本目标就不能实现，降低成本和提高经济效益也就无从谈起。

3．成本控制是加强整个宏观经济控制的重要基础。

成本控制是整个宏观经济控制系统中的一个子系统，它在整个宏观经济控制中起着基础性作用。成本控制的效果在很大程度上影响到宏观经济控制的效果。长期以来，我国企业成本普遍存在着失控现象。由于成本失控，一方面造成企业浪费日趋严重，成本不断上升，经济效益下降，投入与产出的比例失调；另一方面也导致了物价失控，呈现出“成本上升——物价上涨——成本再度上升”的恶性循环，进而影响成本控制在整个宏观经济控制中的地位和作用。树立系统的成本控制意识，强化成本控制，才能为加强宏观经济控制奠定重要的基础。

二、狭义的成本控制与广义的成本控制

成本控制有广义和狭义之分，狭义的成本控制又叫事中控制，就是指在成本形成过程中，根据事先制定的成本目标，对企业日常发生的各项生产经营活动按照例外管理的原则，采用专门的方法

进行严格的监督和控制，务必使各项生产耗费不超过原来规定的标准和预算，如发生差异，及时分析其产生的原因，并及时纠正，以确保成本目标的实现。控制的关键在于，在日常工作中严格把关，作好日常控制。

广义的成本控制是除事中控制外，还应包括事前成本控制和事后成本控制。事前控制也称前馈控制，成本的事前控制可以分为两种：一种是指在产品投产之前，对产品成本进行规划，选择最佳成本方案，制定成本目标，制定出一套适应具体情况的成本控制制度；另一种事前控制是在产品投产前，通过对成本与功能关系的分析研究，开展价值工程（value engineering 简称 VE）活动，选择最佳方案，制定目标成本，此类控制的重点在于从产品设计阶段开始，就提出对产品功能和目标成本的要求，从根本上解决功能过剩、成本过高的问题。成本的事后控制也称后馈控制，就是将所发生的差异进行汇总、分配，计算产品的实际成本，即以目标成本加上偏离目标的差异，得出实际成本。

三、成本控制的分类

按不同的分类标准可以将成本控制分为不同的类型，不同类型的成本控制，其作用和侧重点也有所不同。

（一）按控制的时间分类：前馈控制和反馈控制

所谓前馈控制，是指在受控系统运作前，就对其运行过程的状态和输出结果的可能偏差，进行监视，以便使受控系统的运行符合控制标准，否则就改变输入或受控系统的运行。在成本控制中，前馈控制主要指产品投产以前的成本控制，包括产品设计成本、新产品研制成本的控制等等。成本的前馈控制是成本控制中的最优控制，其特点是在产品成本行为发生以前就完成有关修正。

所谓反馈控制,是指根据控制目标与受控系统的实际运行结果来实施事后控制。成本控制中的反馈控制,就是把实际成本与成本目标进行对比,并把成本发生偏差的信息传送给成本控制单位,以便及时地进行调节,实现成本目标。标准成本控制和定额成本控制都属于反馈控制。反馈控制的特点是:根据输出信息来调整输入信息,根据过去的行为来调整未来的行为。

(二)按控制的层次分类:集中控制、分散控制和分级控制

集中控制,是指企业建立一个成本控制中心,集中对成本信息进行加工处理,对各项成本开支进行统一控制。其优点是机构简化,权力集中,控制力强;其缺点是控制体制僵化,难以调动基层单位的积极性,反而影响控制效率,因而集中控制一般适用于小型企业。

分散控制,是指企业管理当局把成本控制权交由基层单位,主管成本部门只负责汇总和检查。其优点是具有灵活性,并能调动基层单位成本控制的积极性;其缺点是控制权力分散,控制标准不尽统一,容易发生偏差。

分级控制,是指如果控制系统的每一个层次都有各自的控制目标,按此目标来执行功能,并在行为上和系统的控制目标保持一致,这就是分级控制,分级控制的等级是根据控制目标的等级来设置的。指令信息自上而下逐级发散,而反馈信息则自下而上逐级收敛。分级控制的每一层次,在执行功能时越是独立,吸收的信息也就越多,由此输出并传输到上一层次的信息就越少,因而控制的效率也就越高。分级控制的显著特点是:每一层次在其控制范围内具有内在的独立性的反馈信息的收敛性。在成本控制中,目标成本控制、责任成本控制是典型的分级控制。成本中的分级控制具有以下特点:

1. 在结构上,表现为"金字塔式"的递阶结构体系,即由最高控制层、中层控制层和基层控制层组成。

2. 在目标上,最高控制层的控制目标与各级控制层的控制目标,构成了一个目标体系。层次越高,控制目标越综合,层次越低,控制目标越具体。

3. 在控制上,体现了集中控制和分散控制的理想结合。

4. 在信息上,自上而下逐级发出指令信息,自下而上逐级提供反馈信息,同一层次的各单位之间存在着信息交流。

5. 在系统上,整个成本控制系统是一个相互联系、相互依存的整体。

(三) 按控制的程式分类:程序控制和目标控制

程序控制,是按预先制定的控制程序来实施控制。程序控制一般适用于对成本的微观控制。标准成本控制都属于程序控制。例如,标准成本控制就是预先设计好控制程序,标准成本核算表示受控对象的期望值,实际成本表示受控对象的实际值,管理部门则是按预定的核算、分析和控制程序,根据实际值与期望值的偏差执行控制功能。当这种偏差表现为有利差异时,通过正反馈来增大偏差,当这种偏差表现为不利差异时,通过负反馈来减少偏差。

目标控制,是按预先制定目标而不是预先设计好的程序来实施控制。这种控制是以目标的形式从外部输入控制系统。控制系统根据来自目标的控制参数和控制变量,以随动方式或跟踪方式来确定控制程序,使控制变量不断逼近控制目标,确保目标的实现。目标控制一般适用于成本的宏观控制,如上级主管部门对企业成本的控制,行业主管部门对本行业主要产品成本的控制等等。目标控制能够极大地调动基层单位的积极性。因为只输入控制目标,能使其免受控制程序约束。

(四) 按控制数量表现分类:绝对成本控制和相对成本控制

绝对成本控制,是指对生产经营过程中发生的一切成本支出,按其绝对额进行控制,其着眼点在于控制成本的绝对数差异,即减少消耗,节约开支,重在“节流”。绝对成本控制对于减少成本绝对额是有意义的,但是,它不能把成本的降低与产量的增加、销售的扩大和利润的增长联系起来,全面地考察企业的经济效益。如果成本升高是由于产量增加、销售扩大而引起的,而且,产量、销售和利润的增长速度大于成本增长的速度,那么,即使成本升高都不能认为是不良现象。所以,成本控制不能仅停留在绝对成本控制上,还必须进行相对成本控制。

相对成本控制,是指结合企业产量、销售、利润以及生产经营要素的组合,来进行成本的相对控制,而不是单纯控制成本的绝对数额。例如,探索成本最低、利润最高的销售量,产量最高、质量最优、品种结构最合理的最低成本水平,生产经营要素最佳组合时的成本水平等等,都属于相对成本控制。相对成本控制的着眼点在于通过扩大生产和增加利润相对降低成本,即重在“开源”。

此外,成本控制按控制的层次可分为高层控制、中层控制和基层控制。高层控制是企业最高领导层对成本实施的战略性和全局性控制,中层控制则是车间、科室对成本实施的管理性控制,基层控制则是基层班组、岗位甚至个人对具体操作中的成本实施的作业性控制。成本控制的内容,可分为材料成本控制、工资成本控制、费用支出控制。成本控制按控制的方法,可分为会计控制和营运控制。

四、成本控制的内容和原则

(一)成本控制的内容

成本控制的内容是成本控制对象的具体化。前已叙及,成本控制的对象是企业在供产销过程中所发生的以货币形式表现的全部费用支出。因此,从成本形成的过程看成本控制的内容,包括供应过程中的采购成本、生产过程中的生产成本、销售过程中的销售成本,现代意义上的成本控制还包括对产品设计过程中设计成本的控制,以及售后服务过程的成本控制。

成本控制一词最早起源于美国的《会计控制法》,此法于20世纪30年代由美国哈佛大学企业管理研究院制定,主要目的在于控制成本和不断降低成本,所以又称成本控制法。在资本主义国家,把控制看作保证实际生产活动符合既定目标的方法;在我国按照马克思主义的观点,认为控制生产过程是会计的基本职能之一。因此,成本控制也可以理解为会计的基本职能在生产经营活动中的具体运用。所以,从成本计算的组成项目看,成本控制的内容应包括材料成本控制、工资成本控制和费用支出控制。

(二) 成本控制的原则

成本控制的原则是进行成本控制的行为规范。它体现了成本控制的特点。成本控制的一般原则有:

1. 系统性原则。

成本控制是一个经济控制系统,这个系统要对成本实施有效控制,必须遵循系统性原则。系统性原则要求成本控制做到事事有人管,处处有控制,人人有责任。因此,成本控制既要有纵向控制又要有横向控制,既要有总指标控制又要有分指标控制,既要有前馈控制也要有反馈控制,既要有控制的组织体系又要有广泛的群众基础,从而形成上下左右、纵横交错的全员成本控制网络体系。成本控制只有遵循系统性原则,讲求系统的一致性,才能使成本控制行为与成本控制目标相协调,从而实现成本控制的总目标。

2. 效益性原则。

任何系统的控制都要讲效益。效益性不仅是系统追求的目标,而且也是评价系统有效性的重要标准。成本控制遵循效益性原则,要求成本控制指标的确定、成本控制方法的选择、成本控制组织体系的建立，都要以提高经济效益为着眼点。凡是有利于提高经济效益的成本行为，都要积极地给予激励、促进和支持，凡是不利于提高经济效益的成本行为，都应予以调节、约束和限制，从而引导企业精打细算，增产节支，提高经济效益。

对成本的控制可以分为绝对控制和相对控制两种。绝对成本控制只从节约耗费一个角度出发，重视减少成本的绝对数；相对成本控制则既重视减少成本的绝对数，又重视相对成本的减少。通过本量利分析把握成本和业务量与利润之间的关系，找到成本最低、利润最高的最佳销售量，或者通过价值工程，寻找既能提高产品功能又能降低成本的措施，追求最高经济效益。

3．全面控制原则。

成本控制要求对产品成本发生的全过程进行控制。不仅要对变动费用进行控制，对固定费用也要进行控制；不仅在成本发生阶段进行控制，还要对产品在其设计阶段、销售阶段发生的费用进行控制；不仅要求成本管理人员重视成本控制，还要求全部职工都建立成本意识，参与成本控制，形成全员控制。

4．例外管理原则。

例外管理是指企业管理人员对于控制标准以内的问题，不必事无巨细，逐项控制，而应将注意力集中在成本实际值脱离成本目标值差异的例外事项上。所谓例外事项，一般有以下情况：一是成本差异额较大的事项；二是经常出现差异额的事项；三是可避免原因引起的性质严重的事项；四是影响企业决策的事项。成本控制应着重于正常的差异情况。由于外部环境的变化，以及预测的不确定性，实际成本与目标成本发生差异的情况是经常发生的，如果差异不大，也就没有必要都要查明原因。要把注意力集中在不正常的例外事项上，分析其发生原因，并及时作出反应，采取有效措施，使目标成本得以实现。对于这些例外事项，成本控制人员必须实行重点控制。成本控制遵循例外管理原则，有利于将管理人员从繁琐的日常事务中解脱出来,集中力量抓住主要矛盾,从而提高控制效率。

5. 责权利结合原则。

成本控制是加强经济核算、巩固经济责任制的重要手段,因此,实施成本控制必须遵循责权利相结合的原则。成本控制必须首先落实经济责任,并赋予责任者相应的权力,否则责任者就无法履行其分担的义务,同时,只有责任和权力,没有一定的经济利益,责任者就会失去控制成本的动力。因此,成本控制必须明确责任,做到事事有人管;必须赋予权力,做到管而有效;必须结合奖励,做到奖惩分明,调动各责任者在成本控制中的积极性和主动性。

6. 分级控制原则。

分级控制原则是统一领导、分级管理原则在成本控制中的具体运用。它是指成本控制应在厂长领导下实行归口分级控制。财会部门将成本控制指标分解为各项具体指标,层层分解和落实,各业务部门根据其业务范围对其承担的成本具体指标,实行归口分管。在此基础上,实行分级管理,各车间、班组、岗位各自负责自身的成本控制指标,从而形成一个多级阶梯控制网络,确保成本控制目标的实现。

五、成本控制的程序和方法

(一) 成本控制的程序

成本控制的程序一般分为制定标准、执行标准和检查考评三个步骤。

1. 制定标准。

属于事前控制。制定标准就是确定生产过程各阶段、各部门、各环节的成本费用标准、目标、预算或定额,对各种资源消耗和各项费用开支规定数量界限,作为衡量实际消耗和支出是否合理的依据。成本控制标准包括目标成本、费用预算、材料定额、工时定额、工序成本、零件成本、责任成本等等。

2. 执行标准。

属于过程控制或事中控制。即在生产过程中根据预定的标准控制各项消耗和支出，随时发现节约还是超支，并预测其发展趋势，采取措施，把差异控制在允许的范围内。执行过程控制，主要依靠成本信息的及时反馈和数据的统计分析，建立严格的责任制，实行全员控制和全过程控制。

3. 检查考评。

属于事后控制。即阶段性地集中查找和分析产生成本差异的原因，判明责任归属，对成本目标和标准的执行作出考核评价，奖优罚劣，并采取措施，防止不利因素重复发生，总结和推广经验，为修订标准提供可靠的参数，把成本控制的科学方法标准化。

以上三个步骤相互联系，循环往复，构成成本控制循环。每一次循环，成本控制标准都应有所改善，成本控制手段也更加科学。

（二）成本控制的方法

成本控制方法主要解决怎样控制成本的问题。成本控制的方法是多种多样的。

从成本控制依据的标准看，有目标成本控制法、标准成本控制法、定额成本控制法、责任成本控制法等。目标成本控制法是以目标成本作为成本控制的依据，标准成本控制法是以标准成本作为成本控制的依据，定额成本控制法是以定额成本作为控制成本的依据，责任成本控制法是以责任成本作为成本控制的依据。

从成本控制的程序看，与成本控制的程序相适应，有制定成本标准的方法、过程控制标准的方法和检查考评的方法。对于目标成本控制和责任成本控制而言，还有分解目标成本和责任成本的方法。

从成本控制的技术方法来看，有对比法、差异因素分析法、量本利分析法、回归分析法、ABC 分析法、功能成本分析法等等。

成本控制方法要根据成本控制的不同对象、不同要求和不同目的来选择。为此,除上述方法外,还可采用预算(固定预算、弹性预算)控制法、绝对成本控制法、相对成本控制法、限额领料控制法,以及采用预售券、流通券、内部支票、本票等形式控制费用和实行成本归口分级管理等方法。为了保证成本控制的有效性,还应把定量分析和定性分析结合起来,并注意各种方法的选择运用和结合运用。

六、对不同类型的成本采用不同的成本控制制度

对成本进行控制,首先要根据成本的特点将所有成本分为变动成本和固定成本两部分,然后针对不同类型的成本采用不同的控制措施,做到"对症下药"。

(一)对变动成本的控制

变动成本主要包括直接材料、直接人工和变动制造费用。

1. 对直接材料耗费的控制。改进产品结构,运用价值工程等方法减少单位产品中的材料消耗;在保证产品质量的前提下,采用廉价原材料,利用回收的废旧材料和副产品;对材料的消耗采取定额控制,对于材料的发出和使用进行限额控制;加强材料的保管工作,防止"跑冒滴漏",减少材料的非正常损失。

2. 对人工成本的控制。合理分配劳动力,优化人员配制,实行定员定额管理;加强职工的培训,提高职工的文化知识和劳动技能;进行技术创新,提高劳动生产率;实行合理的工资制度,使职工的经济利益和其经济成果挂钩;精简机构,减少非生产人员,提高管理效率。

3. 对制造费用的控制。按照机器设备的性能合理分配和使

用，提高设备的使用效率；建立维修保养制度，保证设备处于良好的状态，减少故障停工时间；根据质量要求，制定技术标准，严格控制废品的产生。

（二）对固定成本的控制

固定成本分为两类：约束性固定成本和酌量性固定成本。

约束性固定成本指企业由于拥有固定资产和存在某些基本组织而产生的固定成本，如折旧费、保险费、公用事业费（电费、水费等）、长期租赁费等。约束性固定成本一般不受企业短期决策的影响，通常是根据长期投资决策数据来制定它们的固定费用预算。例如，企业的专门决策预算中计划购置一台新机器，那么在制定预算时就应根据机器的价格以及一些历史数据制定与之有关的固定费用预算，如折旧费、保险费、电费等。在实际工作中，就按照这些固定费用预算进行控制。

酌量性固定成本是指那些在短期内并非必不可少，而且通过管理当局的决策行动可改变其数额的固定成本，如广告费用、职工培训费用、产品研究开发费用等。它们的共同特点是，其发生可根据企业在不同时期的财力负担程度来确定，在企业财务紧张时，可以将这些成本全部紧缩掉。对于这类成本的控制主要是分项目、按时间与有关单位协商制定出一个协议的静态预算，然后对成本预算的实行进行控制，如果发现由于考虑不周或情况变化造成预算不切合实际的，可以进行修改。

第二节　目标成本控制

目标成本是企业在建立目标管理体制的情况下，在生产经营活动开始之前，为产品或工程项目预先制定的成本。目标成本和实际成本是不一样的概念。实际成本是历史成本,反映了过去发生的成本。实际成本作为管理控制的工具有其缺点:一是实际成本具有滞后性,实际成本只有到期末才能计算出来,如果发生浪费或损失,已无法挽回,在需要对成本进行控制时,却得不到相关的成本信息,不利于及时作出反应;二是实际成本具有历史性,只反映过去发生的成本,并不能完全预示未来的情况。采用目标成本就可以弥补这方面的缺陷。

一、目标成本控制及其特点

目标成本是根据产品的性能、质量、价格和目标利润确定的企业在一定时期内应达到的成本水平。目标成本与计划成本既有联系又有区别。从二者的联系看,它们都是企业在成本方面的奋斗方向;从二者的区别看,目标成本是根据用户所能接受的价格和企业所能接受的目标利润来确定的,而计划成本是以实际成本为基础,根据先进的消耗定额和计划期内能实现的成本降低措施及其效果来确定的;目标成本一般由企业自行制订、自行控制和自行考核,具有灵活性,而计划成本则往往表现为管理当局为企业规定的计划任务,具有强制性。在实际工作中,有的企业首先制订长远的目标成本,然后根据目标成本编制年度成本计划,有的企业根据批准的成本计划,提出保证成本计划完成的目标成本。

目标成本是企业成本管理的重要内容,制定合理的目标成本是进行成本控制的基础。目标成本与实际成本相比较,可以查明生产经营中发生的不利差异,通过对不利差异的分析可以加强成本控制。推行目标成本管理,应结合经济责任制,将总的成本目标层层分解,落实到厂部、车间、班组和个人。

目标成本控制是成本控制的一种重要方法。它是根据目标成本来控制成本活动,使实际成本符合目标成本的要求,并不断地降低成本。作为控制方法，它具有以下几个特点：

(1) 目标成本控制以价格和利润为基础，改变了以实际消耗为基础的传统成本控制观念。以实际消耗为基础的成本控制，要么把费用支出转嫁给消费者，损害消费者的利益，要么把费用支出归属企业，导致企业亏损；而以价格和利润为基础的目标成本控制则认为，只有建立在消费者能够接受的价格和企业能实现的目标利润基础上的费用支出，才是必要的，这为降低成本指明了方向。

(2) 目标成本控制以目标管理理论为基础，强化了成本控制的理论依据。目标管理是一种现代的、民主的和科学的管理理论和方法，目标成本控制正是这一理论与方法在成本控制中的具体体现和运用。目标成本控制能够把目标管理具体化，把民主管理、全员管理具体化，把以提高经济效益为中心和建立责任制具体化。

(3) 目标成本控制以全时序控制为基础，改变了以事后控制为基础的传统成本控制观念。目标成本控制将事前控制、事中控制和事后控制有机地融为一体，增强了成本控制的预见性、目的性和科学性。

目标成本控制是一个系列的行动过程。这一行动过程就是目标成本控制的一般程序，它包括：制订目标成本、分解目标成本、控制目标成本、考评目标成本。为了加强目标成本控制，与目标成本控制的一般程序相适应，要采用一系列目标成本控制的技术方法，它包括：制订目标成本的方法、分解目标成本的方法、控制目标成本的方法、考评目标成本的方法。

二、目标成本制定程序和范围设定

由于企业实际情况千差万别，具体目标成本的制定程序可有很多种。但就目标成本制定的一般程度来讲，都采用“先确定目标利润，再确定目标成本”的模式，即：

目标成本 = 目标销售收入 - 目标利润

首先根据企业的经营目标,确定目标销售收入;然后确定目标利润;最后由销售收入减去目标利润得到目标成本。制定了目标成本之后,就可以依据目标成本编制成本计划。如果发现目标成本不能实现,就要采取措施,通过价值工程、改进生产技术等方法来降低成本,达到目标成本的要求。在确定目标销售收入时应注意从销售收入中剔除销售税金和销售费用。

根据例外管理的原则,目标成本控制只关注于不正常的成本差异,但不正常和正常的确定带有很大的随意性,所以,应具体确定正常与不正常的界限,即设定控制的范围。例如,标准成本为400元,如果控制范围在正负5%以内,则成本超过420元或低于380元都应视为不正常的情况,应进一步调查,分析其发生的原因(以表10.1和图10.1所示的例子加以说明)。

表 10.1

	标准成本	实际成本	成本差异	差异比率
1	400	380	20	5.00%
2	400	390	10	2.50%
3	400	430	-30	-7.50%
4	400	410	-10	-2.50%
5	400	360	40	10.00%
6	400	440	-40	-10.00%
7	400	410	-10	-2.50%
8	400	399	1	0.25%
9	400	360	40	10.00%
10	400	405	-5	-1.25%
11	400	430	-30	-7.50%
12	400	420	-20	-5.00%

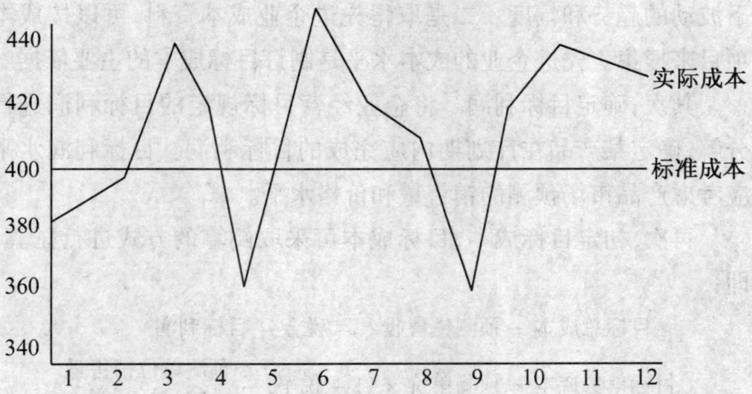

图 10.1

从表 10.1 中可以发现,3 月份、5 月份、6 月份、9 月份和 11 月份的成本超过了控制范围,应予以重视,找出原因。属于企业可控成本的,如制造费用发生过多,就采取有效措施降低成本。属于不可控成本的,如原材料市场平均价格上涨,则不应追究成本控制的责任。

三、目标成本的制订

目标成本的制订是目标成本控制的起点,目标成本制订的科学性和合理性直接影响到目标成本控制的有效性。

目标成本的制订要依照一定的程序进行,这一程序由下列步骤构成:

首先,搜集成本信息。制订目标成本需要的信息包括两个方面:一是预测销售量和价格。以新产品来说,价格是一个未知数,要进行市场调查和预测,进行分析,并与同类产品相比较,确定消费者对价格的接受程度;对产品而言,要对现行销售价格进行分析,特别是结合产品市场寿命周期和产品竞争能力,预测出价格上下波动的趋势和幅度。二是取得先进企业成本资料,可以按成本项目来搜集。先进企业的成本水平是制订目标成本的主要依据。

其次,确定目标利润。将企业经营目标规定的目标利润进行分解,确定某产品在计划期内应完成的目标利润。目标利润水平应考虑产品市场预测的销售量和价格水平。

再次,初定目标成本,目标成本可采取倒算的方式进行匡算,即:

$$目标总成本 = 预测销售收入 - 税金 - 目标利润$$

$$目标单位成本 = 预测单价 \times (1 - 税率) - \begin{matrix}预测单位销售量\\的目标利润\end{matrix}$$

最后,确定目标成本。在初定目标成本之后,要发动群众讨论匡算的目标成本指标,提出降低成本的措施,根据降低成本的主要措施对未来成本进行预测,寻找降低成本的方向和途径,经过目标成本综合平衡,即可确定企业为之奋斗的目标成本。

制订目标成本的方法较多,下面择要地讨论几种:

(一) 公式法

公式法就是根据目标成本的计算公式确定目标成本,它一般用于新产品目标成本的制订。由于消费者可以接受的价格及销售数量不可能预测得十分准确,所以用公式法制订目标成本,应把目标成本与产品的设计成本联系起来,用目标成本校正设计成本,用设计成本调整目标成本。公式法用于产品目标成本制订时,可采用以下公式:

$$目标成本 = \frac{有竞争能力的市场价格}{销售单价} \times 实际成本$$

[例] 某企业生产 A 产品,实际成本为 300 元,售价为 480 元,有竞争能力的价格是 450 元,则目标成本为 281.25 元 $\left(\frac{450}{480} \times 300 = 281.25 元\right)$,这样,售价降低到 450 元以后,企业仍可

获得相同的成本利润率。

（二）倒算法

倒算法是以产品销售收入减去产品销售税金及附加和目标利润来制定目标成本的方法。其公式如下：

目标成本 = 产品销售收入 − 税金 − 目标利润

单位产品目标成本 = 产品单价 ×（1 − 产品税率）− 目标利润 / 销售数量

（三）对比法

对比法就是比较本企业的成本水平与先进企业的成本水平来确定目标成本，主要用于老产品。对比的标准可以是国内外同种产品的先进成本水平或历史上最好水平，或按平均先进水平制定的标准成本、定额成本。

［例］ 某企业产品单位成本如下：直接材料 29.27 元，直接人工 6.80 元，制造费用 16.2 元。同类先进企业直接材料为 26.7 元，直接人工 8.16 元，制造费用 13.15 元。则本企业目标成本 = 26.7 + 6.8 + 13.15 = 46.65 元。这样确定的目标成本实际上可低于先进企业的成本。

（四）回归分析法

这种方法适用于系列产品目标成本的确定。系列产品中各规格产品的成本，与某种功能特性或技术参数有一定线性关系。根据线性关系，可以预测出新产品的成本，然后根据功能设计予以修正，就可以确定其目标成本。

其基本原理是：在 $y = a + bx$ 中，只要计算确定单位变动成本 b 和固定成本 a，则一定业务量 x 下的目标成本 y 就可确定出来。a 和 b 的计算公式是：

$$\begin{cases} a = \bar{y} - b\bar{x} \\ b = \dfrac{\sum x_i y_i - \bar{x}\sum y_i}{\sum x_i^2 - \bar{x}\sum x_i} \end{cases}$$

［例］　某产品系列的规格成本同其功率，存在着线性关系，其资料如下：

规格	1	2	3	4	5
成本 y	700	800	850	950	1100
功率 x	10	15	20	25	30

现欲设计一种功率为 40 千瓦的产品，其目标成本是多少？

运用回归方程，得：

$$b = \frac{92750 - 20 \times 14400}{2250 - 20 \times 100} = 19$$

$$a = 880 - 19 \times 20 = 500$$

则：$y = 500 + 19x$

当 $x = 40$ 时

目标成本 $y = 500 + 19 \times 40 = 1260$（元）

（五）根据成本降低任务预测目标成本

目标成本也可根据生产任务、原材料消耗定额、劳动生产率、平均工资、制造费用以及废品损失等因素的变动情况来预测。

［例］　某企业生产 A 产品，其有关资料如下：

1．A 产品上年单位成本 92000 元，各成本项目的比重是：直接材料占 60%，直接人工占 12%，制造费用占 25%，废品损失占 3%。

2．计划年度企业将采取一系列措施降低成本，各项主要经济指标将有如下变动：产量增长 18%，劳动生产率增长 15%，平均工资增长 10%，材料消耗定额降低 10%，材料价格降低 2%，制造费用增长 15%，废品损失降低 20%。

试计算 A 产品计划年度的目标成本是多少？

根据以上资料,先计算计划年度A产品的成本降低率。

1．原材料消耗定额和价格变动而形成的成本降低率。

$$降低率 = [1 - (1 - 原材料消耗定额降低\%) \times (1 - 原材料价格降低\%)] \times 直接材料成本比重$$

$$= [1 - (1 - 10\%) \times (1 - 2\%)] \times 60\% = 7.08\%$$

2．劳动生产率增长大于平均工资增长而形成的成本降低率。

$$降低率 = \left(1 - \frac{1 + 平均工资增长\%}{1 + 劳动生产率增长\%}\right) \times 直接人工成本比重$$

$$= \left(1 - \frac{1 + 10\%}{1 + 15\%}\right) \times 12\% = 0.52\%$$

3．产量增长大于制造费用增长而形成的成本降低率。

$$降低率 = \left(1 - \frac{1 + 制造费用增长\%}{1 + 产量增长\%}\right) \times 制造费用成本比重$$

$$= \left(1 - \frac{1 + 15\%}{1 + 18\%}\right) \times 25\% = 0.64\%$$

4．废品损失降低而形成的成本降低率。

$$降低率 = 废品损失降低率\% \times 废品损失成本比重$$

$$= 20\% \times 3\% = 0.6\%$$

所以,成本总降低率 $= 7.08\% + 0.52\% + 0.64\% + 0.6\% = 8.84\%$

则:目标成本 $= 92000 \times (1 - 8.84\%) = 83867.20$ 元

目标成本的各种制订方法仅仅是制订目标成本的手段。要使目标成本真正达到先进合理,成为全体职工奋斗的目标,必须从技术上、经济上进行全面的综合平衡,只有经过综合平衡确定的目标成本,才能成为最后确定的目标成本。

四、目标成本的分解

目标成本确定出来以后,就要进行分解,层层落实到单位和个人,成为各个单位和个人奋斗的目标。

目标成本的分解要有利于明确经济责任、加强成本控制，不仅要使各个单位和个人明确自己的责任，而且要给予相应的管理权力和经济利益，目标成本才能够落到实处，这时，分解给各个单位和个人的目标成本必须是该单位和个人可以控制的成本，将不可控成本分给他们，是毫无意义的。不仅要自上而下地分解目标成本，而且要自下而上地提出保证措施。此外，要结合企业工艺技术过程和企业组织结构特点来分解目标成本。

目标成本分解的方法主要有以下几种：

（一）按组织结构分解目标成本

按企业组织结构分解目标成本是一种广泛适用的目标成本分解方法。这种方法是把全厂的目标成本分解给各个车间和职能科室，成为这些车间和职能科室的目标成本，然后，各个车间和职能科室再将其目标拆开分解给各个班组，成为该班组的班组目标成本，各个班组将其负责的目标成本分解落实到个人头上，形成岗位目标成本，个人对岗位目标成本提出个人保证措施，班组对班组目标成本提出班组保证措施，车间和科室对车间和科室目标成本提供车间、科室保证措施，全厂对总的目标成本提出保证措施。这样就形成了自上而下的层层分解和自下而上的层层保证的纵横交错的目标成本分解控制体系。

（二）按产品结构分解目标成本

在机械制造企业中，产品的生产首先要对各种不同的材料进行加工，制成各种零件，然后经过组装，装配成部件，最后对部件进行装配形成产成品。在这种情况下，目标成本的分解可以按产品的结构进行，即把产品的目标成本分解到零件、部件和产成品上去，从而形成零件的目标成本、部件的目标成本和产成品的目标成本，然后，将零部件、产成品的目标成本按责任中心再分解。

（三）按成本形成过程分解目标成本

由于产品成本的形成要经过供应过程、生产过程和销售过程，在每一过程中成本有不同的表现形式，即供应过程的采购成本、生产过程的制造成本、销售过程的销售成本，因此，产品目标成本可以按成本的形成过程进行分解。这种分解方法有利于按成本形成过程来控制成本。

（四）按成本项目和成本特性分解目标成本

这种分解方法是以成本项目为主并参照成本特性来分解目标成本。其具体分解方法是：将目标成本分解为直接材料成本、直接人工成本和制造费用。其中，直接材料成本又具体分为由生产中用量引起的成本和由供应中价格变动引起的成本；直接人工成本具体分为由工时定额变动引起的成本和由于小时工资率变动引起的成本；至于制造费用则按其与产量的关系，分为变动制造费用和固定制造费用。

五、目标成本控制和考核

（一）目标成本控制

目标成本分解落实以后，就进入了目标成本的实际执行过程，在这一过程中，进行成本控制尤其重要。

目标成本控制就是要根据目标成本的要求，规定各种定额和标准，采取各种控制方法和手段，按照定额和标准进行控制，并且要经常对照检查，发现差异，及时加以调整。

目标成本控制的手段和方法是多种多样的。对于材料成本来说，要严格材料的验收入库和领退制度；加强发外加工材料的管理；降低单位产品的材料用量；建立健全材料核算制度和定期盘点制度，做到账实相符。对于工资成本而言，要编制工资基金计划，严格工资开支范围，审核工资核算的主要原始记录，正确计算和支付工资，划清资金渠道分配工资。对费用成本来讲，要建立费用定额管理制度，严格费用开支，为便于群众参加管理，便于监督，企业可采用厂内货币、费用手册、内部结算券等手段，加强费用控制。

在目标成本的控制中，对于符合目标成本要求的行为，可以不予干预，对于超标准、超定额的支出，就必须加以限制。对于违反国家财经制度规定的支出，就要实行监督，加以纠正。对于达不到目标成本的行为，则要加以指导和帮助，分析原因，采取措施，促使其达到目标成本。如果目标成本本身确实存在着不合理的地方，或者在执行中客观条件发生了重大变化，就应进行必要的修改，使目标成本能够真正成为职工奋斗的方向。

（二）目标成本的考核

为了使成本控制起到指导和督促作用，必须经常检查各个单位和个人对目标成本的执行情况。检查可以定期进行，每旬、每月或每季检查一次，特别是对于那些占成本比重很大、经常发生波动并且控制比较困难的目标成本更要经常性地进行检查，在检查过程中，不仅要检查目标成本的实现程度，而且要检查成本核算的真实性和准确性，特别是有无任意扩大成本开支范围和标准，人为地抬高成本的现象，对于乱摊乱挤成本的行为，必须严肃处理。在检查的基础上还要进行分析，通过分析，分清主观因素和客观因素、有利因素和不利因素以及主要因素和次要因素，对比差距，揭露矛盾，充分挖掘企业内部潜力，为今后制订目标成本提供新的依据。最后，以目标成本为依据对成本控制工作进行考核和评价，表扬先进，惩罚落后，贯彻多劳多得的按劳分配原则，从而调动各方面降低成本的积极性。

第三节　定额成本控制

一、定额成本控制的特点及其意义

定额成本控制是为了及时地反映和控制生产费用和产品成本脱离定额的差异,加强定额管理和成本控制而采取的一种方法。它是以产品的定额成本为基础,加减定额差异,来计算产品的实际成本,通过制定定额成本、计算定额差异和分析责任,达到成本控制的目的。

定额成本法不仅是一种成本计算方法,而且也是一种成本控制方法。作为成本计算方法,其主要特点是:在生产费用发生的当时,就将符合定额的耗费和发生的差异分别核算,并在产品定额成本差异的基础上加减各种差异,计算产品的实际成本。这与成本计算的品种法、分步法、分批法和分类法都不相同。这几种成本计算方法,要到月底,通过实际资料和定额资料进行对比分析,才能确定成本脱离定额的差异。作为成本控制方法,其主要特点是:以定额成本作为控制和分析成本的依据,通过事前制定定额成本、事中按定额成本进行控制、事后计算和分析差异的过程,促进企业努力降低成本。

定额成本法由于将成本计算和成本控制结合起来,所以它对于加强成本核算、严格定额管理、强化成本控制具有重要意义。定额成本的作用主要表现在:

1．定额成本是进行成本控制的依据,成本控制的目的就在于将实际成本尽可能地限制在定额成本的范围之内,离开了定额成本,成本控制就失去了依据。

2．定额成本是衡量生产经营成绩的尺度,它能够激发职工降低成本的热情，调动他们的积极性，促使他们充分挖掘潜力，不断降低成本。

3. 定额成本是核算生产费用、计算产品实际成本的基础。因为实际成本就是在定额成本的基础上加减各种差异而计算出来的。

二、定额成本的制定

产品的定额成本是以现行消耗额为依据计算出的产品成本，是企业现有生产条件和技术水平下所应达到的成本水平。它与计划成本不同，计划成本是以计划期内平均消耗定额为依据计算的产品成本，是企业整个计划期内所应达到的平均成本。

定额成本控制首先要根据产品的工艺规程，制定产品的原材料、动力、工时消耗定额，并且根据各项消耗定额和原材料的计划单价、计划工资率或计件工资单价，计算这种产品的直接材料成本和直接人工成本。其次制定制造费用预算，并按一定比例将其分摊到单位产品上去，从而计算出各产品的间接成本。最后，把直接成本和间接成本加总，从而得到该种产品的定额成本。

定额成本是指零、部件定额成本和产品定额成本，通常由计划、会计等部门共同制定。在零、部件不多的情况下，一般是先制定零件定额成本，然后再汇总计算部件和产成品的定额成本。零、部件定额成本可以作为在产品和报废零、部件计价的根据。如果产品的零、部件较多，为了简化计算工作量，也可以计算零件定额成本，而根据列有零件原材料消耗定额、工序计划和工时消耗定额的零件定额卡，以及原材料计划单价、计划工资率和费用统计，计算部件定额成本，然后汇总计算产成品定额成本；或者根据零、部件定额卡直接计算产成品定额成本。在计算零、部件成本的情况下，在产品和报废零、部件的计价，就要根据零、部件定额卡和原材料计划单价、计划工资率和费用率临时计算。

三、定额成本差异的控制

定额成本制定出来以后,就要按照各项定额安排生产,定额成本在执行中如果发现差异就应及时地把差异揭示出来,追查产生差异的原因和责任,采取措施,消除差异。定额成本差异具体包括直接材料定额差异、直接人工定额差异和制造费用定额差异。不同的差异应采取相应的控制方法。

(一) 直接材料定额差异的控制

直接用于产品生产的材料,一般都是直接费用,在成本发生时,就能按照产品计算出定额成本和脱离定额的差异,并用定额凭证和差异凭证分别予以反映。为了对直接材料定额差异进行控制,原材料的领用应实行限额领料制度。限额范围内的用料,根据限额领料单领用;增加产品产量发生的超额用料,经过办理追加限额领料单领用;增加产品产量发生的超额用料,经过办理追加限额手续后,也可以使用限额领料单领用;由于其他原因发生的超额用料或代用材料的用料,则应填制专设的超额领料单或代用材料领料单等差异凭证领用。

在每批生产任务完成以后,应根据车间余料编制退料单,办理退料手续。退料单中所列的原材料数额和限额领料单中的原材料余额,都是原材料脱离定额的节约差异。

对于需要经过切割才能进一步加工的材料,还应采用材料切割核算单,用来核算材料定额消耗量和脱离定额的差异。这种核算单应按切割材料的批别开立。切割完毕,根据实际割成的材料数量和消耗定额,计算出定额耗用量,再与实际消耗量比较,即可确定脱离定额的差异。

在连续投产的大量生产情况下,则应定期通过盘存方法核算脱离定额的差异。即先根据产量凭证和在产品盘存资料,获得完工产品数量和月末在产品数量,再根据月初在产品数量,倒算出产品的投产数量,以此乘以消耗定额,算出定额消耗量,根据领料、退料等凭证,算出实际消耗量,再将材料实际消耗量与定额消耗量相比,便可确定材料脱离定额的差异。

材料脱离定额差异的计算公式是:

$$\text{材料脱离定额差异}=\left(\text{实际定额消耗量}-\text{定额消耗量}\right)\times\text{材料计划单价}$$

计算脱离定额差异,应按成本计算对象汇总,编制原材料定额差异汇总表。

材料采购成本差异,应由财会部门统一核算,在月末一次转到各种产品上去。

(二) 工资定额差异的控制

在计件工资形式下,工资成本属于直接费用。其控制方法与材料定额差异的控制方法相同,即凡符合定额范围内的生产工人工资,要登记在正常的产量记录之中,对于脱离定额的差异,要登记在专设的差异凭证之中。

在计时工资形式下,如果生产工人工资能直接计入某种产品成本的,工资脱离定额的差异应根据下式计算:

$$\text{生产工人工资脱离定额差异}=\text{该产品生产工人实际工资}-\left(\text{产品产量}\times\text{单位产品定额工资}\right)$$

如果生产工人工资不能直接计入某种产品成本,而要按工时进行分配,则应按下式计算工资脱离定额的差异:

$$\text{生产工人工资脱离定额差异}=\text{生产工人实际工资}-\left(\text{实际产量的定额工时}\times\text{单位工时计划工资}\right)$$

因此,在计时工资形式下,控制工资定额差异,一方面要控制工资总额支出,另一方面要控制单位产品的工时消耗。

不论采取哪种工资形式,都应按照成本计算对象汇编定额生产工资和脱离定额差异汇总表。表中汇总反映产品的定额工资、实际工资、工资差异以及产生差异的原因,用以考核和分析各种产品生产工资定额的执行情况,并据以计算产品的工资费用。

(三) 制造费用定额差异的控制

制造费用是车间、分厂为组织和管理生产所发生的各项费用。制造费用按其与产品产量的关系又可分为变动制造费用和固定制造费用。制造费用应分别按车间或分厂汇集。由于月末才能分配计入产品,因而不能在日常核算中按照产品直接确定定额差异。为了有效控制制造费用支出,应定期按部门、车间、班组编制费用计划,根据费用计划控制支出,及时反映和控制费用的定额差异。至月末,把费用分摊到产品中去,再同费用定额进行比较,以确定费用的定额差异。如果费用在产品之间是按照生产工时为依据进行分配的,则费用定额差异的计算,可采用与计时工资形式下工资定额差异相同的计算公式。

对于制造费用定额差异,也应按车间、成本计算对象分别编制制造费用定额和定额差异汇总表,用以反映和控制制造费用定额及其脱离定额差异的情况。

(四) 材料成本差异的控制

在采用定额法下,为了便于分析和考核材料消耗定额的执行情况,日常材料的核算都是按计划成本进行的,因此,直接材料费用,包括材料定额及其定额差异,平时也是按材料计划单位成本计算的。在月末计算产品成本时,应根据材料成本差异分配率,计算材料成本差异。其公式如下:

$$\text{某产品应分摊的材料成本差异} = \left(\text{该产品材料定额费用} \pm \text{材料定额差异}\right) \times \text{材料成本差异分配率}$$

（五）定额变动差异的控制

定额变动差异是定额成本法特有的一种成本差异，它是指新旧定额成本之间的差异。如果企业修改定额，由于月初在产品仍按旧定额计算，现要改按新定额计算，这就必然产生定额变动差异。定额变动差异应单独列示，转入当期产品成本中去，从控制的角度看，定额变动差异是由于企业修改定额而出现的成本差异，不属于生产部门的责任。

综上所述，在定额成本下，产品实际成本要按下列公式计算：

产品实际成本 = 产品定额成本 ± 脱离定额差异 ± 材料成本差异 ± 月初在产品定额变动差异

四、定额成本控制的具体应用

假定某企业生产甲产品，采用定额成本法计算和控制成本。本月份起该产品新修改的定额如表10.2。

表10.2　定额成本表

产品名称：甲　　2002年×月　　产品单位：件

成本项目	数量	计划单价(元)	金额(元)
直接材料	25公斤	2	50
直接工人	10小时	3	30
制造费用	10小时	2	20
产品定额成本	—	—	100

该企业月初在产品50件，单位产品原材料成本定额为55元，本月份起修改为50元，月初在产品定额成本减少数为250元[50×(55－50)=250元]，这是定额变动差异，应从月初在产品定额成本中转出。

表 10.3　产品成本计算表

产品名称:甲　　本月产量:100 件　　2002 年×月份　　金额单位:元

成本项目	月初在产品（件）		月初在产品定额变动		本月费用			生产费用合计				差异分配率	产成品成本（100 件）					月末在产品（40 件）	
	定额成本	脱离定额差异	定额成本调整	定额变动差异	定额成本	脱离定额差异	材料成本差异	定额成本	脱离定额差异	材料成本差异	定额变动差异	脱离定额差异	定额成本	脱离定额差异	材料成本差异	定额变动差异	实际成本	定额成本	脱离定额差异
	1	2	3	4	5	6	7	8 = 1 + 3 + 5	9 = 2 + 6	10 = 7	11 = 4	$12 = \frac{9}{8}$	13	14 = 13 × 12	15 = 10	16 = 11	17 = 13 + 14 + 15 + 16	18 = 8 − 13	19 = 9 − 14
直接材料	2750	− 300	− 250	250	4500	− 540	− 300	7000	− 840	− 300	250	−12%	5000	− 600	− 300	250	4350	2000	− 240
直接人工	1500	− 136	—	—	2700	− 200	—	4200	− 336	—	—	− 8%	3000	− 240	—	—	2760	1200	− 96
制造费用	1000	− 48	—	—	1800	− 120	—	− 2800	− 168	—	—	− 6%	2000	− 120	—	—	1880	800	− 48
产品制造成本	5250	− 484	− 250	250	9000	− 860	− 300	14000	− 1344	− 300	250	− 9.6%	10000	− 960	− 300	250	8990	4000	− 384

本月完工产成品 100 件,月末在产品 40 件。

该企业产品成本计算表(表 10.3)中,第 1 栏和第 2 栏,根据上月成本计算表中月末在产品资料填列;第 3 栏为新修改的定额成本中转出的定额变动差异;第 4 栏为从月初在产品定额成本中转出的定额变动差异;第 5 栏和第 6 栏是根据各种费用分配表登记的;第 9 栏"脱离定额差异"要在完工产品和月末在产品之间按照定额成本比例进行分配;第 10 栏"材料成本差异"和第 11 栏"定额变动差异"由本月产成品负担,如果数额较大,应在产成品和月末在产品之间按照定额成本比例进行分配。如果本月发生不可修复的废品损失,则应全部作为定额差异单独列示。

产成品实际成本计算出来后,应编制产成品定额成本分析表,如表 10.4 所示。

表 10.4　产成品定额成本分析表

产品名称:甲　　2002 年×月份　产量:100 件　　单位:元

成本项目	定额成本	定额差异	材料成本差异	定额变动差异	实际成本	
					总成本	单位成本
直接材料	5000	-600	-300	250	4350	43.50
直接人工	3000	-240	—	—	2760	27.60
制造费用	2000	-120	—	—	1880	18.80
产品制造成本	10000	-960	-300	250	8990	89.90

五、定额成本法和标准成本法的比较

定额成本法和标准成本法,作为成本控制的两种重要方法,既有密切联系又有许多区别,各有自己的优缺点。

从定额成本法和标准成本法的联系看,主要表现在以下几个方面:首先,两种方法的实质相同。无论是定额成本法还是标准成本法，都是将成本计划、成本计算和成本控制融为一体，其中，定额成本法以定额成本作为计算和控制成本的依据。其次，两种方法的目的相同。定额成本法和标准成本法都是通过事前制定定额或标准、事中控制成本、事后确定和分析差异的过程，最终达到控制成本的目的。再次，生产费用的归集方法基本相同。产品的实际成本都表现为定额成本或标准成本和成本差异两部分。最后，两种方法应用的条件相同。两种方法都要求企业对定额或标准的管理较好，产品工艺基本稳定，原始记录比较完整，成本管理制度比较健全，只有具备这些条件，才能比较准确地计算成本差异，分清成本差异的责任。

从定额成本法和标准成本法的区别看，主要表现在：(1)两种方法的侧重点有所不同。定额成本法强调产品成本不仅要按产品制定定额成本，而且要按产品计算实际成本和控制成本差异，侧重于计算实际成本，而标准成本法强调按管理区域计算和控制成本差异，不强调计算产品的实际成本。(2)成本差异的分类不同。定额成本法下的成本差异一般包括脱离定额差异、定额变动差异、材料成本差异。而标准成本法下的成本差异主要包括材料用量差异和价格差异、人工效率差异和工资率差异、能量差异和效率差异等等，另外，标准成本没有标准本身变动的差异。(3)账务处理有所不同，在定额成本法下，定额成本和成本差异只在成本计算表上反映，会计账户中不设差异科目(“材料成本差异”除外)，在产品和产成品在会计账户中和资产负债表中都表现为实际成本；而在标准成本法下，产品标准成本和成本差异都要通过账户系统反映，在产品和产成品科目都表现为标准成本，另设各种差异科目分别反映成本差异。

从定额成本法和标准成本法的优缺点看，定额成本法的主要优点是：(1)能够加强成本控制。(2)由于产品的实际成本是按照定额成本和各种差异分别反映的，因而有利于定期进行成本分析，挖掘降低成本的潜力。(3)通过脱离定额差异和定额变动差异的核算,有利于提高成本资料的完备性,因而能比较合理地解决完工产品和在产品之间分配费用的问题。但是,采用定额成本法必须制定定额成本,单独核算脱离定额的差异,在定额变动时及时地修订定额成本,计算定额变动差异,因而要增加一些核算工作量。标准成本法的主要优点是:(1)强调按成本管理区域计算和分析成本差异,符合责任会计的要求。(2)成本差异的分类比较科学和全面,便于成本控制和考核。(3)月末把当期的各种成本差异全部转入销货成本,可以把当期成本控制的成果在当期成本和利润中体现出来。(4)标准成本法的各种差异可以为例外管理及时提供必要的信息,督促追查差异原因和责任。标准成本法的主要缺点是不计算产品的实际成本,除产品单一的企业外,很难编制产品实际成本的报表。

第四节　其他成本控制

成本控制范围不仅局限于对生产成本的控制,还包括对某一方面的成本进行控制,如产品设计成本控制、产品寿命周期成本控制、设备维修成本控制等等。

一、产品设计成本控制

构成产品成本的费用主要发生在生产过程中,而对成本的控制却不能仅限于产品生产的阶段,产品设计成本控制就是在产品设计阶段,通过对产品的价值工程分析,选择最佳方案以控制投产后的产品成本。

产品成本的高低在一定情况下主要是由该产品在设计、研制阶段的工作质量所决定的，所以在新产品设计研制阶段开展价值工程，效果最为显著。在这一阶段进行价值分析可以提高产品及其零部件的标准；利用价值工程的分析方法，可以去掉无用的或不必要的零部件，采用先进的生产工艺和生产流程；通过价值工程，可以节约能源和材料的使用，从而使产品的功能与成本控制保持在最佳状态，降低产品成本，改进产品质量，最终提高企业的经济效益。

产品设计成本控制，首先要确定目标成本，使其成为设计成本的目标。对于新产品，可以参照老产品来确定或根据产品的市场价格减去目标利润求得；若是对老产品进行改进，则可以以同行业先进水平为依据，或在原成本基础上进行一定程度的控制。

新产品目标成本确定后，就要根据现有的生产能力和设计能力对产品的成本进行预测，采取各种控制方法和生产技术来达到成本目标。如果达不到成本目标的要求，则要进行重新设计，发现确实无法达到目标的，可以考虑修改目标或是否有必要推出新产品。对于老产品，则可以通过市场调查，结合现有生产条件，改变原设计中不合理的部分，降低成本水平。

二、产品寿命周期成本控制

产品寿命周期成本就是用户为获得某种功能而耗费的成本。在这里，用户购买某种产品的目的是为了某种功能。产品寿命周期成本包括产品的购买成本和运行维护成本（使用成本）两部分，产品寿命周期成本中的购买成本和使用成本因商品的不同而不同。对于耐用产品来说，购买成本与使用成本有密切关系，购买成本低往往使用成本高，购买成本高往往使用成本低，人们日常所说的“一分钱、一分货”就是这种情况的生动说明。产品寿命周期成本的内容如表 10.5 所示。

表 10.5

<table>
<tr><td colspan="7">寿 命 期 限</td></tr>
<tr><td>设计成本</td><td>开发成本</td><td>制造成本</td><td>非制造成本</td><td>运行成本</td><td>维修成本</td><td>保养成本</td></tr>
<tr><td colspan="4">生 产 成 本</td><td colspan="3">使 用 成 本</td></tr>
<tr><td colspan="7">寿 命 周 期 成 本</td></tr>
</table>

由于产品成本不仅包括购买成本，还包括运行维护成本，所以对产品的控制就不能只关心对产品成本的控制，还要关心对质量的控制，因为产品质量的高低直接关系到产品运行维护成本的高低。产品质量高，可以延长产品的使用周期降低产品的维护成本，从而降低产品的寿命周期成本。所以，任何生产单位不仅要考虑产品的生产成本，而且还要研究用户购买产品后在消费过程中所发生的使用成本。而且，由于质量高的产品生产成本往往较高，购买成本相应也高，所以产品寿命周期成本中的购买成本与使用成本是相互关联的。

对产品寿命周期成本进行控制要求进行全面的成本管理，扩大成本控制的范围，将成本控制推广至产品的整个寿命期限。对降低产品成本的考虑不能只局限于生产成本，而应考虑成本与质量之间的关系，以及质量与销售、利润的关系。企业的经营目标并不只是实现目标成本，而是要实现企业经济效益的最大化，所以要对成本作充分的分析。在产品研制阶段就应考虑如何降低其维护成本，这对争取用户、扩大销售、提高产品竞争能力都有着极其重要的意义。

产品寿命周期成本的控制要求维护成本的节约必须大于购买成本的提高，或维护成本的提高必须小于购买成本的降低，即维护成本和购买成本的变动应以降低总的产品寿命周期成本为目标。

三、设备维修成本控制

作为产品成本的一个组成部分,设备维修成本理应得到足够的控制。特别是随着现代科技的进步,机器设备的运用在产品的生产中居于举足轻重的地位,设备的运行、维护成本在产品中所占的份额也越来越大,对设备维修成本的控制也越来越受到重视。设备成本控制是通过制定合理的设备维修计划来实现的。

在企业设备变化不大的情况下,设备维修成本的控制主要通过对设备维修费用编制预算来实现。主要是根据上期的设备维修成本水平,加上对下期设备维修成本变动情况的预计来编制维修成本的预算。

设备维修成本控制的目标并不仅是降低设备维修成本。如果只注重于降低设备维修成本,可能会造成为了节约维护成本而让设备带病运行,这不仅会缩短机器的使用寿命,影响产品的质量水平,还有可能造成停工事故,给企业造成严重的损失。所以,设备维修成本预算要和设备定期维护制度相结合,在设备运行状态良好的前提下努力降低设备维修成本。

第五节　成本控制中价值工程的应用

随着经营管理水平的提高,成本控制工作的不断深入,对成本的事中控制已逐渐完善,节约费用的余地已经越来越小。为了挖掘降低成本的潜力,生产的组织者开始将注意力投向成本的事前控制,即在产品设计阶段就对产品结构和生产工艺进行优化,通过采用优良的生产方案来进一步降低成本。然而,传统的成本控制方法并不能进行这样的事前成本控制,于是就产生了一些新颖的成本事前控制方法。这就是价值工程。

价值工程又叫价值分析，是技术和经济紧密结合的科学管理技术，是为强化企业内部管理，降低产品成本，提高产品质量服务的。价值工程起源于20世纪40年代，是由美国通用电气公司的工程师D.迈尔斯(L.D.Miles)首创的，其特点在于保证在同样功能的前提下降低成本。这种技术后来得到不断改进，并在企业界得到迅速推广，应用范围不断扩大，扩展到研究开发、设计、生产、经营管理等方面。50年代美国海军航船局采用这种方法，并允许企业通过价值工程改进设计达到节约额中的20%—30%，可作为超额利润。结果这种方法在各造船厂中得到应用，大大节省了费用的发生。80年代，我国北京、上海等地的机械、电子、化工等部门中有些企业开始引进价值工程这项新技术，并广泛运用到实际工作中，产生了很好的经济效益。

价值工程是以功能分析为核心，使产品或作业达到适当的价值，即用最低的成本来实现产品所应具备的必要功能的一项有组织的活动，它要求通过对产品功能的评价，正确处理产品功能和成本的关系，以实现最大限度降低成本的目的。

一、价值工程的目的

价值工程的目的在于以最低的成本使产品具备适当的价值，即实现其应有的功能。产品的功能和成本的关系如下：

$$价值=\frac{功能}{成本} \qquad 或\ V=\frac{F}{C}$$

功能是指一种产品所担负的职能和应起的作用，如电冰箱的功能是冷藏食物，电灯的功能是进行照明等等，用户购买它们是要求它们能提供必要的功能。公式中的成本也不是一般意义上的产品生产成本，它指的是产品的“生命周期成本”，包括设计、开发、制造和非制造成本,以及使用后发生的运行、维护、保养成本。可见,生命周期成本包含了产品由设计到淘汰整个生命周期的成本。

研究公式可以发现,价值与功能成正比,与成本成反比。要想提高产品价值,只有通过改善功能和降低成本这两方面的努力。所以,降低成本已不是一个绝对的概念,而是一个相对的概念,即在保持一定功能的前提下降低成本。具体来说,提高产品价值可有五种途径:(1)功能不变,成本降低;(2)成本不变,功能提高;(3)功能提高,成本同时降低;(4)成本提高,但功能提高的幅度大于成本提高的幅度;(5)功能下降,但功能下降的幅度小于成本下降的幅度。这五种情况中,当然是功能提高而成本降低的情况最好,但在实际情况中,如果节约成本的潜力已挖掘到了极限,则这时就不可能既提高功能又降低成本。在某些情况下,功能与成本是成反比的,但根据价值公式可能发现,只要功能和成本进行有利的相对变动,就仍然可以提高产品的价值,产生经济效益。

二、开展价值工程的方法

(一) 选择对象

在任何一个企业里,并不是对所有产品都要进行价值分析,就一个产品而言,也不是对其所有零件都要进行价值分析。开展价值工作选择的对象包括如下一些情况:设计已久,技术上已落后的产品,竞争能力差,在技术上有改进的可能;结构复杂,比较笨重,有简化结构、减少零件的可能;工艺复杂,工序繁多的产品,有减少产品生产工序的可能;批量大,工艺复杂,原材料消耗高,能源消耗大,有降低成本的可能;废品率高的产品,有降低废品损失的可能。

(二) 价值分析

这一阶段的工作主要是功能评价,以功能评价为基准,通过与现实成本的对比,得出价值系数。按价值系数来分配目标成本,并求出与现实成本的差异。最后,选择功能价值低、成本高、改善期望大的产品作为价值工程的对象。主要方法如下:

1. 评分法,即按各零件功能的重要性打分,分数等级可采用5分制、10分制或100分制。

例如,为改进产品有三种可选择的方案,从可靠性、生产复杂性、操作方便、保养容易、安全、能源消耗几个方面采用10分制评分,见表10.6。

表10.6

项目	可靠性	生产复杂性	操作方便	保养容易	安全	能源消耗	总分
方案1	5	6	7	5	6	8	37√
方案2	8	4	7	8	7	9	43√
方案3	7	9	7	2	3	6	34×

可见,表10.6中的三个方案中,方案3的总分最低,应被淘汰。对方案1和方案2应结合估计成本作进一步比较,见表10.7。

表10.7

项目	一次性摊配费用(按5000套分摊)		直接材料直接人工等	每套总成本
	总费用	每套成本		
方案1	100000	20	90	110
方案2	150000	30	85	115

然后,进行价值分析:

方案1的价值系数为 $37 \div 110 = 0.34$

方案2的价值系数为 $43 \div 115 = 0.37$

也可以将成本变为成本系数,设方案1的成本系数为1,则方案2的成本系数为:

115 ÷ 110 = 1.045　则：

方案 1 的价值系数为 37 ÷ 1.00 = 37

方案 2 的价值系数为 43 ÷ 1.045 = 41.15

结果是一样的，虽然方案 2 的成本较高，但其价值系数却大于方案 1 的价值系数，所以结合功能考虑应选择方案 2。

2．强制确定法，又称一对一比较法。一般是在调查的基础上，先找出占成本比重大的部分零件，再把这些零件排列起来，按其功能的重要程度进行一对一的比较，重要零件得 1 分，次要零件得 0 分，然后把各零件的得分加以累计，再除以全部零件总分数，即可求得各零件的功能评价系数，举例说明如表 10.8。

表 10.8

零件名称	一对一比较结果					得分合计	功能评价系数
	甲	乙	丙	丁	戊		
甲	×	1	1	0	1	3	0.3
乙	0	×	1	0	1	2	0.2
丙	0	0	×	0	1	1	0.1
丁	1	1	1	×	0	3	0.3
戊	0	0	0	1	×	1	0.1
合计						10	1.0

表 10.8 中功能系数计算公式为：

$$\text{功能系数} = \frac{\text{某个零件的功能分数}}{\text{所有零件的功能分数}}$$

这种 0 分—1 分的比较方法，只能区别重要与不重要，不能区分重要程度。在评分时，也可以用 0 分—4 分的确定方法。分数总和为 4 分，非常重要的打 4 分，对方打 0 分，比较重要的打 3 分，对方打 1 分，同等重要的双方均打 2 分。仍以上述的 5 种零件为例，填列对比表，如表 10.9 所示。

表 10.9

	甲	乙	丙	丁	戊	总计	功能系数
甲	×	4	3	3	4	14	0.350
乙	0	×	0	1	2	3	0.075
丙	1	4	×	4	2	11	0.275
丁	1	3	0	×	3	7	0.175
戊	0	2	2	1	×	5	0.125
合计						40	1.000

功能系数计算好后,要计算成本系数,然后再将功能系数与成本系数相对比,就求出了价值系数。成本系数是按照其成本占总产品成本的比重计算的。价值系数的计算如表 10.10 所示。

表 10.10

	功能系数	成本	成本系数	价值系数
甲	0.350	140	0.28	1.250
乙	0.075	50	0.10	0.750
丙	0.275	130	0.26	1.058
丁	0.175	80	0.16	1.094
戊	0.125	100	0.20	0.625
合计	1.000	500	1.00	

在表 10.10 中价值系数如小于 1,说明成本偏高或功能偏低,如乙零件,成本分配过高,有降低成本的潜力;价值系数等于或接近于 1,说明功能与成本相当;如果价值系数大于 1,如甲零件,说明成本分配过低或功能过剩。

(三)制定实施方案

制定方案通常包括提出改进方案、评价改进方案、选定改进方案等过程。通过功能分析,可以选出各种提高改进对象价值的方案。通过对各备选方案从技术、经济和社会三个方面的充分比较,进行评价,并选出最优的改进方案。在实施方案的过程中,应随时对方案作必要的修改,及时采用新的可以提高功能或降低成本的方法,实现价值的优化。

思考题

1. 狭义成本控制与广义成本控制有什么区别?怎样才能充分发挥成本控制的作用?

2. 成本控制的原则是什么?

3. 约束性固定成本和酌量性固定成本在控制方法上有何区别?

4. 固定制造费用通常有哪几种差异?如何计算?

5. 什么是按"例外原则"进行管理?

6. 标准成本有什么作用?

7. 产品寿命周期成本是怎样进行控制的?

第十一章　责任会计

本章主要阐述企业成本管理中的一种特殊方式,即责任成本管理制度,同时也说明了企业相关的各种责任中心的建立和管理的基本理论和运作方式。

第一节　经济责任制与责任会计

第二次世界大战之后,现代科学技术发展日新月异,而且新技术的发明不断在实际生产中得以应用,使社会生产力的发展十分迅速。同时,资本市场的完善与发展使资本集中的速度与规模日益扩大,跨国公司大量涌现,企业的规模愈来愈大。企业规模的扩大,一方面提高了企业的竞争能力,有助于发挥规模经济的优势;另一方面使企业内部的经营管理日趋复杂。在这种情况下,传统的管理模式由于决策集中、应变能力差、无法满足迅速变化的市场需求而逐渐被分权管理模式所取代。分权管理的特征是把决策权在不同层次、不同地区的管理人员之间进行划分,使不同层次的管理人员对日常经营活动审时度势,在最恰当的时点作出恰当的决策。

在分权管理体制下,随着经营决策权向下属机构或部门下放的同时,企业的经营管理责任也层层落实到各级管理部门,使各级管理部门在充分享有经营决策权的同时,也对其经营管理的有效性承担一定责任,并与本部门的经济利益相联系。权、责、利三者结合就构成了“责任中心”的三大要素。从这个意义上讲,分权管理体制为责任会计的实施提供了天然条件。

即使在传统管理体制下,责任会计也是管理会计的重要内容。因为企业在预测、决策基础上对企业经济活动进行总体规划以后,通过编制总预算,为整个企业及生产经营的各个方面规定了总目标和任务。总预算一经制订,就应认真贯彻实行。为了保证总目标的实现,还须把总预算当中的具体指标按从企业生产经营上划分的责任中心进行分解,形成责任预算(responsibility budget),从而使各个责任中心明确各自的具体目标和任务。也就是说,责任预算是总预算的落实和细化。责任会计是把各个责任中心的责任预算的执行情况进行计量与记录,定期编成业绩报告,以评价责任的履行情况,把工作成果的衡量同生产经营责任制紧密结合。这种把会计同经营责任结合在一起,形成的企业内部的控制体系即为责任会计。

一、经济责任制

经济责任制是改善企业经营管理,提高经济效益的一种有效途径。它对于完成总预算确定的总目标和总任务具有重要意义。其内容有以下几点:

(一) 划清经济责任

划清经济责任是经济责任制的核心,它是指在企业内部根据生产经营和管理的需要,确定各个部门或单位的经济责任层次。经济责任层次的划分方法,取决于企业的经营思想和需要,一般与企业组织结构相一致。越是处于上层的组织结构,其责任层次就越高,责任也就越大。责任层次可大至分公司、分厂、分店、车间、部门;也可小至工段、班组、施工队、个人等。每个责任层次都应该明确对本身所做的工作应承担什么样的责任,对谁负责。

划清经济责任实质上是为企业内部各个部门定职责、定任务,而且要求其尽力完成,鼓励超额完成,也就是给各部门或单位一定的压力,这是经济责任制的核心。没有责任或者说责任不明确,经济责任制就无法存在。

(二) 赋予管理权力

为了使各个责任层次完成所确定的职责和任务,必须赋予各个责任层次一定的经营决策权。为保证经济责任制实施的效果,避免实施过程中的矛盾,各个责任层次拥有的经营决策权必须与企业总体管理目标相协调,且与其管理职能相适应。权力过小,会妨碍完成职责和任务;权力过大,会妨碍其他责任层次的工作,引起矛盾。赋予各个责任层次以相应的权力是经济责任制贯彻执行的保证。

(三) 联系经济利益

为了保证各个责任层次人员都能有效地行使权力并勇于承担责任,就必须制订奖惩分明的奖励制度,把每个管理人员的个人利益与其工作业绩挂钩。职工贡献越大,得到的利益越多;工作不力或造成损失的,要受到惩罚。这是激励管理人员和所有职工的工作热情和积极负责态度的最一般的有效手段。这是企业经济责任制得以贯彻执行的内在动力。如果忽视这一点,经济责任制很难有效地实施。

综上所述,实行经济责任制必须以"责"字当头,是一种外在压力;经济利益是让人们完成工作任务的内在动力;而权力是经济责任制实施的一种保证;划分责任中心,为每个责任中心确定明确的经济责任,并建立责任会计制度是经济责任制得以实施的一种方式。

二、责任会计

（一）责任会计的含义

管理会计为适应经济责任制的要求，在企业内部划分若干责任中心，为了有效控制各责任中心的职责履行情况，并合理确定与其职责相关的经济利益，就须建立一套行之有效的会计制度，能及时准确地反映、评价和考核各责任中心的实际经营业绩，于是责任会计便应运而生。

1．责任会计的内容。

责任会计的具体内容有四个方面：

(1) 根据管理的需要和企业组织结构的特点，把所属的各分工厂、分公司、部门、单位划分为若干责任中心，并规定各中心负责人甚至各职工对他们所能控制的成本、收入、利润、投资效果向有关上级单位或部门承担应有的责任。

(2) 把企业全面预算所确定的目标和任务逐步分解落实，作为各责任中心的具体目标和任务，并为每个责任中心编制责任预算，作为各中心控制经济活动的依据。

(3) 对各责任中心的预算执行情况进行日常记录、计算，并在规定的时间内编制业绩报告，将实际数与预算数进行对比，从而评价和考核各有关责任中心的业绩并分别反映其存在的问题。

(4) 根据责任中心的业绩报告，分析实际数脱离预算数的原因，及时反馈给有关控制部门，督促控制部门采取切实有效的措施，纠正不利差异，巩固有利差异，不断降低成本，提高经济效益。

2．责任会计的特点。

从责任会计的内容当中，我们可以发现责任会计具有如下几个特点：

(1) 责任会计的核算对象是会计实体内各责任中心的经济责任,它主要反映各责任中心的工作业绩。也就是说一切与该责任中心有关的业务和事项都是责任会计记录、反映的内容。要明确各责任中心的核算对象,必须明确各责任中心的性质及其责任范围。

(2) 责任会计制度的建立与实施须具备一定的条件。

首先,对企业所属的各部门、单位进行详细划分,建立全面的责任中心,明确各责任中心的性质,使每一笔经济业务的发生都由特定的责任中心对其负责,同时每个责任中心都明确自身的对象(对谁负责)、责任的内容(对什么负责)、责任的性质(负什么样的责任)。只有这样,才能正确确定责任会计的核算内容,才能保证不出现核算内容交叉、责任混乱的现象。

其次,必须建立符合责任会计要求的原始凭证制度。责任会计与财务会计对各种凭证的设计、填制、传递流程的要求不尽相同,因此,应对财务会计的凭证制度进行一些改进,使之既能满足责任会计的要求,又能满足财务会计的要求,以节约核算成本。

第三,建立内部转让价格。企业内部各责任中心之间不可避免地要相互提供产品或劳务,为准确反映各责任中心的经营业绩,就需要采用恰当的方法制订内部转让价格。内部转让价格的确定关系到有关责任中心的经营业绩,制定得不恰当会引起责任中心之间的矛盾与摩擦,因此,应根据实际情况恰当制定,具体制订方法将在后面详细论述。

第四,为保证责任会计制度的顺利进行,必须为内部产品、劳务的转移建立内部结算制度,以准确反映各责任中心的经营业绩。内部结算制度有内部银行支票、内部转让通知单、内部托收承付结算等等多种形式。

早在20世纪五六十年代,我国实行厂内经济核算制,逐步建立了财务成本指标的分口、分级管理,厂部、车间、班组三级核算,厂部、车间的两级成本计算办法。另外,为划清各车间、工段的经济责任,还在各车间、工段之间按计划成本结转材料、半成品和劳务成本,采用厂内流通券或内部支票等方法进行内部结算等。这实际上是具有中国特色的责任会计。我们应结合西方先进经验,对我国责任会计进行改进,更好地发挥其在提高经济效益方面的作用。

3. 责任会计的核算程序。

责任会计所遵循的一般核算程序包括如下几个步骤:

(1) 根据企业的总预算和责任层次的划分,为各责任中心编制责任预算或确立目标。一方面为各责任中心明确了努力的目标,也为各责任中心控制提供了依据;另一方面,也为评价、考核各责任中心的工作业绩提供了一个标准。

(2) 准确核算各责任中心的经营业绩。这是责任会计最基本的任务。它包括原始凭证的填制、传递,费用的归集与分配,内部产品或劳务转移的结算,各责任中心收入的确认和经营业绩的确定,还包括责任会计档案及其保管制度。

(3) 根据核算,已对各责任中心的经营实际做了客观的反映,将其与责任预算或责任目标进行比较,可以就出现的差异情况进一步评价其经营业绩。

(4) 编制责任报告。责任报告应揭示实际执行情况及其与预算的差异,并调查研究差异形成的原因,提出改进工作的合理化建议等。

(二) 责任会计的作用

通过以上对责任会计的内容、特点、核算程序的了解,我们可以发现,责任会计的作用表现在以下几个方面:

1. 保证经济责任制的正确贯彻。

责任中心的特点是责、权、利相结合,通过责任预算明确各责任中心的任务和责任,并赋予各责任中心与其职能相适应的权力,通过责任会计核算评价、考核各责任中心的经营业绩,评价考核的结果与利益相联系,从而使各个责任中心对自己应该管的和能控制的各种指标负责,保证经济责任制的贯彻实施。

2．保持经营目标的一致性。

一个企业实际上是一个系统,为了保证系统总目标的实现,各个组成部分的子目标就应与系统总目标保持一致。责任中心是企业的有机组成部分,因此,在为每个责任中心编制责任预算或确定具体目标时,必须注意与系统总目标保持一致。同时,在评价与考核各责任中心的经营成果时,也必须注意各责任中心的实际经济活动是否与企业总目标不一致,防止某些责任中心的短期行为,即为了提高本中心业绩,而放弃某些对企业整体有利的方案或行为。

3．促进经济效益的不断提高。

责任会计通过责任中心的划分,使各个责任中心目标明确,在利益机制的激励下努力完成确定的目标,使企业内部上下一条龙、群策群力,完成企业总预算确定的总目标和任务,从而提高经济效益。因为总预算是根据上期实际经营情况,在综合考虑各种因素的基础上制定的,总是以提高经济效益为目标的。

4．控制经济活动的进行。

责任会计通过编制责任预算确定了各责任中心控制其经济活动的依据。在实际业务发生过程中,各责任中心根据责任会计核算资料,及时将实际与预算对比,发现差异发生的状况和趋势,及时控制不利差异的发生、发展,巩固有利差异,通过各责任中心的控制使整个企业经济活动朝着健康方向发展,实现企业总目标和任务。

三、分权管理与责任会计

健全的责任会计是分权型管理的产物。在本章开头曾提到,分权管理体制为责任会计的建立及实施提供了天然条件。实际上,即使在传统管理模式下,在企业内部建立和实施责任会计,也是从分权管理的基本思想出发的。因此,可以说,无论是分权制管理模式下,还是传统管理模式下,责任会计都是分权管理思想的产物。通过了解分权管理产生的原因,以及其优缺点,就可以明确责任会计与分权管理之间的关系。

(一) 分权管理产生的原因

分权管理产生的原因在于两个方面。第一,企业规模不断扩大。由于科学技术的迅速发展和竞争的日益激烈,一些中、小企业被兼并或吸收到大企业或集团中,出现了许多垄断集团,甚至跨行业垄断公司、跨国公司、多级公司。这些公司或集团产销规模庞大,组织机构复杂,管理层次繁多,分支机构遍布世界各地。为了有效地管理这些庞杂的企业,就有必要把经营决策权分散下放给各部门、各级单位,以便使整个企业有效营运。第二,生产社会化程度不断提高,企业与外界在生产、技术、资金等方面的联系越来越广泛。企业的生产经营,受外部经济、法律等社会环境的影响越来越大,这就要求不同层次管理人员有更大的灵活处理问题的权力,及时做出恰当的决策,以适应变化的市场需求等情况。正是由于上述两个原因,分权管理思想越来越深入到各国管理思想中。

(二) 分权管理的优点

分权管理的优点主要表现在:它使企业高层管理人员从琐碎的日常管理中解脱出来,将有限的时间和精力集中于企业重要的战略发展决策上,保证企业发展大方向的正确;通过适当授权,使各层次、各地区根据实际情况的变化,在授权范围内自行决策,避免了因层层汇报、延误时间可能造成的损失,提高工作效率,抓住一切可能盈利的机会;通过授权,可以调动各责任中心的负责人及职工的积极性和创造性,群策群力,既为企业整体利益作出贡献,又能体现自我价值,还能从中得到经济利益;分权管理能促进产品产销的专业化和分工,有利于培养和选拔人才。

(三)分权管理的缺点

从辩证的观点来看,任何事物都具有两面性,分权管理也一样,在存在上述优点的同时,也具有一些不可避免的缺点:在划分责任中心,并授予其经营决策权时,有些管理人员可能会为了使本责任中心业绩最大,而牺牲企业的整体利益和长远利益;各责任中心的利益难免发生矛盾,可能会出现一些冲突和摩擦,使整个企业工作效率降低;如果某责任中心为了使本身业绩提高,提供虚假情报没被发现时,可能会使上级根据这些信息做出错误决策;下层责任中心可能为增加权势而扩大机构,装修办公室等,引起不必要的浪费。

(四)分权管理与责任会计的关系

责任会计是分权管理的产物,同时责任会计的建立与实施能有效地发挥分权管理的优点,抑制其缺点。因为责任会计通过编制预算确定各责任中心的具体任务,通过核算反映其实际工作业绩,控制各责任中心的活动,防止其滥用权力。同时通过确定评价标准,协调各责任中心具体目标与企业总目标,使两者保持一致,从而减少下级管理人员做出对整个企业不利的决策。

四、建立责任会计的基本原则

每个企业具体情况不同,责任中心的划分不同,建立责任会计的具体方法也不同,但下述几条基本原则是需要共同遵循的:

（一）总体性原则

责任会计是企业实现总目标的一种手段，各责任中心目标的实现，应有助于企业整体目标的实现。在编制责任预算，确定各责任中心的具体目标和任务时，必须从系统的角度出发进行考虑，有效地促进各部门、各级管理人员和职工努力工作，为企业总目标的实现而努力。由于各责任中心权限不同、职责不同，有些责任中心之间存在着利益上的矛盾，如提供产品或劳务的责任中心，与接受产品或劳务的责任中心存在着矛盾，前者希望产品或劳务的转让价格订得高一些，后者则希望订得低一些，若该产品或劳务的转让价格制订得不合适，会伤害某些责任中心的利益，可能使该责任中心采取与企业总目标不一致的经济手段。因此，总体性原则是制订责任会计的首要原则，在编制预算、制订考核标准时，应防止以局部利益损害总体利益。

（二）可控原则

各责任中心是责、权、利的统一体，其责任的履行或完成情况与其经济利益直接联系，而责任的履行或完成情况是责任中心运用所赋予的权力进行控制的结果。因此，对各个责任中心的责任预算和具体目标的确定及其实施情况的反映都必须注意可控性原则。对各责任中心的收入或费用的核算都必须以各责任中心可以控制为原则。因为只有责任中心运用权力能控制其实现的收入或发生的费用，才能通过有关收入或费用核算反映其真正的工作业绩。

可控性是相对而言的，对某一责任中心为不可控制，对另一责任中心也许就是可控的。例如，内部提供的产品或劳务成本，对于提供方来讲是可控的，对于接受方来讲则是不可控的。在任何企业中，所有发生的收入和费用从整体上讲，都是可控的，但不是每个责任中心都能控制的，应将各种收入或费用具体分解落实到各个可控制的责任中心。

（三）例外管理原则

例外管理原则是成本效益原则在成本控制中的体现，其含义包括两个方面：一方面建立责任会计制度的成本应小于利用责任会计所产生的收益，另一方面，在对各责任中心的实际业绩进行分析时，应着重分析非正常的金额较大的例外性差异。若对各责任中心实际脱离定额的每项差异都进行分析，工作过于繁琐，意义也不大。只要对重要的例外的非正常差异进行分析研究，找出其产生的原因，并提出降低这些差异的有效建议，责任的履行就可得到有效的控制。因此，例外性原则是分析评价各责任中心责任履行情况，编制责任报告时都必须注意的。

（四）信息反馈原则

在责任会计实施过程中，应及时反馈责任履行情况的信息，使各责任人及时了解他所负责的工作进展状况，及时发现问题，采取措施，纠正不利差异。也就是说，通过信息反馈，给有关人员提供行使权力进行控制的方向。如果不能及时了解信息，不知道自己的业绩，将使管理人员的工作陷入盲目状态，对责任中心的责任履行不利，对整个企业目标的实现也不利。

第二节 责任中心及其评价

一、责任中心及其种类

责任中心是责、权、利三位一体的，授予责任中心的权力范围是与其职能密切相关的。由于各责任中心职能不同，承担的经济责任范围也不同,按各责任中心授权范围与经济责任范围,责任中心可分为三类:成本中心、利润中心和投资中心。

(一) 成本中心

1. 成本中心的含义。

一个责任中心,若不形成收入或者不对实现收入负责,而只对成本或费用负责,则称这类责任中心为成本中心。成本中心有广义和狭义之分。狭义的成本中心是对产品生产或提供劳务过程中的资源耗费承担责任的责任中心。狭义的成本中心一般指只负责产品生产的生产部门及劳务提供部门。广义的成本中心范围较广,除了狭义的成本中心以外,还包括那些非生产性的以控制经营管理费用为主的责任中心,即费用中心。就是说狭义的成本中心仅包括成本中心。成本中心与费用中心的区别在于:前者经营活动的结果是为企业提供一定的物质成果,但不便或不必对其进行货币计量;后者是为企业提供一种专业性服务(如会计部门、法律部门、人事部门等),一般不能产生可以用货币计量的成果。

2. 成本中心的特点。

无论是广义的成本中心还是狭义的成本中心,都存在以下两个特点:

第一,没有销售权或经营权,因而不形成货币收入。如产品生产部门,只负责加工生产产成品或半成品,虽然其活动成果可以用货币计量,但由于没有销售权,货币计量就没有很大的意义。有些成本中心可能会有少量货币收入,但不是成本中心的考核内容。例如,生产车间(部门) 可能会从事来料加工业务,形成一些货币收入,但不是该部门的主要职能,不是考核其业绩的评价指标。

第二,成本中心的责任只是在其授权范围内,对成本或费用的发生负责,也就是在一定的成本或费用限制下,完成规定的具体任务。成本中心的目标也就是在保质保量完成生产任务或搞好工作的前提下控制和降低成本或费用。

(二)利润中心

1. 利润中心的含义。

利润中心是对利润指标负责的责任中心。若一个责任中心能同时控制生产和销售,既对成本负责,又对收入负责,可以据利润指标评价其经营业绩,但没有权力或责任决定该中心的投资水平,则该中心称为利润中心。

利润中心有两种类型,一类是自然的利润中心,一类是人为的利润中心。自然的利润中心是指直接对外销售产品或提供劳务,在市场上进行购销业务,其收入水平由市场销售价格和销售数量决定的责任中心,如分厂、分公司及有独立经营权的各部门等。所谓人为的利润中心,主要是指在企业内部按转让价格“出售”产品或劳务的责任中心,这种责任中心的收入水平是由企业自行制定的内部转让价格和转让产品或劳务的数量决定的,其“利润”并不是真正意义上的利润,只是为了评价考核该责任中心业绩的方便而形成的概念。如大型钢铁公司分为采矿、炼铁、炼钢、轧钢几个步骤,各个步骤所生产的半成品主要在公司内部转移,除最终产成品外很少对外销售,这些生产部门可称为人为的利润中心(可通过制订内部转移价格,使各责任中心形成“利润”)。

2. 利润中心的特点。

利润中心与成本中心相比,主要有如下特点:

第一,利润中心有独立经营决策权,比成本中心权力大,责任也大。一个责任中心是否为利润中心,关键在于该中心是否有经营决策权,即是否有权决定生产什么产品,生产多少、用什么材料进行生产等。因此,利润中心往往处于较高的层次,如分厂、分公司、有独立经营决策权的各部门。

第二,各利润中心自成一体,独立经营,但与企业总目标协调一致。各利润中心的目标是扩大销售、节约成本,实现本中心的利润目标,从而使企业有限的资金得到最有效的利用,达到整体最优化。企业实行责任会计制度,建立利润中心的目的正是通过利润考核,将各责任中心的经营业绩与其经济利益挂钩,有效调动全体职工的积极性,从而形成群策群力,共同为实现企业目标而努力的良好企业文化。

(三)投资中心

1. 投资中心的含义。

一个责任中心,如果不仅在产品的生产和销售上享有较大的自主决策权,而且能相对独立地运用其所掌握的资金,自行决定购建或处置固定资产,扩大或缩减现有生产能力,需将所获得的利润与所占用的资金进行对比,评价资金的使用效率,这类责任中心即为投资中心。

投资中心是分权管理模式最突出的表现,凡独立经营的企业,一般均为投资中心。在当今世界各国,大型集团公司下属的分公司、子公司大多是投资中心。在跨国集团公司中也是如此,一般设在一个国家或一个地区的分公司为一个投资中心。

2. 投资中心的特点。

对比投资中心、成本中心和利润中心的含义,不难发现,投资中心具有以下特点:

第一,投资中心的权力最大,经济责任也最大。投资中心的负责人不仅有制订价格、确定产品品种及生产方法等短期经营决策权,而且还有决定投资规模、投资方向等投资决策权。即投资于哪一个行业,生产什么产品等都由投资中心决定,投资中心最关心的主要是投资利润率,即资金的使用效率,投资中心的权力范围决定了其经济责任,不仅要对收入和成本负责,更重要的是要确保资金的安全回收和投资的收益率,从而保证整个企业的规模和经营不断发展。

第二,投资中心是处于最高层次的责任中心。由于投资中心经营决策权最大,经济责任也最大,从而决定了投资中心必须具备一定的能力和经验,才能成为投资中心。从组织形式上来看,成本中心一般都不具有独立法人资格,利润中心有的具有独立法人资格,有的则不具有,而投资中心一般都是独立的法人实体。

二、责任中心的评价

前已述及,责任会计的作用之一是保证经济责任制的正确贯彻。为了达到这一目的,要求为每个责任中心编制责任预算,确定其具体目标,并以之为基础,对预算的执行情况进行系统的计量与记录,然后通过定期编制业绩报告对各责任中心的实绩与成果进行评价与考核。因此,考核和评价责任中心的业绩,是责任会计的一个重要环节。由于各责任中心经营决策权范围不同,因此评价和考核的具体内容亦有所不同。

无论哪一类责任中心,在评价其业绩时,都必须与该中心权力和责任的范围相联系。另一方面,必须注意各责任中心分目标与企业总目标协调一致,防止有些责任中心为了提高本中心的业绩,而牺牲企业的整体利益。客观地评价各责任中心的业绩,才能真正发挥责任会计制度的激励作用。

(一)成本中心的评价

对成本中心业绩的评价,是通过一定期间内该中心实际成本或费用与预算成本或费用的对比来实现的。由于责任会计制度是围绕责任中心组织实施的,因此,成本中心实际的、预算的成本或费用都是针对责任中心而言的,从而决定了责任成本成为成本中心评价的指标。

1. 责任成本与产品成本的区别与联系。

责任成本是以各责任中心为对象,通过有关资料的收集、整理和分析、对比计算出来的。因此,与以产品为对象计算出来的产品成本既有很大的区别,又有一定的联系。两者的区别主要表现在以下三个方面:

(1) 成本计算对象不同。产品成本以产品为对象归集生产中所发生的耗费,责任成本则是以责任中心为对象归集所发生的耗费。

(2) 成本计算所依据的原则不同。产品成本计算过程是以"谁受益,谁承担"的原则归集生产费用,计算成本的;责任成本计算过程中则是以"谁负责,谁承担"的原则来归集费用,计算成本的。

(3) 成本计算的用途不同。产品成本计算是为了将生产过程中所发生的耗费对象化到产品当中,为产品订价、盈利计算提供依据;责任成本计算反映责任预算的实际执行情况,是贯彻企业内部经济责任制,实施责任会计制度的必要环节。

虽然产品成本与责任成本存在着上述三点明显的差别,但两者又存在着一定的联系。就一个会计期间来说,在狭义的成本中心范围内,全部责任成本之和与全部产品成本之和是相等的。两者反映的都是一定期间内所发生的各种耗费,只不过归集反映的方式不同而已。可用一个简例说明两种成本的区别与联系。

设某企业有四个生产车间甲、乙、丙、丁,每个车间为一个成本中心,生产两种产品 A 和 B。其中 A 产品原材料在甲车间一次投入,B 产品原材料在甲、乙、丙车间投入。四个车间生产两种产品所发生的耗费总共为 50000 元,则以产品为对象归集计算的产品成本表如表 11.1,以责任中心为对象归集计算的责任成本计算表如表 11.2。

表 11.1　产品成本表

成本项目	全厂(元)	产品 A(2000 件)		产品 B(2000 件)	
		总成本(元)	单位成本(元)	总成本(元)	单位成本(元)
直接材料	20000	12000	6.0	8000	4.0
直接人工	16000	9000	4.5	7000	3.5
制造费用	14000	6000	3.0	8000	4.0
合　　计	50000	27000	13.5	23000	11.5

表 11.2　责任成本表

成本项目	全厂(元)	生产车间(责任中心)			
		甲	乙	丙	丁
直接材料	20000	14000	4000	2000	
直接人工	16000	5000	4000	3500	3500
间接人工	7000	1000	3500	1500	1000
管理人员工资	5000	1000	1000	1000	2000
其他	2000	800	500	200	500
合　　计	50000	21800	13000	8200	7000

分清产品成本与责任成本的区别,是评价成本中心业绩的一个基本前提。客观、全面评价成本中心业绩,还必须注意可控成本的概念。

2. 可控成本。

从责任成本的核算原则即"谁负责,谁承担"中,我们可以看出责任成本是责任中心负责的成本,而责与权是紧密相联的,只有在责任中心权力范围之内的成本才是责任中心负责的成本。也就是说,只有责任中心运用权力能够控制的成本即可控成本才是责任成本。

可控成本是相对于不可控成本而言的。责任中心能够控制的各种耗费为可控成本,不能控制的各种耗费则为不可控成本。一般而言,可控成本必须符合以下三个条件:(1) 成本中心事先知道将会发生什么性质的费用。(2) 成本中心能确切计量所发生的费用。(3) 成本中心有办法控制并调节费用的多少。不符合上述三个条件的成本或费用,即为不可控成本。某成本中心的所有可控成本之和,即为该成本中心的责任成本。

由于成本中心只应对其所能控制的成本负责,因此,评价其实际业绩也应以可控成本为依据,不可控成本只能作参考用。这就决定了事先编制的责任预算、日常对责任中心成本的记录和计算以及最后编制的业绩报告都应以可控成本为限。成本中心的目标也就是在保质保量完成生产任务的同时,努力降低可控成本。对于不可控成本则非其能力所及,不能要求成本中心对之负责。

全面理解可控成本的概念,必须注意可控成本是相对一定时期和特定责任中心而言的。因为有些耗费在一定时期内不可控,而对另一时期而言则是可控的。如固定资产折旧费、长期租赁费等,从较短的时期内来看是不可控的,从较长期间来看则是可控的。有些耗费对一个责任中心是不可控的,对另一个责任中心则是可控的。例如原材料价格,对于采购部门为可控成本,对于生产部门则为不可控成本。此外,某一耗费的可控与否与责任中心权力大小有关,对于基层部门不可控的成本,对于其上级部门则是可控的。如新产品试制成本对于生产部门是不可控的,而对于生产计划部门则是可控的,因为它有权决定是否进行新产品试制及如何试制等。

3. 成本中心的评价。

对成本中心实际业绩的评价是通过编制业绩报告来完成的。在业绩报告中主要列示成本中心各项可控成本的实际数与预算数及两者差异,并分析研究差异形成的原因。对于成本中心所发生的不可控成本,则有两种不同处理方式:(1)全部省略,不予列示,以便突出本中心业绩。(2)全额列示,作为评价本中心业绩的参考,从而使管理当局了解各成本中心在一定期间经营业绩的全貌。业绩报告中的差异是评价时的重要参考指标。若预算数大于实际数,则差异为有利差异,用(F)表示;反之则为不利差异,用(U)表示。此外还可以在业绩报告中列示各种差异形成的原因分析,作为今后改进成本控制或修改预算的参考。以表11.2中乙责任中心为例,编制业绩报告如表11.3所示。

表11.3 ××公司乙车间(成本中心)业绩报告

20××年12月

摘　要	实际	预算	差异	差异分析
可控成本				
直接材料	3000	2800	200(U)	材料浪费过多
直接人工	4000	3500	500(U)	工资政策改变
间接人工	3500	3600	100(F)	工时节约
管理人员工资	1000	1200	200(F)	工时节约
合计	11500	11100	400(U)	工时节约
不可控成本:				
设备折旧	500	600	100(F)	
其他责任中心转入成本	1000	1150	150(F)	
合计	1500	1750	250(F)	
总计	13000	12850	150(U)	

从该业绩报告中可以看出,该成本中心实际业绩不太好,因为其可控成本不利差异大于有利差异,总差异为不利差异。通过差异分析可以看出,主要原因在于,工资政策改变及材料浪费过多,从而为下一期成本控制提供了方向,即应从用料控制、工时控制等

方面采取有力措施,另一方面应巩固在间接人工和管理人员工资方面形成的成本节约。据该业绩报告,本中心有关人员的经济利益要受到影响。

(二) 利润中心的评价

对利润中心业绩的评价主要是通过实际实现的利润数与预算的利润数的对比来实现的。前面曾提到,利润中心分为两种,一种是自然的利润中心,一种是人为的利润中心。对于自然的利润中心而言,其收入取决于销售商品的价格和数量,价格是由市场决定的。而对于人为的利润中心而言,所谓"销售"只是产品或劳务在企业内部的转移,因此,必须先给这类产品或劳务制订转移价格,才能制定利润预算,计算实际利润。内部转让价格的制订我们将在下一节讨论。

利润等于收入减去成本,根据减去成本的范围与含义的不同,利润有不同的概念:(1)仅减去变动成本时得到的是边际贡献;(2)减去变动成本及该利润中心可能控制的固定成本则得到可控边际贡献;(3)减去变动成本,可控固定成本及不可控固定成本则得到部门边际贡献;(4)若减去变动成本、可控与不可控固定成本再减去分配到该中心的企业所发生的管理费用后得到的则为税前部门利润。举例说明如下:

设某企业内一部门(利润中心)的有关数据如下:

销售收入	20000(元)
销售商品的变动成本	16000(元)
部门可控固定成本	1000(元)
部门不可控固定成本	800(元)
分配到本部门的企业管理费用	1100(元)

则该中心有关利润计算如下:

边际贡献 = 收入 - 变动成本 = 20000 - 16000 = 4000

可控边际贡献 = 收入 - 变动成本 - 部门可控固定成本

= 20000 - 16000 - 1000

= 3000(元)

部门边际贡献 = 收入 - 变动成本 - 可控固定成本

- 不可控固定成本

= 20000 - 16000 - 1000 - 800

= 2200(元)

税前部门利润 = 收入 - 变动成本 - 可控固定成本

- 不可控固定成本 - 分配的管理费用

= 2000 - 16000 - 1000 - 800 - 1100

= 1100(元)

在这四个利润指标中最常用的是可控边际贡献和部门边际贡献。边际贡献这一指标过于片面,因为至少有一部分固定成本是该中心可以控制并应对其负责的,若以边际贡献为指标评价利润中心的业绩,会使该中心负责人员注重变动成本控制,而忽略可控固定成本的控制,结果是损害企业的整体利益。税前部门利润指标也不适合于评价利润中心的业绩,因为该指标包含了太多不该由该中心负责的成本,如企业管理费用等。所以,最常用的是可控边际贡献和部门边际贡献。

以可控边际贡献作为评价指标,可使部门经理把全部精力放在增加收入、降低可控成本方面,从而使整个企业达到最优化,所以该指标适合于评价利润中心主要负责人的业绩。部门边际贡献则适合于评价该部门对企业利润和管理费用的贡献,在不同利润中心进行对比及决定取舍某利润中心时,该指标非常重要。

这种评价方法仅适用于正常的利润中心,对于一些获利能力较差的利润中心,如新开业的利润中心、辅助生产部门等,这种评价方法就显得不尽合理,因为这些部门往往获利能力较差。但对于整个企业则是不可缺少的。对这类特殊利润中心可采用剩余利润指标来评价。所谓剩余利润是指利润中心实现的利润超过所占用资金应承担的利息或最低资金利润率的部分。若剩余利润为正,表示该中心业绩良好,反之则为差。举例说明如下:

企业新设一家分店,占用资金 20000 元,企业期望最低资金报酬率为 15%,若该分店本年盈利为 4000 元,则该中心剩余利润为 $4000-20000\times15\%=1000$(元)。据结果可得出该中心业绩是好的。

对利润中心评价最终是以编制业绩报告的形式体现的。报告中应列示预算数、实际数及其差异数,并分析研究差异形成的原因。格式如表 11.4:

表 11.4　利润中心业绩报告

单位:元

	预　算	实　际	差　异	差异分析
销售收入	25000	20000	5000(U)	销量过低
变动成本:				
产品生产成本	12000	10000	2000(F)	
销售费用(变动)	8000	6000	2000(F)	
边际贡献	5000	4000	1000(U)	
固定成本:				
可控固定成本	1500	1000	500(F)	
可控边际贡献	3500	3000	500(U)	
不可控固定成本	600	800	200(U)	
部门边际贡献	2900	2200	700(U)	

(三) 投资中心的评价

由于投资中心权力最大,经济责任的范围也最大,它不仅对责任中心的收入、成本和利润负责,还要对资金的使用效果负责。因此,可以说投资中心既是成本中心,又是利润中心。投资中心的业绩考核也十分复杂,不仅要衡量利润,而且要衡量其所占用的资产,并把利润与其占用的资产联系起来。

根据投资中心的责、权的范围及特点,通常以投资报酬率和剩余收益或剩余利润作为评价投资中心的主要指标。现分述如下:

1. 投资报酬率指标考评。

这是评价投资中心业绩时最常用的指标,其基本形式为:

$$投资报酬率=\frac{部门利润(净利)}{部门占用资金(平均额)}$$

为了进一步说明影响这一指标的基本因素,该公式可进一步展开如下:

$$投资报酬率=销售利润率\times总资产周转率$$

也就是说影响投资报酬率的因素有总资产周转率与销售利润率,投资中心为提高投资报酬率不仅要尽可能降低成本,增加收入,提高销售利润率,还要经济有效地利用拥有的资产,提高总资产周转率。

在投资报酬率的计算中必须注意以下两个问题:(1)各投资中心拥有的资产总额、销售收入和成本的范围都属于该中心实际占用和可控制的区域内。(2)投资中心拥有的固定资产应以原值表示,才能更好地反映实际情况。若以固定资产净值(原值减累计折旧)表示,则会出现投资报酬率虚增的现象。因为随着固定资产的使用逐年计提折旧,固定资产净值逐年减少,即使该中心税前净利没有变化,但由于分母变小,投资报酬率也会表现为逐年提高,这种提高完全是资产计价引起的,而不是投资中心的实际业绩。现举例说明如下:

设某公司下属的一个分公司为一个投资中心,该中心占用资产总额为200000元,其中固定资产原值180000,每年该固定资产折旧额为20000元。该投资中心税前净利连续几年均为40000元。以固定资产原价为基础计算出来的投资报酬率与以净值为基础计算的投资报酬率大不相同。具体计算参见表11.5。从表中可以看出,折旧计算方法的不同,计算出的结果也不同。

表11.5

年份	扣除折旧前税前利润	折旧	税前净利	固定资产以净值计算的资产总值	投资报酬率	固定资产以原值计算的资产总值	投资报酬率
1	60000	20000	40000	180000	22.2%	200000	20%
2	60000	20000	40000	160000	25%	200000	20%
3	60000	20000	40000	140000	28.6%	200000	20%
4	60000	20000	40000	120000	33.3%	200000	20%
5	60000	20000	40000	100000	40%	200000	20%

以投资报酬率作为评价投资中心业绩的依据,有以下优点:它是据现有会计资料计算的,而且结果比较客观,可用于不同投资中心及不同行业间的业绩比较。这一指标把影响投资中心经营成果的各种因素,包括收入、成本、资金占用量都包括了,具有很大的综合性。这些因素详细分解为销售利润率和总资产周转率,通过这些因素的实际完成情况与预算相对比,不仅可以全面评价投资中心各有关方面的工作质量和效果,而且可以为投资中心改进工作指明方向。

以投资报酬率作为评价投资中心业绩的基础也存在着一定缺陷。投资中心可以运用其投资决策权处置某些投资报酬率低于该中心平均报酬率但却高于资金成本的资产;也可以放弃高于资金成本但低于该中心目前投资报酬率的投资机会。这两种做法都是以企业整体利益的牺牲为代价,换取投资中心业绩的提高。

举例说明,若有一固定资产需投资100000元,每年可获税前净利 18000 元,公司资金成本为 14%,单纯看该投资机会是可行的,因为资金报酬率 18%高于资金成本,对企业有利,但该投资中心(上例中的分公司)可能会放弃这一投资机会,因为若采用这一投资机会将使该中心投资报酬率下降为(40000 + 18000) ÷ (200000 + 100000) = 19.3%。这样对于整个公司则丧失了一个获利机会。采用另一个评价指标——剩余收益则可避免这一缺陷。

2. 剩余收益指标考评。

剩余收益也称为剩余利润,是指投资中心的税前净利扣除该中心占用资金按最低报酬率计算的投资报酬后的余额。这里最低报酬率可以是资金成本,也可以是企业期望的高于资金成本的投资报酬率。

以剩余利润作为评价投资中心实际业绩的指标,可以促使投资中心努力提高剩余利润,而不是努力提高投资报酬率,从而使投资中心负责人接受有利的投资方案,使投资中心的目标与整个企业目标保持一致。在上例中,在接受新投资机会前,该投资中心剩余利润为:

$$40000 - 200000 \times 14\% = 12000(\text{元})$$

接受该投资机会后,该投资中心剩余利润变为:

$$40000 + 18000 - (200000 + 100000) \times 14\% = 16000(\text{元})$$

两相比较,该投资中心会接受该项投资,使其剩余利润提高 4000 元,业绩相应提高,对于整个公司也有利。

剩余收益指标也存在一定的局限性。因为它是一个绝对数指标,不利于规模不同的投资中心、不同行业之间的业绩比较。一般来讲,规模大的投资中心较容易获得较高的剩余利润,但其资金利用率不一定高,资金报酬率也不一定高。若单纯以剩余收益指标为评价投资中心的依据,对于规模较小的投资中心就显得有失公平。剩余收益指标与投资报酬率指标各有千秋,在实际工作中应据不同情况具体决定应使用哪一种指标。投资中心的评价是责任会计制度的难点,要求管理层权衡多种因素,才能真正做到客观、公正、全面地评价责任中心的实际业绩。

对投资中心的业绩评价也是通过编制业绩报告来完成的。在业绩报告中不仅应揭示投资中心的收入、成本、利润的预算数、实际数及其差异,而且还应揭示投资报酬率、剩余利润等指标的预算、实际完成情况,以便于对投资中心的实际业绩进行全面评价。以上例中某分公司接受投资后的实际情况为例,可编制业绩报告如表 11.6 所示。

表 11.6　某分公司(投资中心)业绩报告

20××年×月　　单位:元

摘　　要	预　算	实　际	差　异	差异分析
销售收入	542857	805556	262699(F)	
销售成本	504857	747556	242699(U)	
税前净利	38000	58000	20000(F)	
占用资产总额	200000	300000	100000(U)	
销售利润率	7%	7.2%	0.2(F)	
总资产周转率	2.7 次	2.68 次	0.02(U)	
投资报酬率	19%	19.3%	0.3(F)	
税前利润	38000	58000	20000(F)	
总资产×最低报酬率	28000	42000	14000(U)	
剩余利润	10000	16000	6000(F)	

从业绩报告看,该中心投资报酬率比预算指标高 0.3%,剩余利润也比预算高 6000 元,所以该中心业绩较好。

第三节　内部转移价格的制定

从系统论的角度来讲,一个企业就是一个有机的系统,系统内部各要素之间是相互作用、相互联系、相互渗透的。在责任会计制度下,各责任中心都是企业这个系统内部的要素,因此,责任中心之间的联系是多种多样的。最普遍的就是责任中心之间相互提供产品和劳务。为了正确地评价和考核各责任中心的经营成果,就需要为这些产品和劳务制订一种价格,作为内部转让计价结算的标准。这种价格就称为内部转移价格,也称为内部核算价格、内部价格。也就是说,内部转移价格是建立责任会计制度后,必须配套的一种机制。

一、内部转移价格的作用

内部转移价格的确定使中间产品或劳务的提供方与接受方处于交易的"卖方"、"买方"地位。对于"卖方"而言,内部转移价格代表提供单位产品或劳务带来的收入,从而规定了"卖方"所能获得的内部利润的幅度,"卖方"要想获得更多的内部利润,提高本中心业绩水平,就必须不断改善经营管理,从各方面降低产品或劳务成本;对于"买方"而言,内部转移价格代表获得单位产品或劳务必须支付的价格,构成"买方"责任成本的一部分,"买方"要想获得更多的利润也就必须改善经营管理,降低购入产品的消耗、人工工时消耗等。所以,内部转移价格有促使各责任中心加强管理的作用。具体来讲,内部转移价格有以下几方面的作用:

1. 有助于明确区分责任中心的经济责任。制订内部转移价格可以防止随半成品转移带来的责任中心间责任转嫁,使每个利润中心都能作为单独的组织单位进行业绩评价。比如某产品需经两道工序加工,才能成为产成品对外销售,第二个工序要从第一个工序接受半成品,设每个工序都为一利润中心,假设以半成品标准成本为其内部转移价格。对第一个工序而言,若半成品实际生产成本低于内部转移价格,则表现为第一工序的业绩提高,反之则为第一工序业绩降低。半成品的实际生产成本对第二工序业绩没有影响。若不制订内部转移价格,直接以半成品实际生产成本做为第一工序和第二工序之间的结算价格,就很难在两个责任中心之间划清引起成本升降的责任或业绩。

2. 可以使责任中心绩效考评建立在客观可比的基础上。内部转移价格的制订必须既具有科学性,又具有稳定性,才能充分发挥作用。一般内部转移价格在两年或更长的时间内才进行调整。这样就使同一责任中心在不同时期内的绩效具有可比性,不同企业同一类责任中心也可进行比较。以内部转移价格计算"卖方"的收入,与其成本相配比所得到的内部利润与预算进行对比,使业绩评价考核比较客观。对"买方"则以内部转移价格作为成本计算内部利润,同样对"买方"的业绩评价也较客观。

3. 有利于调动企业内部积极性。内部转移价格的制定,使责任中心之间责任划分明确合理,从而使联系职责计算的利益公平有效。另一方面,内部转让价格又提供了反映责任中心综合成果的内部利润,便于具体利益的计算和分配。这样,与权、责相联系的利益机制就能起到鼓励先进、鞭策后进的作用,从而调动企业内部各层次人员的积极性,形成群策群力为企业利益努力的良好企业文化。

4. 有助于制订经营决策。内部转移价格作为一种"价格"引导下级部门采取明智的决策,生产部门据此确定提供产品的数量,购买部门据此确定所需要的产品数量。同时,内部转让价格对于上层部门制订经营决策也有一定参考作用,例如它可为制订新产品价格、调整产成品外部销售价格等决策提供必要的参考资料。

二、内部转移价格的制定原则

企业内部转移价格的制定,通常需要遵循以下两条基本原则:

1. 以“成本”作为制定内部转移价格的基础。也就是说，凡成本中心相互之间提供产品或劳务，一般应以“成本”作为内部转移价格。如辅助生产车间为基本生产车间提供劳务，就是两个成本中心之间提供劳务，应以劳务的“成本”为内部转移价格。再如除直接生产产成品的车间以外的车间之间转让半成品，也应以“成本”为内部转移价格。

这里的“成本”，通常是指产品的标准成本或劳务的预计分配率，而不能是实际成本。其原因在于以下几点：(1)以实际产品或劳务成本为内部转移价格，会把产品或劳务供应部门的全部功过转嫁到接受部门，从而使责任中心之间责任划分不明确，削弱了“买卖”双方控制成本、降低成本的积极性与责任感。这显然与责任会计实施的目的背道而驰。(2)各生产周期的实际生产情况会不断变化，各期的实际成本或多或少有些差异。若以实际成本为内部转移价格，则各期内部转移价格变化不定。缺乏稳定性的内部转移价格，会使责任中心的绩效评价丧失客观可比性。(3)在管理工作较正规的企业里，各种产品在各责任中心的物料、工时消耗标准的资料很完整，能够较容易地计算出半成品的标准成本，而实际成本必须等产品完工以后才能计算出来，不能及时提供控制的标准。

2. 以“市场价格”作为制定内部转移价格的基础。也就是说，凡企业内部产品或劳务的转移，都应以市场价格作为内部转移价格的计价基础有以下几个方面的优点：(1)市场价格比较客观，对“买卖”双方都无所偏袒。(2)“买方”可以把从外界购入产品的价格与内部转移价格相比较，从低采购，从而使“卖方”面临着竞争，促使其改善经营管理，降低成本。(3)市场价格最能体现利润中心的要求，以之为基础制定内部转移价格，使企业内部每个利润中心都面临一种竞争性市场态势，从而使各利润中心成为相对独立的机构，相互竞争，进一步使整个企业获得更多利润。

三、内部转移价格的制定方法

内部转移价格的制定,涉及所转移产品或劳务的提供方与接受方的利益,而两者的利益往往是矛盾的。从“卖方”的角度来讲,内部转移价格制定得越高,其收入就越多,内部利润就越高,经营绩效就越好,因此,“卖方”希望价格越高越好。从“买方”的角度来讲,内部转移价格制定得越低,其成本就越低,内部利润就越高,经营业绩也就越好,因此,“买方”希望价格越低越好。“卖买”双方期望相反,若内部转移价格制订的过高,会打击“买方”的积极性,过低则会打击“卖方”的积极性。在实际中,只能权衡双方的具体利益,选择令双方基本满意的价格。内部转移价格的制定方法主要有以下几种:

(一)以总成本作为转移价格

据内部转移价格的制定原则,此处的总成本是指标准成本而不是实际成本,具体原因前已述及。标准成本的制定与企业采取的成本核算方法及企业管理工作水平密切相关。若企业采用定额成本核算法计算产品成本,则有现成的完整的定额成本资料,可以用现成的定额成本作为标准成本,因此这种企业内部转移价格很容易制定;若企业不采用定额成本核算法,但管理工作较正规,各种产品在各责任中心的各种耗费一般都有完整的定额资料,也能够很容易计算出各种内部转移产品的标准成本,也很容易制定内部转移价格;即使无法得到定额资料,若管理水平较高,一般制定的计划都较为精确,则可以计划成本代替标准成本作为内部转移价格。从这里可以看出,这种定价方法适用于管理水平较高或采用定额成本核算法的企业。

具体来讲,企业若采用这种方法制定内部转移价格,应至少制订三类内部转移价格,即(1)原材料、辅助材料,低值易耗品等外购物品的内部转移价格。一般应由会计部门、生产部门、仓储部门、采购部门共同研究制定。采购部门为"卖方",领用部门(责任中心)为"买方"。实际采购成本与内部转移价格的差异为"卖方"的内部利润或亏损。(2)零部件、半成品的内部转移价格。应根据有关定额资料计算物料定额、人工定额、制造费用定额,进而计算定额成本即标准成本,或以计划成本代替标准成本,制定内部转移价格。(3)内部提供劳务的转移价格,也应据有关定额计算确定,或以计划成本代替。

以总成本作为内部转移价格存在着两个缺点:(1)各责任中心的"内部利润"实质上只是成本的节约额,并不是真正意义的"利润"。各责任中心实际上都成了"成本中心",这与实际情况并不相符。(2)这些标准成本中既有一部分变动成本,又有一部分固定成本。在进行短期经营决策时不必考虑固定成本,但由于内部转移价格中对固定成本、变动成本未加以区分,所以这种方法制定的价格不利于企业从整体优化的角度进行短期决策。

(二) 以总成本加毛利作为内部转移价格

以总成本作为转移价格在一定程度上使利润中心成为成本中心,使责任中心负责人的眼光只盯在成本控制上。而有些时候,虽然责任中心成本超支一些,但会带来更大的收入提高,对整个企业更有利。所以,以总成本作为内部转移价格有时不能合理反映各责任中心的真正业绩。

以总成本加毛利作为内部转移价格就是在内部转移产品成本的基础上加上一定内部利润作为内部转让价格,这种方法使运用真正意义上的内部利润指标考核责任中心业绩成为可能。而内部利润指标综合性较强,能反映各责任中心产品产量、质量、品种、成本等方面的实际情况,有助于责任中心挖掘潜力改善经营管理,提高经济效果。

同样,根据制定内部转移价格的第一条原则,这种方法下是以内部转移产品或劳务的标准成本为基础加上一定比例的毛利——内部利润来制定内部转移价格的。若以实际成本加毛利为内部转移价格,会使提供产品的责任中心的全部功过转嫁给接受方,从而削弱双方降低成本的责任感与积极性。

以总成本加毛利作为内部转让价格,另一个必须明确的是毛利水平如何确定,即在总成本的基础上加多少毛利才是恰当的,才能使各责任中心所获得的内部利润真正反映其实际业绩。在实际工作中可采用三种方法确定毛利水平。(1)以一定成本利润率与成本的水平来确定毛利水平。成本利润率的高低可参考同类产品的市场价格确定。这种方法优点是计算简便,缺点是转移价格对毛利影响过大,使处于后面加工阶段的责任中心利润高,从而使各责任中心之间有失公平。(2)以责任中心所占用的资金与资金利润率相乘作为毛利。这样确定的毛利反映了资金占用与利润的联系,但不能促使各责任中心加速资金周转,节约资金占用。因为对各中心而言,所占用资金越多,毛利越高,以此为基础制定的内部转移价格就越高,可获得的内部利润也就越高。而且确定各种产品的资金占用存在一定困难,因此在实际中很少采用。(3)综合前面两种方法,以成本利润率确定的利润与所占资金的利息之和作为毛利。也就是说,以成本、成本利润率确定的利润、所占用资金的利息三部分之和作为内部转移价格。

以总成本加毛利作为内部转移价格最大的缺点是毛利的确定带有很大的主观性,很难在理论上说明为什么毛利应该是多少金额,而且在连续式加工企业中,随产品在各工序间流转,会使后面工序成本不断积累,从而使后面工序的内部利润高于前面工序。另一方面,以总成本加毛利为内部转移价格会使责任中心不愿降低成本,因为若某责任中心改进工艺流程使标准成本大幅度降低,则其产品内部转移价格也大幅度降低,利润减少。

(三) 以市场上确定的价格为转移价格

价格是商品价值的货币表现,对于内部转移产品来说,其价格的制定最客观的依据是将它投放在市场上,在竞争中为社会所承认的价值。如果企业把内部转移的产品投放在市场上对外销售,不仅需要追加各种销售费用如广告费、运输费、包装费等,而且还需缴纳一些税金如消费税等价内税。这些税费都包含在市场价格中,而产品内部转移则不会发生这些税费。因此,应对市场价格进行一些调整——减去这些税费作为内部转移价格。从机会成本的观点来看,内部转移产品由于内部使用而失去的收入,是它们的机会成本,也是内部"买方"应付的使用成本。这里市场价格扣除销售费用及税金后的余额为失去的收入。

以市场上确定的价格作为内部转移价格,有一个显著的优点:作为"买方"的责任中心可以把外购产品的价格与内部转移价格对比,如前者小于后者,它可舍内求外,不必支付高价;作为"卖方"来讲,如果使用这种转移价格不能长期获利,企业上层管理就应考虑是否该停止生产这种产品而直接从外部采购。这样做,有利于企业达到整体最优。但一般情况下,内部转移产品比外部采购更有质量保证,而且可以根据生产实际要求做出某些改进。因此,若差异不大,应尽量内部"采购"。

这种制定内部转移价格的方法在实际运用过程中必须注意两点:(1) 必须存在中间产品的市场。若没有此类市场也就无从确定市场价格。在确定市场价格时要采用可以长期保持稳定的价格,防止某些供应商采用先压低价格,日后提高价格的手段,妨害本企业利益。(2) 恰当估计产品对外销售需追加的各种税费,否则不能恰当评价各责任中心的业绩。

由于市场价格具有很强的客观性,对买卖双方都无所偏袒,对双方都有一定激励作用，因此，以市场价格作为转移价格是比较理想的一种制定内部转移价格的方法。

（四）以协商价格作为内部转移价格

责任中心的基本特征是责、权、利结合。内部转移价格的制定关系到“买卖”双方经济责任的划分及切身利益，“买卖”双方当然也应该有一定权力参与内部转移价格的制定。实际上，前面三种制定方法都有一定程度的协商，因为无论哪一种方法制定的内部转移价格，都必须为“买卖”双方所接受，若不能为双方所接受，则他们可直接通过协商制定，于是就产生了以协商价格作为内部转移价格的方法。

所谓协商价格也不是没有任何基础，漫天要价确定的，总是在一定基础上，经过“买卖”双方讨论争辩、讨价还价的谈判后，最后协商一致得到的。一般是以内部转移产品的成本、成本加一定毛利、市场价格为协商的基础的。

合理的协商价格是有一定条件的：(1)必须有某种形式的外部市场，使各责任中心有可能对外销售或从外部采购中间产品，从而可以接受或拒绝某一价格。否则，会使“买方”或“卖方”处于垄断地位，这样协商的结果必定对一方不利。(2)不能过分强调协商。过分强调协商会使责任中心只关心本中心利益，忽视整体利益，而且会助长责任中心靠在谈判中投机取巧提高本中心业绩，削弱在加强经营管理、降低成本方面的责任感。(3)最高管理层必要的仲裁。当“买卖”双方的协商价格导致企业整体非最优时，最高管理层就进行干预；当双方各抒己见，相持不下时，最高管理层就从企业全局出发，进行裁决，确定内部转移价格。

以协商价格为内部转移价格，使“买卖”双方的内部利润与各自谈判技巧紧密相关，而且协商过程中可能会引发责任中心之间的矛盾，这是其缺点。它的优点是可以照顾到“买卖”双方的利益，对双方都有一定激励作用。这也是一种应用较广的定价方法。这种方法一般适用于企业内部转移的产品不多,而且所涉及的“买卖”双方有较大的自主权。“卖方”可以自主决定对外销售还是内部转移,“买方”可以自主决定内部采购还是外部采购,这时,运用协商价格作为内部转移价格才能有较好的效果。

(五) 双重价格

建立、实施责任会计制度最重要的目的是通过各责任中心的共同努力达到企业利益最大化。当内部转移产品的“买卖”双方由于自身利益与企业整体利益有矛盾而对内部转移价格争议过大时,可采用双重价格,使各责任中心利益与企业整体利益达成一致。

所谓双重价格是指针对内部转移的产品“买卖”双方分别采用不同的转移价格作为计算内部利润的基础。因为制定内部转移价格主要是为了评价责任中心的业绩,并不需要完全一致。双重价格的确定存在两种情况:(1)当同一产品在市场上存在多种价格时,“买方”以较低的市价作为内部转移价格,而“卖方”以较高的市价作为内部转移价格。这种可称为以市价为基础的双重价格。(2)“卖方”以市价或协议价为计价基础,“买方”则以“卖方”的单位变动成本为计价基础。

双重价格的优点是能协调责任中心之间的利益,使之与企业整体利益达成本致,有利于企业决策最优化。举例说明,设甲责任中心为内部转移产品的提供方即“卖方”,该产品在甲责任中心单位总成本为5元,其中变动成本3元,固定成本2元,而该产品市场价格为4元,若以4元为内部转移价格,则甲责任中心不愿接受,因为甲责任中心会发生内部亏损。而对于“买方”——乙责任中心来说,又不愿接受高于4元的价格,因为它可以在外部市场上以4元的价格购入同一种产品。而对于整个企业来讲,生产单位该产品仍可得到1元的贡献毛利，对抵偿企业和甲责任中心的固定成本有一定贡献。这时可采用双重价格法，甲责任中心以5元为计价基础，乙责任中心则以3元为计价基础，从而使“买卖”双方都有内部交易的动机，使企业得到整体利益。

双重价格也有其内在的致命弱点。因为双重价格使“买卖”双方都有很大的贡献毛益，而企业得到的贡献毛益却小于各责任中心贡献毛益之和，其中的差额为双重价格带来的虚增贡献毛益。这种虚增使“买卖”双方都躺在这些虚增的贡献毛益上“陶醉”，而看不到真实存在的问题，从而放松管理，与企业整体长远利益不一致。例如在上例中，甲、乙责任中心的变动成本如下表11.7所示：

表 11.7

项　　目	甲责任中心	乙责任中心	企　　业
单位售价	5	15	15
单位变动成本	3	4	7
单位内部转移价格		3	
单位产品贡献毛益	2	8	8

从表11.7中可以看出，企业得到的贡献毛益为8元，而甲、乙责任中心贡献毛益之和为10元，虚增了2元。这就需要最高管理决策层在评价责任中心业绩时，还应采用成本降低额、成本降低率等相关指标来评价，促使各中心降低成本。

从制定内部转移价格的五种方法来看，合理制定内部转移价格是责任会计中最重要的环节之一，也是最难的环节之一。在制定时要综合考虑多种因素，需要了解市场信息、企业内部信息等，还需要一定的技巧。

责任会计制度是分权管理思想的产物，建立责任会计制度分以下几个步骤：首先，根据企业组织结构和生产经营特点，把企业内各机构、部门划分为责任中心，并赋予各责任中心一定的与其职能范围相适应的权力,并建立相应的利益分配机制;其次,把企业一定时期内生产经营活动的总预算进行分解,具体落实到各责任中心的责任预算和具体任务中去,为责任中心的实际工作提供一定目标;再次,建立责任会计核算系统,通过对责任中心日常业务的计量、记录,反映预算实际执行情况;最后,根据责任会计提供的核算资料,在业绩报告中与预算进行对比,揭示差异,从而客观公正地评价考核各责任中心的实际业绩,据之进行利益分配。在建立责任会计制度过程中须注意坚持总体性原则、可控原则、例外管理及信息反馈原则,充分发挥其在贯彻经济责任制、控制经济活动、促进经济效益的提高等方面的作用。

责任中心是责、权、利三位一体的,据其特点、性质不同可分为成本中心、利润中心、投资中心三类。由于各责任中心权力范围不同,经济责任不同,其业绩评价也不同。成本中心只对一定范围内的成本负责,其评价相对较简单。在以责任成本为依据的评价过程中必须注意两点:(1)区分责任成本与产品成本。(2)责任成本必须是可控成本。利润中心由于其在产品销售、生产方面都具有决策权,因此不仅要对收入负责,而且要对成本、利润负责,其业绩评价相对较复杂。应根据不同情况在边际贡献、可控边际贡献、部门边际贡献、部门税前利润四个指标中选用恰当指标进行客观评价。对一些新开业的、获利能力低的利润中心,可采用剩余利润指标进行评价。投资中心的经营决策权更大,其经济责任也更大,业绩评价也最复杂。一般以投资报酬率、剩余收益两个指标作为业绩评价的依据,两个指标都各有利弊,应视具体情况而定。对责任中心的评价是通过编制业绩报告,揭示有关指标的预算数、实际数及其差异来实现的。

为了明确区分责任中心的经济责任,使责任中心的业绩考评建立在客观可比的基础上,调动企业的内部积极性,并为制定经营决策提供依据,必须对内部转移产品制定内部转移价格。在制定过程中坚持以成本和市场价格作为内部转移价格的基础。具体方法有五种:以总成本作为转移价格,以总成本加毛利作为转移价格,以市场上确定的价格为转移价格,以协商价格为转移价格、双重价格。各种制定方法都有一定优点又具有一定局限性,在实际运用过程中,应结合中间产品有无销售市场,“买卖”双方的经营地位、权力大小、利益要求等各种因素综合决定选用哪种方法。

思考题

1. 经济责任制的基本内容是什么?

2. 什么是责任会计? 责任会计制度的作用有哪些? 在建立责任会计制度的过程中应坚持哪些基本原则?

3. 分权管理与责任会计的关系如何?

4. 什么是责任中心? 其基本特征是什么? 可分为哪几类?

5. 如何评价成本中心、利润中心的实际业绩?

6. 投资中心的评价指标有哪些? 如何计算? 各有什么优缺点?

7. 对各责任中心业绩评价的业绩报告中应揭示哪些信息?

8. 什么是内部转移价格? 内部转移价格的作用体现在哪几个方面?

第十二章　存货成本控制

本章主要介绍存货成本控制的有关内容,包括存货成本控制的意义、存货 ABC 控制法、经济批量法基本模式和拓展模式。

第一节　存货控制的意义

一、存货控制的对象

存货是指企业在生产经营过程中为销售或者耗用而储存的各种物资,如原材料、燃料、在产品、半成品、外购商品、包装物、低值易耗品、委托加工材料等等凡是所有权归属企业的物资。按来源,企业的存货可以分为外购的、自制的、委托加工的、投资人投入的、接受捐赠的、盘盈的等各种类型。

在商品流通企业,存货主要表现为库存商品,它们一般是先从供应商处采购进来,将来要以高于采购成本的价格销售出去赚取一定的利润;在工业企业,存货主要有外购原材料、自制材料、在产品、半成品、产成品,其中原材料通常是企业存货项目中比重最大的,其控制方法也比较复杂。

二、存货控制的内容

存货控制的主要内容:决定进货项目,选择供应单位,确定进货时间和进货批量。成本管理人员进行存货控制的出发点是研究适当的存货策略，以充分配合企业各种生产经营活动，在此前提下确定应何时进行购置，购置多少以及具体控制方式，使得企业花费在存货上的总成本最小。也就是说，成本管理人员进行存货控制主要涉及两个方面的问题，一是确定定货数量，二是确定定货时间，而决定进货项目及选择供应单位通常由采购部门人员配合生产部门、销售部门来进行。

三、存货控制的意义

如果工业企业能在生产投料时随时购入所需的原材料，或者商业企业能在销售时随时购入商品，从理论上讲，可以不需要存货。但实际上，企业总有储存存货的需要，而且占流动资金的比重较大，一般约为40%－60%。又由于存货是流动资金中流动性最差的部分，一旦管理不善，将给企业造成很大的损失，因此，企业需要加强存货控制。

存货控制的意义在于：

第一，保证生产正常进行。尽管有些企业自动化程度很高，并借助电脑加强管理，提出了“零存货”的目标，但每天都采购材料并不现实，而且所需材料偶尔会出现市场断档，或者企业距供货点较远，出现运输故障，使得企业很少能随时购入生产所需的各种物资。因此，存货能确保企业生产正常进行。此外，出于均衡生产方面的考虑，适当储备一些产成品存货也是必要的。

第二，有利于销售。顾客为节约采购成本，一般会成批采购，而为了达到运输上所需的最低批量，企业也应组织成批发运。另外，为了应付市场上突如其来的需求，适当储存一些备供销售的存货也是必要的。

第三，提高经济效益，降低存货成本。零购物资价格往往较高，批量购买时常能享受到价格上的优惠。通过持有存货还可规避未来期间价格上涨的风险，通过ABC控制法、经济批量法，可使企业花费在存货上的成本最小化。

总之，加强存货控制是现代化大生产的客观要求，是提高企业经济效益的重要前提。

第二节 存货ABC控制法

存货ABC控制法源于19世纪意大利经济学家巴雷特(Pareto)对人口问题的研究。巴雷特在分析社会财富的分布状况时，发现了“关键的少数和次要的多数”这一规律。以后，人们将巴雷特的发现作为原理方法加以运用，并称之为“巴雷特分析法”。存货ABC控制法就是要抓住关键少数，突出重点，兼顾一般。其基本原理是：将企业的全部存货按金额大小与品种用量多少进行统计、排序，区分为A、B、C三类，分别进行重点、一般、次要等不同程度的管理。

一、存货ABC控制法的意义

对于现代企业来讲，存货品种往往成千上万，单位价值相差悬殊。有些存货数量虽不多，但价格昂贵，而有些存货数量尽管庞大，但其占用的资金并不多。另外，有些存货的需求量巨大，不管其价值如何，总要占据相当数量的资金；而另一些存货一年中的需求并不大，占有的资金也不多。如果分主次，面面俱到，对每一种存货都进行周密的规划、严格的控制，也就抓不住重点，不能有效地控制存货所占用的资金，使花费在存货上的成本太高。为了实现对存货的有效控制，在工作中必须突出重点，区别对待。ABC控制法正是针对上述情况而采取的一种体现重要性原则的存货控制方法。其意义在于,使企业能够实现对存货占用资金的有效管理,以最小的成本取得最有效的管理效果。

二、存货 ABC 控制法的基本步骤

存货 ABC 控制法的基本步骤为:

第一步,计算每一种存货在一定时间内(一般为一年)的使用量及资金占用额;

第二步,将各品种资金占用额、用量大小排序,依次计算各品种累计用量占总用量的比重,以及累计资金占总金额的比重,编成表格;

第三步,根据事先设定好的标准,把最重要的存货划为 A 类,把一般存货划为 B 类,把不重要的存货划为 C 类,并画出 ABC 分析图;

第四步,对 A 类存货应重点控制,对 B 类存货进行一般控制,对 C 类存货进行简单控制。

这些步骤中,第二步在排序时,各种存货按金额从大到小排列,相同金额的按用量从小到大的顺序排列。第三步的分类标准可参照表 12.1。第四步的管理要求可参照表 12.2。

三、存货 ABC 控制法举例

[例] 某股份制企业将材料存货按各品种资金占用额从大到小排列,相同金额按用量从小到大的顺序排列。填制表格如表 12.3 所示。

根据表 12.3 提供的资料,材料存货可按累计金额比重与累计用量比重划分为 A、B、C 三类(如表 12.4 所示),将三类材料的情

况作成 ABC 分析图(如图 12.1 所示),呈非正态分布,则对三类材料的管理要求可遵照表 12.2 执行。

表 12.1

	用量比重	金额比重
A 类存货	10%	70%
B 类存货	20%	20%
C 类存货	70%	10%
合　计	100%	100%

表 12.2

类别/项目	A 类	B 类	C 类
管理要点	尽可能减少每次的定货量,力求库存水平最低,重点管理	根据库存水平,可严可松,一般管理	可大量定货,减少定货次数,简单管理
定货方式	定量定货方式或随需随购,计算每种存货的定货量	定量定货方式或定期定货方式	采用双箱法或双堆法,两仓存货制、红线法等简易方式*
定货计算	技术性计算	实际查定,一般计算	经验估计
统计方法	按项目或品种、规格详细统计	按大类项目一般统计	按金额汇总统计
控制程度	按品种、规格严密控制	按大类项目一般控制	按总金额简单控制
检查时间	按月经常检查	按季度检查	按年度或季度检查
安全存量	尽量少甚至不要	较少	较多

（续表）

类别 项目	A 类	B 类	C 类
盘存制度	永续盘存制	永续盘存制或实地盘存制	实地盘存制

注：* 双箱法、双堆法、两仓存货制等方式相似，按企业生产的需要，组织定货的最低库存量标准，置放在一处先不动用，剩余数量的存货置放在另一处先使用，用完即提出定货，补充以前使用相当于最低库存量标准部分的存货。这些方式适用于固体形态C类存货。红线法又称警示线法，原理相同，适用于流质或半流质的C类存货。

表 12.3

材料品种	用量（件）	单价（元）	金额（元）	累计用量（件）	累计用量比重（%）	累计金额（元）	累计金额比重（%）
1#	160	120	19200	160	4	19200	25
2#	60	200	12000	220	5	31200	40
3#	100	90	9000	320	8	40200	52
4#	40	220	8800	360	9	49000	63
5#	58	96	5568	418	10	54568	70
⋮	⋮	⋮	⋮	⋮	⋮	⋮	⋮
…	…	…	…	…	…	…	…
⋮	⋮	⋮	⋮	⋮	⋮	⋮	⋮
合计	4180		77900	4180	100	77900	100

表 12.4

类别	品 种	用 量	金 额	用量比重	金额比重
A	1#、2#、3#、4#、5#	418	54568	10%	70%
B	…………	836	15542	20%	20%
C	…………	2926	7790	70%	10%
合计		4180	77900	100%	100%

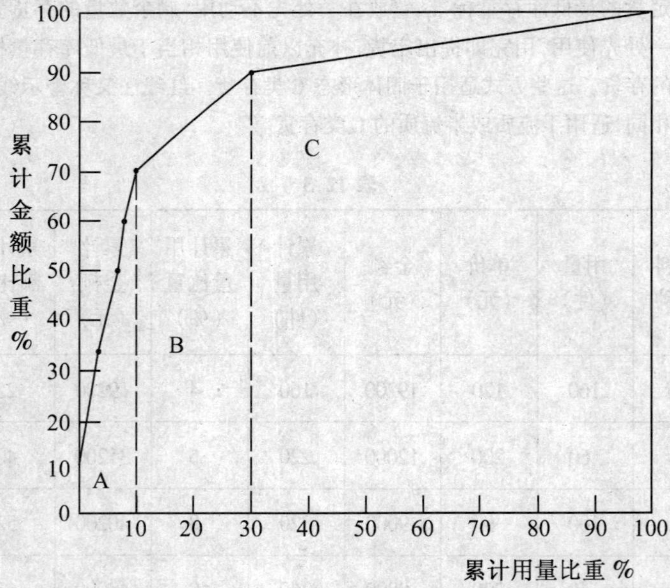

图 12.1

第三节 经济批量法基本模式

一、存货总成本的构成

存货总成本包括与取得、保持和缺少存货有关的各种成本，即取得成本、储存成本、缺货成本。

（一）取得成本

取得成本是指企业为取得存货所支出的成本，具体包括定货成本和购置成本。

1．定货成本。

商品采购的定货成本即订货成本，是指订购货物所发生的有关成本，通常包括采购部门的管理费、采购人员的工资以及订货支付的差旅费、业务费。其中，采购部门的管理费与采购人员工资一般取决于采购部门的规模与组织状况，与存货的采购次数无关，是为维持采购部门正常活动所必需的开支，性态上属于固定性订货成本；而订货所支付的差旅费、业务费一般与订货次数多少成正比例关系，性态上属于变动性订货成本。

对于产品生产而言，定货成本即生产准备成本，是指生产各批产品所发生的制造命令发布、生产设备的预热与调整等成本，生产准备成本通常与生产准备次数多少成正比例关系，在性态上属于变动成本。

2．购置成本

购置成本指存货本身的价值。商品的购置成本即购买成本，是购买单价与购买数量的乘积。产品的购置成本即产品生产成本，通常包括产品自制过程中所发生的成本，年购置成本在年需要量和单价或单位生产成本不变的条件下为固定成本。

（二）储存成本

储存成本是指存货保管费与存货资金占用应计的成本。与存货保管有关的成本，包括仓储费、仓库内部搬运费、仓库管理费等等。我国企业通常都有储存存货的仓库，与存货保管有关的费用，一定期间的金额稳定，在性态上属于固定性储存成本。而与存货资金占用有关的成本，包括存货保险费、应计利息等，与存货资金占用额大小成正比例关系，应视为变动性储存成本。

（三）缺货成本

缺货成本是指由于供货中断或存货耗尽等原因，不能满足生产经营活动的正常需要而造成的估计损失。它取决于延期交货成本与为避免生产中断而紧急订购、加班、准备、雇佣临时工成本的大小。实际计量时，由于缺货的机会成本或间接损失不易估计，缺货成本一般只考虑直接损失，或者用最大容许缺货概率来表示。在性态上，缺货成本与平均缺货量成正比例，属于变动成本。

二、经济批量法基本模式

经济批量法，也称经济定货量法，是指用来确定使企业花费在存货上的成本最小时的每次订货数量，或每次投产批量的一种存货控制方法。上述存货成本最小时的每次订货数量或每次投产批量又称为经济订货量或经济生产批量。经济批量法最早应用于经济订货量的确定，故人们习惯上称之为经济订货量法。鉴于采购批量和生产批量的计算模式是相同的，这里在经济批量法基本模式与拓展模式中仅介绍经济订货量的确定，而经济生产批量的确定只是参数的含义有所区别，可比照经济订货量法。

（一）经济批量法基本模式的假设条件

经济批量法基本模式需要设立的假设条件是：企业能够及时补充存货，即需要订货时便可立即取得存货；能集中到货，而不是陆续入库；不允许缺货，存货管理良好；年需求量固定，日需求量均衡；存货单价不变，不考虑现金折扣或数量折扣；企业现金充足，不会影响进货；所需存货市场供应充足。

设以 TC 代表存货总成本，TC_a 代表存货的取得成本，TC_c 代表存货的储存成本，TC_s 代表存货的缺货成本。则有：

$$TC = TC_a + TC_c + TC_s$$

设 D 代表存货年需要量，C 代表单位采购成本，Q 代表每次订货的订货量，N 代表年订货次数，K_0 代表一次订货的变动性订货成本，F_0 代表年固定性订货成本。则有：

$$N = \frac{D}{Q}$$

$$TC_a = DC + F_0 + \frac{D}{Q} \times K_0$$

由于假设单价不变，年需求量固定，所以 DC 与 F_0 一样，也是常数。

设 K_C 代表单位变动性年储存成本，K_i 代表以存货金额一定百分比表示的单位存货年储存成本，F_C 代表年固定性储存成本。则有：

$$K_c = CK_i$$

$$TC_c = F_c + \frac{Q}{2} \times K_c \quad 或 \ F_c + \frac{Q}{2} \times CK_i$$

其中，$\frac{Q}{2}$ 为平均库存量，这是基于存货日需要均衡与集中到货瞬时补充的假设得出的。

设 K_s 代表单位缺货的缺货成本，S 代表允许缺货量。基于不允许缺货的假设条件，缺货量应为零，于是：

$$TC_s = K_s \times 0 = 0$$

如以 $TC(Q)$ 代表与每次订货量 Q 有关的变动性存货总成本，则有：

$$TC(Q) = \frac{D}{Q} \times K_0 + \frac{Q}{2} \times K_c \ 或 \ \frac{D}{Q} \times K_0 + \frac{Q}{2} \times CK_i$$

$$TC = TC(Q) + DC + F_0 + F_C$$

所以，经济批量法基本模式实质上是要确定最适当的采购批量，使得变动性订货成本与变动性储存成本之和最低，从而使得存货总成本最小化。求经济订货量，也就是要找出 $TC(Q)$ 值最小时的每次订货量。

（二）经济批量法基本模式下经济批量的确定

经济批量的确定方法主要有三种：逐次测试法、图示法、公式法。

1. 逐次测试法。

［例］ 某股份制企业甲材料年需要量（D）为 36 吨，单位采购成本（C）为 1000 元/吨，单位变动性储存成本（K_i）为 20%，一次订货的变动性订货成本（K_0）为 25 元。现进行逐次测试，计算批量为 1 吨、2 吨、3 吨、4 吨、5 吨、6 吨的有关成本指标。

列表如表 12.5。通过多次测试，我们发现，批量为 3 吨时年变动性存货成本最小，为 600 元，故经济订货量 Q^*为 3 吨。

表 12.5

项　目	订　货　批　量					
	1	2	3	4	5	6
年订货次数$\left(\frac{D}{Q}\right)$	36	18	12	9	7.2	6
年变动性订货成本$\left(\frac{D}{Q}\times K_0\right)$	900	450	300	225	180	150
平均存货量$\left(\frac{Q}{2}\right)$	0.5	1	1.5	2	2.5	3
年变动性储存成本$\left(\frac{Q}{2}\times CK_i\right)$	100	200	300	400	500	600
年变动性存货成本 $TC(Q)$	1000	650	600	625	680	750

2. 图示法。

图示法是在坐标图上画出变动性订货成本线、变动性储存成本线和变动性总成本线。由于变动性订货成本为每次订货量的减函数,而变动性储存成本为每次订货量的增函数,变动性总成本势必有一个极小值,此时的订货量为经济订货量。通常,经济订货量在变动性储存成本线与变动性订货成本线的交点处取得。

根据上例资料,可画图如图 12.2。

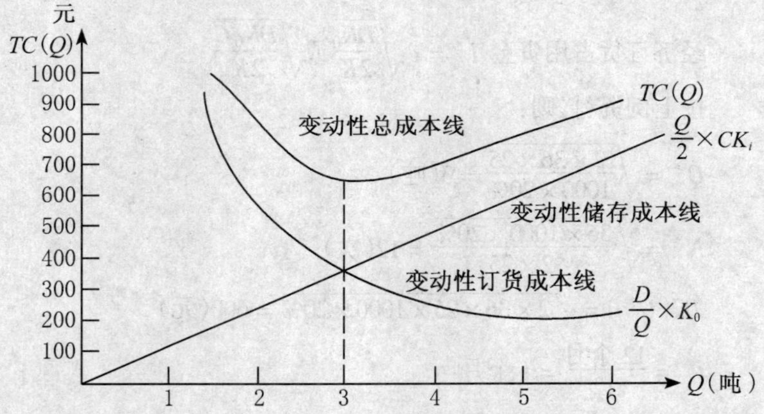

图 12.2

3. 公式法。

由于 $TC(Q)=\frac{D}{Q}\times K_0+\frac{Q}{2}\times K_c$,根据极值定理,有:

$$TC'(Q)=-\frac{DK_0}{Q^2}+\frac{K_c}{2}$$

令 $TC'(Q^*)=0$,则 $Q^*=\sqrt{\frac{2DK_0}{K_c}}(K_c=CK_i)$,此时的订货量为经济订货量。

根据图示法的结论,也可以令 $\frac{D}{Q}\times K_0=\frac{Q}{2}\times K_c$,求出经济订货量 $Q^*=\sqrt{\frac{2DK_0}{K_c}}$

经济批量法基本模式还可以演变出其他形式的公式:

每年最佳订货次数 $N^*=\sqrt{\dfrac{DK_c}{2K_0}}$

年变动性存货总成本 $TC(Q*)=\sqrt{2K_0DK_c}$

最佳订货周期 $t^*=\dfrac{12\text{个月}}{\sqrt{\dfrac{DK_c}{2K_0}}}$

经济订货占用资金 $I^*=c\sqrt{\dfrac{DK_0}{2K_c}}$或$\sqrt{\dfrac{DK_0C}{2K_i}}$

按上例资料,则:

$$Q^*=\sqrt{\frac{2\times36\times25}{1000\times20\%}}=3(\text{吨})$$

$$N^*=\sqrt{\frac{36\times1000\times20\%}{2\times25}}=12(\text{次})$$

$$TC(Q^*)=\sqrt{2\times36\times25\times1000\times20\%}=600(\text{元})$$

$$t^*=\frac{12\text{个月}}{12}=1\text{个月}$$

$$I^*=\sqrt{\frac{36\times25\times1000}{2\times20\%}}=1500(\text{元})$$

第四节　经济批量法的拓展模式

经济批量法的基本模式是在前述各假设条件下建立的,但现实生活中能够满足这些假设条件的情形十分少见,为了使模式更接近实际情况,须逐一放宽限制条件,建立拓展模式,这样,才能使经济批量法既具有理论研究价值,又具有实践中较高的可用性。

一、订货提前期和再订货点

一般情况下,企业并不能做到随需随时补充进货,存货从提出订货到取得存货达到可使用状态，往往有一定的时间间隔，这时就出现了订货提前期的问题。对外采购存货的订货提前期是指提出订购所需时间、货物运输时间、检验时间、搬运时间、使用前整理挑选时间等等。对于投产存货的订货提前期而言，是指完成一批订货生产所需的时间。

除了按订货提前期去订货，企业还可以根据最低库存量标准来组织订货。这种提出订货的最低库存量标准就是再订货点，实际库存高于这一标准时则不提出订货。

影响再订货点的因素主要有三个：订货提前期日（周）数，订货提前期内的存货耗用速度，安全存量。

1．在提前期内预计耗用速度不变，不存在订单已开出但尚未到货的情况下：

再订货点 = 提前期日（周）数 × 平均每日（周）耗用量

［例］已知经济订货量为500单位，提前期为2周，平均周用量为100单位。试确定再订货点。

再订货点 = 2 × 100 = 200（单位）

2．在提前期内耗用速度不定，不存在订单已开出但尚未到货的情况下。

如果仍按平均耗用量乘提前期来确定再订货点，就可能发生缺货或供货中断，企业应多储备一些存货用以应付生产或供应上可能发生的突然情况，如需求量猛增、订单处理不顺利、交货延迟等等。这就出现了安全存量问题。再订货点计算公式扩展为：

再订货点 = 提前期日（周）数 × 平均每日（周）耗用量 + 安全存量

二、安全存量的确定

安全存量的确定有两种情形：

1．单位缺货成本及订货提前期内各种需求量出现的概率不

能确定或难以确定。这时,安全存量应为提前期内的最大用量减平均用量。即:

$$\text{安全存量} = \left[\begin{matrix}\text{预计每日(周)}\\\text{最大用量}\end{matrix} - \begin{matrix}\text{平均每日(周)}\\\text{正常用量}\end{matrix}\right] \times \begin{matrix}\text{提前期日}\\\text{(周)数}\end{matrix}$$

$$\text{再订货点} = \text{预计每日(周)最大用量} \times \text{提前期日(周)数}$$

引用上例资料,如果最高周用量为 120 单位。试确定安全存量及再订货点。

$$\text{安全存量} = (120 - 100) \times 2 = 40\text{(单位)}$$

$$\text{再订货点} = 120 \times 2 = 240\text{(单位)}$$

2. 单位缺货成本及订货提前期内每一种需求量出现的概率能够确定,这时,就要计算不同安全存量的年缺货成本与变动性储存成本,使两者之和最小的安全存量为最佳安全存量。

设与安全存量有关的总成本为 $TC(B,s)$,安全存量为 B,一次订货缺货量为 S,单位缺货成本为 K_s。则有:

$$TC(B,s) = TC_B + TC_s$$

$$TC_B = BK_c$$

$$TC_s = SNK_s$$

表 12.6

周用量	出现周数	概　率
40	2	0.04
60	3	0.06
80	10	0.20
100	20	0.40
120	10	0.20
140	3	0.06
160	2	0.04
合计	50	1.00

[例]　某股份制企业甲零件需求量(D)为5000单位,经济订货量(Q^*)为500单位,每周平均用量为100单位,提前期为2周。过去50周(1年)中零件用量如表12.6所示,预计提前期内用量及概率分布情况与过去50周(1年)相同。单位缺货成本(K_s)为60元。试确定最佳安全存量与再订货点。

根据所给资料,可得出提前期内可能的需求量及概率分布如表12.7所示。

表 12.7

总用量	80	120	160	200	240	280	320
概率	0.04	0.06	0.20	0.40	0.20	0.06	0.04

接下来就可以进行各种安全存量下的总成本的计算,如表12.8所示。

当安全存量(B)为80单位时,$TC(B, s)$为4960元,是年总成本最小的。故最佳安全存量(B^*)为80单位,再订货点为$100 \times 2 + 80 = 280$单位。根据订货提前期订货与根据再订货点订货并不矛盾。如果消耗量保持稳定,订货提前期开始之日也正是库存降到再订货点水平之时,两者是一致的。如果实际消耗量高于或低于正常消耗量,到达到再订货提前期开始的时间,这时,就以最早的为准。

三、存货陆续供应与使用

实际工作中,自制或外购的存货也可能陆续入库,边到货边取用,使库存量持续增加;而停止供货期间,库存量逐渐减少,直至为零。尤其突出的是产成品的入库和在产品的转移,几乎总是陆续供应和使用的。

设 P 代表一批订货的日到货量,d 代表订货周期内的日用货

表 12.8

安全存量 (1)	每一订货期缺货单位数 (2)	缺货概率 (3)	全年订货次数 (D/Q*) (4)	预期全年缺货单位 (5) = (2) × (3) × (4)	全年预期缺货成本 (6) = (5) × Ku	年储存成本 (7) = (1) × 50	年总成本 (8) = (6) + (7)
0	$240-100\times2=40$ $280-100\times2=80$ $320-100\times2=120$	0.20 0.06 0.04	$10\left(\frac{5000}{500}\right)$ 10 10	80 48 48 176	10560	0	10560
40	$280-100\times2-40=40$ $320-100\times2-40=80$	0.06 0.04	10 10	24 32 56	3360	2000	5360
80	$320-100\times2-80=40$	0.04	10	16	960	4000	4960
120	0	0	10	0	0	6000	6000

量，t_1 为供货时间，t_2 为非订货周期，则商品存货陆续供应与使用的库存动态如图 12.3 所示。

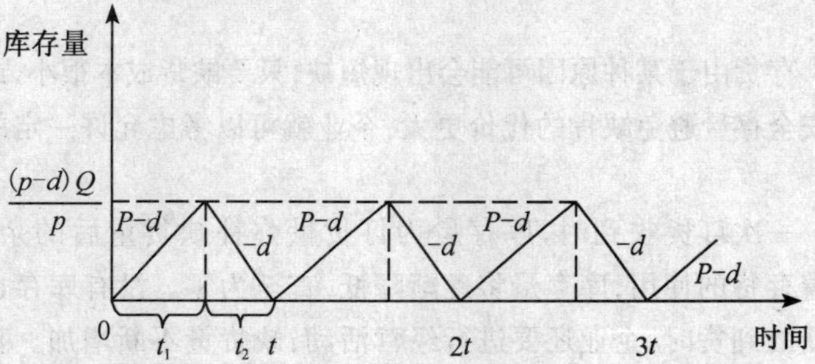

图 12.3

由图 12.3 显示 $t_1=\dfrac{Q}{P}$，最高库存量 $=(P-d)\times t_1=\dfrac{(p-d)Q}{p}$，$t$ 期间平均库存量为$\dfrac{(p-d)Q}{2P}$，故 $TC(Q)=\dfrac{D}{Q}\times K_0+\dfrac{(P-d)Q}{2P}\times Kc$。令 $TC(Q)$为零，则有：$\dfrac{-DK_0}{Q^2}+\dfrac{(P-d)K_c}{2P}=0$

可解出最优解为

$$Q^*=\sqrt{\frac{2DK_0}{Kc}\times\frac{P}{P-d}}$$

从而，

$$TC(Q^*)=\sqrt{2DK_0Kc\left(1-\frac{d}{p}\right)}$$

［例］ 某商品年需要量(D)为 36000 件，供货时间内日到货量(P)为 400 件，日用货量(d)为 300 件，一次变动性订货成本(K_0)为 160 元，单位变动性储存成本 Kc 为 8 元。试确定经济订货量 Q^* 的最低总成本 $TC(Q^*)$。

$$Q^*=\sqrt{\frac{2\times36000\times160}{8}\times\frac{400}{400-300}}=2400(\text{件})$$

$$TC(Q^*)=\sqrt{2\times36000\times160\times8\left(1-\frac{300}{400}\right)}=4800(\text{元})$$

四、允许缺货模型

存货由于某种原因可能会出现短缺，只要缺货成本很小，或增加安全存量避免缺货的代价更大，企业就可以考虑允许一定的缺货。

一次订货收到时，库存量为订货量弥补缺货量后的余额。随着存货的使用，库存量将逐渐降低，直至为零。没有库存也没有新的到货时，企业还要进行经营活动，缺货量不断增加。直到下一次订货收到，补足缺货期间拖欠的需求后，库存量又开始为正值，并重复前面的过程。存货的库存情况和短缺情况如图12.4所示。

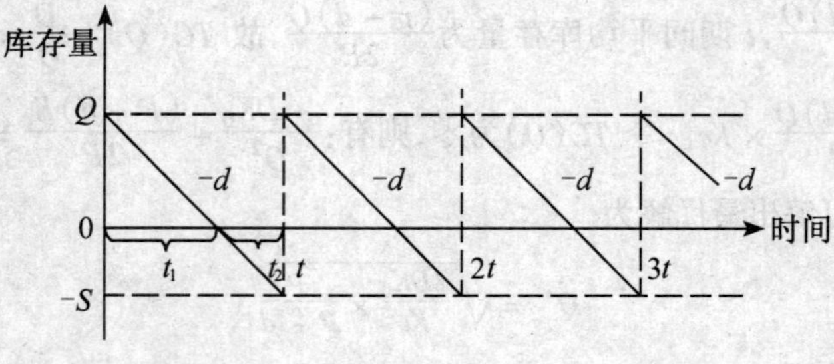

图 12.4

图中，t_1 代表有库存的时间，t_2 代表缺货时间。

平均库存量与平均缺货量的计算过程如下：

由于 $t=\dfrac{Q}{d}$

$t_1=\dfrac{Q-S}{d}$，t_1 期间平均库存量为$\dfrac{Q-S}{2}$，无缺货；

$t_2=\dfrac{S}{d}$，t_2 期间的平均缺货量为$\dfrac{S}{2}$，无库存；

故

$$\text{平均库存量} = \frac{\frac{Q-S}{2} \times \frac{Q-S}{d} + 0}{\frac{Q}{d}} = \frac{(Q-S)^2}{2Q}$$

$$\text{平均缺货量} = \frac{0 + \frac{S}{2} \times \frac{S}{d}}{\frac{Q}{d}} = \frac{S^2}{2Q}$$

允许缺货情况下,经济订货量与最大允许缺货量的确定过程为:

设 $TC(Q,S)$代表与订货量(Q)及允许缺货量(S)有关的存货总变动成本,则

$$TC(Q,S) = \frac{K_0 D}{Q} + \frac{Kc(Q-S)^2}{2Q} + \frac{KsS^2}{2Q}$$

分别求 $TC(Q,S)$对 Q、S 的偏导数,并令偏导数为零,有:

$$\begin{cases} -\dfrac{k_0 D}{Q^2} + \dfrac{Kc[2Q(Q-S)-(Q-S)^2]}{2Q} - \dfrac{KsS^2}{2Q^2} = 0 \\ -\dfrac{Kc(Q-S)}{Q} + \dfrac{KsS}{Q} = 0 \end{cases}$$

解方程组,可得最优解:

$$Q^* = \sqrt{\frac{2K_0 D}{Kc} \times \frac{Kc + Ks}{Ks}}$$

$$S^* = Q^* \times \frac{Kc}{Kc + Ks} = \sqrt{\frac{2K_0 DKc}{Ks(Kc + Ks)}}$$

所以,最低存货总变动成本为:

$$TC(Q^*, S^*) = \sqrt{2K_0 DKc \times \frac{Ks}{Kc + Ks}}$$

[例] 材料年需要量(D)为 2700 件,每次变动性订货成本(K_0)为 2 元,单位存货年变动性储存成本(Kc)为 3 元,年单位缺货成本(Ks)为 1 元,求经济订货量(Q^*)与最大允许缺货量(S^*)。

$$Q^* = \sqrt{\frac{2 \times 2 \times 2700}{3} \times \frac{3+1}{1}} = 120(\text{件})$$

$$S^* = 120 \times \frac{3}{3+1} = 90(\text{件})$$

五、单位购置成本变化

现实经济生活中，批量不同，单位买价或单位生产成本就可能会不同。例如，当一种产品还是以小批量生产时，单位产品材料和工时的消耗可能较多；批量增加到一定程度，就可以经济地将产品生产出来。供应商为鼓励购买，往往规定有不同批量的数量折扣。大宗货物的运输，运量不同单位运费也有差异。

（一）单位买价随数量折扣的变化

设没有折扣前的材料单位买价为 C_1，则享受折扣率 a 的买价为 $C_2 = C_1(1-a)$，折扣起点定为 Q_d。确定经济订货量的一般步骤如下：

1. 按享受折扣条件下的买价 C_2 确定经济订货量，判断其是否在折扣起点以上。有 $Q_2^* = \sqrt{\dfrac{2DK_0}{C_2 \times K_i}}$，如果 $Q_2^* \geq Q_d$ 则经济订货量定为 Q_2^*，此时，$TC(Q_2^*) = DC_2 + \sqrt{2DK_0C_2K_i}$。

2. 如果 $Q_2 < Q_d$，则 Q_2^* 没有实际意义，就要计算不享受折扣的经济订货量 Q_1^* 及 $TC(Q_1{}^*)$，与订货批量为折扣起点 Q_d 时的总成本 TC_d 相比较，有

$Q_1^* = \sqrt{\dfrac{2DK_0}{C_1K_i}}$，$TC(Q_1^*) = DC_1 + \sqrt{2DK_0C_iK_i}$，$TC_d = DC_2 + \dfrac{DK_0}{Q_d} + \dfrac{Q_d}{2} \times C_2K_i$

3. 如果 $TC(Q_1^*) < TC_d$，则经济订货量为 Q_1^*；如果 $TC_d < TC(Q_1^*)$，则经济订货量确定为 Q_d；如果 $TC(Q_1^*) = TC_d$，一般认为选择 Q_1^* 或 Q_d 无差异，但若考虑减少缺货的可能性，应选择 Q_d。

［例］ 某材料年需要量(D)为 3600 件,一次订货的变动性订货成本(K_0)为 75 元,存储费用率为 25%。供应商规定:一次采购量在 900 件(Q_d)以下,单价为 16 元;超过 900 件(包括 900 件),折扣率(a)为 2%,试为买方确定经济订货量。

1. $C_2 = C_1(1-a) = 16 \times (1-2\%) = 15.68$ (元)

$$Q_2^* = \sqrt{\frac{2 \times 3600 \times 75}{15.68 \times 25\%}} < 900$$

2. 由于 $Q_2^* < Q_d$,计算:

$$Q_1^* = \sqrt{\frac{2 \times 75 \times 3600}{16 \times 25\%}} = 367(\text{件})$$

$$TC(Q_1^*) = 16 \times 3600 + \sqrt{2 \times 3600 \times 75 \times 16 \times 25\%}$$
$$= 59069.69(\text{元})$$

$$TC_d = 15.68 \times 3600 + \frac{3600}{900} \times 75 + \frac{900}{2} \times 15.69 \times 25\%$$
$$= 58512(\text{元})$$

3. 由于 $TC_d < TC(Q_1^*)$,应确定经济订货量为 Q_d,900 件。

(二) 单位运费随数量折扣的变化

不仅买价会随数量折扣发生变化,大宗货物的运输也会因不同运量对应的不同运费使单位运费发生变化,而且,运输部门往往规定有一定的装运量标准,这对经济订货量的选择会产生影响。

［例］ 某企业须从距离为 1700 公里的青岛购进 750 吨帆布(D),每次变动性订货成本(K_0)为 50 元,每吨单价(C)为 6250 元,变动性储存费用(K_i)为 12%。按铁路运输规定,不足 30 吨的货物均作零担处理,每吨运费为 124.50 元;30 吨以上的整车每吨运费为 31.40 元。现有几种运量可供选择:5 吨、10 吨、15 吨、30 吨、50 吨。试确定经济订货量。订货量 Q 的年变动性订货与储存成本为:

$$TC(Q) = \frac{750}{Q} \times 50 + \frac{Q}{2} \times 6250 \times 12\%$$

现列表 12.9 计算不同批量下的总成本。

表 12.9

订货批量(Q)	零担			整车	
	5	10	15	30	50
年变动性订货与储存成本	9375	7500	8150	12500	19500
全年运费	750 × 124.50 = 93375			750 × 31.40 = 23550	
总成本	102750	100875	101500	36050	43050

根据表 12.9 的计算结果可知，经济订货量为 30 吨，因为此时的总成本最低。

六、经济批量的灵敏分析

灵敏分析也可用于存货控制，以计算某些参数的变动对有关指标的影响程度。在经济批量法基本模式确定的经济订货量的基础上，考察假设条件放宽对经济订货量的影响，这就是经济批量的灵敏分析。

1. 集中到货条件下，经济订货量为 $Q^*=\sqrt{\dfrac{2DK_0}{Kc}}$，现改为陆续供应与使用，则新的经济订货量为

$$\sqrt{\frac{2DK_0}{Kc}\times\frac{P}{P-d}}=\sqrt{\frac{P}{P-d}}Q^*$$

2. 由不允许缺货改为允许缺货，则新的经济订货量为

$$\sqrt{\frac{2K_0D}{Kc}\times\frac{Kc+Ks}{Ks}}=\sqrt{\frac{Kc+Ks}{Ks}}Q^*$$

3. 年需要量变动，如由 D 变为 nD，则新的经济订货量为

$$\sqrt{n}Q^*$$

4. 一次订货的变动性订货成本变动，如由 K_0 变为 nK_0，则新的经济订货量为

$$\sqrt{n}Q^*$$

5．单位变动性储存成本变动，如由 Kc 变为 nKc，则新的经济订货量为

$$\frac{1}{\sqrt{n}}Q^*$$

经济批量法也可用于生产方面，如自制材料、半成品和零部件等，用来确定一次投资的最优批量。因为投产批量大，投产的次数可减少，生产准备费也可减少，但产品的储备成本则会增加；反之亦然。所以它与存货批量决策的原理是相同的，故不再赘述。

思考题

1．存货管理的主要内容和主要目的是什么？
2．与存货管理有关的成本有哪几种？各有什么意义？
3．经济订货量的含义是什么？有哪些假设条件？
4．经济订货量有哪些扩展模型？有何意义？
5．什么是订货提前期和再订货点？主要影响因素有哪些？
6．经济批量法下如何考虑数量折扣问题？
7．试比较订货控制法与经济批量法的优缺点。
8．*ABC* 分析法的管理要点有哪些？

第十三章　作业成本制度

本章主要着重介绍作业成本的核算制度，包括作业成本制度的意义、特征、实施要领和应注意的因素。

第一节　作业成本制度的意义

在传统的制造环境下，企业往往是生产单一品种或同一门类的产品，即使存在多品种情况，也是采用大批量生产的方式。从生产产品的成本结构来看，成本中原材料和人工等直接费用比例很高，甚至高达产品成本的70%—80%，而产品的间接成本的比重比较低。所有这些，决定了传统成本计算方法下产生的产品成本信息具有一定的准确性和相关性。

随着科学技术的发展和企业间竞争的加剧，在近一二十年，各国的企业为了促进产品的升级，采用了各种提高企业生产力的自动化方案和管理方法，以降低产品成本，提高生产力，改善产品品质及增加弹性，从而增加企业的经济效益。在自动化方面，机器人、电脑辅助设计（CAD）、电脑辅助制造（CAM）、弹性制造系统（FMS）及电脑整合制造（CIM）的使用日趋普及；而在管理方面，则纷纷采用及时制（JIT）和制造哲学，包括各种崭新的管理观念及技术，如零库存、以需求带动生产、选择供应商并保持良好关系、单元式制造，训练员工担任各种工作及全面品质管理（TQC）等。

采用自动化技术的工厂，通常采用 CAD、CAM、FMS 及 CIM，以便能迅速生产高品质且量少而多样的产品。CAD 是使用电脑以帮助产品开发、分析及设计；而 CAM 是使用电脑来计划、执行及控制产品的生产；FMS 是在电脑控制下，利用机器人及其他自动化的设备，以弹性方法生产少量多样的产品；CIM 是从市场、设计直至销售均用电脑，使整个流程自动化，并提供企业整体的相应信息。

在这样的制造环境(我们称之为"新制造环境")下，产品的成本结构发生了重大变化，采用自动化的机器设备生产之后，许多人工已被机器所替代，因此直接人工成本的比例大为减少，并且趋向于固定性质，以往直接人工成本约占产品成本的 40%—50%，如今却不到 10%；而固定制造费用占总成本的比例却大幅度上升，存货成本减少，与工程有关的间接人工成本却增加。

在新的制造环境下，一个企业必须具备健全的成本管理制度，方能使产品成本的信息准确，并使管理当局作出正确的决策。也就是说，除非这些企业具有新的成本管理制度，否则，工厂的自动化效益可能会趋向于零。

由于以上的原因，从 20 世纪 80 年代中期起，许多人开始怀疑传统产品成本计算系统传送这类信息的功用。传统成本计算系统产生于 20 世纪的上半叶，那时的制造环境是较小范围产品的生产，且这些产品消耗相似数量的支援服务，同时非产量驱动的成本较小。而在新制造环境下，存在大量的非产量驱动的成本，因而使产品成本的信息失真，对企业产生了不利的后果。

作业成本制度(ABC)最早在 20 世纪 70 年代就有学者提出，美国的 Sfalacs(1971)和 Shillinglaw(1982a)都讨论过其基本概念。近年来，由于传统成本计算的弱点暴露得更充分，作业成本制度引起实业界的广泛关注，经哈佛商学院的努力研究和推行，已在不少企业试行，并在许多企业中取得了满意的成果。

第二节　作业成本制度的特征

一、传统成本计算方法的不足

传统成本会计假定制造费用的发生与生产作业的数量(如直接人工小时、机器小时或材料成本)具有密切的关系,因此,制造费用以与数量相关的因素为分配标准,将制造费用分配到各产品。此处与数量相关的因素,我们称之为“成本动因”。所谓成本动因,是指引起成本发生的作业或因素。

如果将传统成本会计的方法应用于工厂自动化的新制造环境,将使产品成本的信息失真。为了能更好地说明此点,我们举一实例。

[例]　某公司生产 A、B 两种产品,其成本资料如表 13.1 所示。假设产品的制造费用仅有四种类别:整备、检验、电费及维护;制造费用采用全厂分配率,以机器小时为基础,则其分配率是 $5。

表 13.1

产品成本资料

	A产品	B产品	合　计
产量	20000	100000	120000
主要成本	10000	50000	60000
直接人工小时	20000	100000	120000
机器小时	10000	50000	60000
整备次数	20	30	50
检验小时	800	1200	2000
千瓦小时	5000	25000	30000

部门资料			
	甲部门	乙部门	合计
直接人工小时：			
A 产品	4000	16000	20000
B 产品	7600	24000	100000
机器小时：			
A 产品	4000	6000	10000
B 产品	16000	34000	50000
制造费用：			
整备成本	$ 40000	$ 40000	$ 80000
检验成本	35000	35000	70000
电费	12000	60000	72000
维护费	13000	65000	78000
合计	$ 100000	$ 200000	$ 300000

利用表 13.1 的资料计算，产品的单位成本如表 13.2 所示：

表 13.2　单位成本计算表

	A 产品	B 产品
主要成本：		
A 产品（$ 10000 ÷ 20000）	$ 0.5	
B 产品（$ 50000 ÷ 100000）		$ 0.5
制造费用：		
A 产品（$ 5 × 10000 ÷ 20000）	$ 2.5	
B 产品（$ 5 × 50000 ÷ 100000）		$ 2.5
单位成本	$ 3.0	$ 3.0

例中，我们采用传统成本计算法，以与数量有关的成本动因来分配制造费用。在新的制造环境之下（如例题中，应认为是在新的

制造环境下,因为产品成本中,间接制造费用的比重明显很高,且制造费用的成本动因在于多样化),产品成本计算的信息将会失真。其主要原因是:(1)许多制造费用的发生与数量无关,如整备费用的多少就与产量无关,而只与产品的生产次数有关;(2)产品具有多样性。以上两个原因,使产品成本的数据发生严重扭曲。

一个企业生产的产品,若耗用制造费用作业的比例不同时,其生产的产品即具有多样性。例如,假定某公司两种产品耗用制造费用作业的比例如表13.3所示。

表13.3 产品多样性

制造费用作业	A产品	B产品	耗用单位
整备	0.40	0.60	整备次数
检验	0.40	0.60	检验小时
电力	0.20	0.80	千瓦小时
维护	0.20	0.80	机器小时

表13.3表示,每个产品与数量有关的作业和与数量无关的作业,其耗用的比例并不相同。

由于在新的制造环境下,与数量无关的制造费用占总制造费用的比例很大,而其制造费用的耗用比例和与数量有关的制造费用耗用的比例不等,因此,将制造费用全部以与数量有关的成本动因为标准进行分配,产品成本的信息必然失真。为了解决成本失真问题,人们提出以作业成本制度来计算产品的成本。

二、作业成本制度

采用作业成本制度计算产品的成本时,其方法是先将制造费用归集于每一个作业,然后再由每一个作业将其成本分配到相关的产品。而传统的成本计算方法虽也分成两个阶段分摊,但第一阶段是先将制造费用分配于各个生产部门,再将各生产部门的制造费用分配到各个产品。两种方法的主要不同之处在于采用成本动因的多少,传统成本计算法采用 1—2 个成本动因,而作业成本制度下却采用了多个成本动因(对具体的产品生产线而言,应在分析其各个作业后,才能确定成本动因的个数,而且成本动因的个数受成本效益法则的约束)。两种方法的计算阶段如图 13.1 所示。

传统成本制下成本的计算:

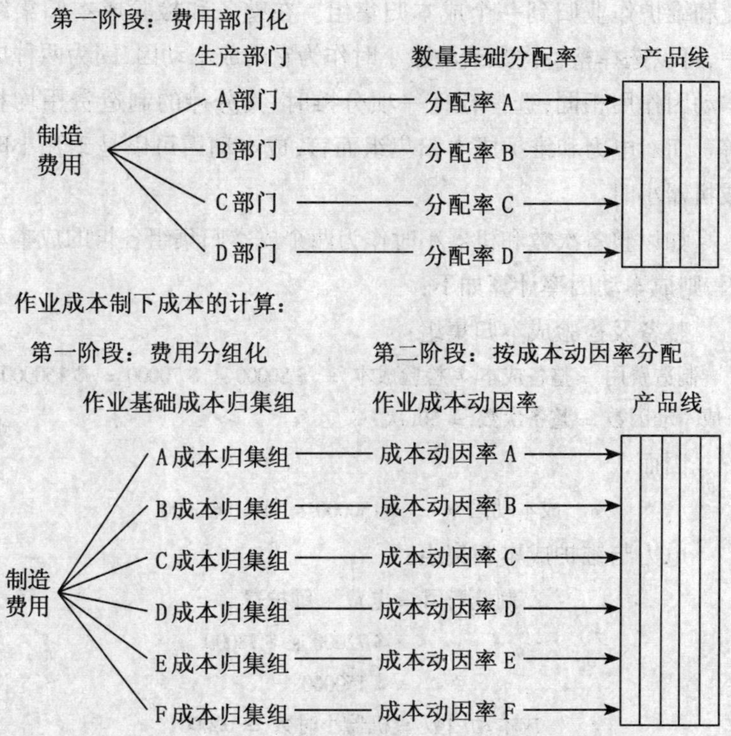

图 13.1 传统成本制下和作业成本制下对产品成本计算的对比

在作业成本制度下,成本计算的第一阶段将制造费用分配于各项同质的成本库(此成本库称为成本归集组),在成本归集组内,引起制造费用发生变动的成本动因基本上应该是惟一的(否则,如在同一成本归集组内存在两个或两个以上对等的成本动因,则须将这一成本归集组再细分,直到每个成本归集组内只存在一个主要的成本动因)。同时,在定义了成本归集组后,可以计算在此归集组内的每单位成本动因的成本,此数我们称之为成本动因率。

如以前例中表13.1的资料为例,成本归集组的定义和成本动因率的计算如下:

可以将整备作业和检验作业归到一个成本归集组。将电力作业和维护作业归到一个成本归集组。在整备和检验成本归集组中,可以选择整备次数或检验小时作为它的成本动因,因为两种成本动因作用相同,选择任何一项分摊时,其分摊的制造费用均相等。而对电力和维护成本归集组而言,成本动因可以是千瓦小时或机器小时。

如以整备次数和机器小时作为两个成本归集组各自的成本动因,则成本动因率计算如下:

整备及检验成本归集组:

制造费用 = 整备成本 + 检验成本 = \$80000 + \$70000 = \$150000

成本动因数 = 整备次数 = 50(次)

因而,

成本动因率 = \$150000 ÷ 50 = \$3000

电力与维护成本归集组:

制造费用 = 电费 + 维护费

= \$72000 + \$78000

= \$150000

成本动因数 = 机器小时数 = 60000

因而,

成本动因率 = \$150000 ÷ 60000 = \$2.50

在作业成本制度下的第二阶段,是将成本归集组中的制造费用分配到各个产品。方法是将由第一阶段中求出的成本动因率乘以每个产品在该成本归集组中耗用的成本动因数。其公式如下：

$$\text{每个产品在每个归集组中的制造费用} = \text{该归集组的成本动因率} \times \text{该产品在该归集组中耗用的成本动因数}$$

利用以上介绍的方法,对A、B两产品在作业成本制度下的成本计算如下：

A产品		
制造费用:		
整备、检验归集组: $ 3000 × 20	$ 60000	
电力、维护归集组: $ 2.50 × 10000	25000	$ 85000
其他主要成本		10000
制造成本		$ 95000
产量		20000
单位成本		$ 4.75
B产品		
制造费用:		
整备、检验归集组: $ 3000 × 30	$ 90000	
电力、维护归集组: $ 2.50 × 50000	125000	$ 215000
其他主要成本		50000
制造成本		$ 265000
产量		100000
单位成本		$ 2.65

两种方法下,A、B产品的单位成本比较如下：

	A产品	B产品
传统成本制度下	$ 3.00	$ 3.00
作业成本制度下	$ 4.75	$ 2.65

由以上计算结果可以看出,两种成本制度下,A、B两产品的单位成本相差很大,如果采用失真的成本信息进行企业管理和经营决策,很显然在正常情况下其结果是不利的。

三、两种成本计算方法的比较

从以上的分析可以看出,两种成本计算法下产品的单位成本有差异。那么,究竟是哪一种计算方法下的成本更接近实际情况呢？原因是什么？又是什么因素在其中起主要作用呢？下面我们将从比较的角度系统地说明这些问题。

从表面上看,两者产生差异的原因是对间接成本的分配基础不同(一般情况下,直接成本能直接归集到具体的产品,不存在分配的问题)。但我们仔细地分析以后可以发现,在作业成本制度下,产品成本的计算是按生产产品所经过的各项步骤来计算的,而且此种步骤甚至包括为生产某一具体产品而发生的采购等事项,这种步骤,我们称之为作业。也就是在作业成本制度下,产品成本计算是以作业为基础的,按作业来归集和分配制造费用。而在传统成本制度下,产品成本的计算是以产品为对象进行计算的,即先将生产产品的成本分成各种成本、费用项目,再以各种成本、费用项目为对象进行成本的归集,然后,再把它们分配到具体的产品,从而得出产品的生产成本。在传统成本制度下,产品成本的计算过程说明了各种成本在产品生产中的作用,如作为材料使用、作为制造费用等。而在作业成本制度下,产品成本的计算过程说明了成本的用途,即指明了每项成本用于何种作业,或是因为何种作业而引起了某种费用。因而在作业成本制度下,成本的归集更真实地反映了成本的去向,所以作业成本制度下的产品成本信息比传统成本制度下的产品成本信息更精确。

再以表 13.1 中的资料为例,如我们取消生产 B 产品,那么,各种成本将会减少多少呢？在作业成本制度下,很清楚地表明,不生产 B 产品,机器小时数将减少 50000 小时,整备次数将减少 30 次,检验小时将减少 1200 小时,电力耗用将减少 25000 千瓦小时。因此,在假定不生产 B 产品,其固定成本不发生变动的情况下,总的成本将减少 \$ 265000(\$ 3000 × 30 + \$ 2.5 × 50000 + 50000),这一结果是比较符合实际情况的。但在传统成本制度下,不生产 B 产品,其成本的减少数为 \$ 3 × 100000 = \$ 300000,这一等式并没有明确地显示出减少成本的根源,即没有显示出不生产 B 产品时,其成本减少的组成项目。因此,从这一方面看,作业成本制度下的成本信息比传统成本制度下的成本信息更精确。

同时,应引起我们注意的是:

1. 在以上的计算中,涉及制造费用的作业有四项,即整备、检验、电力和维护。但我们把前面两项归到了一个成本归集组,把后面两项归到了另一个成本归集组,并在每一个成本归集组中定义了一个成本动因(如在整备、检验归集组中将成本动因定义为整备的次数)。实际上,我们可以将上面四个作业的每个作业各定义为一个成本归集组,并在每一成本归集组中定义一个成本动因,在这种情况下,可以认为产品成本的计算将会更精确。但考虑到每个产品具体涉及的作业繁多,如将每一作业定义为一个成本归集组,则每一产品所涉及的成本归集组将会很多,这会增加信息收集和利用的工作量,增加获得成本信息的费用,从这一方面考虑,在我们定义成本归集组时,不能简单地将每一作业定义为一个成本归集组,而应对产品的所有作业进行分析,将固定的作业归到一个成本归集组,否则,成本的核算将会违反成本效益原则。

2. 两种成本计算方法的主要区别在于对制造费用的分配上,而对于直接材料和直接人工的处理是一样的。了解这一点非常重要,否则就无法掌握作业成本制度的精髓。

四、变动成本计算法与作业成本计算法

众所周知,变动成本法能为企业内部管理提供较为有用的信息,有利于强化企业的管理职能,提高企业的经济效益,同时还有利于正确评价企业管理部门的经营业绩。

在前面的分析中我们已经看到,当一个产品涉及到多项作业时,我们不可能将每一作业各定义为一个成本归集组,而是通过对

产品生产所涉及的作业进行仔细分析后，将"同质"的作业归到一个成本归集组，并在这个成本归集组中定义一个成本动因。因此，可以这样认为，在很多的成本归集组中，成本与成本动因不可能存在完全的正比例关系（这一点在将多个作业归到同一成本归集组的条件下显得更加明显）。因而，在很多成本归集组中存在以成本动因为衡量标准的变动成本与固定成本。因此，我们可以考虑将变动成本引入到每个成本归集组中，即在每个成本归集组中再利用变动成本法进一步理清成本与成本动因的关系，从而使作业成本法下的成本信息更精确。其对成本的处理程序与变动成本法下对成本的处理程序如图 13.2 所示。

采用以上做法的一个重要原因是，在产品生产涉及的作业繁多的情况下，每个成本归集组中的成本与成本动因不可能成线性关系，与其将不成线性关系的成本牵强附会地用成本动因率分配到具体产品中，还不如先从每个成本归集组中去掉，这样可以使产品成本更精确地反映实际情况。可以肯定，如果不这样处理，产品成本的失真性将更严重。从另外一个方面看，在成本归集组中存在这样的情况是由于没有分清产品所涉及的作业或者是在定义成本归集组时缺乏仔细的考虑，因而，通过这样处理可以弥补由于以上两个原因造成的对成本失真的影响。

关于对作业成本制度计算方法下产生的固定成本的处理，可以类似于变动成本法下的固定成本的处理，即可作为期间费用来处理，或在对之进行分析的基础上，采用一定的标准将其分配于各产品成本之中。我们认为，采用后一种方法获得的信息更适合于内部管理、决策使用，因为如果将固定成本部分"挤入"期间费用，其实质则是将一部分制造费用作为期间费用处理，这样，对企业存货的计价会有影响，从而影响企业财务报表信息在现有会计准则下的真实性。

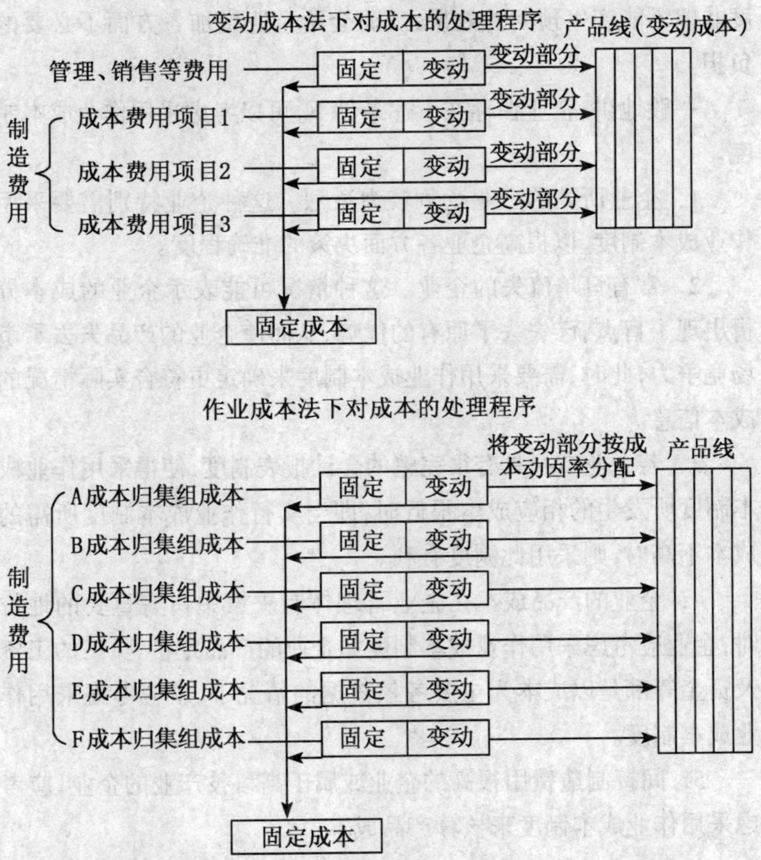

图 13.2

第三节　作业成本制度的实施

作业成本制度的产生是由于企业的制造环境发生了改变，因而在考虑采用作业成本制度时，必须先考虑企业所面临的各种环境，包括企业的制造环境，否则，盲目地在企业中实施作业成本制度非但不能产生预期的效果,反而会给企业增加各方面不必要的负担。

一般地讲,企业在存在下述条件下,可以考虑采用作业成本制度。

1. 企业所处的产业竞争较为激烈。这种企业特别需要采用作业成本制度,以提高企业各方面决策的准确程度。

2. 常有订单流失的企业。这种情况可能表示企业的成本分析出现了盲点,已失去了原有的优势,从而使企业的产品失去了市场竞争力,此时,需要采用作业成本制度来确定更符合实际情况的成本信息。

3. 若企业本身具有很完整的会计报表制度,使得采用作业成本制度所发生的相应成本很低时,即当实行作业成本制度所需的成本不高时,则采用此制度有利。

4. 企业的产品成本在企业管理体制决策中占有重要的地位时,企业应考虑采用作业成本制度如企业的产品定价、员工的工资及资金等都是以成本为主要考核依据的情况下,就应考虑采用作业成本制度。

5. 间接制造费用很高的企业或属于高科技产业的企业,应考虑采用作业成本制度来核算产品成本。

如果一个企业考虑采用作业成本制度,则可以大致采用以下几个步骤来推行:

1. 分析及确认产品所涉及的作业。以制造业为例,必须先了解产品生产的流程,以便知道生产一个产品需要哪些步骤。一般来说,作业区分越仔细,成本计算越精确。但如果作业区分过于零碎,将导致衡量成本过高,这时应将有关作业加以合并。

2. 确认作业中心。作业中心的选择是否适当将影响整个作业成本制度的好坏,因而必须注重作业中心之间的差异性。

3. 定义成本动因。成本动因的选择将直接影响成本源的真实性和相关性,因而对其需慎之又慎。如果一个作业中心(也称成本归集组)存在两个或两个以上的主要成本动因,则很明显应将作业中心进行细分,直至该作业中心只有一个成本动因为止。同时,成本动因包括资源动因和作业动因两个部门。资源动因是由资源分摊至作业中心的成本动因,作业动因是由作业中心将成本分配到产品的成本动因。

4．选择作业动因。

5．按照作业成本制度的要求,收集所需的资料,并按照制度的原理进行成本核算。

第四节 应用作业成本制度应注意的因素

一般而言,传统管理会计的思想与作业成本制度的思想有所不同,成本分配的基础是有差异的,因此,很难将两个不同的制度结合运用,不过在该制度的实施之初,采用"九轨并行作业"还是有必要的,但从长期的观点看,不可能将两个成本制度合并。在企业建立了作业成本制度之后,还可以应用该制度产生的信息进行以下分析:

1．进行作业附加值分析。即可以进行产品的价值链分析,在分析后,可以根据实际情况,减少附加价值少的作业,以提高企业的经营业绩。

2．作业成本标准的选定。企业在有了稳定的作业成本信息后,可以结合各种情况,制定企业产品的作业标准成本,然后利用标准成本的理论和方法为企业的经营管理服务。

3．可以进行客户获利能力的分析。通过此种分析,可以更好地掌握市场,形成更好、更强的战略同盟,为企业的战略决策和管理服务。

为了有效地实施作业成本制度,企业必须具备和完善以下有关基础条件。

1. 建立和实施作业成本制度,必须得到企业最高管理层的支持。

2. 作业成本制度必须与竞争性策略,特别是与品质管理和及时制(JIT)结合使用。

3. 作业成本制度必须与业绩考核和奖励制度相结合。

4. 建立和实施作业成本制度,必须先对有关人员进行培训,包括会计部门的员工和其他有关部门的员工。

5. 建立和实施作业成本制度,不仅仅是会计部门的事,它需要企业所有部门和员工的理解和支持,否则不可能有效地实施该制度。

6. 建立和实施作业成本制度需要具有充足的资源。资源包括企业内外部的资源。其中内部资源主要包括时间、会计人员、高层管理人员及营运人员等。

7. 建立和实施作业成本制度,必须事先确定一致且清楚的实施该制度所应达到的目标。

同时,我们还应看到,实施作业成本制度的不足之处,主要是:(1)建立和实施制度所花的成本、人力过大;(2)成本动因不容易确定,作业有时必须进行结合和切割,若在实施中缺乏灵活性,反而会造成不好的后果;(3)建立和实施该制度要分析大量的资料,故需要有较强的电脑化来配合。

思考题

1. 传统成本制度下,成本信息失真的原因是什么?

2. 传统成本制度与作业成本制度的本质区别是什么?

3. 何谓作业、成本归集组和成本动因?

4．建立和实施作业成本制度的条件是什么？在怎样的环境下企业应考虑采用作业成本制度？

5．如果某个工厂的制造费用由原料处理和品质检验两项组成，预计下一年的成本资料如下所示：

原料处理	10000 元
品质检验	30000 元

工厂目前是以直接人工小时和预期产量来分配制造费用，直接人工为 50000 小时。该厂的经理为了参加投标，搜集了部分资料如下：

直接原料	3700 元
直接人工(1000 小时)	7000 元
制造费用	?
原料搬运次数	10
检验次数	5

该经理经过调研，获悉许多同行都采用作业成本制度分配制造费用，在投标之前，他想知道此方法对结果的影响。他预计全年原材料移动为 1000 次，并预计将实行 5000 次品质检验。要求：

(1) 计算中心用直接人工小时分配制造费用时此标的的总成本。假定标价为全部制造成本加 25%，则该标价应是多少？

(2) 利用原材料搬运次数分配原材料移动成本，以检验次数分配品质检验成本，试计算此标的的总成本。若标价为全部成本加 25%，则该标价应是多少？

(3) 你认为哪一方法最能反映实际成本？为什么？

第十四章 人力资源成本会计

人力资源成本会计是企业成本会计的一个新兴领域。本章主要讲述人力资源成本会计的有关内容,包括人力资源成本会计的意义、制度、衡量模式等,并在此基础上对其进行评价。

第一节 人力资源成本会计的意义

一、人力资源的意义和作用

人力资源的实质是社会劳动力资源。从整个社会角度来看,人力资源是社会再生产的基本要素之一,一定数量和质量的人力资源是人类社会进行再生产的前提。从企业的角度看,一个企业所拥有和控制的人力资源,也是企业的一项重要资源,特别是现代一些高科技企业,人力资源在很大程度上决定了该企业的盈利水平、发展潜力和企业的生死存亡。因而,从这个意义上讲,要衡量一个企业的实力和发展前景,人力资源是一个重要的因素。从经济学和社会发展的角度来看,生产资料和劳动力是社会生产的基本要素。要进行社会生产,必须有一定数量和质量的劳动力,而且必须使劳动力和生产资源有机地结合起来。企业拥有的人力资源不仅包括直接从事生产活动的劳动者,而且还包括专门从事科学技术研究,把科技转化成现实生产力的科技人员,更包括企业内部的管理人员。从生产力的角度看,科学技术是第一生产力,这就决定了科学技术在人类社会发展中的重要作用,惟一能够掌握科学知识的只有人,因而,企业的生存、发展离不开企业所拥有的人力资源,人力资源也就成了企业发展过程中最为活跃和起决定作用的因素。

研究表明,社会经济的发展已越来越依赖于人力资源的开发和利用。人力资源投资是企业、社会最重要的投资之一,这一点已为人们慢慢认识并接受。诺贝尔经济学奖获得者、美国经济学家舒尔茨对人力资源在美国经济发展中的作用进行了深入研究,结果表明:美国从 1927 年到 1957 年的国民收入增长中,有 33%是由于对国民的教育和教育投资引起的。原苏联经济学家的研究表明:从 1960 年到 1975 年,苏联的国民收入增长的 37.1%是对国民进行教育和对教育进行投资的结果,1940 年到 1960 年的 20 年中,30%的国民收入的增长也是由于对国民进行教育及对教育投资的结果,即是由劳动者的素质及文化程度提高带来的。在我国也有类似的研究结果,据测算,1955 年到 1978 年间,教育对我国国民经济增长的贡献大约是 20.9%。

从国际角度看,第二次世界大战后,经过短暂的经济恢复时期,主要战胜国的经济得到超速发展,战时开发出的一些高科技在战后大量转为民用,企业管理的思路和方法发生了深刻的变化。特别是美国,由于经济的快速增长、企业的不断涌现和扩张,社会对劳动力的需求急剧膨胀,同时对人力资源的素质要求也有很大的提高,甚至出现了企业为了获得某些人才而将其所在的企业整体兼并的现象。在这样的环境下,企业的竞争力在很大程度上取决于它们所拥有人才的质量和数量,愈来愈多的企业开始注重人力资源,而且随着企业的发展,企业在人力资源上的投资也越来越大,人力资源是一种重要的经济资源之一这种观念已日益深入人心。在这种情况下,人力资源会计开始受到企业和社会的重视。

二、传统会计的局限

既然人力资源是企业的一项重要的经济资源,人力投资是发展国家经济、提高企业经济效益的必要投资,那么,显然企业管理和国民经济管理就必然注重对人力资源的管理、开发和利用。自然,会计也要为企业的决策提供有关人力资源的存量、人力资源投资的增减、人力资源利用效率等方面的信息。但是,由于以前对人力资源的忽视,使传统会计所提供的有关人力资源及其投资的信息,及人力资源管理、应用的信息非常有限,几乎可以说是零,这样,传统会计在人力资源信息方面所提供的资料就可能会导致企业的某些决策失误。具体表现在以下几个方面:

1. 将人力资源投资计入当期费用,违背了权责发生制原则。

在传统会计中,企业在人力资源上的投资费用,如企业员工的培训费用,人事管理部门的费用,高级技术、管理等人才的引进费用等都作为当期费用记入期间费用账户,一次性摊销,这样将导致企业关于人力资源信息的失真。事实上,这些支出受益期间往往都超过一个会计期间,应是资本性支出,根据权责发生制原则应予以资本化,然后再在各受益期内以一定的系统方法予以摊销。

总体上来讲,传统会计将人力资源投资作为当期费用入账,而不予以资本化,很大程度上是考虑了稳健性原则和重要性原则。之所以这样做,在当时有其一定的理由,主要是:

(1) 在现代科学技术革命之前,企业在人力资源上的投资远远小于企业的其他投资,企业的生产、发展对人力资源的依赖性也不强,因而企业在人力资源上的投资根据重要性原则可以作为期间费用处理,而且这样的处理对企业的财务状况和管理影响不大。但随着现代科学技术的飞速发展,企业必须愈来愈重视人力资源投资,政府、家庭和劳动者个人在人力资源上的投资也已越来越大,如果忽略企业在人力资源上的投资,会严重扭曲企业的财务状况,不仅影响企业的管理,而且对企业会计报表信息的使用者也会产生误导等不良的影响。

(2) 如果将企业在人力资源上的投资予以资本化,那么就必须确认该投资的受益期间及每个受益期间的受益程度,以便计算每期的人力资源成本的摊销额。但要确认人力资源投资的受益期间却是极其困难的,如人力资源投资的受益期不易辨认,受益程度难以计量等,因而使得人力资源投资只能作为期间费用处理。但随着对人力资源研究的深入,计量方法及手段的发展,这一问题终会得到解决。

(3) 如果将企业的人力资源作为企业的投资入账,那么企业的人力资源将被视为企业的资产,这与法律有所矛盾。因为企业得到的是企业员工的劳动或者说是企业拥有员工在一定时期(如用工合同期等)的劳动使用权,而不对企业的员工拥有所有权,因而这也是企业将其对人力资源的投资作为期间费用处理的基本原因之一。

(4) 就我国的实际情况来讲,由于我国劳动力资源数量丰富,而且在计划经济中实行低工资政策,从而造成企业对劳动力资源的投资较少,将劳动力资源投资作为期间费用处理还是给予资本化,对企业的财务状况和劳动力资源的管理影响都不显著,从而也促使我国传统会计对劳动力资源的处理多有不当。

2. 将人力资源投资支出费用化,必然使各期盈亏报告不实,导致决策失误。

显然,很多人力资源的投资支出的受益期超过一个会计期间,特别是对新设的高科技企业来说,对新招员工的招聘费用、任职前培训费用、特定岗位的培训费用等支出是一笔巨大的费用,如果全部作为当期费用,必然低估当前盈利,导致企业的会计信息失真和企业决策的误导。这些都已引起了专家学者的密切关注。例如，在为降低人工成本而裁减员工时，按照传统会计方法所计算出来的当期净收益将提高，但裁员行为可能引起员工的恐慌心理，从而会减少企业员工的凝聚力和生产率，从而影响企业未来的经济效益。但这些情况在传统会计中不能得到反映，若采用人力资源会计的方法，将人力资源投资予以资本化，作为企业拥有的资产，在其受益期内予以系统合理地摊销，那么在发生以上事件时，因为裁员，就会将一笔尚未摊销的人力资源资产作为期间费用计入当期费用，在企业的财务信息中予以反映，从而引起企业的决策者予以充分重视，甚至使管理层重新考虑企业的裁员政策。

3. 企业没有人力资源管理、控制和核算所需的完整的资料。

传统会计总是将企业人力资源投资作为期间费用处理，而且按照发生的部门和用途在费用发生之时就直接记入“制造费用”、“管理费用”和“销售费用”等，并与其他费用合并一道，或作为期间费用在当期扣除，或作为产品成本成为存货成本的一个组成部分，因而无法单独、集中地提供有关人力资源核算所需的资料，更无法提供人力资源的经济价值资料或对人力资源投资作成本效益分析。

4. 没有恰当计量和报告人力资源的价值。

人力资源既然是企业拥有的一项主要的经济资源，那么企业就应当在其会计报告中如实地、恰当地反映其经济价值和变动情况，为企业报表使用者提供可靠的会计信息，为企业管理当局提供正确的决策信息。

美国北伊利诺斯大学的享德里克(A. Hendricks)在 1976 年的一项实验研究表明，如果在现有的企业会计报表中增加有关人力资源会计的信息，则将会影响企业的整体价值，从而影响企业投资者的投资行为。

综上可知，在现代科学技术飞速发展的今天，企业对人力资源的投资金额占企业总投资的比重正日益增大，如果忽视人力资源投资的本质，仍像传统会计一样将其作为当期费用处理，不但会使企业的财务信息失真，误导企业报表的使用者，还会使企业管理当局在人力资源的管理上发生重大失误，甚至影响到企业的发展，因而，从现在的观点看，企业将人力资源会计合理地纳入传统的会计系统具有重要的现实意义。

三、人力资源会计的产生与发展

最早进行人力资源会计研究的是美国密歇根大学企业管理研究所的赫曼森(Roger H. Hermanson)，他在其博士论文中首先提出了人力资源价值的计量与会计问题，并以《人力资源会计》为题，在1964年出版的密歇根大学《不定期论文集(第14号)》上阐明了自己的观点。

人力资源会计理论的应用最早是在1966年10月，由密歇根大学李克特教授领导，在巴里公司进行了人力资源会计的应用与研究，并于1968年在巴里公司建立了人力资源成本会计制度。

除了赫曼森和李克特两位研究人力资源会计的先驱外，还有赫奇绵(Janes S. Hekimian)和琼斯(Curties H. Jones)两位教授，他们在《哈佛商业评论》关于人力资源的文章中着重强调了人力资源在资源决策中的重要性，并提出了著名的"内部竞标模型"。随着研究人力资源会计的学者的增多，1968年，美国会计学会(AAA)专门组成了人力资源会计委员会，并于1973年和1974年在《会计评论》增刊上发表了研究报告，对人力资源会计的发展作出了积极的评价。

纵观人力资源会计的整个发展过程，其主要的发展阶段可概括如下：

1. 18世纪，亚当·斯密在《国富论》中大胆地将全体国民后天获取的有用的能力，全部视作资本的一部分，第一个系统地论述了劳动价值论。

2．19世纪，马克思的《资本论》等揭露了资本和剩余价值的本质，解放了被人格化的资本所支配的工人阶级，把人的类系和人的世界还给人自己。

3．1911年，泰勒的《科学管理原理》把人假设为“经济人”，研究提高劳动生产率的方法。

4．1933年，梅奥的《工业文明中人的问题》形成人际关系学说，随后行为科学学派诞生，旨在解释、预测、控制人的行为，以利于达成组织预期的目标，同时使个人获得满足与发展。

5．20世纪50年代末开始，美国的西奥多·W.舒尔茨发表《人力资本，一位经济学家的看法》、《人力资本投资》、《制度和不断增长的人的经济价值》等许多文章，认为研究经济增长问题有必要在传统的资本概念中包括人力资本概念，并重视和加强对其投资，而事实已经证明，人力资本的收益率要高于物质资本的收益率。

6．20世纪60年代，美国兴起对人力资源会计的研究，其代表人物有：密歇根大学的赫曼森，他于1964年发表《人力资源会计》一文，首次提出“人力资源会计”概念及把人作为一项资产来对待。1967年，同是密歇根大学的李克特出版了《人力组织——它的管理和价值》一书，其中一章为“人力资源会计”。其他如1968年布鲁梅特、弗兰霍尔茨和派尔等人在《会计评论》上发表《人力资源的计量——对会计人员的挑战》一文，1969年人的行为研究基金会(密执安州)还出版了他们合编的《人力资源会计在工业中的发展和实施》一书，以及伍德拉夫在《人事管理》1、2月号上发表的《人有何价值》等。

60年代末，美国的注册公共会计师事务所(如图奇·罗斯公司的蒙特利尔营业所和里斯特·威特公司)、银行业的西部州立银行、制造业的巴里公司等率先应用人力资源会计，取得了很好的效果。

7．进入20世纪70年代，人力资源会计得到了很大的发展，主要文章和论著如派尔的《你的人事会计》（《新事物》1970年第10期）；密切尔·亚历山大的《人力的投资》（《加拿大注册会计师》1971年7月号）；巴鲁克·利福和阿巴·舒尔茨的《在财务报表中人力资本经济价值概念的应用》（《会计评论》1971年1月号）；杰奇和莱恩的《关于人力资源的估价模式》（《会计评论》1976年4月号）。最具代表性的是弗兰霍尔茨所著的《人力资源会计》（迪克逊出版公司，加利福尼亚，1974年）。在日本也有学者开展这方面的研究，代表人物是横滨国立大学教授若杉明博士，他于1974年出版了《人力资源会计论》（商务教育出版社）一书，又于1979年修订了《人力资产会计》等，从各方面对人力资源会计作了系统的论述。

8．20世纪80年代后，人力资源会计的理论研究有所停滞，但在实务中受到了美国职业会计团体的重视。如美国会计学会专门成立了人力资源会计委员会，要求对其进行深入的研究；美国全国会计师协会1980年公布的《管理会计公告第10号——管理会计师必备知识》中，也要求会员掌握这方面的内容。还有许多企业（如美国海军研究所、电话和电报公司、德克萨斯仪器公司、通用电气公司、梅特罗银行，以及加拿大的格林菲尔德航空工业公司等）将人力资源会计广泛应用于人力资源管理、业绩评价等方面。

9．在我国，于20世纪80年代以后开始介绍和研究人力资源会计问题。1986年出版的陈仁栋翻译，弗兰霍尔茨所著的《人力资源管理会计》，第一次系统介绍了人力资源会计的内容。在报刊上发表的理论文章较多，以《会计研究》1987年第2期刊登的张俊瑞“关于人力资源会计的几个问题”为发端，人力资源会计的内容成为中国会计学会“七五科研规划”和《会计研究》杂志的重要课题之一，会计词典中也开始出现有关的词条。进入20世纪90年代，人力资源会计转向以介绍和研究为主。近几年来，《会计研究》、《财务与会计》、《东方论坛》、《华侨大学学报》等众多杂志，都有相关文章发表,探讨人力资源会计的核算模式及其难题的解决。

四、人力资源会计的定义

综合众多对人力资源会计的研究成果,关于人力资源会计的定义,主要有以下几种表述:

第一种,美国会计学会人力资源会计委员会在其研究报告中的定义:人力资源会计是辨认和衡量有关人力资源的信息并沟通这种信息给有利害关系的当事人的程序。

第二种,日本学者若杉明的定义:人力资源会计是通过会计方法和跨学科领域的方法,测定和报告有关人力资源的会计信息,以提供给企业的经营者和利害关系人使用。

第三种,弗兰霍尔茨的定义:人才资源会计是把人的成本和价值作为组织资源而进行的计量和报告。

通常,人力资源会计被作为管理会计的一个分支而与财务会计相分离,但我们认为应将其区分为人力资源财务会计和人力资源管理会计两部分。前者以会计原则为准绳,主要鉴别、计量与提供有关人力资源的货币性信息,以使信息使用者作出正确的判断和决策;后者是利用人力资源的货币性信息及其他相关信息,对人力资源进行选择、开发、配置、保护和评价等的会计管理活动。

第二节　人力资源成本会计制度

一、人力资源成本会计的基本内容

从 20 世纪 60 年代对人力资源会计进行初步研究开始,经过 20 多年的发展,人力资源会计根据其应起的作用而发展成了两方面的主要内容:人力资源成本会计和人力资源价值会计。

人力资源成本会计,也叫人力资源投资会计,是指为取得、开发和重置作为组织资源的人所引起的成本计量和报告,主要研究企业人力资源投资的计量和摊销的程序和方法。即按权责发生制原则和人力资源的特性,将人力资源予以资本化,然后在其受益期间内进行合理、系统的摊销,其基本原理和采用的方法与传统财务会计中长期资产的会计处理方法相类似。

人力资源价值会计,也称人力资源管理会计,是指把人作为有价值的组织资源,而对它的价值进行计量和报告的程序。其目的在于用人力资源的创利能力来反映组织现有人力资源的质量状况、价值大小,为企业管理当局与企业外部有利害关系的组织和个人提供有关企业人力资源方面的决策信息。它计量和报告的是人力资源本身所具有的价值,即一定智能的劳动力资源的价值,而不是计量和报告为取得和开发人力资源所付出的成本。

人力资源的经济价值可以用货币单位来计量,也可以用非货币单位来计量,可以以个人为单位进行计量,也可以以群体为单位进行计量。由于人力资源价值的计量存在许多不确定和主观的因素,因而,两种计量方法各有其优缺点,但就其目的来说,都是为了更好地提供企业为管好、用好现有的人力资源所需的信息。

二、人力资源成本会计

(一) 人力资源是企业拥有或控制的一项资产

会计理论和方法的基本假设之一是会计实体的假设,即一个会计实体的资产负债表中,只能包含该会计实体的资产、负债和所有者权益,如果要将企业的人力资源作为企业的一项资产,进行核算并列入其资产负债表中,就必须确定企业的人力资源是该会计实体的一项资产。

有一种观点认为,人力资源完全不同于社会上的一般资产,因为它带有极大的不确定性,对其难以用货币进行计量,而且也不能被企业所拥有和控制;将人的价值用货币来计量,也有损于人的尊严。因而,持此种观点的学者认为不应该建立人力资源会计。但我们认为企业的人力资源可以看成是企业拥有的一项资产。

根据美国财务会计准则委员会的资产定义,资产是指"某一特定主体由于过去的交易或事项而获得的或可控制的可预期的未来的经济利益"。根据我国《企业会计准则》对资产的定义,资产是指企业拥有或控制的能以货币计量的经济资源。因而,我们认为,会计上的资产应具备三个基本要素:(1)资产是会计实体的一项经济资源;(2)资产能用货币计量;(3)资产能被企业拥有或控制。以下我们分别从这些方面阐述人力资源是企业的一项资产:

1. 人力资源是指人的劳动能力资源,而不是人本身的资源。因为人作为社会的人,其献给社会的是其劳动力,而不是人的自身。那么,人作为劳动者就构成了一项劳动要素,它与劳动工具和劳动对象一起构成了三项劳动要素,而且劳动者是主要的起决定性作用的要素。一个企业若没有高素质的劳动力(即高素质的员工队伍和专业技术、管理人才),是无法进行生产经营活动的,即使能进行初级的生产经营活动,其经济效益的提高和企业的发展也是不可能的,最终只能在市场竞争中被淘汰。因而,以人为载体的人力资源是能够为企业创造价值的,提高经济效益的主要手段之一就是提高企业的人力资源的素质。

2. 关于人力资源能否用货币计量的问题。企业对人力资源的取得、开发等阶段的事实(即企业为取得、开发人力资源必须付出其拥有的其他可用货币计量的资产)已证明,人力资源是可以用货币计量的。因为人力资源作为一种经济资源,就需要企业取得、开发和使用。与其相应的成本支出会形成企业资源的耗费,但这种成本支出与资源耗费离开货币是无法确定其量的多少的。以往的经验表明,如果对人力资源不进行价值确认,不进行货币计量与报告,就会造成企业管理方面不仅低估了取得与开发人力资源所需的投资,而且低估了人力资源本身的价值,从而给企业造成经济上乃至各方面的巨大损失。如企业仅将人力资源投资看成是一种费用,而忽视了其具有的巨大的潜在的经济效益,从而人为地减少必需的人力资源的投资和开发,造成企业人力资源的质量低下,在市场竞争中处于劣势。

3. 关于人力资源能否被企业拥有或控制的问题。当一个企业聘用某一劳动者时,实质上该项人力资源即被企业所拥有或控制。因为企业在聘用或借用某一劳动者期间,要向受聘者支付工资等费用,企业支付了费用,就意味着取得或控制了劳动力资源的使用权。同时,会计上在确认资产时所需求的所有权与严格法律意义上的所有权是有所区别的。法律上的所有权强调终极所有,会计上的所有权只要求一个会计实体在一定时期内的占有权和支配权。所以,在会计上将人力资源作为会计实体的一项资产,并不意味着企业对劳动力拥有终极所有权,更不意味着劳动者可以用货币购买或归企业所有。

(二) 人力资源实质是企业拥有或控制的无形资产

通过以上分析我们认为,企业拥有的人力资源可以被看做是企业的一项资产。更进一步说,企业的人力资源应该是企业的一项无形资产。无形资产是指企业长期使用而没有实物形态的资产,并且使用中具有价值的不稳定性和不易变现性。这一点可以从以下几方面来认识:

1. 人力资源是没有实物形态的。人力资源是以人为载体的劳动,具有潜在的为企业服务的属性,其形态是不能被直觉感受到或直观看到的,而只能在观念上、意识中进行感知,并以人的劳动成果的形式表现出来。如果否认人力资源的这一特性,那就混淆了劳动力与劳动者、人力资源与人，以及劳动力与劳动成果之间的区别，显然这些概念之间具有本质的区别。因而，企业的人力资源具有不存在实物形态的特性。

2. 人力资源是可以被企业长期使用的。就企业与人力资源的载体——人的关系来说，双方在正常情况下都签有聘用或受聘合同，其聘用期一般都比较长，这为企业能长期使用人力资源提供了法律上的保证。同时，企业对人力资源的取得、开发、使用需要一个较长的时期。从人力资源的价值开发过程看，在企业对人力资源的开发和使用的过程中，人力资源的价值在一般情况下呈上升的趋势，这也需要一个较长的过程，如果结合人在正常情况下都希望有一种长期稳定的工作环境的特点来看，我们完全可以认为，企业的人力资源在整体上具有可以长期使用的特点。

3. 人力资源的价值是不稳定的，其价值的变现能力也很弱。因为人具有其社会属性，其性格、态度、动机、智力、工作经验、工作环境等因素，使其在不同的时期具有各自不同的表现和结果，这无疑会影响人力资源的价值，并使其给所服务的企业创造的价值也具有了极大的不确定性。从这一方面看，单个人力资源价值的波动较大，从而形成了企业人力资源整体价值的不确定性。另一方面，单个人力资源的价值在很大程度上决定于其自身所拥有的知识和工作经验。在科学技术飞速发展的今天，人所拥有的知识和工作经验很可能因为知识的发展、产业的变更或衰落而应用价值急剧减少，因而其所能为企业创造的价值也会急剧减少，使企业拥有的人力资源价值减少。或者相反，因为劳动者提高其知识水平和工作经验，成为其企业中的佼佼者，为企业带来巨额的经济利益，因而使企业拥有的人力资源价值也增加。

由于劳动力资源的价值体现在其为企业带来的经济利益上，因而人力资源价值的体现要有一个较长的被认识的过程，从而决定了人力资源价值的变现性较差。

（三）人力资源成本分析

1. 人力资源成本构成分析。

既然人力资源是企业的一项资产，就必须对这项资产的取得、使用等进行会计核算，因而必须对人力资源成本的各种构成进行分析。一般地，人力资源成本可以分为人力资源的取得成本和人力资源的开发成本。其主要的构成内容如图 14.1 所示。

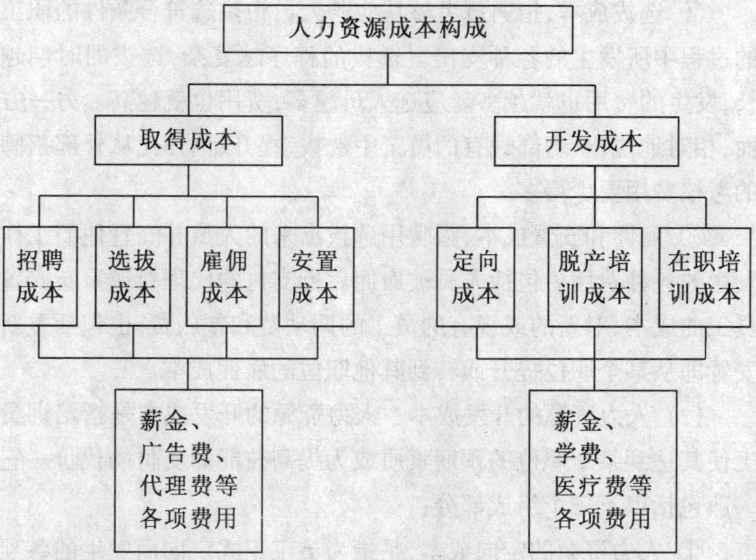

图 14.1　人力资源成本构成因素示意图

图中：(1) 取得成本。人力资源的取得成本是指取得一定数量、质量的企业员工以满足企业生产和发展的需要而必须付出的各种费用，包括招聘、选拔、雇佣和安置的成本等。计量取得成本的关键问题，是如何处理未被雇佣人员的成本。通常应将那些归属于未被雇佣人员的成本作为实际受雇人员的取得成本的一部分。这一处理方法也可适用于其他各明细项目成本的核算。人力资源的取得成本一般包括以下三个组成部分：

① 人力资源的招聘成本，指为确定某组织内外的人力资源的

可能来源而发生的各种支出,还包括为聘请可能的未来人员而发生的成本。招聘成本由进行招聘活动而发生的材料、人工和劳务支出所构成。这种支出的实际分类,可以因各企业组织的不同而有所不同,但最常见的是按成本支出的原始项目分类,包括招聘人员的薪金和津贴、代理费、广告费、招待费和差旅费以及招聘所需的各种材料费、管理费等。

② 选拔成本,指通过考核从应聘人员中挑选符合条件的职工的过程中所发生的各种支出。选拔的程序越复杂,选拔的时期越长,发生的费用也就越多。应选人员越多,费用也就越高。另一方面,相对地说,从内部现有的员工中选拔、提升、调任比从外部招聘的考核费用要少得多。

③ 雇佣和安置成本,指聘用选拔出来的人员并安置他们工作发生的各种费用。包括人员被雇佣后所支付的代理费或重新安置员工的成本,对新的或现有的员工的调动费和差旅费,也包括重新安置即从某个职位提升或转到其他职位的雇佣成本。

(2) 人力资源的开发成本。人力资源的开发成本是指培训员工使其达到某个职位的预期素质或为提高技能而支付的代价。它一般包括以下三个组成部分:

① 人力资源的定向成本,是指为员工正式定向而发生的各项成本费用。定向包括熟悉人事管理的政策制度、公司的产品以及设备等。定向所需要的时间可以是几个小时,也可以是几天。定向成本一般由薪金和材料费等项目组成,其中的薪金包括培训者和受训者双方的薪金,材料费包括阐明企业政策、制度、历史等的小册子的印制成本等。

② 脱产培训成本,是指在正式培训过程中所支付的成本。这项成本通常由薪金、学费、差旅费和材料费等各种费用组成。其中薪金也包括培训者和受训者双方的薪金。脱产培训有时可能要利用专门的设施,包括培训人员操作所需要的机器设备或会议设施。

正式培训也可以作为一种服务从教育部门“购得”，或从使用企业本身设备的专家那里“购得”。

③ 在职培训成本，是指在工作岗位上培训人员而发生的各项费用。它一般包括材料和人工成本。人工成本之一是在培训期间低于正常生产能力的机会成本，它是该企业在某项职务上从见习人员那里得到的业绩低于从有经验人员那里得到的预期业绩而产生的差别，这个差别就构成企业的机会成本。在职培训成本，包括受训人员的薪金和培训人员的薪金，但不包括他们薪金的全部，只包括他们薪金中未能从生产能力中收回的那一部分。

在职培训的另一种成本，有时是隐蔽的，即受被培训人员的影响而使培训者本身所损失的生产能力的差别成本。例如，学员在车间实习期间，往往会妨碍该车间其他人员的正常工作，致使其他员工的生产能力低于正常生产能力，这构成了因培训而造成的生产能力成本。从理论上讲，这也是企业人力资源投资的一部分。但在实际操作中，这一人力资源的投资额却极难确定，因而无法将其记入企业的人力资源投资账户。

必须指出，在职培训的对象应是企业的所有员工，而不仅限于企业的生产工人，即在职培训的对象也包括管理人员，甚至企业的高层管理人员。在很多情况下，企业管理人员的培训费往往多于其他员工的培训费。同时，在职培训的内容，有的只需较短的时间就能学会，而有的则可能需要较长的时间，甚至几年。

2. 人力资源成本的计量。

所谓人力资源成本的计量就是指应采取何种方法、何种计量属性计量人力资源成本的大小。一般地，人力资源可以采取两种计价方法，一种是历史成本法，另一种是重置成本法。

人力资源按历史成本计量，就是对企业为了取得和开发人力资源所发生的全部实际支出，通过汇集和分配程序，计算出人力资源的实际成本，作为人力资源资产的入账价值。上述人力资源投资取得成本和开发成本的各项内容,就是人力资源资产历史成本的实际构成内容。

人力资源的重置成本可分为个人重置成本和职位重置成本。个人重置成本是指从企业个人员工的角度出发,计量会计实体在现时条件下重新取得和培训与现有职工的技术水平、素质和工作能力相当的职工所应发生的全部费用。

职位重置成本是指从职位(工作岗位)的角度出发,计量会计实体在现时条件取得和培训符合特定工作岗位要求的职工所应发生的全部费用。

一般地讲,企业比较注重职位重置成本,这是因为,企业取得和培训员工的目的是使员工能够胜任特定工作岗位的工作,而不需要"重置"的员工与被替换下来的员工具有相同的素质。所以,与其从重置原来某个人的角度来考虑,倒不如从取得能在特定职位上提供相同服务的替代人的角度来考虑。

人力资源的职位重置成本除了历史成本中的取得成本和开发成本外,还包括职工遣散成本。遣散成本是指组织对遣散人员所支付的代价。它通常包括遣散前业绩差别成本、遣散补偿成本和定职成本三要素。这些要素一般应予资本化并进行摊销。但当职工被停止雇佣时,则应作费用处理。职位重置成本的计量模型如图 14.2 所示。

遣散成本的各组成要素分述如下:

(1) 遣散补偿成本,是指企业对遣散人员支付的解雇金。这种成本的幅度弹性很大,从没有补偿金到几个月甚至一年或几年的补偿金。它一般是以遣散人员既定职务的平均受雇人员为基础进行计算的。正因为这种成本有时为数不小,如不加以计量,就不能认识到其重要程度。

(2) 遣散前业绩差别成本,是指遣散人员将离开企业而使原来的生产能力受到损失的成本。在一般情况下,雇员在离职前,其

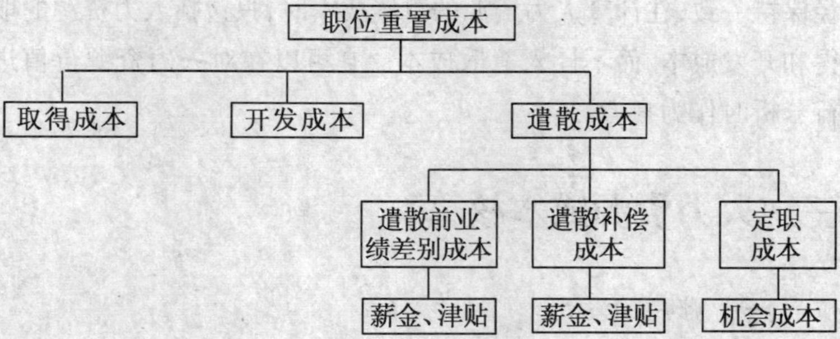

图 14.2

工作业绩可能下降，尽管这种趋势不一定会发生，但若发生，就应把它归属于遣散成本，因为这是由于遣散而导致的损失。当然，对这项成本的计量可能有困难，但根据各类人员的历史资料进行分析和计量还是较为可行的。

（3）定职成本，是指在遣散人员并物色他人代替期间，往往会出现由于定职的任务没有完成而产生人员遣散的间接成本。由于企业中各职位的任务是相互制约的，一旦某项职位定职，与其相关的职位完成工作的效果就会出现较差的现象。如企业在物色一个新的推销员期间，往往会损失一部分可能的销售收入，即会发生机会成本，这就是一种定职成本。

应该注意的是，人力资源虽有按历史成本计价和按重置成本计价两种方法，但在一般情况下，在能取得人力资源历史成本资料的条件下，应尽量采用历史成本计价的方法。但有时历史成本资料无法取得，如现有的大多数企业都没有进行人力资源会计核算，其取得和开发成本也都没有历史记录，在这种情况下，可以采用重置成本的方法对人力资源进行计价，并以此作为人力资源资产账户的期初余额，而在正式建立人力资源会计体系后所发生的各种人力资源的取得和开发成本，以其历史成本计价入账。

同时，在采用重置成本作为计价标准时，为了使今后的核算口径保持一致，在计算人力资源的重置成本时，只包括人力资源的取得和开发成本，而不计入遣散成本。它可以在对人力资源价值进行分析时作为参考。

三、人力资源成本核算

（一）账户的设计

人力资源成本(以下简称"人力资源")的核算主要解决几个问题：人力资源原始成本的核算、人力资源成本的归集和分配、人力资产的摊销及人力资产的损益的确认等。其基本目的是：总括反映人力资产的成本结构和增减变动以及摊销等情况，为编制财务报告提供资料；同时也要为人力资源的管理、利用等提供相关的、适当的信息。其基本账户的设计如下：

1. "人力资产"账户。

"人力资产"账户用以反映人力资产的增减变动情况。账户的借方反映人力资产的增加额，包括企业新员工的投资成本以及开发人力资源而增加的人力资产价值等。账户贷方反映人力资产的减少，包括因退休、辞职、调出、死亡等原因而减少的人力资产。账户的借方余额，表示现有人力资产的历史成本或重置成本。

在实际应用中，本账户可以根据企业人力资源的特点设置明细账户，特别是对一些重要的员工要单独设置明细账进行核算，以有利于企业人力资源的管理和利用。

2. "人力资产取得成本"账户和"人力资产开发成本"账户。

这两个账户用以分类汇集企业在人力资产上的投资。账户的借方反映投资支出的实际金额，贷方反映转入"人力资产"账户的金额。即当企业员工尚处于取得、培训阶段而未参加生产、管理过程时所耗用的各种成本、费用归集在账户的借方；当完成以上任务时，则从账户的贷方转入"人力资产"账户的借方。因而这两个账户是过渡性账户,在一般情况下没有余额。

3."人力资产累计摊销"账户。

此账户的性质类似于"固定资产累计折旧"账户。其贷方反映按一定摊销率计算的人力资产摊销额;借方反映由于退休、死亡、辞职、解雇、调出等原因而退出企业的员工的累计摊销额;贷方余额表示现有人力资产的累计摊销额。

4."人力资本"账户。

本账户用来反映按重置成本计价的人力资源投资金额。当企业新建或扩大经营规模或由有关方面无偿调入职工时,作为"人力资产"的对方账户,反映投资的来源。此外,在一个企业引入人力资源会计制度时,可按照重置成本确认"人力资产"的账面金额,此时,本账户可作为"人力资产"的对方账户。

应注意的是,"人力资本"账户的设置完全是为了突出人力资本,在性质上应属于所有者权益类账户,若不设此账户,则此项内容可以在"资本公积"账户中加以核算反映,并在"资本公积"账户下设"资本公积——人力资本"明细账。

(二) 人力投资的核算

当企业在新建或扩大经营规模,由外部无偿调入职工,或在以前没有建立人力资源会计而现在引进该制度时,由以上的论述可知,应采用重置成本确认人力资产的投资数额,此时的会计处理方法如下:

取得人力资源时:

借:人力资产

　　贷:人力资本

若采用"资本公积"账户核算,则:

借:人力资产

　　贷:资本公积——人力资本

（三）人力资产成本核算

1．取得成本的核算。

当企业发生招工、选拔和定岗支出时，先在“人力资产取得成本”账户内归集：

借：人力资产取得成本

　　贷：应付工资

　　　　应付福利费

　　　　现金

　　　　银行存款

2．开发成本的核算。

企业发生各种上岗培训、在职培训和脱产培训等支出时，各种成本、费用在“人力资产开发成本”账户中归集。具体会计分录如下：

借：人力资产开发成本

　　贷：现金

　　　　银行存款

　　　　应付工资

　　　　应付福利费等

3．取得成本和开发成本的转销。

在员工培训工作结束后，各类、各项成本应进行结转。具体结转分录为：

借：人力资产

　　贷：人力资产取得成本

　　　　人力资产开发成本

4．人力资产的摊销。

人力资产是企业的一项资产，随着企业在生产、经营中的使用，人力资产将会有所消耗。因此，人力资产应按受益情况在各受益期内摊销，计入各期费用中去。理论上，人力资产的摊销额应按人力资产的实际消耗程度确定，但在实务中，由于无法测算其实际消耗程度,因而只能将人力资产的成本在其各受益期内平均摊销。

(1) 人力资产摊销年限的确定。

在确定人力资产的摊销年限时,一般地将人力资产的取得成本与开发成本区别开来。人力资源取得成本的受益期间是永久性的,即只要员工继续为企业服务,企业在人力资源上所花的人力资源取得成本就能使企业始终受益。所以,取得成本的摊销年限,就是职工的预期服务年限。

而开发成本的受益年限由培训项目的预期受益年限决定。因而开发成本的摊销年限,应按培训项目的预期受益期限和职工在培训后的预期服务年限孰短的原则确定。

(2) 人力资产摊销的账务处理。

借:管理费用

　　销售费用

　　制造费用

　　贷:人力资产累计摊销

5. 人力资产损失的核算。

人力资产的价值除了随着企业的使用而相应地减少外,还因其他一些原因而不断减少。这种人力资产价值的减少,称为人力资产损失。引起人力资产损失的因素是:职工未到退休年龄而提前退休;未满预期服务年限而提前离开企业;一些培训项目未达到预期受益期限而提前被淘汰等。

人力资产损失的核算,类似企业坏账的核算,可以采用直接冲销和设置准备账户两种方法。

(1) 人力资产损失的直接冲销法。

此法下,当企业发生人力资产损失的情况时,损失均计入当期费用,同时冲销“人力资产”和“人力资产累计摊销”两个账户的余额。会计账务处理如下:

借:管理费用——人力资产损失

人力资产累计摊销

贷：人力资产

采用此法，可以在当期净收益中反映出人力资产的损失，能及时提醒企业加强人力资源的维护、管理和合理使用。但此法使各期的净利润水平有很大的波动，会导致财务信息失真，从而误导财务信息的使用者。

(2) 设置损失准备账户法。

此法下，可以设置“人力资产损失准备”账户，每期按一定比例计提人力资产损失准备。会计分录如下：

借：管理费用——计提人力资产损失准备

贷：人力资产损失准备

实际发生损失时：

借：人力资产损失准备

人力资产累计摊销

贷：人力资产

采用此法，可以避免各期净利润的波动，但对某些人力资产的损失难以及时地在会计信息中予以反映。

要注意的是，上述分析仅提供一种人力资源会计账户处理的可能性，但是否要将其纳入会计账户体系，则应视企业的具体情况而定。在大多数情况下，人力资源会计的信息采用表外揭示的方法可能更容易被人们所接受。

第三节　人力资源成本评估模式

一、人力资源货币性评估模式

如何恰当地衡量人力资源的价值，始终是人力资源研究者的

一个重要研究领域。经过30几年的探索研究,形成了以下几种人力资源价值的衡量模式:

(一)货币性计量模式和非货币性计量模式

货币性计量模式是指用货币来衡量人力资源对企业的经济价值,以便将人力资源价值纳入会计核算体系之中。

非货币性计量模式认为人力资源是无价之宝,无法用货币来对其进行衡量。

我们认为,这两种模式各有好处和不足之处。货币性计量的优点在于,能将有关人力资源的信息用货币来表示,而将之纳入会计体系,有利于对人力资源的现状等进行量化反映。但很显然,对人力资源用货币计量带有极大的主观性,有时也不易反映人力资源的真实价值。而非货币性计量却能弥补这一不足,因而,在实务中,可以同时对一些重要的人力资源采用两种计量模式,有利于对其进行开发、利用和管理。

(二)个人价值衡量模式和群体价值衡量模式

如对人力资源采用货币衡量模式,一般情况下有两种模式:个人价值衡量模式与群体价值衡量模式。

主张采用个人价值衡量模式的理由是:

1. 企业各部门、各单位的人力资源,乃是个人价值的总计,故应先求出个人的价值,才能求出整体的价值。

2. 许多组织的决策都是以个人为中心的,经营成果的好坏与一些个人的经营水平和领导能力有直接关系。

3. 人员的投资和管理也是以个人为基础的,如对具体个人的招聘、培训、安排等费用的发生。

主张采用群体衡量模式的依据是:

1. 人力资源价值是指人在组织中的价值,这与人力资源会计的基本假设"人是有价值的组织资源"是完全一致的。

2. 个人作为组织成员之一,离开了组织就无法衡量他的价值。

3. 个人价值的总计,不等于组织中人力资源的价值。

二、个人价值衡量模式

个人价值的货币性计量模式主要包括人力资本模式、未来工资折现调整模式、内部竞标模式和随机报酬模式四种。

1. 人力资本模式。

人力资本模式是由素弗和舒尔茨于 1971 年提出的。他们认为,按经济学中资本价值的概念,人力资本的价值是其未来收入的贴现总值,那么据此我们可以推知,一个年龄为 K 的企业员工的人力资本价值是其今后收入的现值总额,可以用表达式表示为:

$$V_k = \sum_{i=k}^{N} \frac{I_i}{(1+r)^{i-k}}$$

其中:V_k——年龄为 K 的员工的人力资本价值;

I_i——该员工在第 i 年的(预计)的工资总收入;

r ——贴现率;

N——该员工停止工作没有收入的年龄;

K——该员工工作年龄。

这一衡量模式从实际工作的角度,存在着以下缺点:

(1) 要求出某个员工的人力资本价值涉及到了 I_i、N、r 三个变量。从 I_i 来看,某个员工的第 i 年的工资收入 I_i 具有极大的不确定性,从而决定了 V_k 数值也具有极大的不确定性。

(2) 从 N 的角度出发,某个员工的工作年龄也具有极大的不确定性,从而影响到 V_k 的数值,进而使企业整体的人力资本价值的变动范围很大。

(3) 从 r 的角度看，由于现实社会存在通货膨胀现象，从而使每年 r 都具有普遍的不等性与变动性，比较难以预测，从而也影响到 V_k 数值的准确性。

虽然这一模式有这些缺点，但在实际运用中只要加以修正，还是具有一定使用价值的。如针对企业的实际情况，对 N 的不确定性可以作以下的修正。

$$E(V_k)=\sum_{i=k}^{N}P_k(i)\cdot\sum_{i=k}^{N}\frac{I_i}{(1+r)^{i-k}}$$

其中：$E(V_K)$ ——年龄为 K 的员工的人力资本期望价值；

$P_K(i)$——年龄为 K 的员工在 i 年死亡的概率，此概率可根据国家公布的数据来确定；

I_i——含义同上。

2. 未来工资折现调整模式。

赫曼森认为，企业支付给员工的工资，基本上反映了企业对员工价值的评价，因而可以按调整后的未来工资折现值总额来计算职工对企业的价值。由这一思想产生的人力资源价值的计价模式，称为未来工资折现调整模式。其运用的具体步骤如下：

(1) 预计职工未来五年内的每一年的工资收入额 W_i。

(2) 计算五年工资收入的现值总额 W，即：

$$W=\sum\frac{W_i}{(1+r)^i}$$

(3) 计算确定过去五年内每一年企业的投资报酬率与同行业平均投资报酬率之比 Rs，$Rs=(ROI)s/(AROI)s$，公式中的 Rs 表示第 s 年投资报酬率之比，$(ROI)s$ 表示第 s 年企业的投资报酬率，$(AROI)s$ 表示第 s 年同行业平均投资报酬率。

(4) 计算效率系数 F，其计算公式是：

$$F=\sum s\cdot Rs/\sum s$$

(5) 计算调整后的未来工资现值总额，即人力资源价值 V，V

$= W \cdot F$。

该模式的主要局限是:它用一个职工在未来五年内所获得的工资收入代表他为企业所带来的经济价值,在理论上低估了人力资源的经济价值。同时,该模式还存在着价值的不确定性。

3．内部竞标模式。

内部竞标模式,亦称"内部竞标",它是由赫奇绵和琼斯在1967年的《哈佛商业评论》上发表的一篇文章中首先提出的。他们认为,在一个企业中,只有那些稀有的人力资源才具有价值,才是各部门竞相争取的对象,这些人力资源的价值,可由各部门或各利润中心的经理通过竞标的方法来确定。

在具体应用时,该法基于以下假定:(1)企业有两个或两个以上的投资中心;(2)至少有两个投资中心试图获得同一位或同一组员工;(3)各投资中心已有规定的预期投资报酬率,因此预期投资报酬率是评价各投资中心业绩的重要标准;(4)各投资中心将提高投资报酬率作为其重要的目标;(5)在计算投资报酬率时,将人力资产按其现时经济价值计价。

内部竞标法的优点是:将市场竞价机制引入企业的人力资源配置工作,在企业内部形成一个人才市场,可以促进企业实现稀有人才的最佳配置,实现人力资源价值的定量化计量。

内部竞标法的缺点是:(1)只注重内部现有人力资源的配置,忽略对由外界招聘人员的价值计量;(2)只重视具有特殊能力、为各投资中心竞相争用的人员,而忽略了一般人员的价值计量;(3)可能导致人力资源在内部各部门之间的频繁调动,员工的安全感、同事之间的相互协调受到影响;(4)只能在人力资源在内部各部门之间易于转移的企业中采用,适用范围有限;(5)由于缺乏外部机构对企业人才的竞价机会,可能导致对人力资源价值的低估。

4．随机报酬模式。

随机报酬模式是由弗兰霍尔茨于1971年在《一种人力资源评

价模式:服务报酬随机过程》一文中提出的一种个人价值计量模式。

为了计量个人对企业的价值,必须估计以下四个因素:(1)估计个人可能为企业提供的服务时限;(2)确定个人可能处于的服务状态;(3)计量个人在一个特定时期内处在每一种服务状态时企业可获得的价值;(4)估计个人在未来特定的时期内处在每一服务状态的概率。

根据以上估计,再加上时间因素和员工离开企业的概率,就可以计算个人对组织的期望实现价值。

$$V \triangleq \sum_{k=1}^{n}\left[\sum_{i=1}^{m} S_i \cdot P(S_i)/(1+r)^k\right]$$

其中:V——人力资源价值;

S_i——第 i 种工作状态下预期服务的货币表现;

$P(S_i)$——员工处于 S_i 状态下的概率;

m——工资状态数;

n——时期数;

r——贴现率。

此模式的主要缺点是:未能解决如何计量每种服务状态下服务如何用货币来表现的问题。

三、群体价值衡量模式

群体价值的衡量模式主要有非购入商誉法和经济价值法。

(一) 非购入商誉法

非购入商誉法由赫曼森提出。该模式的依据是,企业获得的超额利润即超过行业平均水平的利润中,一部分乃至全部都可以看成是人力资源的贡献,这部分超额利润应通过资本化程序确认为人力资源价值。

此法的不足之处是:只有创有超额利润时,企业才有人力资源价值,否则就不存在人力资源价值,甚至出现负价值,这显然与实际情况不符。

(二)经济价值法

经济价值法也称未来盈余折现法,认为人力资源的价值应是企业未来各期盈余的现值按人力资源投资占全部总投资的比例计算的相应的价值。

此法的缺点在于,将人力资源与物质资源同等看待,歪曲了生产资料和劳动力两者在价值形成中的不同功能,从而导致人力资源价值的计算错误。

第四节　人力资源成本会计评价

人力资源会计主要分为人力资源成本会计和人力资源价值会计。很明显,人力资源会计的产生是为了弥补传统会计的不足,同时,也对传统会计产生了巨大的影响。即人力资源会计主要是为了:(1)使企业的财务报表信息能更准确地反映企业(特别是在人力资源方面)的实际情况,使企业财务信息的理性使用者能作出正确的判断和决策;(2)由于人力资源是企业的一项重要的资源,从而决定了人力资源会计必须对企业的人力资源进行正确的计量与反映,以利于企业管理当局能更好地管好、用好企业的人力资源。显然,人力资源成本会计主要服务于第一个目的,而人力资源价值会计主要是服务于第二个目的。

从实际应用的角度看,在现阶段,要将人力资源成本会计纳入传统会计体系内具有一定的难度,在我国的条件也尚未成熟,主要是因为将人力资源成本会计纳入传统会计后产生的财务信息对各种情况的影响在实务中没有得到较好的证实,如企业的信息能否更好地反映企业的价值等问题。

对于人力资源价值会计来说,根据前面的介绍可知,企业人力资源价值的计量方法有很多,而且各种方法对同一人力资源计价可能会产生很大的差别,因而对于人力资源价值的计量方法,我们不能肯定地说哪种方法更好而哪一种方法不好,这需要我们根据企业的实际情况作具体分析后才能确定。但有一点是明确的,即人力资源价值会计会改进企业的管理,使企业具有更强的竞争力。同时,我们还应该看到,我们可以利用不同的计量方法去达到不同的目的,如利用非购入商誉法算出的人力资源价值可以作为以下项目的参考:企业相对于现有同行业的市场竞争力,企业现有技术的领先水平,企业现有技术人才的相对优势等。因为如果利用此法算出的人力资源价值较高,说明企业具有较高的超额利润,则从一个侧面说明企业在上面提到的三个方面在同行业中具有一定的优势。再根据企业的其他信息分析,进而可以确定企业在竞争中应采取何种策略(如成本优势策略或技术差异策略等)及企业的发展定位等等。但很明显,此法算得的人力资源价值不能正确反映企业人力资源的现状,为企业管好用好人力资源提供参考的价值较小,但人力资源的经济价值法却在一定程度上可以弥补这一不足。因而,要在实务中应用人力资源会计,关键在于正确理解各种计量方法的优缺点和分析企业的现状。

我们相信,人力资源会计作为会计学的一个分支,其应用将会越来越广泛,并为企业带来可观的效益。

思考题

1. 为什么说人力资源是企业的一项无形资产?
2. 人力资源会计与传统会计相比较,其优点在何处?

3．人力资源价值的几种衡量模式如何？各有什么优缺点？

4．人力资源会计的核算是如何进行的？

5．现在企业之间人才的流动异常活跃，这可能给企业带来很大的损失。现在如果你是企业的一位主要的管理者，而且知道人力资源会计的基本原理，那么，你能否设计一套方案以防止企业高级人才的外流？为什么？如果你的方案会给企业带来负面影响，你能否从其他方面来弥补？请叙述你的方案。

参 考 文 献

1. Robert S. Kaplan and Anthony A. Atkinson, 1998, *Advanced Management Accounting*, Third Edition, Prentice Hall, Upper Saddle River, New Jersey.

2. Robert W. Ingram, Thomas L. Albright and John W. Hill, 1999, *Cost Management Information for decision*, South-Western College Publishing, An ITP Company.

3. Charles T. Horngren, George Foster and Srikant M. Datar, 2000, *Cost Accounting: A Managerial Emphasis*, Tenth Edition, Prentice Hall, Upper Saddle River, New Jersey.

4. 徐政旦、石人瑾、林宝环主编:《成本会计》,上海三联书店 1994 年版。

5. 余绪缨主编:《管理会计学》,中国人民大学出版社 2001 年版。

6. 石人瑾等主编:《管理会计》,上海三联书店 1994 年版。

7. 中国注册会计师教育教材编写委员会:《成本管理会计》,中国人民大学出版社 1996 年版。

附：中英主要成本会计词汇对照

activity-based costing	作业成本法
avoidable cost	可避免成本
by-products	副产品
category costing	品种法
complete costs	全部成本
compostite costs	综合成本
controllable variance	可控差异
conversion cost	加工成本
cost accounting information system	成本会计信息系统
cost accounting management system	成本会计管理系统
cost accounting organization system	成本会计组织系统
cost accounting system	成本会计系统
cost accounts	成本账户
cost adjustment	成本调整
cost allocation	成本分配
cost analysis	成本分析
cost carried down (forward)	成本结转
cost accounting	成本会计
cost center	成本中心
cost classification	成本分类
cost control	成本控制
cost fluctuation	成本变动
cost fraction	成本系数
cost index	成本指数
cost information	成本信息

cost items	成本项目
cost level	成本水平
cost of production	生产成本
cost report of production	生产成本报告
cost plan	成本计划
cost savings	成本节约
cost standard	成本标准
cost structure	成本结构
cost variance	成本差异
cost-volum-profit（CVP） analysis	本量利分析
costing objective	成本核算对象
costing period	成本核算期
costing	成本核算
direct materials	直接材料
differential cost	差别成本
direct labor costs	直接人工成本
direct labor hours	直接人工小时
direct labor	直接人工
efficiency variance	工效差异
equivalent units	约当产量
factory cost	工厂成本
factory machine hours	工厂机器工作时数
factory payroll	工厂工薪
favorable variance	有利差异
finished goods	产成品
fixed costs	固定成本
future costs	未来成本
human resources cost accounting	人力资源成本会计
incremental cost	增量成本
indirect labor	间接人工
indirect materials	间接材料
inventory cost management	存货成本管理
inventory costs	存货成本
investment center	投资中心

job cost sheet	分批成本单
job lot	工作批别
job order cost accounting	分批成本法
joint products	联产品
marginal costs	边际成本
material requisition	领料单
mixed costs	混合成本
nonfactory labor	非工厂人工
normal capacity	正常生产能力
overhead (rates)	制造费用(分配率)
partly finished goods	半成品
payroll record	工薪记录
price variance	价格差异
process cost accounting	分步成本法
product design	产品设计
production expense	生产费用
production volume	产量
profit center	利润中心
quality cost	质量成本
rate variance	工资率差异
raw materials	原材料
relative sales value method	对比售价法
relevant cost	关联成本
responsibility cost	责任成本
semivariable costs	半变动成本
specific order	特定定单
standard costs	标准成本
standard price	标准价格
standard rate	标准工资率
standard time	标准工时
standard usage	标准用量
sunk costs	沉没成本
target cost	目标成本
the cost of goods sold	产品销售成本

the flow of product cost	产品成本流转
the materials ledger cards	材料分类卡
time tickets	工时单
total cost	总成本
unfavorable variance	不利差异
unit cost	单位成本
unit of activity	工作量
unit product costs	单位产品成本
usage variance	用品差异
variable costs	变动成本
volume variance	产量差异
wage rate	工资率
work in process	在制品

图书在版编目（CIP）数据

成本会计:偏重于管理/张鸣编著.
—上海：上海人民出版社,2002
MBA系列教材
ISBN 7-208-04123-7

Ⅰ.成... Ⅱ.张... Ⅲ.成本会计-研究生-教材
Ⅳ.F234.2

中国版本图书馆CIP数据核字(2002)第016009号

责任编辑　李　娜
封面装帧　王晓阳

·MBA系列教材·
成 本 会 计
——偏重于管理
张　鸣　编著
世纪出版集团
上海人民出版社出版、发行
（200001　上海福建中路193号　www.ewen.cc）
新华书店上海发行所经销
商务印书馆上海印刷股份有限公司印刷
开本850×1168　1/32　印张15.75　插页4　字数390,000
2002年5月第1版　2002年5月第1次印刷
印数1-5,100
ISBN 7-208-04123-7/F·859
定价 43.00元

MBA 系 列 教 材

“MBA 系列教材”书目

《企业会计》	纪洪天
《组织与管理原理》	成　刚
《财务管理》	纪洪天
《商业量化分析》	陆淑兰
《生产管理》	金光熙
《资讯系统》	徐淼鑫
《经济学》	甘德安
《组织行为学》	孙　云
《人力资源管理》	崔　毅
《市场管理》	梅清豪
《小型企业管理》	钱明霞
《投资学》	顾孟迪
《商法》	王承继
《企业战略管理》	解培才
《企业重整》	余长国
《优质管理》	陈竞先
《电子商务》	章学拯
《市场战略与规划》	梅清豪
《成本会计》	张　鸣
《管理变革》	金光熙
《运筹学》	朱德通
《财务分析入门》	张　鸣 贾莉莉